新工科×新商科·金融科技创新系列

量化交易

虚拟仿真实验教程

李　平　主　编

夏　晖　陈　磊　副主编

電子工業出版社

Publishing House of Electronics Industry

北京·BEIJING

内 容 简 介

本书是高等学校开设证券期货量化交易虚拟仿真实验课程的配套用书。本书不仅介绍了量化交易的基本知识，还精心设计了分别针对股票量化交易、期货量化交易、期权量化交易的虚拟仿真实验。学生可以通过学习本书，由浅入深、逐步地完成证券期货的行情分析、多空交易、套利策略设计与执行、量化策略开发与模拟等实验内容，培养利用计算机信息技术进行金融产品量化交易的能力。

本书可作为高等学校金融学、投资学、金融工程等专业开设的“股票交易虚拟仿真实验”“期货交易虚拟仿真实验”“期权交易虚拟仿真实验”等课程的配套教材。

图书在版编目（CIP）数据

量化交易：虚拟仿真实验教程 / 李平主编. —北京：电子工业出版社，2024.3

ISBN 978-7-121-47424-8

Ⅰ. ①量… Ⅱ. ①李… Ⅲ. ①证券投资－系统仿真－高等学校－教材 Ⅳ. ①F830.93

中国国家版本馆 CIP 数据核字（2024）第 052248 号

责任编辑：王二华　　文字编辑：张萌萌
特约编辑：肖　芬
印　　刷：北京天宇星印刷厂
装　　订：北京天宇星印刷厂
出版发行：电子工业出版社
　　　　　北京市海淀区万寿路 173 信箱　　邮编：100036
开　　本：787×1092　1/16　印张：16　　字数：409.6 千字
版　　次：2024 年 3 月第 1 版
印　　次：2024 年 3 月第 1 次印刷
定　　价：49.00 元

凡所购买电子工业出版社图书有缺损问题，请向购买书店调换。若书店售缺，请与本社发行部联系，联系及邮购电话：（010）88254888，88258888。

质量投诉请发邮件至 zlts@phei.com.cn，盗版侵权举报请发邮件至 dbqq@phei.com.cn。

本书咨询联系方式：wangrh@phei.com.cn。

前　言

随着量化交易书籍的出版以及聚宽、万矿等量化交易平台的出现，越来越多的投资者开始对量化交易产生浓厚的兴趣。与依赖个人经验的传统主观投资不同，量化交易主要依靠数据和模型来寻找投资标的，并构建投资策略。虽然有已经出版的量化交易书籍可供业界人士参考和学习，但对金融学或投资学相关专业的学生而言，现有的书籍缺乏针对量化交易的教学内容设计，也没有实验或习题环节，并不适合作为教学用书。

党的二十大报告明确指出，教育是国之大计、党之大计；推进教育数字化，建设全民终身学习的学习型社会、学习型大国。早在2019年，证监会与教育部联合印发了《关于加强证券期货知识普及教育的合作备忘录》，明确要求加强证券期货知识的普及与教育。然而，高校证券期货教育的现状存在明显不足，尤其是理论教学与实践环节严重脱节。事实上，实际的证券期货交易不仅需要投资者掌握相关专业知识，还需要投资者投入一定数量的资金，且具有承担较高风险的能力。显然，绝大多数在校学生并不具备上述条件，并且高校也不鼓励学生参与这种高风险的金融投资活动。缺乏交易体验势必会严重影响学生对证券期货知识的理解和掌握。因此，迫切需要建设高仿真度的证券、期货等交易虚拟仿真实验项目，让学生在教师精心设计的仿真环境下，由浅入深地逐步完成证券、期货等的行情分析、多空交易、套利策略设计与执行、量化策略开发与模拟等实验内容，从而加深学生对股票、期货、期权等产品的理解，培养其利用金融专业知识解决现实问题及利用计算机信息技术进行金融产品量化交易的能力。

电子科技大学作为国家“985工程”和“双一流建设A类”高校，积极响应国家号召，与深圳国泰安教育技术有限公司、成都麦思多维科技有限公司合作，以“金融学基础”和“计量经济学”两门国家精品在线开放课程为理论基础，依托“金融交易策略设计与模拟”和“量化交易”课程教学团队，先后开发了“期货交易虚拟仿真实验”和“期权交易虚拟仿真实验”两个具有创新性、高阶性及挑战度的虚拟仿真实验项目。这两个项目分别于2019年和2022年被认定为“四川省省级虚拟仿真实验教学项目”，相应的课程于2022年被评为“四川省一流本科课程”。本书关于期货交易和期权交易部分的内容与这两个虚拟仿真实验项目的教学设计密切相关。

本书分为7章。第1章简要介绍量化交易的概念与特点、量化交易的金融学逻辑、常见的量化交易策略与评价指标，以及量化交易策略的开发流程等内容，让学生对量化交易有一个比较全面的初步了解。第2章采用量化交易中最常用的Python编程语言，从宏观经济指标、商品期货基本面分析数据、个股财务指标三个层面，详细展示了如何从Wind金融终端获取数据和进行可视化展示。第3章主要介绍了股票市场、股票定价理论、常见的量化选股与择时策略，重点内容是多因子策略及股票虚拟仿真实验。第4章以新能源汽车行业为例，进一步说明如何在宏观经济和产业链分析的基础上构造特定行业的股票池，并设计股票的多因子交易策略。第5章和第6章分别介绍了期货和期权的基本概念及定价理论、商品期货的 CTA 策略、期货和期权的套期保值策略及套利策略，以及“期货交易虚拟仿真实验”和“期权交易虚拟仿真实验”的相关内容。第 7 章是编者开发的虚拟仿真实验教学系统操作指南。各章的编写分工情况为：李平负责第 1 章、第 2 章、第 4 章和 5.3 节的撰写以及全书的统稿；夏晖负责 5.7 节、第 6 章和第 7 章的撰写；陈磊负责第 3 章和第 5 章其他节内容的撰写。

本书可作为高等学校金融学、投资学、金融工程等专业开设的“股票交易虚拟仿真实验”“期货交易虚拟仿真实验”“期权交易虚拟仿真实验”等课程的配套教材。为了满足不同层次学生的需求，本书不仅包括股票量化交易、期货量化交易、期权量化交易的内容，还在每种产品的虚拟仿真实验中专门设计了基础实验、进阶实验和挑战实验模块，在实际教学过程中，教师可根据教学需要自行选择教学内容和设计教学进度。比如，对于高职院校的学生，可以只学习股票和期货部分的内容，并且只完成基础实验和进阶实验即可；对于重点院校的学生，建议学习全部内容，完成全部实验环节，并且重点考核挑战实验的内容。为便于阅读，本书还提供了丰富的线上资源，并在相应的地方放置了二维码，学生可通过手机扫描查看。

本书在撰写过程中得到了同事、朋友、学生和相关单位的帮助！非常感谢孔晓李老师、汤怀林先生、博士研究生文恬、博士研究生袁茂杰、硕士研究生卢敏欣、冯炜涛的辛苦付出！本书部分图片、数据、代码来自 Wind 数据库、聚宽量化交易平台（简称聚宽平台）、果仁网，特别感谢万得信息技术股份有限公司（Wind 数据库运营者）、北京小龙虾科技有限公司（聚宽平台运营者）、杭州讯涵科技有限公司（果仁网运营者）对本书相关内容的免费授权和大力支持！本书还得到了“电子工业出版社—电子科技大学产教融合优秀教材建设项目”的资助，衷心感谢电子工业出版社和电子科技大学为本书出版提供的支持！

由于水平有限，书中的疏漏和不足之处在所难免，敬请读者批评指正。

编者

目　　录

Chapter 1 第1章 量化交易概述

如果说沃伦·巴菲特是价值投资领域的泰斗，那么詹姆斯·西蒙斯就是量化交易领域无可争议的大师。在西蒙斯故事的激励下，如果你想成为一名量化交易员，那么你需要了解量化交易的基本概念与主要特征，理解量化交易背后的金融学逻辑。在尝试真正的交易之前，你还需要思考一系列问题：怎样构建交易策略？如何通过量化交易平台来进行策略的回溯检测？怎样判断策略的好坏？如果回测检验表现不错，你还需要哪些步骤来执行该策略？

1.1 投资大师的故事

1.1.1 从巴菲特说起

1930年8月30日，沃伦·巴菲特(Warren E. Buffett)出生于美国内布拉斯加州的奥马哈市。巴菲特11岁时购买了平生第一只股票，到14岁时赚到了第一笔1000美元。1947年，巴菲特进入宾夕法尼亚大学攻读财务和商业管理，两年后转学到内布拉斯加大学林肯分校，获得经济学学士学位。1950年，巴菲特考入哥伦比亚大学商学院，拜师于著名投资学大师本杰明·格雷厄姆(Benjamin Graham)。格雷厄姆反对投机，主张价值投资，即通过分析企业的盈利情况、资产情况及未来前景等因素来评价股票。

1956年，巴菲特创立伯克希尔·哈撒韦公司(Berkshire Hathaway)。1957年，巴菲特管理的资金达到30万美元，到年末升至50万美元。1964年，巴菲特的个人财富达到400万美元，而此时他管理的资金已高达2200万美元。1968年5月，当美国股市一路凯歌的时候，巴菲特却通知合伙人，他要隐退了。1969年6月，美国股市急转直下，并逐渐演变成股灾，到1970年5月，大部分股票都要比上年初下降了50%，甚至更多。1970—1974年间，美国股市就像个泄了气的皮球，没有一丝生气，持续的通货膨胀和低增长使美国经济进入了滞胀时期。然而，一度失落的巴菲特却变得欣喜异常，因为他发现了太多便宜的股票，财源即将滚滚而来。

1972年，巴菲特盯上了报刊业。拥有一家名牌报刊，就好似拥有一座收费桥梁，任何过客都必须留下买路钱。1973年，巴菲特在股市上买入《波士顿环球》和《华盛顿邮报》

的股票，10 年后当初投入的 1000 万美元升值为 2 亿美元。1980 年，巴菲特以每股 10.96 美元的单价用 1.2 亿美元买进可口可乐 7%的股份，到 1985 年，可口可乐的股票价格超过每股 50 美元。连续的成功投资为巴菲特积累了巨额财富。2008 年，在《福布斯全球富豪榜》排行榜上，巴菲特以 620 亿美元的财富超越了此前连续 13 年位居榜首的比尔·盖茨(Bill Gates)，成为新的全球首富。

巴菲特是价值投资领域的集大成者，是全球公认的股神。在早期投资实践中，巴菲特深受格雷厄姆的影响，主要通过分析企业的运营业绩及净利润、资本回报率等财务指标，寻找价值被明显低估的“便宜公司”作为投资对象。20 世纪六七十年代以后，显而易见的便宜公司减少了，这个时期的巴菲特受到菲利普·费雪(Philip Fisher)和查理·芒格(Charlie Munger)的影响，从一个“捡烟蒂”式价值投资者逐步转变为寻找护城河的价值投资者。比如，1972 年，在收购了喜诗糖果公司(See's Candies)后，巴菲特开始聚焦于研究公司质地，关注管理层的能力以及企业文化，寻找公司的护城河(如垄断性、无形资产价值等)，并且以合理价格购买“好公司”的股票并长期持有。在持有喜诗糖果公司长达 40 年之后，当初 2500 万美元的收购累计给巴菲特带来了 13.8 亿美元的税前收益。

很多人都想学巴菲特的价值投资，但很难像巴菲特一样对自己的判断坚信不疑。比如，2008 年 9 月，巴菲特以每股 8 港元的价格认购 2.25 亿股比亚迪公司的 H 股，随后股价涨到 88 港元(盈利约 10 倍)，大家都觉得巴菲特太牛了！然而，巴菲特一股没卖，2012 年比亚迪的股价暴跌至 10 港元左右，人们觉得股神不过如此！

2017 年，比亚迪的股价再度涨到 80 港元，人们认为巴菲特果然宝刀未老！2020 年 3 月，比亚迪股价又跌回 33 港元。人们感叹，巴菲特还是老了！2021 年 10 月，比亚迪股价涨到 333 港元，巴菲特再度封神！

事实上，2020 年之前，巴菲特从未卖出过比亚迪。直到 2021 年 1 月，当比亚迪的股价涨到 278 港元时，巴菲特才卖出了少量股票。截至 2022 年 2 月 23 日，公告显示巴菲特仍持股 2.25 亿股，占比亚迪公司已发行股本总额的 21.47%。

2023 年，93 岁的巴菲特仍在担任伯克希尔·哈撒韦控股公司的董事长，他的财富几辈子都花不完，但他依然在工作，并且乐此不疲。

1.1.2 西蒙斯的故事

沃伦·巴菲特是投资界尽人皆知的股神，但可能很多人还不知道詹姆斯·西蒙斯(James Simons)，这位创造了华尔街投资神话的传奇人物。他所管理的文艺复兴科技公司(Renaissance Technologies)旗下的大奖章基金(Medallion Fund)在 1989—2018 年期间扣除管理费用后的平均年化复合收益率高达 39%，而巴菲特在同期的平均年化复合收益率约为 20.5%。现在，西蒙斯是全球证券市场公认的“量化交易鼻祖”。

1938 年，西蒙斯出生于美国波士顿郊区的牛顿镇。从牛顿高中毕业后，他进入麻省理工学院数学系。1958 年，20 岁的西蒙斯获得了数学学士学位。三年后，年仅 23 的西蒙斯拿到了加州大学伯克利分校的数学博士学位。在念博士期间，西蒙斯对金融投资产生了兴趣，曾经尝试过股票和期货投资，体验过期货投资带来的赚快钱的感觉。

西蒙斯热爱数学，但他也渴望金钱。他明白财富不仅可以让人独立，还可以让人产生影响力。

1964年，西蒙斯离开哈佛大学，进入美国国防分析研究所，从事密码监测和破译工作。没过多久，由于反对美国的对越战争，西蒙斯被解雇。在此期间，西蒙斯持续关注股票市场，还与同事开发了一个新型的股票交易系统，并在研究所内部发表了一篇题为《股票市场行为概率预测模型》的论文。西蒙斯没有像绝大多数投资者那样主要通过经济指标或公司的基本面指标来解释和预测股价的走势，或者通过技术分析试图找出价格走势中的某种规律，而是致力于寻找能够预测股市短期行为的宏观变量，纯粹用数学方法来甄别股票市场所处的状态，然后利用模型推荐来购买股票。他们认为没有必要去理解市场变化的每一个原因，只要找到一种系统性的能够适应市场的数学方法（如采用隐马尔科夫模型来预测股价），并产生可持续的利润即可。

1968年，西蒙斯成为纽约州立大学石溪分校的数学系主任，招募了20多名数学家，建立了世界上顶尖的几何学研究中心，并学会了如何识别、招募并管理这些绝顶聪明的人。1974年，西蒙斯与著名数学家陈省身联合发表了论文《典型群和几何不变式》（*Characteristic Forms and Geometric Invariants*），创立了著名的陈-西蒙斯理论。1976年，38岁的西蒙斯获得了美国数学学会的奥斯瓦尔德·维布伦几何奖（Oswald Veblen Prize in Geometry），奠定了西蒙斯在数学领域的殿堂级地位。此时，西蒙斯可以说达到了职业生涯的顶峰，但他决定放弃前景光明的学术事业，开始攀登另一座高峰。

1978年，40岁的西蒙斯离开纽约州立大学石溪分校，他一心想要在投资界有一番作为。对于西蒙斯的选择，他的父亲认为放弃前途光明的学术生涯无疑是一个巨大的错误。同僚们对此更是吃惊不已，之前大家只是模糊地知道西蒙斯还有学术圈外的爱好，但当他真要全职去做投资这件事时还是引起了不小的轰动，觉得西蒙斯浪费了他的才华。“数学家们对待金钱的态度很暧昧，他们既渴望财富，又觉得喜欢赚钱是一种低级趣味，会妨碍他们追求更崇高的目标。”显然，西蒙斯的选择多少让数学家们有些无法理解。

西蒙斯创立了一家名为“Monemetrics”的公司，随后发起了一只名为“Limroy”的对冲基金。该基金投资领域广泛，外汇交易、债券交易、期货交易均有涉及，既采用传统的基本面分析方法，也采用数学建模的投资方法。不过，西蒙斯既然把他的公司命名为“Monemetrics”（Money和Econometrics两个词的合体），表明他主要还是想用数学方法来分析金融数据并做出投资决策。

一开始，西蒙斯在债券上的投资并不成功。随着亏损增加，西蒙斯变得越来越焦虑，甚至怀疑自己放弃数学研究并试图征服金融市场这个决定正确与否。后来，西蒙斯总算从低落中振作了起来，意识到仅仅依赖粗糙的模型并辅之以个人的直觉来做交易是造成危机的根源。因此，西蒙斯更加坚定决心要建立一个由算法驱动的高科技交易系统，替代人类的主观判断。“我不想每时每刻都被市场折磨，我想要在我睡觉的时候都能帮我赚钱的模型，一个完全屏蔽了人类干预的系统。”

西蒙斯团队开发的很多策略都属于动量交易策略（Momentum Strategies），但他们也会关注不同商品价格之间的相关性。比如，某只股票已经连续跌了3天，第4天继续下跌的概率有多大？小麦价格是其他商品价格的先行指标吗？通过不断研究，西蒙斯开发完成了一个可以覆盖各种商品、债券和外汇交易的交易推荐系统。很快，这套系统就开始盈利，但也出现了因单种商品持仓过大被商品期货交易委员会强制平仓并遭到处罚的问题。

不久，西蒙斯团队对新开发的系统丧失了信心。虽然他们能够清楚地看到这个系统做出的各种交易决策和盈亏情况，但不理解为什么系统要做出这些决策。他们开始觉得也许依靠计算机交易根本就行不通。随着核心技术人才的流失，西蒙斯放弃了采用数学模型来指导投资，重新转向传统的投资方法，开始根据各种事件和市场动向来寻找投资机会。大多数日子里，西蒙斯都会坐在办公室，紧张地盯着电脑屏幕，看各种新闻，预测大盘的走势，并和绝大多数投资者一样买入卖出。与此同时，西蒙斯还对风险投资产生了兴趣，开始支持那些处于创业期的新兴技术公司。

1982 年，西蒙斯把公司的名字更名为文艺复兴科技公司(Renaissance Technologies)，反映出他对新兴科技公司的兴趣。事实上，西蒙斯除了对二级市场的金融投资交易感兴趣，还将自己视为风险投资家，并花了大量时间处理他投资的高科技公司的相关事务。然而，1984 年的亏损让西蒙斯承受了巨大的压力，其管理的基金每天都要亏损数百万美元，导致他一度想结束投资生涯。之后，西蒙斯放弃了之前采用的传统交易方法，重新借助数学和计算机的力量。

西蒙斯的团队成员开发了计算机仿真程序来测试某种策略是否应该被放到交易模型中。这些策略通常基于均值回归的理念。如果期货品种的开盘价相比前一天的收盘价低了很多，那么买入期货合约；反之，如果开盘价异常高，则卖出期货合约。到了 1986 年，数学模型主导了绝大部分交易。之后，他们不断尝试更为复杂的交易方式。比如，让计算机自己来寻找数据间的关系，从而找到过去某个相似的环境，然后观察价格的表现，并给出买卖指令。其实，这就是早期的机器学习方法，模型会基于复杂的数据结构和相关性给出对各种商品价格的预测。

1987 年，很多人对西蒙斯的风险投资不放心，不想在基金中注入太多的风险投资头寸。为了留住客户，西蒙斯在 1988 年 3 月关闭了 Limroy，并与数学家詹姆斯·埃克斯(James Ax)一起发起了一只纯做交易的对冲基金，并将其命名为大奖章基金(Medallion Fund)，意在向他们各自获得过的数学奖章致敬。一开始，大奖章基金的业绩并不好，亏损一度接近 30%，部分客户赎回了基金。为了确保基金活下去，西蒙斯要求必须减少大幅亏损的长期交易，增加高频的短期交易。如果交易不频繁，那么每次交易的结果都具有较大的影响，多亏损几次，基金就垮掉了；但是如果交易频繁，那么单次交易结果的影响微乎其微，有助于降低基金的风险。

大奖章基金主要通过研究历史资料来发现统计相关性，预测期货、债券、外汇市场的短期变化，并通过数千次快速的短线交易来捕捉稍纵即逝的市场机会。他们找到的某些交易信号并不特别新奇和复杂，但很多交易者却忽视了它们。这些交易信号要么出现的概率不足 50%，要么相对于交易成本的潜在盈利空间太小。因而大部分投资者选择忽视，继续寻找更丰厚的投资机会，就像钓鱼的人忽视小鱼，总想钓大鱼一样。但是，由于交易频率很高，大奖章基金认为这些小鱼也值得拥有。西蒙斯透露，公司对交易品种的选择有 3 个标准：公开交易品种、流动性高，同时符合模型设置的某些要求。他表示：“我是模型先生，不想进行基本面分析。数学模型最重要的优势是可以降低风险，而依靠个人判断选股，你可以一夜暴富，也可能在第二天又输得精光。”

很快，大奖章基金就在期货市场获利颇丰。1990 年，大奖章基金的收益率达到了 55.9%，一改上一年亏损 4%的颓势。这个收益非常可观，因为它远远超过了基金 5%的高昂管理费费率（同行的管理费费率通常为 2%）和 20%的利润分成。尽管其盈利如此丰厚，华尔街对大奖章基金的投资方法却不以为然，当西蒙斯为加州大学伯克利分校的学生介绍“只有系统能决定我们交易什么”时还遭到了嘲讽，因为这种“黑箱投资”（Black Box Investing）实在难以解释。大部分基金还是采用传统的投资方法在市场中博弈，交易员把深度研究和直觉结合起来，用于对投资机会的筛选和预判。尽管如此，西蒙斯仍然相信他的计算机交易系统。1991 年，大奖章基金取得了 39%的投资收益，管理规模也达到了 7000 万美元。

如果西蒙斯能够想办法延长大奖章基金的连胜纪录或提高基金的收益率，那么投资者肯定会蜂拥而至。为了寻求帮助，西蒙斯招募了纽约州立大学石溪分校的数学家亨利·劳弗（Henry Laufer），劳弗后来也成为西蒙斯最好的合伙人。劳弗做了一个决定：大奖章基金应该只用单一的交易模型，而不是像其他量化交易公司那样在各种市场状况下使用多个不同的模型。劳弗认为，如果基于某些核心假设的模型是单一且稳定的，那么后期添加新的投资品种也会更容易。此外，劳弗还开发了利用计算机模型来识别日内的最优交易的算法，西蒙斯称之为“投注算法”（Betting Algorithm）。这个算法主要解决基金管理的资金规模有限时，如何在多个可供交易的信号上分配资金的问题，即根据对未来市场变化方向的实时概率分析，如何对基金持仓进行动态调整。

大奖章基金连续 3 年取得了 33%的年化收益率，到 1993 年年末，大奖章基金的管理规模达到了 2.8 亿美元。然而，当管理规模达到了 6 亿美元时，大奖章基金的收益率开始回落。因为随着基金规模的增加，在单品种上分配的资金也越来越多，大额订单买入卖出的价格冲击成本（Price Impact）也越来越高。比如，模型认为某个品种的价格会从 3 美元上涨到 3.1 美元，但是订单被执行的实际价格为 3.05 美元，与理论模型给出的理论价格 3 美元之间差额的 0.05 美元就是买入的冲击成本。显然，冲击成本使得潜在的获利空间被吃掉了一半。

想要扩张基金规模又不影响收益率，西蒙斯只有一条路可走：踏入股票市场，因为股票市场的容量和深度足够大，再大的交易规模都对收益率影响甚微。1993 年，文艺复兴科技公司发起了专注于股票交易的对冲基金 Nova，仍然采用统计套利的投资方法交易股票。事实证明，西蒙斯的步子迈得太大了。人们很快发现，新的股票交易系统在处理大资金方面表现并不出色。起初，文艺复兴科技公司在股票市场投入了 3500 万美元。后来，当更多的资金注入时，收益却消失了。1994 年，Nova 基金亏损。此后，Nova 基金一直业绩平平，最终于 1997 年被并入大奖章基金。

在经过一系列改进和优化后，西蒙斯的团队终于找到了投资中的“圣杯”：在实现高回报率的同时，还能将投资组合进行有效分散以降低风险。1998 年，大奖章基金的收益率达到 57.1%，2000 年更是达到了匪夷所思的 128.1%。没有人像西蒙斯那样，管理 100 亿美元的资金规模还能获得如此卓越的表现。

2005 年，西蒙斯用短期的高频交易征服市场之后，文艺复兴科技公司又发起了专注于长期交易的基金 RIEF，管理规模超过了 350 亿美元。2007 年 8 月 9 日，标准普尔指数下跌 3%，道琼斯指数下跌 387 点。那一周，大奖章基金损失超过 10 亿美元，亏损率高达 20%，RIEF 基金也遭遇了重创，损失近 30 亿美元，跌幅约 10%。不久之后，全球市场不断加剧的波动令大奖章基金的交易信号更加清晰，帮助该基金在 2007 年盈利 86%，并且在 2008 年的次贷危机期间获得了 82%的高收益。然而，RIEF 基金在 2007 年存在小幅亏损的情况下，2008 年又亏损了 17%。所有那些相信 RIEF 基金会带来像大奖章基金一样回报的投资者突然意识到，当文艺复兴科技公司说 RIEF 基金是一个与众不同的基金时，他们是认真的。2009 年，投资者开始逃离 RIEF 基金，该基金的规模很快缩减至不足 50 亿美元。

大奖章基金仍然保持着在债券、大宗商品和外汇上的交易，通过判断趋势和回归预测信号赚钱。到 2019 年，文艺复兴科技公司的大奖章基金自 1988 年以来扣除费用前的年化收益率约为 66%，扣除费用后的年化收益率约为 39%，超过了巴菲特和其他所有明星投资者的投资回报率（见表 1-1）。尽管 RIEF 基金早期曾陷入困境，但文艺复兴科技公司向外部投资者开放的 3 只对冲基金最终都全部跑赢了竞争对手和指数。截至 2019 年 6 月，文艺复兴科技公司一共管理了 650 亿美元的资产，成为全球最大的对冲基金公司之一。2021 年，西蒙斯宣布退休，卸任文艺复兴科技公司董事长。

表 1-1　各大基金扣除管理费用后的年化收益率对比

管理者	基金名称	年份	年化复合收益率/%
詹姆斯·西蒙斯（James Simons）	大奖章基金	1988—2018	39.1
乔治·索罗斯（George Soros）	量子基金	1969—2000	32
史蒂文·科恩（Steven A. Cohen）	SAC 资本	1992—2003	30
彼得·林奇（Peter Lynch）	麦哲伦基金	1977—1990	29
沃伦·巴菲特（Warren E. Buffett）	伯克希尔·哈撒韦	1965—2018	20.5
瑞·达利欧（Ray Dalio）	Pure Alpha 基金	1991—2018	12

西蒙斯一生中的大部分时间都致力于解开谜题和应对挑战，他总想做一些非比寻常、其他人认为不可能的事情。早年，他专注于研究数学问题和破译密码，成为顶尖的数学家。后来，他又专注于研究金融市场的隐藏模式。有效市场假说认为，市场是随机游走的，所有已知的信息都已体现在价格之中，只有新的信息可以推动价格变化，但新的信息是无法预知的。西蒙斯认为市场并不总是以可理解的或者理性的方式运行，不管市场表面上看起来有多么随机和混沌，背后总是存在一些可辨识的规律，一定有办法对价格建模。事实证明，西蒙斯是对的，并且他创立的文艺复兴科技公司也为他赢得了富可敌国的财富。

与大多数普通投资者一样，西蒙斯也具有赚快钱的心态，在投资面临亏损时也会感到焦虑，甚至怀疑自己的投资策略。比如，“赚钱养家”是他早期从学术界下海的最大动因；又比如，他迷恋小道消息，曾经设法结识美联储主席格林斯潘并与之密切交往；再比如，他一开始无法完全信任计算机模型给出的交易建议，刚愎自用，坚持用主观判断做投资。即便后来身价高达 230 亿美元，每一次基金的较大亏损仍然会让他感到痛苦。

1.2　量化交易的概念与优缺点

1.2.1　量化交易的概念

关于量化交易的界定，虽然存在争议，但本书基于研究人员的角度，给出的定义为：量化交易是指以数据为基础，以数量化手段为核心，利用计算机技术进行程序化交易的投资方式。这里的数量化手段，包括对整个交易流程和交易目标的数量刻画、数学模型的构建、对量化目标的最优化、对策略结果的数量化评价等方式方法。换言之，任何一个量化交易策略必须有明确的数量化规则，不应该存在主观判断的成分。以股票交易为例，量化交易的关键步骤包括量化选股、资产配置、择时买卖、绩效评估等(如图 1-1 所示)。

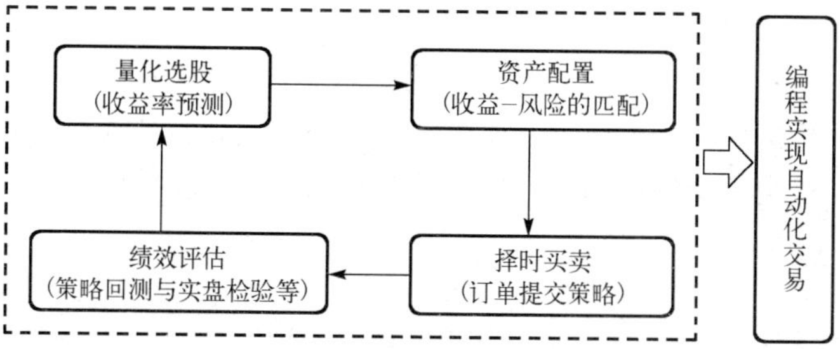

图 1-1　股票量化交易的步骤

量化选股是指采用数量的方法判断某家公司的股票是否值得买入的行为。根据某种判断标准，如果该公司的股票满足了该方法的判断条件，则放入股票池；如果不满足，则从股票池中剔除。资产配置指如何给不同的股票分配交易资金，不同的资产配置决定了投资组合的收益和风险。择时买卖指根据事先确定的交易策略，当股票的行情满足相关条件时，就自动买入(或卖出)事先确定的一定数量的股票。绩效评估指对特定的交易策略进行评价，包括交易前的策略回测、交易中的实盘检验、交易后的复盘分析等。

与依赖个人经验的传统主观投资不同，量化交易主要依靠数据和模型来寻找投资标的，构建投资策略。主观投资与量化交易的区别类似于中医与西医的差异。中医是望、闻、问、切，依据医生经验来看病，而西医首先要病人去拍片、化验，再根据医学仪器得出的检查结果对症下药。主观投资更像中医，更多地依靠经验和感觉判断市场的错误定价，而量化交易更像西医，依靠模型对市场进行全面检查，发现错误定价，进而建立投资策略。量化交易将适当的投资思想、投资经验(甚至直觉)反映在量化模型中，利用电脑帮助人脑处理大量信息，帮助人脑总结归纳市场的规律，建立可以重复利用并反复优化的投资策略(经验)，并指导我们的投资决策过程。

需要指出的是，量化交易并不是基本面分析或技术分析的对立者。基本面分析是许多交易者进行投资决策的重要方法，主要通过对宏观经济的分析、产业层面的分析、公司的财务指标分析等来判断证券的合理价值，进而确定交易策略。所谓技术分析，是指根据证券交易的成交价、交易量、资金使用情况等，采用图形分析(趋势线、头肩型等)或技术指标(移动平均线、相对强弱指标等)对证券价格的未来变化趋势进行预测的研究行为。无论是基本面分析，还是技术分析，都可以作为量化交易的组成部分。事实上，很多量化交易模型都是基于基本面因素形成合乎逻辑的投资理念，同时考虑市场因素、技术指标等技术分析因素来确定具体的交易策略。

1.2.2 量化交易的优点

1. 克服人性的弱点

量化交易具有严格的纪律性，交易信号是通过事先构造的模型给出的，交易行为是通过计算机自动执行的，投资者的主要作用是将个人的投资逻辑数量化。因此，量化交易在一定程度上可以克服人性的弱点(如贪婪、恐惧、侥幸心理等)，也可以克服认知偏差。例如，大多数人都只愿意记住自己成功的经历而不愿意记住失败的教训，所以在进行投资决策时一般会表现出过度自信。反之，量化交易的每一个决策都是有理有据的，无论是证券选择、资金配置，还是买卖时机的选择、止盈止损等，都是有数据和模型支持的。但是，量化交易也不能完全规避人性的弱点。比如，当应用量化投资策略在一段时间遭遇了较大损失时，交易者可能会质疑策略的合理性，甚至重新转向主观投资。

2. 更高的效率

由于量化交易应用了计算机技术，所以相对主观投资方式来讲，量化交易能大幅提高投资交易效率。例如，在程序化交易中，交易人员无须盯盘以及手动执行买卖行为。量化交易的效率还体现在多层次的量化模型、多角度的观察及海量数据的处理等方面。多层次的量化模型主要包括大类资产配置模型、行业选择模型、精选个股模型等。多角度的观察主要包括对宏观周期、市场结构、估值、成长、盈利质量、分析师盈利预测、市场情绪等多个角度的分析。此外，人脑处理信息的能力是有限的，当市场上只有 100 只股票时，这对投资基金经理是有优势的，他可以深刻分析这 100 家公司。但在一个很大的资本市场，如有成千上万只股票的时候，就需要量化交易的海量信息处理能力能够及时快速地跟踪市场变化，寻找新的交易机会。

3. 可移植性

许多量化交易的内在逻辑适用于多个资产或者市场，而由于量化交易策略自动化程度较高，因此对策略稍加改动就能较为容易地应用到其他资产或者市场当中，有着较强的被移植能力。例如，一些应用于股票市场的趋势型投资策略，也可以应用到商品期货市场。同时，若一个策略在几个市场均有效，那么对于那些进行多市场资产配置的投资者而言，量化交易明显降低了策略的研发成本。

1.2.3 量化交易的缺点

量化交易也存在某些不足，只有认识到其中的不足，我们才能更好地利用量化交易工具。既然是工具，策略的好坏更多取决于怎么使用它。量化交易并不是一个印钞机，可以带来稳定的收益。

首先，在使用量化交易过程中要避免“纯数据挖掘”。所谓“纯数据挖掘”就是过度依赖历史数据进行拟合。往往是历史拟合越来越好的时候，找到的规律反而越来越少，外推性比较差。假设有个时间序列长度为 1000，如果用一个包含 1000 个参数的模型去拟合，就可以 100% 地拟合这个曲线，数学上没有任何悬念，但模型并没有找到什么规律，而仅仅是事实的罗列。实际上，一个历史回测非常好的模型未必在交易时是有效的，甚至它往往在交易时完全没有用。

其次，做量化交易时千万不要把幸运当作技巧。策略回测的过程中很多时候有碰运气的成分。实际交易过程中噪声是非常大的，并不是表现好的策略一定代表投资人的分析能力强。不要把不错的表现或收益当成一个真的技巧，可能很多时候有幸运的成分，这一点要认真地去区分。运气和技巧是不一样的，技巧本身有真正的技术，而真正的技术需要采纳更多的样本才能发现。

1.3 量化交易的金融学逻辑

量化交易主要依靠市场的错误定价来获利。关于错误定价，金融学中有两个与之相关的理论：有效市场假说与行为金融学。

1.3.1 有效市场假说与量化交易

市场有效性是证券投资中最基础的问题之一。尤金 • 法玛(Eugene F. Fama)将市场有效性定义为股票价格是否及时、充分、完整地对市场的信息做出有效反应。所谓有效反应是指一条信息如果影响股票价格，那么股票价格应该在市场得到这条信息时马上发生变化，而且变化的幅度正好合适。因此，在新的信息到来之前，股票价格是对的(等于股票的内在价值)；而新的信息到来之后，股票价格迅速进行了相应的调整，调整之后也是对的(等于股票新的内在价值)，而且这个调整过程是瞬间发生的。投资者不可能在信息披露之后，利用这条信息进行交易获得超额回报。

如果我们认为市场是充分有效的，那么最好的投资策略就是投资于市场指数基金。这样，我们可以承担不可分散的市场风险，并取得相应的风险回报。任何企图通过其他方法来取得超过风险回报以外的超额回报的做法都是徒劳的。因为市场有效，所以所有证券的定价永远都是对的，不存在错误定价，也就不存在获得超额回报的机会。但是，如果我们认为市场不是充分有效的，也就是承认市场上可能存在错误定价，那么在发现错误定价以后，我们可以通过反向交易获得超过风险回报以外的超额回报，并在这个交易过程中纠正错误定价，提高市场有效性。

1970 年，尤金 • 法玛正式提出了有效市场假说(Efficient Market Hypothesis，EMH)。有效市场假说包括三种形式：第一种是弱式有效，证券价格已经反映了能从市场历史交易数据中得到的信息，即基于历史信息的交易策略不能获得超额回报；第二种是半强式有效，证券价格已经反映了与公司有关的全部公开信息，即基于任何公开信息的交易策略不能获得超额回报；第三种是强式有效，证券价格已经反映了与公司有关的全部信息(包括未披露的私有信息)，即采用任何交易策略都不能获得超额回报。

有效市场假说成立的内在逻辑是假设投资者都是理性的，他们对资产价格都会进行正确评估；即便部分投资者非理性(高估或低估资产价格)，只要投资者的数量众多，个体非理性的部分会被抵消。然而，实证研究发现，市场并不是完全有效的，利用内幕信息交易可以获利，采用技术分析也可以获利。实际上，存在诸多障碍使得市场并不总是有效。比如，部分投资者可能拥有公司的私人信息；部分投资者做决策往往是根据个人情绪，而不是对信息的理性分析；交易费用使理论模型和现实存在差距，税费、金融政策等会导致市场扭曲。正是因为市场并非总是有效，我们才能利用量化交易构建策略来获利。

有效市场假说也指出，如果证券价格因为某种原因偏离了其内在价值，套利者在追求超额回报的动机驱使下会马上采取行动，并通过交易使证券价格回归到其内在价值上来。正是因为套利行为的存在，市场也不可能总是无效的。事实上，证券价格在任何时候都努力地寻找着内在价值，但是在任何时候，都有各种各样的信息冲击着价格，使其偏离内在价值。一旦出现定价误差，量化交易就可能捕捉到投资机会。

1.3.2 行为金融学与量化交易

与有效市场假说不同，行为金融学认为，人并非是完全理性的。由于信息不足和认知能力有限，投资者在决策过程中可能会产生许多心理偏差，如过度自信(Overconfidence)、自我归因偏差(Self-contribution Bias)等。由此，投资者会产生两个异常投资行为——过度反应(Overreaction)和反应不足(Underreaction)。过度反应是指投资者对某一信息或事件的发生做出了比正常反应更加剧烈的反应。在股票投资中，由于投资者对可能影响股价的某种信息或事件的影响力存在认识上的偏差，股价会出现过度涨跌，即股价会因利好消息而过度上涨，或因利空消息而过度下跌，从而偏离其内在价值。反应不足是指投资者低估了最近获得的信息，对某些信息反应冷淡，甚至没有什么反应。本来属于“大”的利好或利空消息，在消息公布时，却得不到市场的回应或市场反应微弱。反应不足意味着价格在一定时期内将沿原方向继续运动，形成趋势，即在消息公布后在比较长的时间内出现持续上涨或持续下跌的现象。这些异常投资行为会使股价大幅波动，导致股票价格偏离其内在价值。

从投资者心理来看，导致过度反应的原因主要有过度自信和自我归因偏差。过度自信是指人们倾向于过度相信自己的判断，而低估这种判断可能存在的偏差。以一个非常熟悉的调查为例，美国曾调查开车的人到底对自己的驾车水平是如何评价的。当时调查了1000个人，大部分开车的人对自己的评价都很高，93%的人都认为自己开车的水平超过平均线(而现实是只有50%的人会超过平均线)。自我归因偏差则是指投资者过于高估或认可与自己意见一致的信息，而忽视意见相左的信息，若成功则归因于自己的努力，失败了则归因于运气不好。这种意识随着投资收益的增加会不断加强，导致证券价格会因某一利好消息上涨再上涨，或因某一利空信息下跌再下跌。

导致反应不足的心理原因是保守性偏差（Conservation Bias）。保守性偏差是指对基础评判给予过多的权重，而对于新的数据重视不足，易引致反应不足。固执是保守的一个极端情形，人们一旦形成某种看法，往往就死死坚持它。

过度反应和反应不足还可以用投资者的心理账户（Mental Accounting）来解释。在进行决策时，人们往往倾向于不是权衡全局情况进行考虑，而是在心里无意识地把它分成几个部分（心理账户）来看，并对每个账户采取不同决策。在考虑问题的时候，投资者往往每次只考虑一个心理账户，把目前要决策的问题和其他的决策分别看待，即将投资组合放在若干个“心理账户”中，不太在意它们之间的相关性。由于投资者过于关心单个账户的盈亏而不是注意整体效果，可能会导致过度反应和反应不足。

既然投资者的行为偏差来源于心理和行为因素，具有一定的持续性且难以更改，那么量化交易就可以利用这种行为偏差来获利。比如，构建反转策略（动量策略），即买进过去表现差（好）的股票，同时卖出过去表现好（差）的股票的投资方法。

1.4　常见的量化交易策略

目前市场上常见的量化交易策略主要包括多因子模型、套利类策略、事件驱动策略等。

1.4.1　多因子模型

多因子模型是一种常见的量化选股模型，通过寻找可以预测股票收益的因子进行选股，利用市场的非有效性获取收益，结合资产组合管理理论优化风险收益特性。多因子模型以套利定价理论（Arbitrage Pricing Theory，APT）为基础，具有系统的理论框架，操作过程中采用一系列的因子作为选股标准，买入满足因子条件的股票，卖出不满足因子条件的股票。以市盈率因子为例，预期低市盈率的股票在未来具有较高收益，故买入低市盈率的股票并卖出高市盈率的股票。若大量投资者均采取类似的操作，低市盈率的股票将涨价，高市盈率的股票将跌价。

当模型中纳入更多的因子时，多因子模型的稳定性更好。其中，多因子的组合可采取加权打分法或收益回归法。加权打分法就是根据各因子的大小对股票进行打分，然后按照一定的权重加权得到一个总分，再根据总分对股票进行筛选。收益回归法就是用股票历史收益率对多因子进行回归，然后把最新的因子值代入回归方程得到对股票未来收益的预判，最后以此为依据进行选股。相关内容详见第 3 章。

1.4.2　套利类策略

套利类策略主要利用资产价格短期内出现的对其内在价值的背离来获取收益。若资产价格有多种表现形式（如 ETF 的净值和交易价格）且不服从一价定律，套利者可通过卖高买低来实现收益。在套利者交易的作用下，资产价格趋于内在价值，套利机会消失。该策略在实际操作中风险很低，甚至无风险，且由于投入资金较少，因此该策略的使用者众多。下面介绍几个典型的套利类策略应用。

1. ETF 套利

交易所交易基金(Exchange Traded Fund，ETF)，通常又称为交易型开放式指数基金，是一种跟踪标的指数变化且在证券交易所上市交易的基金。该基金既可以在一级市场按净值申购与赎回，也可以在二级市场按价格进行交易。其中，申购使用一篮子股票(而不是现金)换取基金份额，赎回用基金份额换取一篮子股票(而不是现金)。由于 ETF 同时在两个市场上交易，因此它具有实际交易价格和资产净值双重属性。这两者按道理来说应该是相等的，但在实际交易过程中，受各方面的因素影响，两者有可能会出现偏差。投资者可以买入便宜的一方，卖出贵的一方，赚取差价，从而实现 ETF 套利。

当“二级市场价格>(基金份额净值+交易费用)”时，投资者可通过一级市场申购基金并转到二级市场卖出实现套利。其中，交易费用包括二级市场买入标的股票组合、现货组合佣金，一级市场申购基金份额费用，二级市场卖出基金份额佣金，转托管费用等。

当“二级市场价格<(基金份额净值−交易费用)”时，投资者可通过二级市场买入基金份额并转到一级市场赎回(再到二级市场卖出股票)实现套利。其中，交易费用包括二级市场买入基金份额佣金、一级市场赎回费用、二级市场卖出标的股票现货组合佣金、转托管费用等。

2. 期货套利

期货套利包括针对金融期货的套利和商品期货的套利，具体形式包括期现套利、跨期套利、跨市场套利等。其中，期现套利主要分析实际基差与理论基差的关系。跨期套利主要分析不同交割月份期货实际价差与理论价差的关系。跨市场套利主要分析不同市场实际价差与运输费用、汇率之间的关系。相关内容详见第 5 章。

3. 期权套利

期权套利本质上还是寻找被错误定价的资产，利用适当的期权价差和组合，通过低买高卖获得低风险收益。例如，根据复制的思想，看涨期权(Call Option)可通过卖空债券、买入股票来复制，看跌期权(Put Option)可通过卖空股票、买入债券来复制。若期权价格与债券和股票的价格组合存在差异且该差异超过了交易费用，则存在期权套利机会。此外，不同行权价格或不同到期月份之间的期权之间也可能存在套利机会，包括水平套利、垂直套利、跨式套利、蝶式套利等。相关内容详见第 6 章。

4. 统计套利

统计套利(Statistical Arbitrage)主要通过寻找资产价格之间的统计规律，利用对统计规律的暂时背离获取收益。这是一种风险套利行为，需要应对统计关系发生变化的状况。统计套利的主要思路：先找出相关性最好的若干对投资品种，再找出每一对投资品种的长期均衡关系。当某一对品种的价差偏离到一定程度时建仓，买进被相对低估的品种，同时卖空被相对高估的品种，等价差恢复均衡时获利了结。

统计套利的应用主要有配对交易、期货跨期套利等。配对交易(Pairs Trading)策略是由华尔街的金融机构首次提出和使用的。它首先在同一行业内选取业务相似、股价具备一定均衡关系的上市公司股票，然后做空近期的相对强势股，同时做多相对弱势股，等股价又恢复均衡时，平掉所有仓位了结交易。该策略与传统股票交易最大的不同之处在于，它的投资标的是两只股票的价差，是一种相对价值而非绝对价值。同时又由于股票多头方和空头方同时建仓，该策略对冲了绝大部分市场风险，因而它又是一种市场中性策略，策略收益和大盘走势的相关性很低。

1.4.3 事件驱动策略

事件驱动策略是指通过研究对证券价格走势可能产生影响的事件，考察事件发生前后证券价格的变化是否存在一定的规律，并从这种规律中寻找交易机会从而获取超额收益的策略。事件驱动策略所依据的基础对于市场并不是完全有效的，当一个事件发生后，投资者可能会出现对该事件的过度反应或反应不足，导致对证券价格产生持续的正面或负面的影响。因此，对特定事件进行深入研究并发现了事件的投资机会之后，就可以对事件进行跟踪和识别。当事件发生后，可按之前研究所确定的策略进行自动化交易即可。

为了确保事件驱动策略的严谨性和有效性，需要对事件本身进行研究，包括对事件进行准确定义(事件类型、发生的时间与频率)、明确事件的投资逻辑(对什么证券可能造成什么影响)、通过事件研究方法(Event Study)分析异常收益率(Abnormal Return，AR)和累积异常收益率(Cumulative Abnormal Return，CAR)的统计特征，等等。

事件驱动策略按照事件的不同可分为许多种。量化交易关注的通常是定期出现的事件(定期举行的重要会议、宏观经济指标的定期发布等)或出现频率较高的事件。在股票市场中，常见的事件包括定向增发事件、“高送转”事件、业绩预告事件、高管增持事件、重组并购事件、指数样本股调整事件等。其中，定向增发是上市公司面向特定投资者发行股票的行为，采用的是非公开发行方式。非公开发行通常以协议价格发行，为上市公司提供融资的渠道。提出定向增发的公司通常为优质的上市公司，具备绩优、股票价格上升可能性大等特点。定向增发后，公司会采取手段防止股票价格低于增发的发行价格，避免对投资人的利益造成损害。因此，当股价低于增发的发行价格时，投资者会基于该股票将来可能会上升的预期而买入并持有股票。

1.5 交易策略绩效的评价指标

任何一个交易策略，都可以通过一系列的指标来进行判断和评价，包括收益类指标、风险类指标以及综合类指标。毫无疑问，当风险相同时，收益高的交易策略绩效更好；当收益率相同时，风险低的交易策略更好。然而，更常见的情况却是需要同时考虑收益和风险的综合类指标。

如果把风险描述成一个沙坑(坑越深，风险越大)，把收益描述成一个沙堆，那么杠杆就像一把铲子。如果需要增加沙堆的高度，可以将一些沙子从沙坑里转移到沙堆上，从而通过承担更大的风险来增加收益。同样，可以通过杠杆将部分沙堆中的沙子转移到沙坑中，通过降低收益来换取更低的风险。因此，风险和收益可以通过策略的杠杆率来互换。

为了进一步说明收益、风险与杠杆之间的关系，以表 1-2 中的两名投资经理的业绩为例，假设这两名投资经理在其他方面的表现都一样，哪位投资经理的业绩更好呢？很多投资者可能倾向于经理 B，理由是“他们愿意通过承担更大的风险来获得更高潜在的回报”。然而，这个理由并不成立。在表 1-2 中，我们增加了第三种投资选择，将投资经理 A 的投资组合加 3 倍杠杆。显然，加了杠杆后的投资经理 A 不但比投资经理 B 的组合业绩回报更高，而且风险更小。因此，评价一个交易策略的绩效不能只看收益率指标，考虑收益与风险的比例才是真正的关键。

表 1-2　两位投资经理的业绩比较

	收益率	风险(标准差)	收益/风险比率
经理 A	10%	5	2 : 1
经理 B	20%	20	1 : 1
经理 A(3 倍杠杆)	30%	15	2 : 1

1. 收益率

策略的总收益率是评价盈利能力的最基本指标，其计算方法为：

$$r = \frac{V_t - V_0}{V_0} \times 100\% \tag{1-1}$$

式中，r 为策略的总收益率；V_0 为策略建仓时的总权益；V_t 为策略平仓时的总权益。

2. 年化收益率

单独看策略的总收益并不能说明一个策略的好坏，因为总收益率与投资期限有关系。与总收益相比，策略的年化收益率能让投资者更加直观地看出策略的表现，其计算公式为：

$$r_a = \left[(1+r)^{\frac{365}{n}} - 1 \right] \times 100\% \tag{1-2}$$

式中，r_a 为策略年化收益率；r 为策略的总收益率；n 为策略的执行天数。

3. 超额收益与基准收益

除了总收益和年化收益，通常还将策略的收益与基准收益进行对比。在股票交易中，基准收益通常指市场指数(如沪深 300 指数)的收益率。将策略收益率减去基准收益率，可得到超额收益率。

4. 阿尔法与贝塔

任何策略都存在风险，另外一种收益指标是指对冲掉系统风险后策略所能创造的收益。根据资本资产定价模型(Capital Asset Pricing Model，CAPM)，将策略的日收益率序列对代表基准收益的市场指数的日收益率序列进行回归：

$$r_{i,t} - r_f = \alpha + \beta(r_{M,t} - r_f) + \varepsilon_{i,t} \tag{1-3}$$

式中，$r_{i,t}$ 为策略的日收益率；$r_{M,t}$ 为市场指数的日收益率；r_f 为无风险收益率；$\varepsilon_{i,t}$ 为误差项。采用最小二乘法估计，可得到常数项 α 和斜率项 β 的估计值，分别对应策略的阿尔法值与贝塔值。其中，阿尔法值又称为詹森(Jensen)指数。阿尔法值大于(小于)零，表示该策略的业绩表现好于(差于)市场的表现。阿尔法值越大，表示该策略的业绩越好。

5. 夏普比率

夏普比率(Sharpe Ratio，SR)是应用最广泛的风险调整回报的方法，其计算公式为：

$$\mathrm{SR}=\frac{\overline{r}-r_f}{\sigma} \tag{1-4}$$

式中，$\overline{r}$ 为策略在交易期内收益率的平均值；r_f 为无风险收益率；σ 为收益率的标准差，包含了系统性风险和非系统性风险。通常情况下，策略的夏普比率越大，表明其绩效越好。需要说明的是，夏普比率采用收益率的方差来衡量风险，并没有区分向上波动和向下波动。投资者关心的是损失，而不是波动率。事实上，投资者只是反对向下的波动(损失)，喜欢向上的波动(盈利)。此外，对于平均收益率低于无风险收益率的策略，夏普比率为负，此时比较夏普比率毫无意义。

6. 索提诺比率

索提诺比率(Sortino Ratio，SR)只考虑低于最小可接受回报(Minimum Acceptable Return，MAR)的偏离，取代了夏普比率中的标准差，其计算公式为：

$$\mathrm{SR}=\frac{\overline{r}-\mathrm{MAR}}{\sqrt{\frac{1}{T}\sum_{t=0}^{T}[\min(r_t-\mathrm{MAR},0)]^2}} \tag{1-5}$$

式中，r_t 为策略的收益率；$\overline{r}$ 为收益率的平均值；MAR 为最小可接受回报(例如，无风险收益率)。由于索提诺比率区分了向上波动和向下波动，与夏普比率相比，索提诺比率更好地反映了投资者偏好，是一个更好的评估交易策略绩效的工具。

7. 特雷诺比率

特雷诺比率(Treynor Ratio，TR)与夏普比率类似，只是用系统性风险代替了策略的标准差，其计算公式为：

$$\mathrm{TR}=\frac{\overline{r}-r_f}{\beta} \tag{1-6}$$

式中，$\overline{r}$ 为策略在交易期内的收益率的平均值；r_f 为无风险收益率；β 根据式(1-3)估计得到，代表策略组合的系统风险。与夏普比率不同，特雷诺比率衡量的是单位系统风险下的超额收益。特雷诺比率越大，代表策略的绩效越好。该指标合理性的前提是非系统风险已经通过构建分散化投资组合的方式被消除了，反映了策略对市场的调整能力。

8. 信息比率

信息比率(Information Ratio，IR)是从主动管理的角度描述风险调整后收益的，其计算公式为：

$$\mathrm{IR}=\frac{\alpha}{\varepsilon} \tag{1-7}$$

式中，α 为根据式(1-3)计算得到的阿尔法值，表示主动管理获得的经风险调整后的超额收益；ε 为式(1-3)中误差项 $\varepsilon_{i,t}$ 估计值的标准差，也是超额收益 α 的标准差。信息比率越大，说明该策略单位跟踪误差所获得的超额收益越高。

9．胜率和盈亏比

胜率也是衡量交易策略绩效的常用指标，其计算公式为：

$$胜率=\frac{盈利次数}{总交易次数}\times 100\% \tag{1-8}$$

$$盈亏比=\frac{盈利的平均金额}{亏损的平均金额} \tag{1-9}$$

根据上面公式可以简单得出，在盈亏比为 1:1 的条件下，投资者的胜率越高，则获得的收益越多。但如果每次亏损的金额都远大于盈利的金额，那么胜率再高也将毫无用处。

10．最大回撤

最大回撤(Max Drawdown)描述的是在交易时期内，策略可能达到的最坏情况，其计算公式为：

$$\text{Max Drawdown}=\max\left(1-\frac{策略当日净值}{当日之前策略最大净值}\right) \tag{1-10}$$

最大回撤是评判交易策略优劣的一个常用指标，表示该策略在某段时间内所承受的最大风险水平。

1.6 量化交易策略的开发流程

全新开发并实现一次完整的量化交易需要涉及多个流程，主要包括以下几个。

1．数据收集与预处理

进行量化交易策略的开发，离不开大量数据的支持，因此数据的获取是投资者需要面对的首要问题。有些数据可以通过免费的数据来源直接下载(如历史交易数据)，也可以通过编写程序从网站上爬取，还可以通过数据接口从专业的金融数据服务商(如 Wind 数据)或量化交易平台(如聚宽)获取数据。从不同来源获取数据后，通常需要将数据进行清洗和预处理。比如，针对数据格式不统一、数据错误、数据缺失、数据重复、数据频率不一致等问题的清洗，以及对数据进行去除极端值、取对数、标准化、转换频率等处理。

2．量化交易策略的构建

任何一个量化交易策略都有其投资逻辑，这个逻辑可以简单也可以复杂，关键在于能将这个投资逻辑模型化，并通过计算机技术来实现交易过程。一个完整的量化交易策略至少包括4个部分：(1)确定交易的资产(交易什么)；(2)确定买入或卖出的时机(什么时候交易)；(3)确定买卖数量以及是否进行动态调仓(交易多少)；(4)确定止盈和止损条件(风险控制)。

3．策略的回测和优化

回测过程就是用一段历史数据对构建的量化交易策略进行检验，得到对于这个策略的初步判断。回测的目的就是对投资逻辑进行验证，并通过调整和优化寻找成功的策略。通常情况下，根据1.5节介绍的策略绩效评价指标，对于回测效果较好的策略可以保留或进一步优化(比如，策略的参数选择可通过优化算法来确定)，对于回测效果不好的策略需要重新审视之前的投资逻辑是否合理。需要指出的是，由于存在“过拟合”的问题，即便是回测效果很好的策略，在实盘交易中也可能是一个失败的策略。

4．模拟交易和实盘交易

经过了一系列复杂的策略设计开发、回测、优化等过程，最终筛选出来的策略就可以用实时的行情数据进行模拟交易。如果经过一段时间的模拟交易，策略的绩效仍然很好，就可以进行实盘交易。需要说明的是，当进行较大资金的实盘交易时，由于存在价格冲击成本，实盘交易的绩效仍然可能存在差异。

1.7 量化交易平台

量化交易的思想和理念要真正发挥作用，需要投资者设计相应的量化交易策略并实施。量化交易策略的设计主要是以计算机为工具，建立固定的逻辑来进行分析、判断和决策。一个完整的量化交易策略包括输入部分、策略处理部分、输出部分。以量化选股策略为例，输入部分含行情数据、财务数据、投资经验、自定义数据等；策略处理部分含选股(如多因子模型)、择时(判断买入卖出点)、仓位管理、止盈止损设计等；输出部分含买入信号、卖出信号、投资成本、投资收益等。因此，量化交易策略的设计和实施需要较多的技术手段。仅从硬件方面来考虑，获取数据需要购买数据库或计算机爬虫；分析数据需要采购计算机或服务器、采购数据分析软件并掌握数据分析技术；编写策略需要采购编程软件并掌握相关的编程技术；策略回测、模拟与实盘交易需要相应的交易接口。

真正做量化交易的门槛是比较高的，一般投资者是可望而不可即的。然而，幸运的是，以万矿(Wind Quant)、TradeStation、Quantpedia、聚宽(Joinquant)、优矿(Uqer)、米筐(Ricequant)等为代表的在线量化交易平台极大地降低了量化交易策略开发的门槛。用户在其平台上能够获得强大的行情、回测、交易的应用程序编程接口(Application Program Interface，API)支持，可以轻松地实现各类量化交易策略，并且优秀的策略还能获得平台的投资，最终平台和用户能够一起共享策略产生的投资收益。

量化交易平台提供行情、财务、回测、交易等接口，用户在线完成一体化的策略研究和实盘过程。从用户需求来看，量化交易平台的核心用户是开发量化交易策略的个人或团队，包括私募和公募的个人和团队以及交易策略开发爱好者等。这些用户的专业能力不一，投资风格、标的、策略偏好也差别较大。因此，量化交易平台需开发平台化产品才能够满足这些用户的策略开发需求。其中，需求既包括基本的策略开发需求(如策略环境、实时行情及历史行情数据、策略历史回测、模拟及实盘交易等)，也包括进阶性需求(如高频历史行情、回测优化、风险控制、绩效评估及策略管理等)。从平台服务来看，量化交易平台应提供历史行情、财务报告等数据服务，证券期货等交易通道服务，以及策略回测、模拟交易、风控管理、绩效评估等高附加值服务。此外，平台还应具有一定的易用性，包括编程语言的兼容性和界面的友好性。

随着量化投资理念的推广，国内多家金融数据库服务商和证券公司也开始涉足量化交易领域，并建立了量化交易平台。比如，万得信息技术股份有限公司(简称万得)在产品“Wind 金融终端”中开发了“万矿量化云平台”，并提供 EXCEL-VBA、MATLAB、Python、R、C++、C#等开放接口。同花顺网络信息股份有限公司(简称同花顺)在产品“iFind 同花顺金融数据终端”中开发了量化交易平台。东方财富也开发了 Choice 数据量化接口，以函数调用的形式提供丰富的基本面、财务、历史行情等数据内容，支持用户进行数据分析及策略挖掘。

习　题

1．查询网络资料，了解并总结巴菲特的投资理念和投资方法。巴菲特的投资方法能够通过量化交易来实现吗？为什么？

2．搜集相关资料，分析量化交易在国内外的发展和研究现状。

3．查阅相关资料，比较分析国内主流量化交易平台的特点和功能。

4．详细了解聚宽平台，自主学习后编写一个简单的买卖股票的量化交易策略。

Chapter 2

第 2 章　数据获取与可视化编程

数据是量化交易的基础，金融市场多样化的产品和海量数据为量化交易提供了广阔的应用场景。无论是基于基本面分析，还是基于技术分析，量化交易的第一步就是获取数据。以适当的方式对数据进行可视化展示，有助于整体把握数据指标的变化趋势，以及直观显示指标间可能存在的相关关系。本章采用量化交易中最常用的 Python 编程语言，从宏观经济指标、商品期货基本面分析数据、个股财务指标 3 个层面，详细展示如何从 Wind 金融终端获取数据，以及如何利用 XlsxWriter 模块对数据进行保存和可视化展示。

2.1　软件简介

本章主要介绍采用 Python 编程的方式，通过 Wind 金融终端的 API 接口获取经济金融数据，并利用 XlsxWriter 模块对数据进行保存和可视化展示。首先，简要介绍 Python 编程语言、集成开发环境 Spyder 以及 XlsxWriter 模块；其次，简要介绍 Wind 金融终端的基本概况，并对其 API 数据接口做重点介绍。对于 Python 编程语言的基本语法，本章不做详细讲解，更丰富的 Python 知识可参考相关书籍。

2.1.1　Python 编程语言

1. Python 编程语言概述

Python 编程语言（以下简称 Python）由荷兰数学和计算机科学研究学会的 Guido van Rossum 于 20 世纪 90 年代初设计，是一门简单易学且功能强大的编程语言。它拥有高效的高级数据结构，并且能够用简单而又高效的方式进行面向对象编程。Python 优雅的语法和动态类型，再结合它的解释性，使其在大多数平台的许多领域成为编写脚本或开发应用程序的理想语言。Python 官方网站以源代码或二进制形式提供了 Python 解释器及其标准扩展库，可自由地分发。该网站同时还提供了大量的第三方 Python 模块、程序、工具及其附加文档。

Python 具有简单易学、免费开源、运行速度快等特点。阅读一个良好的 Python 程序就感觉像是在读英语一样，它使读者能够专注于解决问题而不是去搞明白语言本身。Python 提供了丰富的 API 和工具，以便程序员能够轻松地使用 C 语言、C++等来编写扩充模块。Python 编译器本身也可以被集成到其他需要脚本语言的程序内。此外，Python 的标准库很庞大，可以帮助处理许多方面的工作，包括正则表达式、文档生成、单元测试、线程、数据库、网页浏览器、CGI、FTP、电子邮件、XML、XML-RPC、HTML、WAV 文件、密码系统、GUI(图形用户界面)、Tk 和其他与系统有关的操作。除标准库以外，还有许多其他高质量的库，如 wxPython、Twisted、Python 图像库等。Matlab 的大部分常用功能都可以在 Python 世界中找到相应的扩展库。

Python 已被广泛应用于科学计算和统计、Web 和 Internet 开发、软件开发、人工智能、多媒体应用等多个领域。在量化交易领域，Python 已成为主流的编程语言。在 Github 量化开源项目中，大部分采用了 Python，如 VNPY、Zipline、Qlib 等。

Python 的安装有多种方式，既可以在 Python 官网下载安装软件后直接安装，也可以通过安装 Anaconda 等第三方平台软件进行安装。我们推荐使用 Anaconda 进行安装，因为其安装更加快捷方便。Anaconda 是一款开源免费的第三方工具，本质是一个各类 Python 工具的集成平台，将很多第三方开发调试环境集成在一起，方便用户使用。

2. 集成开发环境 Spyder

Python 的集成开发环境(Integrated Development Environment，IDE)总体可以分为两类：一类是文本工具类，如 IDLE、Notepad++、Atom 等；另一类是集成工具类，如 PyCharm、Spyder、Wing 等。对于进行数据分析等日常使用，建议使用 Spyder。Spyder 是一款非常优秀的集成开发环境，对于编写和调试 Python 程序非常友好，同时具有启动速度快、功能简单实用、可以查看变量等优点。除此之外，Spyder 的使用界面可设置为 Matlab 布局，也可调整为 RStudio 布局，这使得 Matlab、R 软件的使用者很容易上手。当然，也可以根据自己的习惯、喜好对界面布局进行调整。Spyder 无须另外安装，当电脑顺利安装 Anaconda 后，Spyder 也就一并安装完成，直接单击运行即可。

图 2-1 展示了采用 RStudio 布局的 Spyder 使用界面。左上方为编程文件区，可以打开、新建、修改 Python 程序文件；左下方为交互式窗口，可以进行交互式编程；右上方为变量、图形、历史展示区，可以查看程序运行过程中生成的变量内容、图形以及运行过的历史代码，这一点对于代码调试十分有帮助；右下方为文件导航和帮助区，可以查看目标文件夹内的文件以及进行帮助搜索等。

3. XlsxWriter 模块

XlsxWriter 模块用于写入 Excel 文件，可以通过 Python 语句创建 Excel 文件，并将需要的文本、数据写出到指定工作页中的指定单元格，同时也支持对工作页及单元格进行格式设置，以及根据数据制作图形、表格等功能。可以说，Excel 中所有手动可实现的操作都可以通过调用 XlsxWriter 模块中的函数来一一实现。但需注意的是，XlsxWriter 模块仅能用于写入 Excel 文件，而不能读取和修改已存的 Excel 文件。

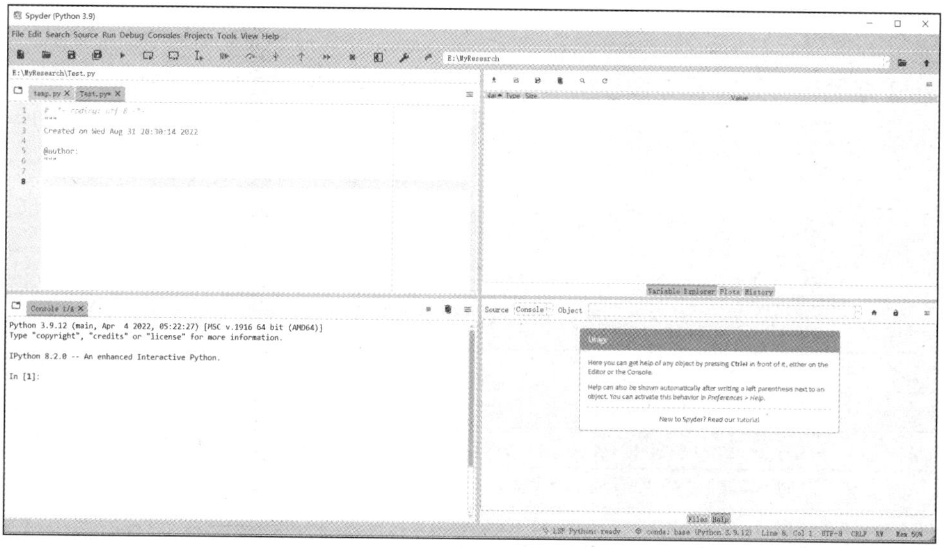

图 2-1　Spyder 使用界面

2.1.2　Wind 金融终端

1．基本概况

Wind 金融终端是一个在线实时金融信息终端，是为用户提供无缝集成的行情报价、金融数据、财经信息、分析工具、组合管理等功能的综合性金融服务平台。通过 Wind 金融终端，可以获取覆盖全球金融市场的数据与信息，内容包括股票、债券、期货、外汇、基金、指数、权证、宏观等。Wind 金融终端拥有强大的 Excel 数据链接功能，方便用户动态获取实时行情、财务数据、宏观和产业等数据，构建各种灵活的分析模板。更重要的是，Wind 金融终端支持 VBA、Matlab、R、Python 等多语言平台函数接口，使得 Wind 数据能与用户的投研系统无缝连接。图 2-2 展示了 Wind 金融终端的首页界面。

图 2-2　Wind 金融终端首页界面

2. API 函数接口

Wind 金融终端提供了多样化的 API 数据获取函数，通过调用这些函数，可以获取诸如宏观经济、股票板块、股票基金等各种数据。表 2-1 展示了常用的 API 数据获取函数及功能说明。在 Wind 金融终端初始界面中单击“量化”选项，在弹出的下拉菜单中指向“数据接口”选项，并进一步选择“API 接口”选项，便可进入 API 帮助中心，其中详细介绍了函数使用方法。

表 2-1 常用 API 数据获取函数及功能说明

函数名称	功能描述
WSD	日期序列：获取股票、债券、基金、期货等多品种或者单品种历史日线级别序列数据
WSS	多维数据：获取股票、债券、基金、期货、期权等多品种历史横截面数据
WSEE	板块多维：获取选定股票板块的历史横截面数据
WSES	板块序列：获取选定股票板块的历史时间序列数据
WSET	数据集：获取板块成分、指数成分以及各证券品种的专题统计报表数据
EDB	经济数据：获取宏观经济数据
TDays	获取日期时间序列
TDaysOffset	获取前推后推日期
TDaysCount	计算日期间距

在 API 函数的具体使用过程中，可借助 Wind 金融终端的“代码生成器”功能，逐渐熟悉各个数据获取函数的含义、参数设定等内容。在 Wind 金融终端初始界面中单击“量化”选项，在弹出的下拉菜单中指向“数据接口”选项，进一步选择“代码生成器”选项(快捷代码为“CG”)。图 2-3 展示了 Wind 代码生成器的初始界面。关于代码生成器的详细使用方法，可参考 Wind 金融终端的 API 帮助文档。

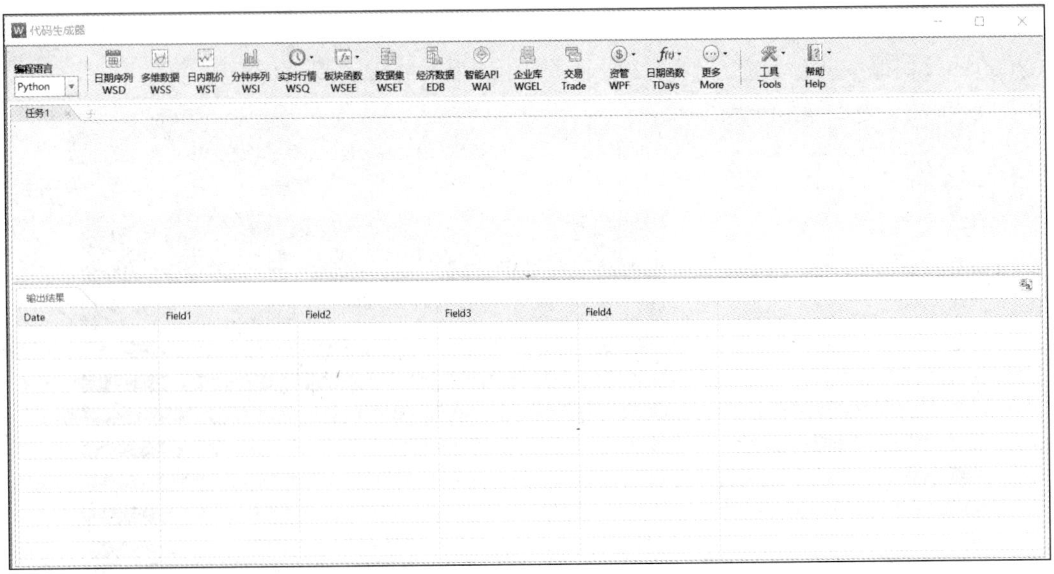

图 2-3 Wind 代码生成器初始界面

3. Python 接口安装与启动

在安装有 Python 的电脑上，关闭 Python 环境以及用到控件的 Matlab/R/C++环境等，在 Wind 金融终端中单击“我的”选项，在弹出的下拉菜单中选择“插件修复”选项，在弹出的菜单中单击“修复 Python 接口”按钮，Wind 金融终端将自动开始量化接口修复。当修复完成后，若显示“配置 Python 接口成功”等信息，便可在 Python 程序中通过加载 WindPy 模块，并在执行 w.start()启动 API 接口后，使用数据获取函数获取所需的经济金融数据。以下是交互式代码演示。

```
In [1]: from WindPy import w
In [2]: w.start( )
Welcome to use Wind Quant API for Python (WindPy)!

COPYRIGHT (C) 2020 WIND INFORMATION CO., LTD. ALL RIGHTS RESERVED.
IN NO CIRCUMSTANCE SHALL WIND BE RESPONSIBLE FOR ANY DAMAGES OR LOSSES CAUSED
BY USING WIND QUANT API FOR Python.
Out[2]:
.ErrorCode=0      #API 接口启动成功
.Data=[OK!]
```

2.2　宏观经济指标

宏观经济数据是重要的数据之一。事实上，无论是股票交易，还是期货和期权交易，都需要进行宏观经济分析，其核心是通过解读各种宏观经济指标的变化，分析经济运行及宏观经济政策对证券、期货市场价格的影响。

2.2.1　主要经济指标

1. 国内生产总值

国内生产总值(Gross Domestic Product，GDP)是指一个国家或地区在一定时期内生产的所有最终产品与服务的市场价值，是国民经济核算的核心指标，也是衡量一个国家或地区经济发展水平的重要指标。GDP 增长率一般用来衡量经济增长的速度，是反映一定时期经济发展水平变化程度的动态指标。

GDP 的核算方法主要有生产法、收入法和支出法。其中，最常用的是支出法，其核算公式为：

$$\mathrm{GDP} = C + I + G + \mathrm{NX} \tag{2-1}$$

式中，消费(C)支出是指居民个人消费，包括购买耐用消费品、非耐用消费品和劳务的支出；投资(I)是指增加或更换资本资产的支出，包括固定资产投资和存货投资两大类，其中固定资产投资主要包括新厂房、新设备、新商业用房以及新住宅的增加；政府购买(G)

是指各级政府购买产品和劳务的支出，如花钱设立法院、提供国防、建筑道路等方面的支出；净出口(NX)是指进出口的差额。

用现行价格计算的 GDP 可以反映一个国家或地区的经济发展规模，又称名义 GDP；用不变价格计算的 GDP 可以反映国民经济的增长速度，也称实际 GDP；人均 GDP 是国内生产总值和人口指标的比率，是衡量一个国家或地区经济发展水平和富裕程度的综合指标。把各国人均 GDP 换算成同一货币，可以进行国际比较，反映各国的富裕程度。

中国的 GDP 数据由中国国家统计局发布，季度 GDP 初步核算数据在季后 15 天前后公布，初步核实数据在季后 45 天前后公布，最终核实数据在年度 GDP 最终核实数据发布后 45 天内完成。年度 GDP 初步核算数据在年后 20 天公布，而独立于季度核算的年度 GDP 初步核实数据在年后 9 个月公布，最终核实数据在年后 17 个月公布。

GDP 在经济分析中具有重要作用。通常情况下，GDP 的增长意味着就业机会的增加。同时，伴随着经济增长，新的社会需求形成，市场物价水平也会受其影响发生变化。在凯恩斯国民收入决定理论中，市场总体物价水平和国民收入是由总供给和总需求的动态均衡所决定的。以两部门经济为例，国民收入由消费和投资决定，其中消费由边际消费倾向和国民可支配收入决定。随着经济的增长，国民可支配收入随之增长，形成了新的消费需求，进而推动社会总需求上升，推动市场总体价格水平和国民收入的进一步增长(此处的整体价格水平由总需求的上升所推动，并非货币现象)，市场整体价格水平持续稳定上升，厂商开始扩产以增加总供给水平，厂商扩产进一步增加了社会固定资产投资需求，进一步推动了总需求，进而形成了经济的健康循环增长。在总需求和总供给良性上升、大宗商品产能尚未有效释放的情况下，厂商的扩产会直接推动社会对原材料和厂房等固定资产的需求。因此，从中长期来看，GDP 指标与大宗商品价格呈现较明显的正相关关系。

除国内生产总值外，全社会用电量、铁路货运量等指标也能反映社会经济发展状况，特别是工业生产的活跃度。在经济上行周期，用电量和铁路货运量会大幅增加；在经济下行周期，企业处于去库存阶段，生产规模大幅度缩减，用电量快速下滑，铁路货运量也会持续下滑。

2. 固定资产投资

固定资产投资是以价值形式表示的在一定时期内建造和购置固定资产的工作量以及与此有关的费用总和，是反映固定资产投资规模、速度、比例关系和使用方向的综合性指标，是社会固定资产再生产的主要手段。

全社会固定资产投资分为基本建设、更新改造、房地产开发投资和其他固定资产投资。固定资产投资完成额以建造和购置固定资产以及与此有关的费用作为核算主体。土地开发工程隶属于固定资产投资范畴，但单纯的土地交易不属于固定资产投资。中国的固定资产投资完成额由国家统计局发布，每月 13 日前后公布上月数据，每季度第一个月 13 日前后发布上一季度数据，每年 2 月底发布上年数据。

固定资产投资影响股票市场。一般来说，投资增长速度加快，表明企业对经济前景看好，对股票投资者是利好；当投资增速放缓时，可能意味着经济下滑，股票投资者可能会抛售股票持币观望。对大宗商品市场而言，固定资产投资增加导致社会总需求增加，在大宗商品产能未能有效释放的情况下，将导致大宗商品价格普遍上涨。反之，固定资产投资减少，大宗商品价格则缺乏上涨动力。

3．城镇就业数据

失业率是反映宏观经济运行状况的重要指标，其变化反映了就业和宏观经济的波动状况。若将失业率与同期的通货膨胀指标放在一起来分析，可判断经济增长是否过热，是否会构成加息压力，或者是否需要通过减息来刺激经济发展。

根据国家统计局的统计标准，失业人口是指非农业人口中在一定年龄段内有劳动能力，在报告期内无业，并根据劳动部门就业登记规定在当地劳动部门进行求职登记的人口，所统计的失业数据包括城镇登记失业率和调查失业率。其中，城镇登记失业率是指城镇登记失业人数占城镇从业人数与城镇登记失业人数之和的百分比，是我国目前官方正式对外公布和使用的失业率指标，由人力资源和社会保障部负责收集数据，并由国家统计局负责收集编制。调查失业率由国家统计局负责收集编制，数据采用分层、多阶段、整群比例抽样等方法，取得90万人的样本量，用样本数据来推算总体的失业率。

美国人口资料局(Population Reference Bureau，PRB)每月都会对6万个家庭进行当期人口调查，收集计算失业率所需信息，再交由美国劳工部劳动统计局(Bureau of Labour Statistics，BLS)计算每月的失业率，并在每月第一个星期五发布。除失业率数据外，非农就业数据也是美国非常重要的经济数据，甚至会对美国宏观经济政策制定产生一定的影响，其由美国劳工部劳动统计局在每个月第一个星期五发布。非农就业数据的收集直接来自工资记录，是反映劳动力市场最直接、最有说服力的指标。失业率数据和非农就业数据共同反映了美国就业市场的整体状况。

失业率取决于劳动力市场的供需情况，均衡状态下的失业率被称为自然失业率或是充分就业状态。当社会整体就业水平未达到充分就业时，政府将采取一定的财政政策和货币政策以促进充分就业。比如，政府主导的基础设施建设将直接扩大就业岗位；政府通过采取降低利率的政策以推动企业投资扩产进而促进就业的行为。在美国，失业率的高低会对美联储货币政策的制定产生影响，而货币政策的变化往往会引起美元汇率的变动，进而使股票市场和商品期货市场的价格产生波动。

4．价格指数

物价总水平是指将商品和服务的价格经过加权平均后的平均价格，而价格指数便是衡量物价总水平在任何一个时期内相对于基期变化的指标。当前，能够反映经济发展水平和市场价格水平的价格指数主要包括消费者价格指数(Consumer Price Index，CPI)和生产者价格指数(Producer Price Index，PPI)，分别反映了居民消费情况和工业生产状况。

在我国，消费者价格指数是指居民消费价格指数，反映了一定时期内城乡居民所购买的生活消费品价格和服务项目价格变动趋势及程度的相对数，是对城乡居民消费价格指数和农村居民相对价格指数进行综合汇总计算的结果。我国居民消费价格指数构成的8大类别中，食品比重最大，其次是居住类，但不直接包括商品房销售价格；美国的消费者价格指数中，住宅类占比42%，其次是交通运输和食品饮料类。

除消费者价格指数本身以外，消费者价格指数的同比增长率更受市场和政府当局所关注，其直观地反映了市场价格水平的变化情况。当一个经济体中的大多数产品和服务的价格连续在一段时间内普遍上涨时，便称之为通货膨胀。一般来说，当消费者价格指数同比增长大于3%时，称之为温和的通货膨胀；而当消费者价格指数同比增长大于5%时，则称为严重的通货膨胀。

生产者价格指数是衡量工业企业产品出厂价格变动趋势和变动程度的指数，是反映某一时期内生产领域价格变动情况的重要经济指标，又称工业品出厂价格指数。与居民消费价格指数相比，工业品出厂价格指数只反映了工业品出厂价格的变动情况，并没有包含服务价格的变动，其变动也要比居民消费价格指数剧烈一些。由于企业最终要把其产品生产的成本费用转嫁给下游消费者，居民消费者作为社会消费传导链条的终端，工业品出厂价格的变动最终将直接反映在居民消费价格指数上，因此生产者价格指数的变动往往在一定程度上预示了消费者价格指数的变动趋势。

5. 采购经理人指数

采购经理人指数(Purchasing Managers Index，PMI)是最重要的经济先行指标，涵盖生产与流通、制造业与非制造业等领域，主要用于预测经济的短期运行，具有很强的前瞻性。采购经理人指数以百分比表示，一般来说，以50%为分界线：当指数高于50%时，通常被解释为经济扩张的信号；当指数低于50%，尤其是接近40%时，则有经济萧条的倾向。目前全球已有20多个国家或地区建立了采购经理人指数体系，其中具有影响力的采购经理人指数主要有中国制造业采购经理人指数和美国ISM采购经理人指数。

中国制造业采购经理人指数由国家统计局和中国物流与采购联合会共同合作编制，是衡量制造业在生产、新订单、就业、供应商配送、存货、新出口订单、采购、产成品库存、购进价格、进口和积压订单等11个方面状况的指数，通常在每月的第一个工作日定期发布。其中，国家统计局企业调查总队负责数据的调查采集和加工处理；中国物流与采购联合会和中国物流信息中心负责数据分析、商务报告的撰写，并向社会发布。美国ISM采购经理人指数是由美国非官方机构供应管理协会(Institute for Supply Management，ISM)在每月第一个工作日定期发布的一项经济领先指标，其编制方式与中国采购经理人指数类似。

2.2.2 货币金融指标

1. 货币供应量

货币供给是相对于货币需求而言的，是指一国经济中货币的投入、创造和扩张(收缩)的过程。具体来讲，货币供给是指一国银行体系通过自身的业务活动在货币乘数的放大作用下向社会生产活动领域提供货币的全过程。货币供给是一个动态的概念，是指银行系统向经济提供货币的过程；货币供应量是一个静态的概念，是指单位和居民个人手持现金和在银行中的各项存款之和。货币供应量的变化反映了中央银行货币政策的变化，其对企业生产、居民消费、金融市场的运行和居民个人的投资行为有着重大影响。

按照国际货币基金组织的统计方式，货币层次划分如下：

(1)基础货币(M0)，是指流通于银行体系外的现钞和铸币，包括居民手中的现金和单位的备用金，不包括商业银行的库存现金，是日常作为流通手段和支付手段的货币。基础货币的核心作用在于货币当局在制定货币政策时可以通过改变基础货币的数量，配合对货币乘数(由法定存款准备金率、超额准备金率、现金比率等决定)的管理，利用银行体系的业务活动以实现对货币总体供应量的控制与调节。

(2)狭义货币(M1)，由于银行的活期存款具有很大的灵活性，可以随时作为支付手段使用流通，因此狭义货币等于基础货币与银行体系活期存款之和。M1 作为现实的购买力，对社会经济发展影响巨大，因此大多数国家货币当局在制定货币政策时都将这一层次的货币供应量作为调控对象。

(3)广义货币(M2)，是指银行存款中的定期存款、居民储蓄存款和其他短期信用工具与 M1 的总和。M2 虽然不是真正的货币，但经过一定手续后，能够转化为现实的货币，从而加大货币的供应量。

货币供应量与股票市场和大宗商品市场的价格变化密切相关。若货币供应量持续大幅增加，部分货币供应无疑将流入金融市场，直接影响证券资产的价格，加剧金融市场的波动。

2. 利率和存款准备金率

利率是货币的价格，由货币的供求决定，我们常说的利率有基准利率、存款利率、贷款利率和市场利率等。其中，基准利率是其他利率的基础和核心，在整个利率体系中起主导作用，其水平变化决定着其他各种利率和金融资产价格水平的变化。市场经济国家通常以中央银行的再贴现率作为基准利率。在中国，1 年期的存贷款利率承担着基准利率的作用，同时，中国人民银行正着力培养于 2007 年 1 月 4 日开始运行的上海银行间同业拆借利率(Shanghai Interbank Offered Rate，Shibor)成为市场基准利率。

全球最著名的基准利率主要有伦敦同业拆借利率(London Interbank Offered Rate，LIBOR)和美国联邦基准利率(Federal Funds Rate，FFR)，两国的存贷款利率都是基于此利率确定的。其中，LIBOR 是目前国际上最重要和最常用的市场基准利率，是由英国银行家协会根据其选定的银行在伦敦市场报出的银行同业拆借利率，进行取样并平均计算成为基准利率的，且已经成为全球贷款方和债券发行人的普遍参考利率。FFR 是指美国同业拆借市场的利率，主要指隔夜拆借利率，是美联储的政策性利率指标。

存款准备金是指具有存贷款业务的金融机构为保证客户随时提取存款和资金清算需要而准备的资金。金融机构按规定向中央银行缴纳的存款准备金占其存款总额的比例就是存款准备金率。存款准备金又分为法定存款准备金和超额存款准备金，因此又衍生出法定存款准备金率和超额存款准备金率。其中法定存款准备金率由中央银行规定，是货币当局制定货币政策、调控货币供应量的重要手段之一；超额准备金率则由商业银行自行决定，可通过货币乘数对货币供应造成影响。

利率和存款准备金率都是货币政策调控的主要中介目标。一般而言，利率水平越低，股票价格和大宗商品的价格将上升。在利率水平处于较低水平时，银行存款利率较低，居民储蓄需求下降，投资者更倾向于投资股票市场、期货市场等收益更高的资产。对企业而言，利率下降意味着银行贷款利率下降，企业的生产成本和融资成本降低，增加了企业的盈利预期，企业开始扩产，对原材料和大宗商品的需求随之上升，企业业绩得到提高，进而大宗商品市场价格和股票价格也随之上涨。存款准备金率是调节货币乘数的主要指标之一，货币当局可通过调整存款准备金率来调节货币供应量，进而影响资本市场的价格变化。

3. 汇率

汇率是以一种货币表示另一种货币的相对价格，可视为一个国家的货币对另一种货币的价值。汇率具有双向表示的特点，分别对应着两种基本汇率标价方法：直接标价法和间接标价法。直接标价法是指用一单位的外国货币作为标准，折算为一定数额的本国货币来表示的汇率；间接标价法是用一单位的本国货币作为标准，折算为一定数额的外国货币来表示的汇率。在实际生活中，人们提到的汇率一般指名义汇率，而名义汇率并没有考虑两个国家的价格水平。实际汇率是两国产品的相对价格，是名义汇率与物价水平比率的乘积。人民币汇率一般是指以美元为基准兑换人民币的报价，即 1 美元可以兑换成多少人民币。

汇率直接反映了市场对一国货币的供求关系，而影响货币供求关系的因素主要包括商品市场进出口情况和资本市场的资本流动。从商品市场进出口方面来讲，商品出口将刺激市场对本国货币的需求，商品进口将刺激对美元的需求，两者共同决定汇率。此外，汇率的变化又将影响商品的进口成本，进而影响进出口情况。以人民币为例，人民币升值利于进口，人民币贬值利于出口。进口的增加扩大了对国际商品的需求，有利于国际商品价格的上涨。中国作为大宗商品进口大国之一，对能源、矿产、粮食等大宗商品的进口需求量居于世界前列，因此汇率的变动将直接影响我国大宗商品的进口成本，进而影响国内的大宗商品价格。

4. 美元指数

美元指数是综合反映美元在国际外汇市场汇率情况的指标，用来衡量美元对一篮子货币的汇率变化程度。它通过计算美元和对选定的一篮子货币的综合变化率来衡量美元的强弱程度，从而间接反映美国的出口竞争能力和进口成本的变动情况。

美元指数与黄金价格一般呈现负相关关系。在国际市场上，黄金一般作为储备资产存在，且具有避险功能，而美元作为当前国际货币体系的基石，同样具有一定的保值增值功能，美元的坚挺和稳定会直接削弱黄金的保值功能和其作为储备资产的地位。此外，由于黄金一般都以美元计价，因此美元的贬值势必会导致黄金价格的上涨。20 世纪 80 年代以来，美国经济迅猛发展，大量海外资金流入美国，导致这段时期美国市场中其他资产的投资回报率不断上升，远远大于投资黄金，投资者大规模撤出黄金市场，导致黄金价格经历了连续 20 年的下挫。

一般而言，当美国经济表现强劲时，国际油价上涨、美元升值。但美元升值并不意味着美元指数一定是走强的。因为美元指数是用来衡量美元对一篮子货币的汇率变化程度，所以如果此时美元相对其他货币走弱，那么美元指数呈下降趋势。这种情况下，美元指数和国际油价的走势恰好是相反的。反过来，如果此时美元相对其他货币走强，那么美元指数呈上升趋势，而此时美元指数和国际油价的走势却是同向的。此外，美元往往是资金的“避风港”，所以当大量资金选择美元作为“避风港”时，这些资金很有可能就是从国际原油期货市场中流出的，这也将使美元指数走强以及国际油价走弱。

2.2.3　其他重要指标

1．商品价格指数

对期货市场而言，能够及时、准确、全面反映大宗商品市场运行趋势的商品价格指数的重要性不言而喻。1957 年，美国商品研究局(Commodity Research Bureau，CRB)依据世界市场上 22 种基本的经济敏感商品价格首次编制了一种商品期货价格指数，简称 CRB 指数。2001 年，英国路透集团获得 CRB 指数的所有权，并于 2005 年与 Jefferies 金融产品公司合作，推出路透商品研究局(Thomson Reuters Jefferies/CRB，RJ/CRB)指数。

RJ/CRB 指数包括 19 个商品期货品种，分为 4 组及 4 个权重等级。第一组由 3 种原油类商品构成，权重占比为 33%；第二组由天然气、玉米、大豆、活牛、黄金、铝和铜等 7 种流动性很强的商品构成，权重占比为 42%；第三组由白糖、棉花、可可和咖啡 4 种商品组成，权重占比为 20%；第四组则由价值多样性的商品组成，包括镍、小麦、生猪、橙汁和白银，权重占比为 5%。RJ/CRB 指数涵盖的商品都是原材料性质的大宗商品，价格数据均从期货市场采集，直接反映了全球商品价格的动态变化。RJ/CRB 指数与生产者价格指数和消费者价格指数类似，都是衡量物价水平的指数，由于其包含的基本上都是社会生产所需的原材料大宗商品，因此从某种意义上讲，RJ/CRB 指数比生产者价格指数和消费者价格指数更加敏感和超前，更能够提前有效地反映经济发展的趋势和社会总体物价水平的变化。

2．波罗的海干散货运价指数

波罗的海干散货运价指数(Baltic Dry Index，BDI)，是由波罗的海航运交易所发布的衡量国际干散货海运价格的权威指数。BDI 由波罗的海好望角型船运价指数(Baltic Capesize Index，BCI)、波罗的海巴拿马型船运价指数(Baltic Panamax Index，BPI)、波罗的海超灵便散货型船运价指数(Baltic Supramax Index，BSI)、波罗的海灵便型船运价指数(Baltic Handysize Index，BHSI)4 种船型的期租市场指数构成，每种船型权重占比 25%。船型不同，吞吐量不同，分别运送不同的大宗商品。其中，BCI 主要反映运输焦煤、燃煤、铁矿砂、磷矿石、铝矾土等工业原料，10 万吨级别以上的好望角型船的海运价格；BPI 主要反映运输民生物资及谷物等大宗商品，7～9 万吨级别的巴拿马型船的海运价格；BSI 主要反映运输磷肥、碳酸钾、木屑、水泥等货物，4～5 万吨级别的超灵便型船的海运价格；BHSI 主要反映 2～4 万吨级别灵便型干散货船的海运价格。

BDI 反映了全球对矿产、粮食、煤炭、水泥等大宗商品的需求，对观察和判断全球经济走势具有重要的参考价值。一般来讲，当全球经济增长，对磷矿石、煤炭、有色金属等初级商品市场的需求增加，进而推动价格上涨，BDI 也会相应上涨。所以，BDI 与全球经济增长和大宗商品价格变化基本上呈正相关关系。从历史经验来看，商品价格指数先于BDI上涨或下跌，但BDI的变化又会对大宗商品价格产生一定的影响。一方面，有色金属、煤炭、铁矿石等初级原材料在全球分布不均所产生的全球贸易导致了对国际市场船运的需求，全球经济的快速增长会推动对大宗商品的需求，进而导致船运能力的供不应求，船运价格上涨，BDI也随之上升；另一方面，对于大宗商品的进口国而言，BDI的上涨意味着船运成本的上升，这将通过成本传导机制直接影响进口商品的价格；同时，BDI的变化也会直接影响市场对全球经济后期走势的判断和信心，抑制大宗商品价格上涨。

BDI是由各船型、各航线运价指数编制的综合海运指数，对于业界和投资者而言，分船型、分航线的分指数更具有参考意义，因为其代表了不同的具体的大宗商品和贸易路线。除BDI外，波罗的海交易所还有两个著名的运价指数：原油运输指数（Baltic Exchange Dirty Tanker Index，BDTI）和成品油运输指数（Baltic Exchange Clean Tanker Index，BCTI），它们在全球经济中的地位同样举足轻重。

3. 波动率指数

波动率指数（Volatility Index，VIX）又称投资者恐慌指数，反映了投资者对未来市场波动性的预期。波动率指数越高，意味着投资者预期未来股价指数的波动性越剧烈；波动率指数越低，意味着投资者认为未来的股价波动将趋于缓和。

1993年，芝加哥期权交易所开始编制VIX，选择标准普尔100指数期权的隐含波动率作为编制基础，同时计算买权与卖权的隐含波动率，以考虑交易者使用买权与卖权的偏好，衡量市场对未来30天的市场波动率的预期。经过十多年的发展和完善，VIX逐渐得到了市场认同。2001年，芝加哥期权交易所又相继推出了NASDAQ 100指数波动率指数VIX、标准普尔500波动率指数VIX。

VIX推出之后，目前已经成为全球投资者评估股票市场风险的主要依据之一。经验表明，当VIX达到相对高点时，投资者对未来的短期市场充满恐惧，市场通常接近或已在底部；反之，当VIX达到相对低点时，则代表投资者对市场的预期和分析处于极度乐观的状态，市场通常接近或已在顶部。对于期权投资者而言，VIX非常重要。如果持有一个期权多头组合，那么波动率的升高是有利的；反之亦然。

扫码（线上资源2-1、线上资源2-2）可阅读中国和美国经济主要指标信息。

线上资源 2-1　　　　线上资源 2-2

2.2.4　宏观数据获取与可视化

1. EDB函数介绍

宏观经济数据通过调用Wind金融终端宏观经济数据库的EDB函数获取，该函数的使用方法如下：

```
w.edb(codes, beginTime, endTime, options)
```

表 2-2 给出了函数各个参数的具体说明。此外，EDB 函数支持输出 DataFrame 数据格式，在函数中添加参数“usedf=True”即可。

表 2-2 EDB 函数参数说明

参数	类型	可选	默认值	说明
codes	字符串/列表	否	无	输入获取数据的指标代码，可借助代码生成器生成
beginTime	字符串	是	截止日期	数据开始日期
endTime	字符串	是	系统当前日期	数据结束日期
options	字符串	是	无	以字符串的形式集成多个参数，如通过“Fill”设置空值填充方式，“Fill=Previous”表示沿用前值等

2. 指标代码和数据频率

根据 EDB 函数的参数设定，获取数据前须确定所需数据的指标代码。在 Wind 金融终端中，单击“宏观”按钮，在弹出的下拉菜单中选择“经济数据库(EDB)”选项，进一步在弹出的菜单中选择“中国宏观数据(EDBC)”选项。在打开的“新版 EDB”界面中，通过在搜索框中输入关键字或精确指标名，在弹出的下拉列表中选择所需的指标名称，通过双击，便可在右侧查看指标的相关信息，包括指标代码(即指标 ID)、频率、单位、来源等。图 2-4 以“全球 GDP 同比”为例展示了指标代码的查询界面。

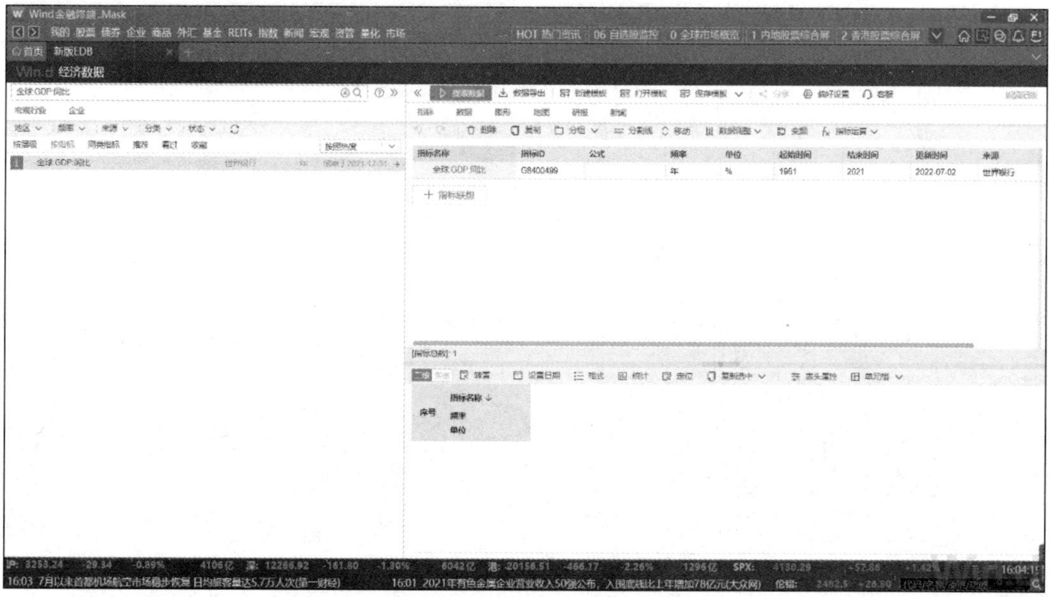

图 2-4 指标代码查询界面

值得注意的是，不同经济指标具有不同的数据频率，且一些指标之间的频率差异较大。例如，全球 GDP 同比增速(指标 ID：G8400499)的频率为年，而美元指数(指标 ID：M0000271)的频率为日。因此，为了方便查看数据，建议对相同维度下的多个指标先根据数据频率进行分类，再分类别获取数据。扫码(线上资源 2-3)可阅读 Wind 金融终端宏观经济数据库中主要宏观经济指标的代码、频率、单位等信息。

线上资源 2-3

3. 数据获取与可视化

在了解了 EDB 函数参数设定以及数据的指标代码后，便可利用 Python 通过 API 接口获取数据，并利用 XlsxWriter 模块将数据保存到 Excel 文档中，同时基于数据采用 Python 编程方式绘制图形，对数据进行可视化展示。本部分以采购经理指数(PMI)为例，演示数据获取与可视化的具体过程。扫码(线上资源 2-4)可阅读 PMI 数据的程序代码。扫码(线上资源 2-5)可阅读用 XlsxWriter 模块将数据保存为 Excel 表格的程序代码。

线上资源 2-4　　　　线上资源 2-5

图 2-5 展示了 PMI 数据及可视化结果。具体而言，在新建的工作表“PMI_Data”中，将数据存放在第 18 行开始的区域，而将图表放置在数据区域之上。然而，可以发现数据和图表显示还存在不足的地方，如第 18 行的列名显示不全、图形中图例位置不协调等问题。为了更好地展示数据，可进一步利用格式设置函数对数据和图形进行优化。图 2-6 展示了优化后的 PMI 数据及可视化结果。

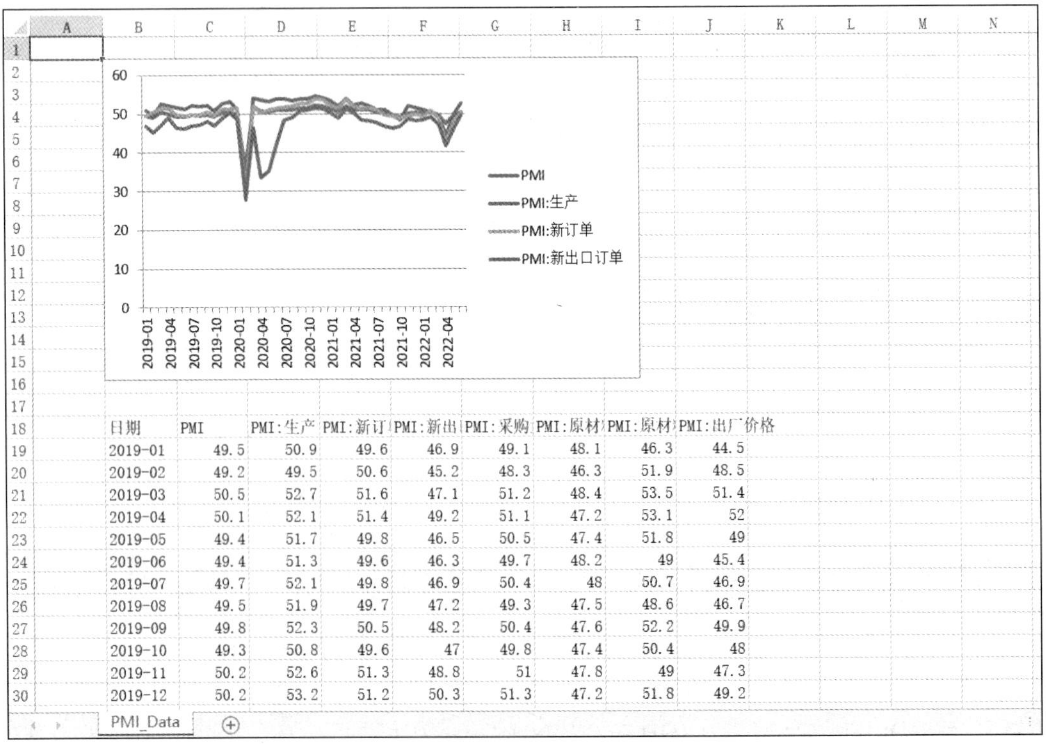

日期	PMI	PMI:生产	PMI:新订	PMI:新出	PMI:采购	PMI:原材	PMI:原材	PMI:出厂价格
2019-01	49.5	50.9	49.6	46.9	49.1	48.1	46.3	44.5
2019-02	49.2	49.5	50.6	45.2	48.3	46.3	51.9	48.5
2019-03	50.5	52.7	51.6	47.1	51.2	48.4	53.5	51.4
2019-04	50.1	52.1	51.4	49.2	51.1	47.2	53.1	52
2019-05	49.4	51.7	49.8	46.5	50.5	47.4	51.8	49
2019-06	49.4	51.3	49.6	46.3	49.7	48.2	49	45.4
2019-07	49.7	52.1	49.8	46.9	50.4	48	50.7	46.9
2019-08	49.5	51.9	49.7	47.2	49.3	47.5	48.6	46.7
2019-09	49.8	52.3	50.5	48.2	50.4	47.6	52.2	49.9
2019-10	49.3	50.8	49.6	47	49.8	47.4	50.4	48
2019-11	50.2	52.6	51.3	48.8	51	47.8	49	47.3
2019-12	50.2	53.2	51.2	50.3	51.3	47.2	51.8	49.2

图 2-5　PMI 数据及可视化结果

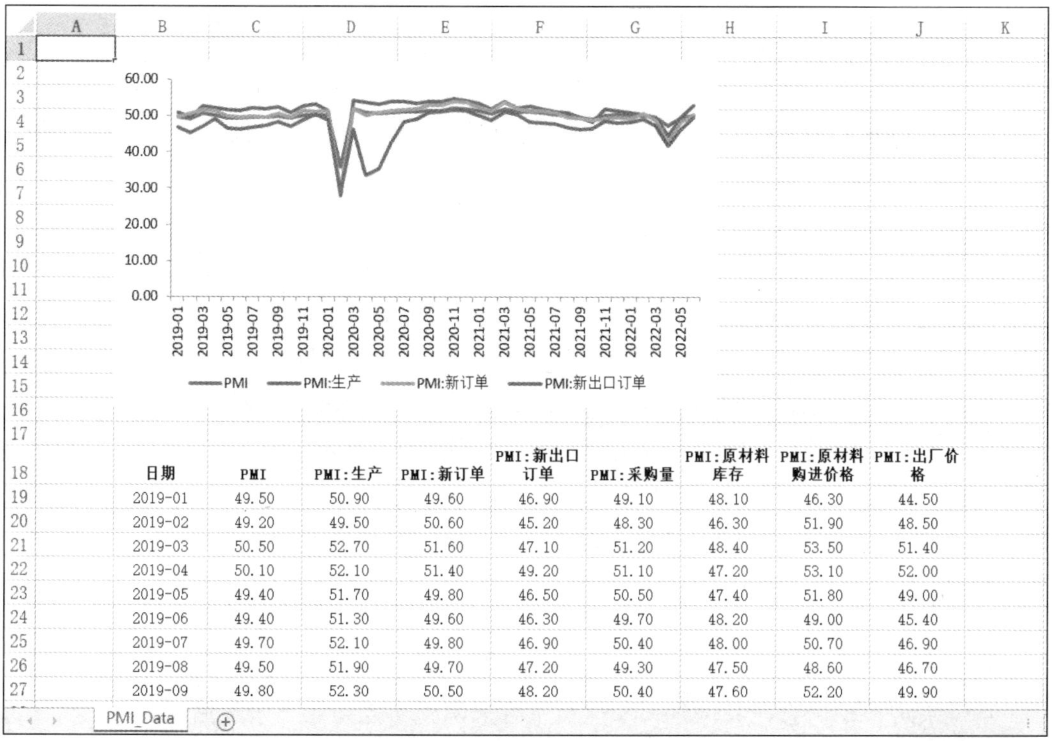

日期	PMI	PMI:生产	PMI:新订单	PMI:新出口订单	PMI:采购量	PMI:原材料库存	PMI:原材料购进价格	PMI:出厂价格
2019-01	49.50	50.90	49.60	46.90	49.10	48.10	46.30	44.50
2019-02	49.20	49.50	50.60	45.20	48.30	46.30	51.90	48.50
2019-03	50.50	52.70	51.60	47.10	51.20	48.40	53.50	51.40
2019-04	50.10	52.10	51.40	49.20	51.10	47.20	53.10	52.00
2019-05	49.40	51.70	49.80	46.50	50.50	47.40	51.80	49.00
2019-06	49.40	51.30	49.60	46.30	49.70	48.20	49.00	45.40
2019-07	49.70	52.10	49.80	46.90	50.40	48.00	50.70	46.90
2019-08	49.50	51.90	49.70	47.20	49.30	47.50	48.60	46.70
2019-09	49.80	52.30	50.50	48.20	50.40	47.60	52.20	49.90

图 2-6　优化后的 PMI 数据及可视化结果

扫码(线上资源 2-6)可阅读设置单元格格式的程序代码。

线上资源 2-6

设置图形格式的程序代码如下。

```
#设置图形格式
chart.set_x_axis({'num_font':{'size':9}})
                                                   #设置字体大小
chart.set_y_axis({'num_font':{'size':9},
'major_gridlines':{'visible':False}})              #设置纵坐标格式
chart.set_legend({'position':'bottom', 'font': {'size': 9}})
                                                   #图例放置下方
chart.set_title({'none': True})                    #不添加图形标题
chart.set_chartarea({'border': {'none': True}})    #去掉图形边框
```

2.3　商品期货基本面分析数据

对于期货市场各种商品未来的价格走势，有很多不同的分析方法，既有基本面分析法，也有技术面分析法。其中，关于基本面分析法，不仅需要关注宏观经济指标，还要分析影响特定商品的需求和供给因素、库存和进出口数据、产业链上下游相关产品的影响等。本节以在郑州商品交易所上市的动力煤期货(ZC)为例，分析与之密切相关的煤炭行业的基本面数据指标。

2.3.1 煤炭行业数据指标

煤炭，即主要由植物遗体经煤化作用转化而成的富含碳的固体可燃有机沉积岩，含有一定量的矿物质，相应的灰分产率小于或等于 50%(干基质量分数)。煤炭不仅是工农业和人民生活不可或缺的主要燃料，而且还是冶金、化工、医药等部门的重要原料。本节主要从供给端、需求端、运输与库存 3 个方面对煤炭行业的数据指标进行说明。

1. 供给端指标

我国能源资源素有“富煤、少气、贫油”的特征，丰富的煤炭资源使得我国煤炭以自产为主，进口占比较低。国家统计局数据显示，2018 年我国煤炭消费量为 39.75 亿吨，其中国内生产 36.93 亿吨，占比 92.91%，国外进口 2.82 亿吨，占比仅为 7.09%。

从煤炭产地来看，山西、内蒙古、陕西 3 省份是煤炭的主产地，且近年来原煤产地集中度不断提高。2020 年我国原煤产量 38.44 亿吨，其中山西、内蒙古、陕西的原煤产量分别为 10.63 亿吨、10.01 亿吨和 6.79 亿吨，占比分别为 27.65%、26.04%和 17.66%。山西、内蒙古、陕西的原煤产量合计占比达 71.35%，较 2016 年的 64.39%增加近 7 个百分点。

从煤炭进口地来看，我国进口的煤炭主要来源于澳大利亚、印度尼西亚、俄罗斯等国。2020 年我国分别从澳大利亚和印度尼西亚进口煤炭 7807 万吨和 5605 万吨，分别占全年煤炭进口量(30 399 万吨)的 25.68%和 18.44%。近两年，由于受地缘政治因素影响，我国减少了从澳大利亚的煤炭进口数量，同时增加了从印度尼西亚和俄罗斯的煤炭进口数量。

2. 需求端指标

煤炭是我国能源消费的主体。统计数据显示，2020 年我国能源消费总量为 49.8 亿吨标准煤，其中煤炭占比 56.8%。2011—2020 年煤炭占我国能源消费的比重平均在 60%。从历史变动情况看，煤炭在能源消费中的占比逐年降低，石油占比较为稳定，天然气以及水电、核电、风电等清洁能源占比逐年增加。2011—2020 年，煤炭占比由 70.2%下降至 56.8%，清洁能源占比由 13%增加至 24.3%，石油占比由 16.8%增加至 18.9%。

在具体用途方面，煤炭主要用于火力发电，其次为水泥等建材生产。2018 年发电用煤在煤炭消费量中的占比为 51.63%。在我国的动力煤消费结构中，有 65%以上用于火力发电；其次是建材用煤，约占动力煤消耗量的 20%左右，以水泥用煤量最大；其余的动力煤消耗分布在冶金、化工等行业及民用。

从电力消费终端来看，需要密切关注全社会的用电量变化，尤其是第二产业用电量的变化。社会用电量的增加将增加对煤炭的需求，从而推动煤炭价格上行；反之，煤炭价格将承受下行压力。从电力生产方式来看，除火力发电外，还需关注水力发电、风力发电等清洁能源对火电的替代效应。一般而言，水力发电具有显著的季节性特征，每年 7、8 月份雨季时水力发电较多。然而，一旦水力发电不及预期，将对火力发电产生正向效应，在一定程度上将对煤炭价格产生正向影响。

3. 运输与库存指标

我国煤炭资源呈现出“西多东少、北多南少”的分布特征。东西方向，以大兴安岭—太行山—雪峰山一线为界，以西的晋、陕、内蒙古等 12 个省份的煤炭资源量占全国煤炭资源总量的 89%，以东的 20 个省份仅占全国的 11%。南北方向，以昆仑山—秦岭—大别山一线为界，以北的京、津、冀等 18 个省份的煤炭资源量占全国煤炭资源总量的 93.6%，以南的 14 个省份仅占全国的 6.4%。煤炭资源的不均衡分布格局，决定了中国北煤南运、西煤东调的长期发展态势，导致运输成为影响煤炭价格变化的重要因素。

就运输方式而言，煤炭运输由铁路、公路、水路(海运、内河)等几种运输方式共同组成，其中又以铁路和海运为主。铁路运输主要是将煤炭主产地的煤炭运至北方沿海中转港口，然后再通过海路运输将煤炭运向渤海湾、华东和中南地区以及国外。港口方面，北方七港，即秦皇岛港、唐山港、天津港、黄骅港、青岛港、日照港和连云港的地位非常重要，其煤炭发运量在全国沿海港口煤炭发运总量中所占的比例一直在 90%左右。其中，秦皇岛港是我国重要的对外贸易口岸，是目前世界最大的煤炭输出港和散货港，其煤炭价格在一定程度上反映了华东及东南沿海地区电煤市场供求状况，也成为全国动力煤价格的风向标。

煤炭库存是煤炭生产、运输、消费等多种因素作用的结果，对煤炭价格变动具有先导作用。煤炭库存主要分为产地库存(如国有重点煤矿库存)、港口库存(又称社会库存，如秦皇岛港口库存)、消费地库存(如电厂库存)。通过库存变化，可以对下游煤炭需求进行初步判断。例如，如果煤矿库存和港口库存双降，说明下游需求较好；如果二者双双累积，说明下游需求出现了较大问题；如果电厂库存处于低位，那么未来可能存在补库需求，这将增加对煤炭的需求。

除了上述可量化的指标，还有其他无法量化的影响因素。例如，去产能、能耗双限、碳达峰和碳中和等行业政策对煤炭行业的长期发展具有关键性作用；而以矿井开采为主的采煤方式，使得煤矿生产安全监管也成为短期影响煤炭价格的因素之一。

2.3.2 煤炭行业数据获取与可视化

1. 指标代码和数据频率

行业数据主要也是通过调用 EDB 函数获取，前面已展示了 EDB 函数的使用方法。扫码(线上资源 2-7)可阅读煤炭行业相关指标信息。

2. 数据获取与可视化

本部分以煤炭供给和煤炭需求维度中的部分指标为例，演示数据获取与可视化过程。在可视化展示时，我们将煤炭供给和煤炭需求分别存放在不同的工作表中，并进行相应图形的绘制。图 2-7 展示了煤炭行业数据获取与可视化结果。

扫码(线上资源 2-8)可阅读获取煤炭行业数据的程序代码。

扫码(线上资源 2-9)可阅读用 XlsxWriter 模块将煤炭行业数据保存为 Excel 表格的程序代码。

线上资源 2-7　　线上资源 2-8　　线上资源 2-9

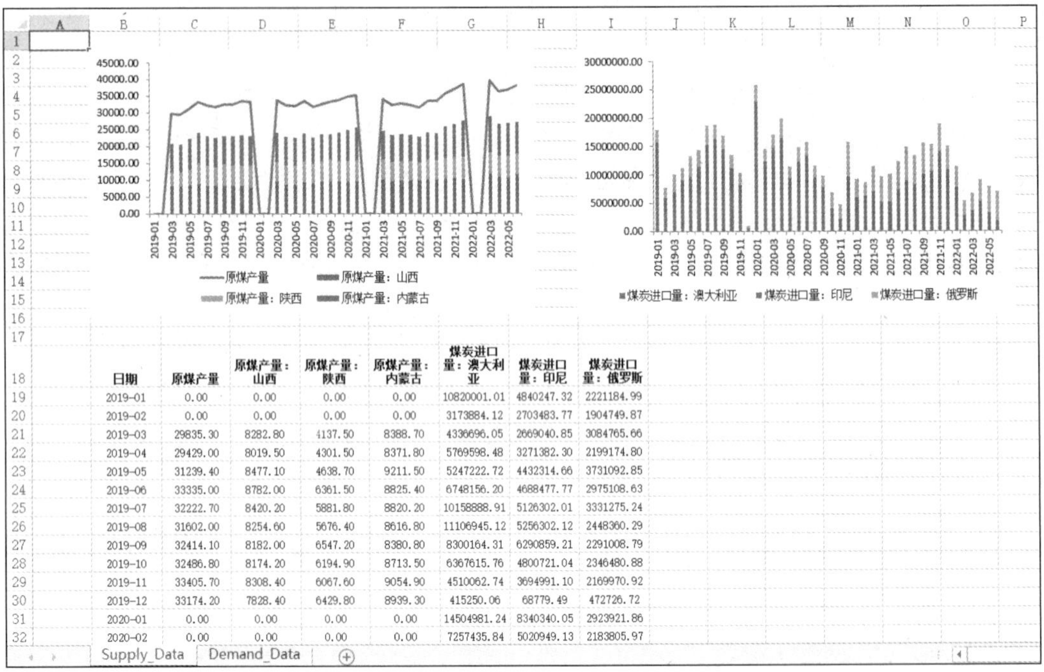

日期	原煤产量	原煤产量：山西	原煤产量：陕西	原煤产量：内蒙古	煤炭进口量：澳大利亚	煤炭进口量：印尼	煤炭进口量：俄罗斯
2019-01	0.00	0.00	0.00	0.00	10820001.01	4840247.32	2221184.99
2019-02	0.00	0.00	0.00	0.00	3173884.12	2703483.77	1904749.87
2019-03	29835.30	8282.80	4137.50	8388.70	4336696.05	2669040.85	3084765.66
2019-04	29429.00	8019.50	4301.50	8371.80	5769598.48	3271382.30	2199174.80
2019-05	31239.40	8477.10	4638.70	9211.50	5247222.72	4432314.66	3731092.85
2019-06	33335.00	8782.00	6361.50	8825.40	6748156.20	4688477.77	2975108.63
2019-07	32222.70	8420.20	5881.80	8820.20	10158888.91	5126302.01	3331275.24
2019-08	31602.00	8254.60	5676.40	8616.80	11106945.12	5256302.12	2448360.29
2019-09	32414.10	8182.00	6547.20	8380.80	8300164.31	6290859.21	2291008.79
2019-10	32486.80	8174.20	6194.90	8713.50	6367615.76	4800721.04	2346480.88
2019-11	33405.70	8308.40	6067.60	9054.90	4510062.74	3694991.10	2169970.92
2019-12	33174.20	7828.40	6429.80	8939.30	415250.06	68779.49	472726.72
2020-01	0.00	0.00	0.00	0.00	14504981.24	8340340.05	2923921.86
2020-02	0.00	0.00	0.00	0.00	7257435.84	5020949.13	2183805.97

图 2-7　煤炭行业数据获取与可视化结果

2.4　个股财务指标

无论是传统的价值投资，还是基本面量化投资，上市公司的财务报表数据都是选股时的重要信息来源。基于上市公司财务报表，可以获知上市公司的盈利能力、偿债能力、营运能力、成长能力等多个维度的基本面信息，同时结合上市公司市场价值可以测算个股的估值水平，为投资决策提供依据。本节主要从盈利能力、营运能力、估值水平三个维度，简要介绍上市公司部分财务指标，并重点展示如何通过 API 获取个股财务数据及进行可视化。

2.4.1　财务数据指标

1. 盈利能力指标

盈利能力是衡量公司价值的重要维度，也是投资者选择投资标的的首要考虑因素。盈利能力强的公司意味着未来拥有可持续的数量较多的净现金流入，折现到当前则意味着公司具有较高的内在价值。当盈利能力强的公司股票价格偏离了其内在价值，投资价值也随之显现。此时进行投资，一旦市场回归平衡，将大概率获得较高回报。盈利能力主要可从公司所投入资源的回报率、盈利能力的成长性、盈利能力的持续性以及盈利能力的稳定性等方面进行考察。在此，我们仅聚焦回报率方面的衡量指标，主要有：

总资产回报率(ROA)= 净利润/平均总资产

净资产回报率(ROE)= 净利润/平均净资产

投资资本回报率(ROIC) = 息税前利润×(1−所得税税率)/(固定资产+无形资产+流动资产−流动负债−现金)

2. 营运能力指标

除行业以及规模因素之外，公司盈利能力的高低主要受其营运能力的影响。营运能力强的公司通常具有较高的盈利能力。对净资产回报率(ROE)进行分解，可一窥盈利能力与营运能力之间存在的数量关系。杜邦分析法便是认可度最高的分解方法，其将净资产回报率(ROE)分解为以下三个部分：

净资产回报率(ROE)= 销售利润率×总资产周转率×财务杠杆

销售利润率 = 净利润/总营业收入

总资产周转率 = 总营业收入/总资产

财务杠杆 = 总资产/净资产

除此之外，营运能力的衡量指标还有很多，如经营资产周转率、存货周转率等。其中，经营资产周转率的计算方法如下：

经营资产周转率 = 营业收入/净经营资产

净经营资产 = 经营性资产−经营性负债

经营性资产 = 总资产−现金−短期投资

经营性负债 = 总资产−总借款−普通股及优先股−少数股权

3. 估值水平指标

估值水平指标是一种计算方便、易于理解、逻辑简单直接的计算相对估值程度的指标。较低的估值水平往往蕴含着较多的投资机会，但也须谨慎分析，防止踏入“估值陷阱”。而市场的高估往往预示着投资风险的增加。对于具体的衡量指标，最具代表性的有市盈率、市净率、市销率、企业价值倍数等。各个指标的计算方法如下：

市盈率(PE) = 每股价格/每股收益

市净率(PB) = 每股价格/每股净资产

市销率(PS) = 公司市值/营业收入

企业价值倍数(EV/EBITDA) = (企业市值+负债−现金)/息税折旧摊销前利润

2.4.2 个股财务数据获取与可视化

1. WSD 函数介绍

个股财务数据获取可通过调用 WSD 函数实现。WSD 函数可以获取多品种单指标或者单品种多指标的时间序列数据，该函数的使用方法如下：

```
w.wsd(codes, fields, beginTime, endTime, options)
```

表 2-3 给出了 WSD 函数各个参数具体说明。

表 2-3 WSD 函数参数说明

参数	类型	可选	默认值	说明
codes	字符串/列表	否	无	证券代码，支持获取单品种或多品种
fields	字符串/列表	否	无	指标列表，支持获取单指标或多指标
beginTime	字符串/日期时间	是	截止日期	数据开始日期
endTime	字符串/日期时间	是	系统当前日期	数据结束日期
options	字符串	是	无	以字符串的形式集成多个参数

2. 指标编码和数据频率

在使用 WSD 函数获取个股财务数据时间序列时，可通过调用代码生成器，依次进行证券选择、指标选择、时间设置、参数设置，单击“确定”按钮后生成具体的数据获取代码。根据指标属性和代码生成过程的参数设置，上述个股财务数据指标的相关信息如表 2-4 所示。

表 2-4 个股财务数据指标的相关信息

维度	指标名称	指标编码	频率	单位
盈利能力	总资产回报率(ROA)	roa	季/年	%
	净资产回报率(ROE)	roe_avg	季/年	%
	投资资本回报率(ROIC)	roic	季/年	%
营运能力	销售利润率	netprofitmargin	季/年	%
	总资产周转率	turnover_ttm	季/年	%
	财务杠杆	equity_to_asset	季/年	倍
	存货周转率	invturn	季/年	%
估值水平	市盈率(PE)	pe_ttm	日/周/月/季/年	倍
	市净率(PB)	pb_mrq	日/周/月/季/年	倍
	市销率(PS)	ps_ttm	日/周/月/季/年	倍
	企业价值倍数(EV/EBITDA)	ev2_to_ebitda	日/周/月/季/年	倍

3. 数据获取与可视化

本部分以煤炭行业中市值规模排名第一的上市公司中国神华(601088.SH)为例，演示个股财务数据的获取与可视化过程。图 2-8 展示了中国神华财务数据获取与可视化结果。

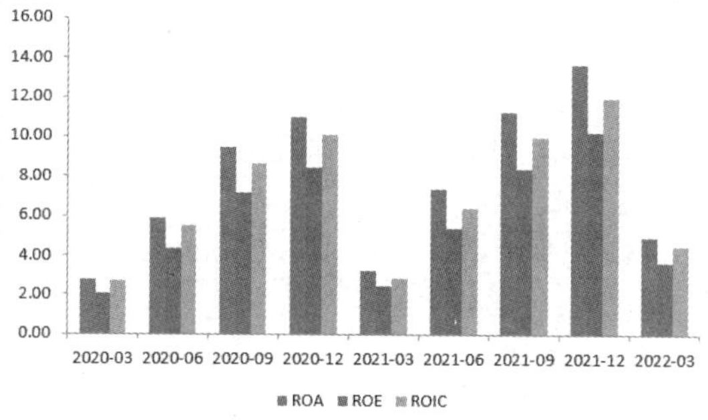

日期	ROA	ROE	ROIC	销售利润率	总资产周转率	财务杠杆	存货周转率	PE	PB	PS	企业价值倍数
2020-03	2.75	2.06	2.68	23.00	0.42	1.36	2.30	7.47	0.92	1.34	3.00
2020-06	5.91	4.37	5.51	23.63	0.40	1.39	4.63	7.06	0.79	1.21	2.21
2020-09	9.45	7.16	8.60	24.16	0.41	1.33	7.30	8.26	0.94	1.42	2.71
2020-12	11.00	8.46	10.10	20.26	0.42	1.31	11.21	9.02	1.00	1.56	3.08
2021-03	3.17	2.46	2.84	20.81	0.43	1.33	3.12	10.20	1.11	1.71	3.56
2021-06	7.32	5.36	6.38	21.55	0.46	1.42	6.98	9.47	1.04	1.55	3.17
2021-09	11.21	8.34	9.96	20.56	0.52	1.34	11.42	10.11	1.28	1.65	4.08
2021-12	13.64	10.19	11.91	17.71	0.58	1.36	17.69	9.65	1.22	1.49	3.86
2022-03	4.90	3.63	4.50	26.75	0.58	1.34	4.06	11.77	1.57	1.76	4.46

Finance_Data

图 2-8　中国神华财务数据获取与可视化结果

扫码(线上资源 2-10)可阅读个股财务数据的获取代码。

扫码(线上资源 2-11)可阅读用 XlsxWriter 模块将个股财务数据保存为 Excel 表格的代码。

线上资源 2-10　　线上资源 2-11

在股票的量化交易中，除了财务数据，投资者通常还会关心股票的价格和交易量数据、各种技术指标、股票所在行业的相关数据，只要数据库中有指标代码，就可以通过 API 编写程序获取并进行可视化展示。对于数据库没有直接收录，但从部分网站可以公开获取的信息(如新闻媒体信息)，可以通过 Python 编写网络爬虫程序获得相关数据。

习　题

1. 党的二十大报告明确指出，健全宏观经济治理体系，要加强财政政策和货币政策协调配合，着力扩大内需，增强消费对经济发展的基础性作用和投资对供给结构的关键作用。进一步熟悉 Wind 金融终端 API 函数的应用方法，获取 GDP、M2、固定资产投资等宏观经济指标，分析投资、消费对我国经济发展的作用。

2．学习更多 XlsxWriter 的参数设置方法，进一步对图表进行美化。例如，设置单元格背景色、字体颜色以及图形的色彩搭配等。

3．任意选定一只股票，编写程序从 Wind 金融终端的数据库提取该股票的公司财务指标数据(不少于 20 个指标)和技术指标数据(不少于 5 个指标)，并进行可视化展示。

4．除 Wind 金融终端外，了解更多其他数据源(包括可爬取的网络数据)，并尝试采用 Python 编程实现数据获取与可视化展示。

Chapter 3

第 3 章 股票交易

健全资本市场功能，提高直接融资比重的核心是大力发展股票市场，而股票市场是量化交易最重要的应用场景之一，给投资者提供了大量的交易机会。本章从股票市场的交易规则出发，从理论上阐述股票定价理论和仓位控制方法，在实践上介绍常见的量化选股和量化择时策略，并以多因子策略为核心，依托量化交易平台构建多因子策略，设计股票交易虚拟仿真实验。

3.1 股票市场与交易规则

股票交易需在股票市场(交易所)进行，并遵循相应的交易规则。本节简要介绍我国股票市场和交易规则。

3.1.1 股票市场简介

股票市场是股票发行和交易的场所，包括发行市场和流通市场两部分。股票发行为上市公司提供了筹集资金的渠道，股票交易为投资者(含个人投资者和机构投资者)提供了资源优化配置和风险分散的渠道。目前，我国建立的多层次股票市场包括主板市场(一板市场)、科创板市场、创业板市场(二板市场)、全国中小企业股份转让系统(新三板市场)、北京证券交易所和区域性股权交易市场(四板市场)。

主板市场是证券发行、上市及交易的主要场所，包括 1990 年 11 月 26 日成立的上海证券交易所和 1990 年 12 月 1 日成立的深圳证券交易所。其中，深圳证券交易所针对主业突出、具有成长性的中小企业，于 2004 年 5 月从主板市场中设立中小企业板块。2021 年 4 月 6 日，深圳证券交易所主板与中小板正式合并。

科创板市场独立于主板市场，于 2019 年 6 月 13 日在上海证券交易所正式开板，坚持面向世界科技前沿、面向经济主战场、面向国家重大需求，主要服务于符合国家战略、突破关键核心技术、市场认可度高的科技创新企业。

创业板市场是与主板市场不同的证券市场，是为暂时无法在主板市场上市的创业型企业提供融资途径和成长空间的证券交易市场。2009 年 10 月 30 日，创业板市场在深圳证券交易所开板。2020 年 4 月 27 日，《创业板改革并试点注册制总体实施方案》被审议通过。

2020 年 8 月 24 日，创业板注册制首批企业挂牌上市，开始实行 20%涨跌幅限制。

全国中小企业股份转让系统是经国务院批准，依据证券法设立的继上海证券交易所、深圳证券交易所之后的第三家全国性证券交易场所，于 2013 年 1 月正式揭牌运营，定位于为创新型、创业型、成长型中小企业发展服务。2020 年 7 月 27 日，精选层正式设立并开市交易。2021 年 11 月 15 日，北京证券交易所正式开市，坚持服务创新型中小企业的市场定位。新三板精选层的 71 家挂牌公司平移至北京证券交易所。

区域性股权交易市场是为特定区域内的企业提供股权、债券的转让和融资服务的私募市场。我国的区域性股权交易市场包括北京股权交易中心有限公司、天津滨海柜台交易市场股份公司、上海股权托管交易中心股份有限公司、广东股权交易中心股份有限公司、天府(四川)联合股权交易中心股份有限公司、深圳前海股权交易中心有限公司等。

3.1.2 股票交易规则

股票交易需遵循相应的规则，不同交易所的规则存在较大差异。本节以上海证券交易所交易规则(2020 年修订)和深圳证券交易所交易规则(2021 年修订)为例，介绍交易规则的主要内容，包括交易时间、委托与申报、涨跌幅限制、成交原则、交易信息等。

1. 交易时间

除国家法定节假日和交易所公告的休市日外，每周一至周五为交易日。开盘集合竞价时间为每个交易日的 9:15 至 9:25，连续竞价时间为每个交易日的 9:30 至 11:30 及 13:00 至 14:57，收盘集合竞价时间为每个交易日的 14:57 至 15:00。其中，集合竞价是指对一段时间内接受的买卖申报一次性集中撮合的竞价方式，连续竞价是指对买卖申报逐笔连续撮合的竞价方式。

2. 委托与申报

投资者买卖证券应当开立证券账户和资金账户，并与证券公司签订证券交易委托协议。投资者可以采用限价委托或市价委托的方式委托证券公司买卖证券。限价委托是指投资者委托证券公司按其限定的价格买卖股票，证券公司必须按限定的价格或低于限定的价格申报买入股票，按限定的价格或高于限定的价格申报卖出股票。市价委托是指投资者委托证券公司按市场价格买卖股票。市价委托的类型包括对手方最优价格申报、本方最优价格申报、最优五档即时成交剩余撤销申报、即时成交剩余撤销申报、全额成交或撤销申报等。

申报价格最小变动单位 A 股为 0.01 元人民币。买入股票的申报数量应当为 100 股或其整数倍。卖出股票时，余额不足 100 股的部分，应当一次性申报卖出。股票竞价交易单笔申报最大数量不得超过 100 万股。创业板股票限价申报的单笔买卖申报数量不得超过 30 万股，市价申报的单笔买卖申报数量不得超过 15 万股。通过限价申报买卖科创板股票的，单笔申报数量应当不小于 200 股且不超过 10 万股；通过市价申报买卖科创板股票的，单笔申报数量应当不小于 200 股且不超过 5 万股。卖出时，余额不足 200 股的部分，应当一次性申报卖出。

3．涨跌幅限制

股票交易实行价格涨跌幅限制，涨跌幅限制比例为 10%；ST 和*ST 等被实施特别处理的股票价格涨跌幅限制比例为 5%；科创板和创业板股票的涨跌幅限制比例为 20%。首次公开发行上市的股票上市后的前 5 个交易日不设价格涨跌幅限制。

4．成交原则

股票竞价交易按照价格优先、时间优先的原则撮合成交。价格优先的原则为：较高价格买入申报优先于较低价格买入申报，较低价格卖出申报优先于较高价格卖出申报。时间优先的原则为：买卖方向、价格相同的，先申报者优先于后申报者。先后顺序按交易主机接受申报的时间确定。

5．交易信息

每个交易日 9:15 至 9:25 为开盘集合竞价期间，14:57 至 15:00 为收盘集合竞价期间，即时行情内容包括证券代码、证券简称、前收盘价格、集合竞价虚拟参考价格、虚拟匹配量和虚拟未匹配量等信息。连续竞价期间，即时行情内容包括证券代码、证券简称、前收盘价格、最新成交价格、当日最高成交价格、当日最低成交价格、当日累计成交数量、当日累计成交金额、实时最高 5 个买入申报价格和数量、实时最低 5 个卖出申报价格和数量等信息。

3.2　股票定价理论

股票定价理论是资本市场理论的核心内容，主要研究市场均衡状态下股票价格决定因素和预期收益率中包含的风险因素及其相互影响。传统的定价理论着重于价值发现功能，从企业角度入手考察股票价格决定因素，如股利贴现模型；现代定价理论则从投资者的角度出发，考虑了现实中投资者交易(多种股票形成的)投资组合的情形，如资本资产定价模型、多因子模型等。

3.2.1　股利贴现模型

股利贴现模型(Dividend Discount Model，DDM)是基本的股票定价模型。任何资产的内在价值都是由拥有这种资产的投资者在未来所获取的现金流决定的，即资产的内在价值等于未来预期现金流的贴现值。股票预期的现金流就是在未来时期预期收到的股利。因此，股利贴现模型的公式为：

$$V = \frac{D_1}{(1+k)^1} + \frac{D_2}{(1+k)^2} + \frac{D_3}{(1+k)^3} + \cdots = \sum_{t=1}^{\infty} \frac{D_t}{(1+k)^t} \tag{3-1}$$

式中，D_t 为时间 t 股票的预期现金流，即在未来时期以现金形式表示的每股股票的股利；k 为在一定风险程度下现金流的合适的贴现率；V 为股票的内在价值。

假定投资者无限期持有股票，且未来股利按固定增长率 $g(g < k)$ 变化，固定增长率股利贴现模型的公式如下：

$$V = \frac{D_1}{(1+k)^1} + \frac{D_1(1+g)}{(1+k)^2} + \cdots = \frac{D_1}{k-g} \tag{3-2}$$

股利贴现模型显示，影响股票价值的因素主要是股利和贴现率(即投资者期望的必要报酬率)。关于必要报酬率，需要通过资本资产定价模型来估计。关于未来现金流量，主要考虑公司当前状态的现金流量以及预期的公司增长水平。

3.2.2 资本资产定价模型

资本资产定价模型(CAPM)是由威廉·夏普(William Sharpe)、约翰·林特纳(John Lintner)、简·莫辛(Jan Mossin)等学者在现代组合投资理论基础上发展出的定价模型，主要研究资本市场中资产的预期收益率与所承担的风险之间的关系。

CAPM 的基本假设包括：(1)所有投资者具有相同的效用函数和风险厌恶特征，对各种资产的收益率、标准差、协方差等具有相同的预期；(2)资本市场完备，无税负，无交易成本；(3)存在无风险利率，且投资者借贷不受限；(4)信息充分且及时可得。由于具有相同的效用函数及对资产收益和方差的认识，投资者持有相同的风险资产组合。根据不同的风险厌恶程度，投资者在风险资产和无风险资产之间分配权重。在市场均衡状态下，资产供给(市场组合)等于资产需求(最优风险资产组合)，最优风险资产组合就是市场组合。单个风险资产根据其在市场组合中所做的贡献获得相应的风险补偿。CAPM 的具体形式如下：

$$E(r_i) = r_f + \beta_i(E(r_M) - r_f) \tag{3-3}$$

式中，$E(r_i)$ 表示股票 i 的预期收益率；$E(r_M)$ 表示市场组合的预期收益率；r_f 表示无风险利率；β_i 表示股票 i 收益率变动对市场组合的预期收益变动的敏感性(系统性风险)，计算公式为股票收益率与市场组合收益率的协方差除以市场组合收益率的方差，即

$$\beta_i = \sigma_{iM} / \sigma_M^2 \tag{3-4}$$

资本资产定价模型也可以写成如下形式：

$$E(r_i) - r_f = \alpha + \beta_i(E(r_M) - r_f) \tag{3-5}$$

根据 CAPM，在均衡市场中，所有“正确定价”的股票，其 α 等于零。股票的预期收益率与通过 CAPM 估算的收益率之差通常称为 α。常见的一种主动的组合管理策略(α 策略)就是在组合中持有或不断加入 $\alpha > 0$ 的证券，同时不断卖空或剔除 $\alpha < 0$ 的证券。

3.2.3 多因子模型

在资本资产定价模型中，假设所有的系统风险都是市场风险，并且用 β 值来表示，其他影响因素都是个别的、不相关的风险。此外，根据 CAPM，如果某只股票的定价正确，那么理论上 α 等于 0。即便某只股票在短期内出现了定价错误(α 不等于 0)，那么在一个竞争性市场中，投资者之间的套利行为也会消除这种定价误差。然而，实证研究表明，α 不等于 0 是一种长期存在的现象，说明除了市场风险，还有其他因素也会导致系统风险。

1976 年，斯蒂芬·罗斯(Stephen Ross)提出了著名的套利定价理论(Arbitrage Pricing

Theory，APT），并且认为风险资产的收益与若干共同因子（代表系统风险）相关。根据多因子套利定价理论，金融学者陆续提出了各种版本的多因子模型，其中影响最大、采用最多的是 Fama 和 French（1992，1993）提出的三因子模型。

$$E(r_i)-r_f=\alpha_i+\beta_i[E(r_M)-r_f]+s_i\mathrm{SMB}+h_i\mathrm{HML} \tag{3-6}$$

式中，r_M 为市场组合的收益，代表市场风险；r_f表示无风险利率；SMB 代表“规模因子”，计算方式为市值规模小的公司形成的投资组合的收益率减去市值规模大的公司形成的投资组合的收益率；HML 代表“账面–市值比因子”，计算方式为账面–市值比高的公司形成的投资组合的收益率减去账面–市值比低的公司形成的投资组合的收益率；β_i、s_i、h_i 分别表示股票 i 的预期收益率变动对市场组合预期收益率、规模因子、账面–市值比因子的敏感性。理论上，α 的估计值应该等于 0，若不等于 0，则说明仍然存在定价误差。

实证研究表明，在多个证券市场均发现，小规模的公司或高账面–市值比的公司，其预期收益更高。针对这种现象，Fama 和 French 认为“规模因子”和“账面–市值比因子”在一定程度上反映了企业的财务危机风险。此后，Carhart（1997）提出了四因子模型，Fama与 French（2015）又在三因子模型的基础上提出了五因子模型。若市场上存在多个定价因子，根据套利定价理论，当市场处于均衡状态时，不存在无风险的套利机会，股票的期望收益与若干因子存在线性相关关系：

$$r_i=\alpha+\beta_{i1}F_1+\beta_{i2}F_2+\cdots+\beta_{ik}F_k+\varepsilon_i \tag{3-7}$$

式中，r_i 表示股票 i 的预期收益率；α 为常数项；ε_i 为随机干扰项；F_k 为影响股票收益率的因子；系数 β_{ik} 度量了股票收益对因子 F_k 的敏感程度，因此该系数又称为因子敏感度、因子载荷或因子贝塔。

3.3　仓位控制与资金配置

股票定价理论为股票交易奠定了理论基础，而在实际交易时，投资者还需要确定仓位控制和资金配置问题。所谓仓位控制是指每次交易投资者准备使用账户中多少比例的资金用于投资。部分投资者习惯于以账户资金的固定百分比来执行交易，但本节将要介绍的凯利公式告诉我们这种固定比例的投注方式并不能确保在账户不破产的情况下还能实现资金的快速增长。所谓资金配置是指如何确定投资组合中各个资产所分配的资金权重。当然，也可以采用等权的方式来配备资金（很多投资者都这样交易），不过组合投资理论告诉我们这种平均分配资金的方式并不是最优的。

3.3.1　凯利公式

凯利公式由约翰·凯利（John R. Kelly）于 1952 年提出，是一个在期望净收益为正的独立重复赌局中，使本金的长期增长率最大化的投注策略。针对一个有输赢两种结果的赌局，凯利公式的基本形式如下：

$$f = \frac{bp - q}{b} \tag{3-8}$$

式中，f 表示投注比例；b 表示赔率；p 表示赢的概率；q 表示输的概率。例如，若一个游戏的胜率是 40%，赔率为 2，则每次投注资金的比例为 $(2\times40\% - 60\%)/2 = 10\%$。又如，若每次交易只买一只股票(赔率为 1)，并且假设每次交易赢的概率为 60%，那么每次用于购买股票的资金比例应该为 $60\% - (1-60\%) = 20\%$。

凯利公式的优化目标是最大化单期对数收益率的期望。推导如下：假设游戏有 n 种结果，第 i 种结果的概率为 p_i 且净收益率为 r_i，投注比例为 f。考虑游戏独立重复进行，将每种结果的收益率转换为对数收益率 $\ln(1+r_i f)$，则总本金的期望收益率如下：

$$E(r) = \sum_{i=1}^{n} p_i \ln(1 + r_i f) \tag{3-9}$$

最大化期望收益率，对 f 求导并令一阶导数为零：

$$\sum_{i=1}^{n} \frac{p_i}{1/r_i + f} = 0 \tag{3-10}$$

当 $n = 2$ 时，最优解为：

$$f^* = \frac{-(p_1 r_1 + p_2 r_2)}{r_1 r_2} \tag{3-11}$$

令 $r_1 > 0$，$r_2 < 0$，上式表明对期望收益为负的游戏，最优投注比例为 0。令 $p = p_1$，$q = p_2 = 1 - p_1$，$b = -r_1 / r_2$，$r_2 = -1$，式(3-11)即为凯利公式。

凯利公式不仅可以用于只有两种结果的赌局或游戏，也可用于量化交易中。假设标的资产单期(算术)收益率服从均值为 μ、方差为 σ^2 的正态分布。该标的资产单期对数收益率的期望为 $\mu - 0.5\sigma^2$。考虑杠杆为 L，则期望收益率如下：

$$E(r) = \mu L - 0.5\sigma^2 L^2 \tag{3-12}$$

优化可得最优杠杆率为：$L^* = \mu / \sigma^2$。在此基础上，业界普遍做法是把 L^* 看作是杠杆率的上限，而使用 $L^*/2$ 的杠杆率，称之为“half-Kelly”。

3.3.2 组合投资理论

组合投资理论是由哈里·马科维茨(Harry M. Markowitz)于 1952 年提出的资产选择理论，主要利用分散化的思想降低投资标的的风险，建立均值方差模型确定最优投资组合权重。采用方差度量资产收益率的风险，则多个资产构成的投资组合的收益和风险可表示为：

$$\begin{aligned} E(r_P) &= \sum_{i=1}^{n} \omega_i E(r_i) \\ \sigma_P^2 &= \sum_{i=1}^{n}\sum_{j=1}^{n} \omega_i \omega_j \sigma_{ij} \end{aligned} \tag{3-13}$$

式中，$E(r_P)$、σ_P^2 分别表示投资组合的期望收益率与方差；ω_i 表示资产 i 的权重；ω_j 表示

资产 j 的权重；$E(r_i)$ 表示资产 i 的期望收益率；σ_{ij} 表示资产 i 和资产 j 的协方差。若组合中两种资产收益率的协方差为负，则会降低组合的方差，体现出风险分散的效果。

组合投资理论的基本假设包括：(1) 投资者全部是风险规避者，即投资者承担一定的风险就必然要求相应的收益作为补偿；(2) 投资者对其所有投资于公开金融市场上的交易资产持有期相同，进行静态投资决策；(3) 投资者按照均值方差准则进行投资，即资产的收益和风险情况都可以通过资产收益率的均值和方差来反映，对投资者而言，相同均值水平的情况下选择方差更小的投资组合，或者在相同方差水平的情况下选择均值更大的投资组合；(4) 不允许风险资产的卖空交易；(5) 不考虑无风险资产，不考虑税收、交易成本等因素，即市场是无摩擦的。

最优投资组合权重的确定主要需解决以下优化问题：

$$\begin{aligned} &\min_{\omega} \sigma_P^2 = \sum_{i=1}^{n}\sum_{j=1}^{n}\omega_i\omega_j\sigma_{ij} \\ &\text{s.t.}\sum_{i=1}^{n}\omega_i E(r_i) \geqslant \bar{r} \\ &\sum_{i=1}^{n}\omega_i = 1 \\ &\omega_i \geqslant 0 \end{aligned} \tag{3-14}$$

式中，$\bar{r}$ 为要求的收益率水平。有卖空约束时要求 $\omega_i \geqslant 0$，无卖空约束时无须要求权重大于零。求解上述优化问题，可得到资产的权重 ω_i，即资产在投资组合中的资金配置比例。

3.4　常见的量化选股与择时策略

证券投资分析的基本分析和技术分析是构建量化交易策略的基础。一般而言，基本分析可用于选股，决定哪些股票值得关注或持有。技术分析可用于择时，决定何时买入或卖出相关股票。本节主要介绍常见的量化选股与量化择时策略。

3.4.1　量化选股策略

量化选股是利用数量方法选择股票组合，期望该组合能够获得超越基准收益率的投资行为。选股的目标是从市场上所有可交易的股票中，筛选出适合自己投资风格的、具有一定安全边际的股票候选集合(股票池)，并可根据实际情况不定时地调整该股票池。常用的量化选股策略如下。

1. 价值投资策略

价值投资策略指选择股票价格低于其内在价值的公司进行投资。早期的价值投资更依赖于对企业资产负债表的分析并计算市净率，把企业资产价值算清楚后，用低于清算价值的价格买入资产，赚被市场低估的那部分钱。

20世纪六七十年代以后，这种“便宜的公司”已经很少了，价值投资的理念也从关注市净率发展到关注企业真正的内在价值阶段。关于如何判断企业的内在价值，一般可从行业、公司、管理层这三个层面来分析。看行业就要关注商业模式，这个生意的本质是什么、赚钱逻辑是什么；关注竞争格局，是寡头垄断还是充分竞争；关注成长空间，警惕那种已经寅吃卯粮的夕阳行业；关注进入门槛，是不是谁都可以模仿等。看公司就要关注业务模式、运营模式和流程机制，管理半径有多大，规模效应如何，有没有核心竞争力。看管理层就要关注创始人有没有格局，执行力如何，有没有创建高效组织的思维和能力，有没有企业家精神。但仅看这些似乎还不够，因为投资人无法亲历企业成长的方方面面，更无法判断市场的不可知因素。因此，价值投资还要看到行业的发展、公司的演进和管理层的潜力，包括这个生意如何诞生、如何变化、如何消亡，以及这些结果背后的驱动因素，即看成因和结果。

2. 多因子策略

市场上的投资者，无论是价值投资者还是投机者，都会根据某些因子来判断股票的涨跌。当大部分投资者同时采用某个因子选股的时候，就会造成该因子有效。例如，当大多数投资者采用市盈率来选股，买入市盈率低的股票，就会造成该股票价格上涨，体现出市盈率因子的有效性。多因子策略采用一系列的因子作为选股标准，满足这些因子的股票被放入股票池，否则被移出股票池。该策略综合众多信息得到选股结果，因而表现相对稳定。

3. 风格轮动策略

市场上投资者的选股偏好可能发生改变，有时候偏好价值股，有时候偏好成长股，有时候偏好大盘股，有时候偏好小盘股。投资者不同的交易行为形成了市场风格，量化交易可利用市场风格的变化进行轮动投资。

风格投资通过执行各种投资决策，从某些特定分割的、异质的市场或从某类错误定价的股票中获得超额收益。其中，投资风格的鉴别可依赖持股基础特征(如大盘股和小盘股)或收益率基础特征(如价值股和成长股)。由于市场风格轮动，保持单一的投资风格并不一定是最佳的投资策略。积极的风格转换有助于提高投资绩效，涉及风格转换的时机和风格转换的收益。

常用的风格轮动策略如大小盘轮动策略，以大盘指数和小盘指数为投资标的，首先选取风格轮动因子，如M2同比增速、生产者价格指数同比增速、大小盘波动率之比等；然后建立回归模型，采用相关因子对大小盘收益率差进行估计和预测；最后根据预测结果制定投资决策，平仓收益率低的指数，建仓收益率高的指数。

4. 行业轮动策略

行业轮动是市场短期趋势的另一种表现形式。由于存在经济周期，因此总有一些行业先启动行情，另有一些产业链上下游行业会跟随。例如，在地方基础设施投资中，钢铁、水泥等属于先导行业，房地产、消费等属于跟随行业。在经济周期过程中，依次对这些轮动的行业进行配置，可获得较好的收益。

投资者一般先关注宏观经济运行指标的变动，然后进行资产配置或调整投资组合的风格，并积极管理股票资产中的行业组合。行业又可分为周期性行业(如能源、工业)和非周期性行业(如消费、医药)。

常见的行业轮动策略如基于M2的行业轮动策略，以周期性行业和非周期性行业指数为投资标的，在货币政策处于扩张时配置周期性行业，在货币政策处于紧缩时配置非周期性行业。

5. 资金流策略

股票价格在短期内可能受到某些消息的影响，产生剧烈波动，带来交易机会。资金流策略根据主力资金的流向来判断股票的涨跌，若资金持续流入，则股票应该会上涨；若资金持续流出，则股票应该会下跌。利用资金流入流出指标来预测未来一段时间内股票的涨跌情况，并作为选股依据。

股票价格在选定的时间段中处于上升状态时产生的成交额是推动价格上涨的力量，这部分成交额被定义为资金流入；股票价格在选定的时间段中下跌时产生的成交额是推动价格下跌的力量，这部分成交额被定义为资金流出。当天资金流入和流出的差额可以认为是买卖两种力量相抵之后推动价格的净作用量，这被定义为当天的资金净流量。

根据资金流指标的特点，在选股模型中以指标排序打分的方式来筛选股票。首先对各个资金流指标进行排序打分，然后将股票对各个指标的得分进行求和，最后以总分值大小来筛选股票。

6. 一致预期策略

若市场对某股票有一致看法(看多或看空)，在分析师一致预期下，投资者会产生羊群效应，大量买入或大量卖出，从而使得某股票持续上涨或持续下跌。因此，可根据一致预期来选股。反映一致预期的指标主要包括一致预期每股收益的增长速度、分析师对预期每股收益的调整、关注个股的分析师数量及其变动等。根据这些指标进行多因子选股，即为一致预期策略。

除以上策略外，常见的量化选股策略还包括动量反转策略、趋势跟踪策略、筹码选股策略等。

3.4.2 量化择时策略

量化择时是利用数量化的方法，通过对各种宏观微观指标的量化分析，试图找到影响股价走势的关键信息，并且对未来走势进行预测。若判断是上涨，则买入持有；若判断是下跌，则卖出清仓；若判断是震荡，则高抛低吸。择时的目标是确定股票的具体买卖时机，其依据主要是技术分析。常见的量化择时策略如下。

1. 趋势跟踪型策略

趋势跟踪型策略适用于单边上升或单边下降的行情，当大盘或个股出现一定程度的上涨或一定程度的下跌，则认为价格走势会进一步上涨或下跌而做出相应操作。常见策略如短期移动平均线和长期移动平均线的交叉策略、移动平均线多头排列的入场策略、移动平均线空头排列的出场策略等。

2. 高抛低吸型策略

高抛低吸型策略适用于震荡行情，当价格走势在一定范围的交易区间(箱形整理)或价格通道(平行上升或下降通道)的上下轨之间波动时，反复地在下轨附近买入，在上轨附近卖出，赚取波段差价利润。常见策略如通过震荡类技术指标(如 KDJ、RSI 等)来判断价格走势的超买或超卖状态、通过 MACD 红绿柱或量能指标与价格走势间的背离现象来预测波动区间拐点的出现等。

3. 横盘突破型策略

价格走势可能在一定区间范围内长时间震荡，总有一天或某一时刻走出该区间，或者向上突破价格上轨，或者向下突破价格下轨，此时行情走势变得明朗。横盘突破型策略就是要抓住这一突破时机果断开多或开空，以期用最有利价位和最小风险入场，获得后续利润。常见策略如布林线上下轨突破、高低价通道突破等。

除以上策略外，常见的量化择时策略还包括市场情绪择时策略、牛熊线择时策略、异常指标择时策略等。

3.5 多因子策略

多因子策略是量化交易中重要的选股策略，以套利定价理论为基础，基本思想是找到某些与收益率相关的指标，并根据该指标建立一个股票组合，期望该组合在未来的一段时间跑赢或者跑输指数，进而进行做多或做空操作。策略构建流程主要包括因子测试、模型构建和组合优化等。

3.5.1 因子测试

因子测试首先要确定备选因子，获取数据并进行数据清洗和预处理，然后分析因子有效性并进行筛选。

1. 备选因子

备选因子通常来源于基本面分析或技术面分析，或二者兼有。WorldQuant LLC 的 Zura Kakushadze(2015)的研究报告“101 Formulaic Alphas”提出了 101 个阿尔法因子，称为 Alphas101。国泰君安金融工程团队(2017)的研究报告“基于短周期价量特征的多因子选股体系”提出了 191 个短周期交易型阿尔法因子，称为 Alphas191。Alphas101 和 Alphas191 的定义和使用可参见聚宽网站。需要特别说明的是，Mclean and Pontiff(2016)指出，很多因子在公开发表后，可能失去预测能力。

此外，聚宽平台提供的聚宽因子库将因子分类为基础科目及衍生类因子、质量类因子、每股指标因子、风险因子-风格因子、情绪类因子、成长类因子、风险类因子、技术指标因子、动量类因子等。部分因子见表 3-1，具体定义和用法参见聚宽网站。

表 3-1　聚宽备选因子库的部分因子

因子类型	因子代码	因子名称	计算方法
基础科目及衍生类因子	net_working_capital	净运营资本	流动资产−流动负债
基础科目及衍生类因子	net_profit_ttm	净利润 TTM	过去 12 个月净利润之和
质量类因子	net_operating_cash_flow_coverage	净利润现金含量	经营活动产生的现金流量净额/归属于母公司所有者的净利润
质量类因子	total_asset_turnover_rate	总资产周转率	营业收入/总资产
情绪类因子	VSTD10	10 日成交量标准差	过去 10 个交易日成交量的标准差
情绪类因子	PSY	心理线指标	12 日内上涨的天数/n × 100
成长类因子	operating_revenue_growth_rate	营业收入增长率	营业收入增长率 = 今年营业收入/去年营业收入−1
成长类因子	PEG	市盈率相对盈利增长比率	PEG = 市盈率 / (归母公司净利润增长率 × 100) 如果市盈率或归属母公司净利润增长率为负，则为空值
风险类因子	Variance20	20 日年化收益方差	过去 20 个交易日的年化收益率的方差
每股指标因子	net_asset_per_share	每股净资产	(归属母公司所有者权益合计−其他权益工具)/总股本
每股指标因子	eps_ttm	每股收益 TTM	过去 12 个月归属母公司所有者的净利润/总股本
动量类因子	BBIC	BBI 动量	BBI(3, 6, 12, 24) / 收盘价。其中，BBI = (3 日均价+6 日均价+12 日均价+24 日均价)/ 4
动量类因子	BIAS5	5 日乖离率	(收盘价−收盘价的 n 日简单平均)/收盘价的 n 日简单平均×100，在此 n 取 5
技术指标因子	boll_down	下轨线(布林线)指标	(MA(CLOSE, M)−2×STD(CLOSE, M)) / 今日收盘价；M=20
技术指标因子	boll_up	上轨线(布林线)指标	(MA(CLOSE, M)+2×STD(CLOSE, M)) / 今日收盘价；M=20
风险因子−风格因子	size	市值	捕捉大盘股和小盘股之间的收益差异
风险因子−风格因子	beta	贝塔	表征股票相对于市场的波动敏感度

2. 数据清洗与预处理

从专业数据库(如 Wind 金融终端)或量化交易平台(如聚宽)获取因子数据后，首先要进行数据清洗，检查数据是否存在缺失或错误。然后进行数据预处理，包括异常值处理和标准化处理。其中，异常值处理包括截尾和缩尾方法，以及中位数去极值方法。标准化处理主要采用 z-score 标准化或 Box-Cox 变换。

3. 因子筛选

因子筛选是在判断因子有效性的基础上，选择有效因子，剔除无效因子。因子有效性的判断主要是分析因子对股票收益率的解释力度或单因子选股的历史表现，可采用信息系数(Information Coefficient，IC)法、回归法和分组回测法。

IC 值是指因子在第 t−1 期的值与 t 期资产收益率之间的相关系数，即

$$\text{IC} = \text{corr}(r_{i,t}, F_{i,t-1}) \tag{3-15}$$

式中，$r_{i,t}$ 表示资产 i 在 t 期的收益率；$F_{i,t-1}$ 表示处理后的 t−1 期因子值。corr() 表示相关系数函数，可选皮尔逊相关系数(线性相关性，得到 Normal IC)或斯皮尔曼相关系数(序数相

关性，得到 Rank IC）。IC 法检验因子的收益率预测能力。IC 值为正，表示因子与收益正相关；IC 值为负，表示因子与收益负相关。IC 值的绝对值的均值越高，表示因子的收益预测能力越强。可对 IC 值时间序列进行 t 检验，显著性表示因子预测能力的持久性。IC 值时间序列的标准差表示因子预测能力的稳定性。IC 值时间序列中 IC 值大于 0 或小于 0 的比例，表示因子预测能力的一致性。利用 IC 值时间序列可进一步计算信息比率 IR 值，公式如下：

$$\mathrm{IR} = \frac{\mu_{\mathrm{IC}}}{\sigma_{\mathrm{IC}}} \tag{3-16}$$

式中，μ_{IC} 表示 IC 值序列的均值；σ_{IC} 表示 IC 值序列的标准差。IR 值越大，因子的收益预测能力越强。

回归法检验因子对收益率的预测能力，建立 t 期资产收益率对 t–1 期因子值的线性回归模型，分析因子的解释力，模型如下：

$$r_{i,t} = \alpha_t + \beta_t F_{i,t-1} + \varepsilon_{i,t} \tag{3-17}$$

式中，$r_{i,t}$ 表示资产 i 在 t 期的收益率；$F_{i,t-1}$ 表示处理后的 t–1 期因子值；回归系数 α_t 表示截距项；回归系数 β_t 表示因子载荷；$\varepsilon_{i,t}$ 表示随机干扰项。每一期进行线性回归，可得到因子载荷的时间序列，进而采用 t 检验判断显著性。显著代表因子具有较强的收益预测能力。

分组回测法也是检验因子选股能力的常用方法。在 t–1 期，按因子值对股票排序分组（如分为五档），分别建立投资组合，计算各组合在 t 期的收益率，然后比较各组合收益率的差异来判断因子有效性。聚宽平台的因子看板提供了因子的分组回测法工具，如图 3-1 所示。

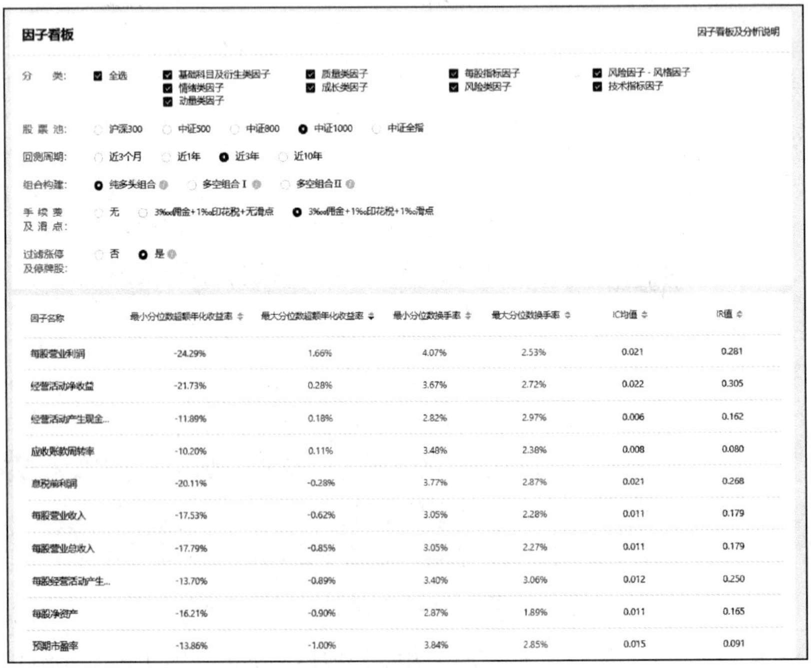

因子名称	最小分位数超额年化收益率	最大分位数超额年化收益率	最小分位数换手率	最大分位数换手率	IC均值	IR值
每股营业利润	-24.29%	1.66%	4.07%	2.53%	0.021	0.281
经营活动净收益	-21.73%	0.28%	3.67%	2.72%	0.022	0.305
经营活动产生现金...	-11.89%	0.18%	2.82%	2.97%	0.006	0.162
应收账款周转率	-10.20%	0.11%	3.48%	2.38%	0.008	0.080
息税前利润	-20.11%	-0.28%	3.77%	2.87%	0.021	0.268
每股营业收入	-17.53%	-0.62%	3.05%	2.28%	0.011	0.179
每股营业总收入	-17.79%	-0.85%	3.05%	2.27%	0.011	0.179
每股经营活动产生...	-13.70%	-0.89%	3.40%	3.06%	0.012	0.250
每股净资产	-16.21%	-0.90%	2.87%	1.89%	0.011	0.165
预期市盈率	-13.86%	-1.00%	3.84%	2.85%	0.015	0.091

图 3-1　聚宽因子看板

因子看板是判断因子有效性的常用工具，相关设定如下：

(1) 备选因子库：聚宽的备选因子库包括基础科目及衍生类因子、质量类因子、每股指标因子、风险因子-风格因子、情绪类因子、成长类因子、风险类因子、技术指标因子、动量类因子等 9 类。详见表 3-1。

(2) 股票池：包括沪深 300 指数、中证 500 指数、中证 800 指数、中证 1000 指数、中证全指的成分股。

(3) 回测周期：可选近 3 个月、近 1 年、近 3 年、近 10 年。

(4) 组合构建：主要分为 3 种情况，纯多头组合(单独做多每分位数投资组合的收益，其中五分位因子值最大，一分位因子值最小)、多空组合 I(做多五分位，同时做空一分位的投资组合的收益)、多空组合Ⅱ(做多一分位，同时做空五分位的投资组合的收益)。

(5) 手续费及滑点：包括无、万分之三的佣金+千分之一的印花税+无滑点、万分之三的佣金+千分之一的印花税+千分之一滑点。

(6) 过滤涨停及停牌股票：是(涨停和停牌的股票不能买入，跌停和停牌的股票可以卖出)和否。

(7) 输出结果：最小分位数超额年化收益率、最大分位数超额年化收益率、最小分位数换手率、最大分位数换手率、IC 均值、IR 值。

本节以 PEG 因子为例，展示分组回测结果。PEG 为成长类因子，计算方式为：

$$PEG=\text{市盈率}/(\text{净利润增长率}\times 100)$$

因子数据经中位数去极值、行业市值对数中性化，再进行 z-score 标准化。投资组合构建采用市值加权方式。

回测设定：股票池为沪深 300 指数成分股，回测区间为近 3 个月(2022.04.29—2022.07.25)，组合构建为纯多头组合，调仓周期为 1 天，设置万分之三的佣金、千分之一的印花税、千分之一的滑点，过滤涨停及停牌股。

PEG 因子的回测曲线如图 3-2 所示。

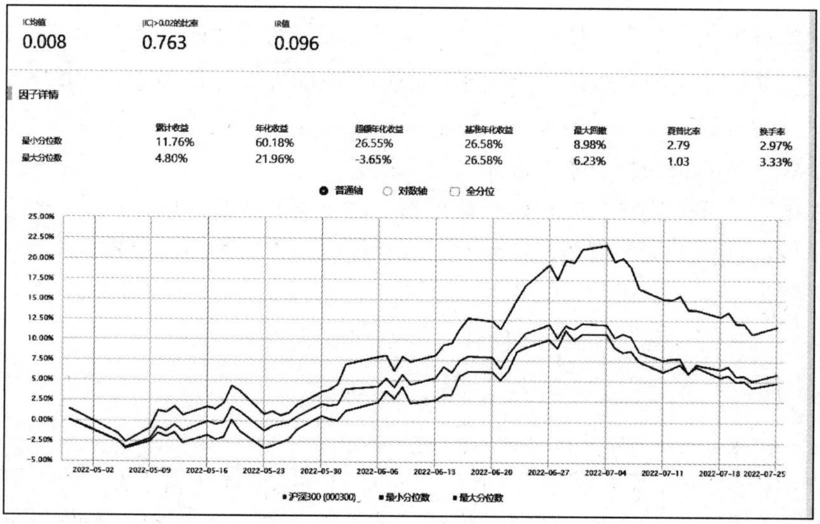

图 3-2 PEG 因子的回测曲线

回测结果显示，PEG 的 IC 均值为 0.008，IR 值为 0.096。最小分位数投资组合的年化收益率为 60.18%，高于基准沪深 300 指数的年化收益率。最大分位数投资组合的年化收益率为 21.96%，低于基准沪深 300 指数的年化收益率。这表明，PEG 具有一定的选股能力，是负向选股因子。更多的因子分组回测结果可在聚宽网站查询获取。

4. 注意问题

在因子有效性的判断和因子筛选中还需注意以下问题：

(1) 量化选股因子以上市公司的财务指标和股票的技术分析指标为主。实际上，基本面分析中的宏观经济指标、地区经济指标、行业分析指标等也可作为量化选股因子，如利用行业分析指标确定备选股票池。技术分析中的切线理论、形态理论等主要用于量化择时。

(2) 每个因子可属于多个因子类型，因子之间还可能具有相关关系。因此，多因子模型的构建要考虑因子之间的多重共线性。

(3) 选择不同的股票池，得到的因子回测结果存在较大差异。因此，策略构建前需要预先确定备选股票池。这就需要依赖基本面分析，特别是宏观分析和行业分析的支持。

(4) 回测周期会影响因子回测结果。在实际应用中可能要把长周期和短周期结合起来进行考虑。

(5) 仅构建多头组合，得到的回测结果可能不尽理想。在实际应用中可能还要构建多空组合，这就需要考虑空头股票是否属于融券标的。

(6) 手续费和滑点可能导致 IC 法分析结果和策略回测结果不尽一致。因子预测能力强也不一定能获得正收益。在实际应用中可能要对 IC 法分析结果和策略回测结果进行综合考量。

因子有效性的判断与筛选是一个相对复杂的工作，并不是简简单单就可以完成的。建议多听、多看、多尝试，慎重展开多因子策略的设计与分析。

3.5.2 模型构建

经因子测试筛选出的因子构成新的因子池，多因子策略依赖于这些因子，但还要考虑因子之间的相关性。一般可采用剔除因子或因子合成的方式处理因子之间的多重共线性，实现因子降维的目的。此后，多因子策略需要构建收益预测模型，并通过因子载荷的历史数据估计股票未来的预期收益率，进而实现选股。

首先根据因子载荷历史数据构建统计模型，动态预测未来的因子载荷；然后将股票因子值与因子载荷预测相乘并累加，得到股票的预期收益率；最后选择预期收益率最高的 n 只股票构建投资组合。

为了得到预期因子载荷，首先构建多元线性回归模型：

$$r_{i,t}=\sum_{k=1}^{K}\beta_{k,t}F_{i,k,t-1}+\varepsilon_{i,t} \tag{3-18}$$

式中，$r_{i,t}$ 表示股票 i 在 t 期的收益率；$F_{i,k,t-1}$ 表示 t–1 期股票 i 在因子 k 上的因子值；$\beta_{k,t}$ 表示因子载荷；$\varepsilon_{i,t}$ 表示随机干扰项。每一期进行截面线性回归，可得到因子载荷的历史序列。

根据因子载荷的历史序列，可对 t+1 期的预期因子载荷进行估计。令因子 k 在 t 期的因子载荷为 $\beta_{k,t}$，预期因子载荷的估计方法如下。

(1) 均值法

通过计算前 N 期的因子载荷作为 t+1 期因子的预期载荷，公式如下：

$$\beta_{k,t+1} = \frac{1}{N}\sum_{\tau=t-N+1}^{t}\beta_{k,t} \tag{3-19}$$

均值法需要根据经验设定 N，不仅简单，还是实践中最常用的方法。在实践中，也可直接将第 t 期的因子载荷 $\beta_{k,t}$ 作为第 t+1 期的预期值。

(2) 指数加权移动平均法

估计 t+1 期的预期因子载荷时，可以对不同时间的数据赋予不同的权重，近期数据权重大，远期数据权重小，公式如下：

$$\begin{gathered}\beta_{k,t+1} = \mathrm{EWMA}(t) \\ \mathrm{EWMA}(t) = \lambda\beta_{k,t} + (1-\lambda)\mathrm{EWMA}(t-1)\end{gathered} \tag{3-20}$$

式中，EWMA (t) 表示第 t 期因子载荷的指数加权移动平均；λ 表示权重因子，取值在 0 和 1 之间。

估计出 t+1 期因子的预期载荷后，结合 t+1 期股票在各因子上的因子值，即可预测股票预期收益率。

$$r_{i,t+1} = \sum_{k=1}^{K}\beta_{k,t+1}F_{i,k} \tag{3-21}$$

式中，$r_{i,t+1}$ 表示资产 i 在 t+1 期的预期收益率；$F_{i,k}$ 表示 t 期资产 i 在因子 k 上的因子值；$\beta_{k,t+1}$ 表示 t+1 期因子 k 的预期因子载荷。

接下来，选择预期收益率最高的 n 只股票构建投资组合即可。

3.5.3　组合优化

组合优化是在充分分析投资组合风险的基础上，以组合投资理论(均值–方差模型)为基础，优化组合中各股票的权重(资金配置)，从而实现既定风险下的收益最大化。

风险管理模型需要计算组合的风险指标，如年化波动率、最大回撤、组合风格偏离、因子风险贡献度等。进而设定组合的约束条件，如个股权重之和为 1、个股或板块权重上下限等。不同的约束条件对组合风险收益特征具有不同的影响。组合权重优化是在既定风险要求下最大化组合的预期收益率，进而确定多因子组合中各股票的权重。

在收益预测模型和风险管理模型的基础上，通过优化风险收益特征，设定组合中各股票的权重，完成多因子策略的设计。

3.6　股票交易虚拟仿真实验

本节依托量化交易平台果仁网和聚宽平台安排三个股票交易虚拟仿真实验。

(1) 基础实验：基于果仁网的多因子策略设计与回测。

(2) 进阶实验：基于聚宽平台的多因子策略设计与回测。

(3) 挑战实验：基于机器学习的多因子策略设计与回测。

基础实验采用图形界面，进阶实验采用 Python 编程，挑战实验采用 Python 编程和机器学习方法，实现了虚拟仿真实验的逐级挑战。

3.6.1 基础实验：基于果仁网的多因子策略设计与回测

1. 实验目的和实验内容

依托果仁网，本实验要求学生设计多因子选股策略，并展开策略回测与模拟交易，形成可行的多因子选股策略并提供相应的投资建议。通过参与实验，学生可掌握多因子选股策略的设计方法，掌握量化交易策略的评价方式，从理论和实践两方面加强对量化交易的理解和掌握。

2. 实验步骤

步骤 1：引导学生了解本实验的实验目的、实验内容、实验流程、预期结论等，激发学生对量化交易的兴趣。

步骤 2：设定多因子选股策略的基本参数，包括股票池、板块行业、选股指标、择时指标、交易模型、回测期间等。

步骤 3：每日选股，即根据设定的策略参数，选定日期后获得当日选股结果。每日选股示例如图 3-3 所示。

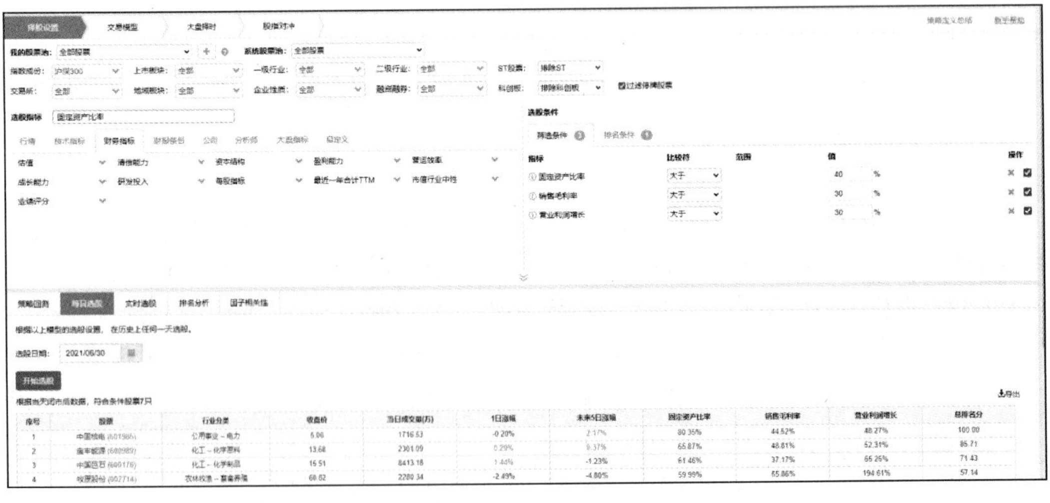

图 3-3 每日选股示例

步骤 4：策略设计与回测，即将选股策略放回真实的历史数据中，模拟交易，计算出详细收益。交易模型与回测设定示例如图 3-4 所示。

步骤 5：回测结果分析，即对比策略收益和收益基准。回测结果分析示例如图 3-5 所示。

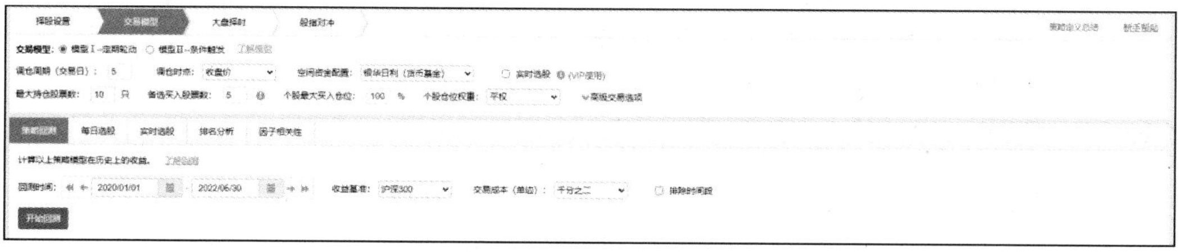

图 3-4 交易模型与回测设定示例

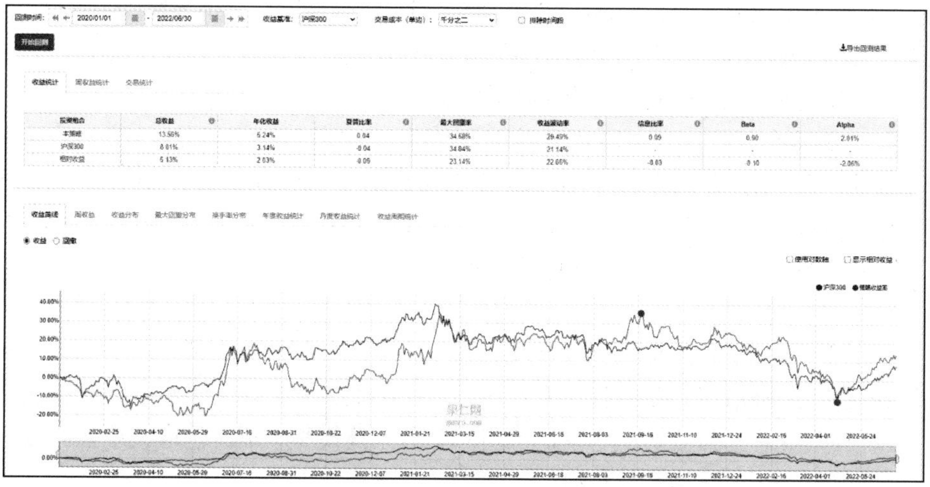

图 3-5 回测结果分析示例

步骤 6：策略保存与模拟交易。

步骤 7：根据回测结果和模拟结果进一步优化多因子选股策略，形成可行的多因子选股策略并提供相应的投资建议。

步骤 8：分析实验结果，形成研究结论，撰写并提交实验报告。

3．实验考核

实验考核包括实验报告(20%)、实验效果(40%)、课堂汇报表现(40%)三部分。其中，实验报告主要考核完整性和规范性。实验效果主要考核是否达到实验的目的以及策略的表现，评价指标分为收益、风险以及风险调整后收益综合指标，包括年化收益率、阿尔法、收益波动率、最大回撤、夏普比率等。课堂汇报表现主要考核学生对多因子策略的理解和表达能力，由教师进行评分。

3.6.2 进阶实验：基于聚宽平台的多因子策略设计与回测

1．实验目的和实验内容

依托聚宽平台，本实验设计多因子选股策略，完成因子构建、因子筛选、因子组合、策略设计、策略回测、策略模拟等实验任务，最终形成可行的多因子选股策略并提供相应的投资建议。通过参与实验，学生可了解量化投资的理论知识，掌握多因子选股策略的设计方法，掌握量化交易策略的评价方式，能够分析多因子选股策略的适用场景和适用条件，从理论和实践两方面加深对量化投资的理解，从而提高其采用计算机技术进行金融产品量化投资与交易的能力。

2．实验步骤

步骤 1：引导学生了解本实验的实验目的、实验内容、实验流程、预期结论等。

步骤 2：设定多因子选股策略的基本参数，包括因子库(如基础科目及衍生类因子、质量类因子、风险因子-风格因子、技术指标因子等)、股票池(如沪深 300 指数、中证 500 指数、中证 800 指数、中证 1000 指数、中证全指等)、回测期间、组合构建方式(多头组合、多空组合等)、手续费及滑点、调仓间隔、持仓股票数等。

步骤 3：根据所选因子库提取因子数据(聚宽)，识别有效因子。有效因子的识别可采用单因子选股策略的回测表现与 IC 值。在基本参数设定的基础上，针对每个因子排序，计算五分位数，选取一分位数的股票(因子值最小)或五分位数的股票(因子值最大)建立单因子选股策略。根据年化收益率、IC 值筛选和识别有效因子。其中，IC 值可采用 Normal IC 或 Rank IC。

步骤 4：选取任意个有效因子构成因子组合，设计多因子选股策略。在每个调仓日，获取股票价格、股票市值、股票收益率及各因子的历史数据，以因子组合为解释变量，以股票市值或股票收益率为被解释变量，采用回归展开建模和预测。选取其中预测效果最好的多只股票(持仓股票数)构建投资组合。

步骤 5：在所选回测期间，对多因子选股策略展开回测并分析策略的表现。分析近期股票价格走势等，建立合适的多因子选股策略，通过模拟交易分析策略实际表现。

步骤 6：根据回测结果和模拟结果进一步优化多因子选股策略，形成可行的多因子选股策略并提供相应的投资建议。

步骤 7：分析实验结果，形成研究结论，撰写并提交实验报告。

3．实验考核

实验考核包括实验报告(20%)、实验效果(40%)、课堂汇报表现(40%)三部分。其中，实验报告主要考核完整性和规范性。实验效果主要考核是否达到实验的目的以及策略的表现，评价指标分为收益、风险以及风险调整后收益综合指标，包括年化收益率、阿尔法、收益波动率、最大回撤、夏普比率等。课堂汇报表现主要考核学生对多因子策略的理解和表达能力，由教师进行评分。

3.6.3 挑战实验：基于机器学习的多因子策略设计与回测

1．实验目的和实验内容

依托聚宽平台，本实验引入机器学习方法设计多因子选股策略，完成因子构建、因子筛选、因子组合、策略设计、策略回测、策略模拟等实验任务，最终形成可行的多因子选股策略并提供相应的投资建议。通过参与实验，学生可了解量化投资和机器学习的理论知识，理解机器学习在量化投资中的应用原理，掌握多因子选股策略的设计方法，掌握量化交易策略的评价方式，能够分析多因子选股策略的适用场景和适用条件，从理论和实践两方面加深对量化投资和机器学习的理解，从而提高其采用计算机技术进行股票量化交易的能力。

2. 实验步骤

步骤 1：引导学生了解本实验的实验目的、实验内容、实验流程、预期结论等。

步骤 2：设定多因子选股策略的基本参数，包括因子库（如基础科目及衍生类因子、质量类因子、风险因子-风格因子、技术指标因子等）、股票池（如沪深 300 指数、中证 500 指数、中证 800 指数、中证 1000 指数、中证全指等）、回测期间、组合构建方式（多头组合、多空组合等）、手续费及滑点、调仓间隔、机器学习方法（如线性回归、岭回归、支持向量机、随机森林等）及其参数、持仓股票数等。

步骤 3：根据所选因子库提取因子数据（聚宽），识别有效因子。有效因子的识别可采用单因子选股策略的回测表现与 IC 值。在基本参数设定的基础上，针对每个因子排序，计算五分位数，选取一分位数的股票（因子值最小）或五分位数的股票（因子值最大）建立单因子选股策略。根据年化收益率、IC 值筛选和识别有效因子。其中，IC 值可采用 Normal IC 或 Rank IC。

步骤 4：选取任意个有效因子构成因子组合，选取拟采用的机器学习方法，设计多因子选股策略。在每个调仓日，获取股票价格、股票市值、股票收益率及各因子的历史数据，以因子组合为输入，以股票市值或股票收益率为输出，采用所选机器学习方法展开建模和预测。设定训练集和预测集，选取其中预测效果最好的多只股票（持仓股票数）构建投资组合，卖出非持仓股票，等金额买入持仓股票。

步骤 5：在所选回测期间，对多因子选股策略展开回测并分析策略的表现。分析近期股票价格走势等，建立合适的多因子选股策略，通过模拟交易分析策略实际表现。

步骤 6：根据回测结果和模拟结果进一步优化多因子选股策略，形成可行的多因子选股策略并提供相应的投资建议。

步骤 7：分析实验结果，形成研究结论，撰写并提交实验报告。

3. 实验考核

实验考核包括实验报告（20%）、实验效果（40%）、课堂汇报表现（40%）三部分。其中，实验报告主要考核完整性和规范性。实验效果主要考核是否达到实验的目的以及策略的表现，评价指标分为收益、风险以及风险调整后收益综合指标，包括年化收益率、阿尔法、收益波动率、最大回撤、夏普比率等。课堂汇报表现主要考核学生对多因子策略的理解和表达能力，由教师进行评分。

3.7 策略示例与代码

3.7.1 价值投资策略

本策略为一个简单的基于价值投资的量化交易策略。该策略的投资逻辑：持有预期收益高同时投资风险又比较低的股票。

首先，选择持续盈利能力强的公司，如该公司的毛利率较高(20%以上)、净资产回报率较高(15%以上)。盈利能力强的公司通常拥有“定价权”。根据经济学理论，完全竞争的行业，任何公司都没有定价权；垄断竞争或寡头垄断的行业，部分公司具有定价权；完全垄断的行业，公司具有定价权。进一步，一家公司获得垄断地位可能源于独特的资源、政府特许经营、技术和专利、规模经济、品牌效应等一种或多种因素。相对而言，某些特定行业的公司(如白酒行业的贵州茅台)更可能取得垄断地位，拥有定价权，具有持续盈利能力。

其次，选择投资风险较低的股票。根据资本资产定价模型，应该尽量避免个别风险(非系统风险)较高的股票。因此，选择行业是第一步，更重要的是选这个行业的好公司，而好公司通常具有好的产品和服务、市场占有率高、管理团队优秀、公司治理良好等特征。相对而言，行业中的龙头公司更可能是好公司。然而，好的公司不等于好的投资对象。根据价值投资理念，应选“便宜”(估值低)股票进行投资。通常情况下，可以通过市盈率、市净率等估值指标来判断一家处于成熟期的龙头公司的股票是否被低估了。

根据上述投资逻辑，该策略的选股和交易条件如下。

- 选择特定行业的股票：白酒(HY05101)、肉制品(HY05106)、房地产开发(HY11101)、白色家电(HY04110)、工程机械(HY03128)、汽车系统部件(HY04101)。
- 上述行业的龙头公司：市值在该行业排名前5位。
- 盈利能力强：销售毛利率大于20%，净资产回报率(ROE)大于15%。
- 价格低：市盈率小于30倍，市净率小于5倍。
- 符合上述条件的股票：若不足10只股票，则全部买入；若超过10只，按市盈率排序选择最小的10只股票。
- 初始资金：100万元，平均分配。
- 止盈条件：持有股票的市盈率超过50倍。
- 止损条件：与建仓时的价格相比，价格下跌导致这只股票的亏损超过20%。
- 若出现止盈或止损情况，则按照买入建仓条件，重新筛选股票，并根据可用资金买入新的股票：卖出1只股票，补充1只股票；若当天没有符合条件的股票，则下一个交易日继续寻找。

扫码(线上资源3-1)可阅读该策略的代码。

线上资源3-1

3.7.2 多因子策略

首先，选取PEG因子构建单因子选股策略。PEG计算方式为市盈率除以净利润增长率，代表股价被高估的程度。PEG越低越好，建议买入PEG较低的股票。本策略根据PEG因子对股票池的股票进行排序，选取PEG取值最小的5%的股票，构建等权重投资组合，并每月调仓。策略代码结构见图3-6，扫码(线上资源3-2)可阅读具体的策略代码。

线上资源3-2

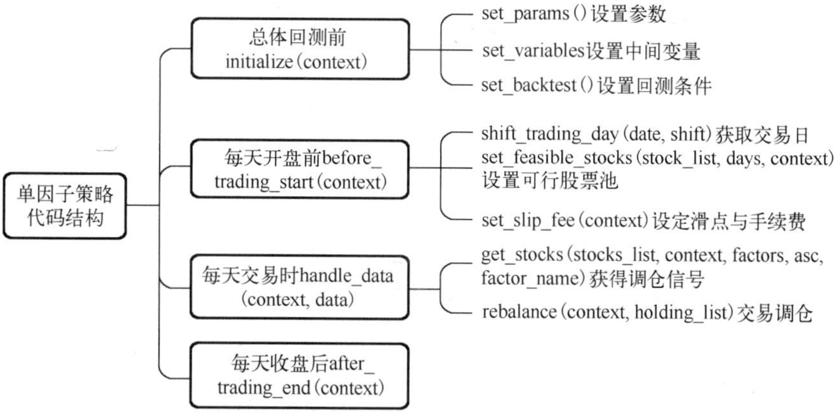

图 3-6 单因子策略代码结构

然后，选取 Alphas191 中的 alpha013 因子、alpha015 因子和营业利润率等三个因子构建多因子选股策略。根据因子的排序值进行线性加权（0.3alpha013+0.2 alpha015+0.5 营业利润率），选择总排序前 20 的股票进行交易，构建等权重投资组合，并每周调仓。策略代码结构见图 3-7，扫码（线上资源 3-3）可阅读具体的策略代码。

线上资源 3-3

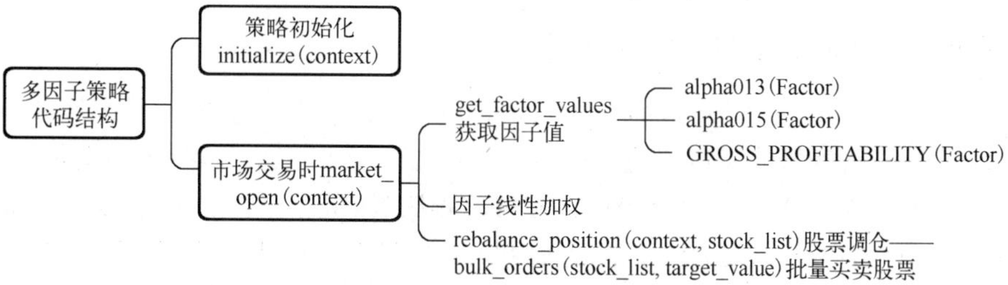

图 3-7 多因子策略代码结构

最后，基于机器学习方法构建多因子策略。选取账面市值比、财务杠杆、净利润率、净资产回报率、PEG 等因子，分别采用线性回归、岭回归、支持向量机和随机森林等机器学习算法，对股票的对数市值进行拟合和预测，选取预测误差较小（股票真实值相较于模型估计值较低，股票被低估）的 10%（或 5 只）的股票，构建等权重投资组合，每 30 天调仓。策略代码结构见图 3-8，扫码（线上资源 3-4）可阅读具体的策略代码。

线上资源 3-4

3.7.3 部分股票投资大师的经典交易策略

1. 彼得·林奇的 PEG 价值选股策略

投资大师彼得·林奇（Peter Lynch）有过一个著名的论断：任何一家公司股票如果定价合理的话，市盈率就会与收益增长率相等。这就是 PEG 价值选股策略。PEG 价值选股策略综合考虑了低风险以及未来成长性的因素，可用于股票价值评估。

PEG 价值选股策略的主要思路如下：（1）选择 PEG < 0.5 的股票（稳定成长且价值被低

估)；(2)采用(根据股票每日收益率计算的)ES 风险平价分配权重；(3)根据组合的日内波动小于 3%的条件，对股票组合与货币基金(银华日利)分配资金；(4)最大持仓 5 只股票和 1 只货币基金，优先买入流通市值小的股票，每 15 天调仓一次。

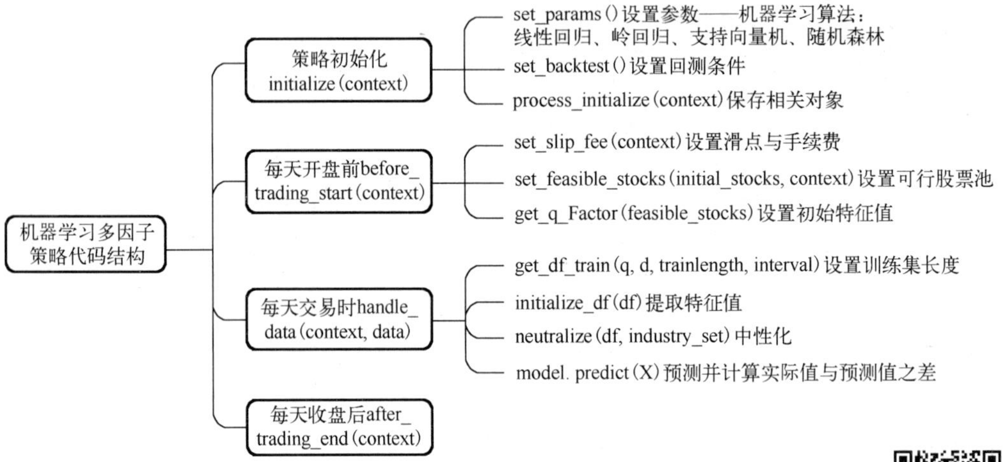

图 3-8 机器学习多因子策略代码结构

扫码(线上资源 3-5)可阅读该策略代码。

线上资源 3-5

2. 本杰明·格雷厄姆的经典价值投资法

证券分析之父本杰明·格雷厄姆(Benjamin Graham)认为，投资就是价值回归或者价值发现的过程。格雷厄姆的经典价值投资策略体现为两点：一是寻求具备投资价值的股票；二是寻求价格与价值的关系。只有当价格和价值相比具有安全边际时才做交易。因此，可以理解为“价值投资为选股核心，价格安全为入场信号”。格雷厄姆给出了非常明确的“价值五法”和“安全五法”，评判标准清晰可量化，整个十条准则中包含了对估值、股息率、成长性、偿债能力、股价泡沫等多个维度的衡量。一方面要求股票具备合理估值和稳定较好的成长性，另一方面要求企业具备健康的财务状况和应对危机能力。

“价值五法”选股策略的主要思路如下：(1)股票的盈利回报率(市盈率倒数)应大于美国 AAA 级债券收益的 2 倍；(2)股票的市盈率应小于其过去五年最高市盈率的 40%；(3)股票派息率应大于美国 AAA 级债券收益率的 2/3；(4)股价要低于每股有形资产净值的 2/3；(5)股价要低于每股净流动资产(流动资产−总负债)的 2/3。

“安全五法”的要求如下：(1)总负债要小于有形资产净值；(2)流动比率(流动资产/流动负债)要大于 2；(3)总负债要小于净流动资产的 2 倍；(4)过去 10 年的平均年化盈利增长率要大于 7%；(5)过去 10 年中不能有超过 2 次的盈利增长率小于−5%。

扫码(线上资源 3-6)可阅读该策略代码。

线上资源 3-6

3. 柯林·麦克连的成长价值优势投资法

英国知名的价值型投资大师柯林·麦克连(Colin McLean)提出了成长价值优势投资策略。该策略主要关注 6 个比率。(1)每股销售成长率：公司过去和未来每股销售成长率能够增加。(2)现金流量：公司每年必须能够产生正的自由现金流量。(3)边际获利：寻找边际获利至少10%～15%的公司。(4)可运用资本报酬率：经过调整的可运用资本报酬率至少达两位数。(5)税负：税负比低得不寻常的公司最可疑。(6)经济价值：发现市场价格低于其经济价值的股票，以高估/低估指数(股价营收比×边际获利乘数)低于1者为准。

成长价值优势投资法的选股标准如下：(1)年度营业收入增长率大于前一年度营业收入增长率；(2)最近三年每股自由现金流量皆大于0；(3)最近4个季度营业利润率不低于10%；(4)最近4个季度可运用资本报酬率不低于10%；(5)最近年度有效税率不低于5%。

扫码(线上资源3-7)可阅读该策略代码。

线上资源3-7

4．戴维·波伦的价值优势投资法

美国知名的价值型组合经理人戴维·波伦(David M. Polen)强调自下而上的选股策略，包括只投资高质量的少数公司、低换手率及集中投资等。

价值优势投资法的选股标准如下：(1)总市值大于市场平均值；(2)产权比率小于市场平均值；(3)每股企业自由现金流量大于市场平均值；(4)股价/每股自由现金流量小于市场平均值；(5)最近3年净资产回报率大于市场平均值；(6)最近3年净利润同比增长率大于市场平均值；(7)最近一年市盈率小于最近3年平均市盈率；(8)投入资本回报率大于市场平均值；(9)投入资本回报率大于市场基准利率。

扫码(线上资源3-8)可阅读该策略代码。

线上资源3-8

习　题

1．基础实验：基于果仁网的图形界面，自行选择因子，完成多因子策略的设计与回测，并提交实验报告。

2．进阶实验：基于聚宽平台的因子库，通过Python编程，自行选择因子，完成多因子策略的设计与回测，并提交实验报告。

3．进阶实验：自行开发一个全新的因子，结合基于聚宽平台的因子库，通过Python编程，完成多因子策略的设计与回测，并提交实验报告。

4．挑战实验：基于聚宽平台的因子库，通过Python编程，自行选择因子并采用多种机器学习方法，完成多因子策略的设计与回测，并提交实验报告。

5．挑战实验：基于聚宽平台，通过Python编程，设计一个基于特定事件(如重要会议或宏观经济数据发布)的股票量化交易策略，完成后提交实验报告。

6．挑战实验：基于聚宽平台，通过Python编程，设计一个考虑采用凯利公式进行仓位控制或采用组合投资理论进行资金配置的多因子量化交易策略，完成后提交实验报告。

Chapter 4

第 4 章　新能源汽车行业的量化交易策略

在证券交易的实践中，我们通常会针对特定行业或赛道构建股票的量化交易策略，包括该行业面临的宏观经济分析、该行业的产业链分析、股票池与因子分析等。本章以新能源汽车行业为例，首先分析该赛道面临的宏观经济与政策环境，然后通过分析该行业的产业链来确定股票池，最后构建针对新能源汽车行业的多因子交易策略。

4.1　新能源汽车行业的宏观经济环境与竞争环境分析

4.1.1　基于 PEST 模型的宏观经济环境分析

PEST 分析是指分析影响行业和企业的宏观因素，包括政治（Political）、经济（Economic）、社会（Social）和技术（Technological）等 4 大类影响企业的主要外部环境因素。

1．政治环境

在行业的发展过程中，政治环境的影响可谓至关重要，政治环境和政策法规的一举一动都能够影响一个行业发展的根本方向，因此需要时刻关注行业发展的政治环境变化，防范其风险对新能源汽车行业发展的影响。

1）世界范围内的动力革命

早在 1997 年，《京都议定书》就针对减少二氧化碳排放的目标制定了清洁能源汽车发展计划，之后的《巴黎协定》进一步表明了各国控制温室气体排放的决心。截至 2021 年 12 月，以欧盟成员国为主的共 9 个国家正式做出了限制或终止内燃机汽车销售与注册的承诺并通过了有关法案，部分国家的发达地区也制订了相关计划，说明发展新能源汽车已成为全球共识，可见新能源汽车在未来有庞大的市场空间。表 4-1 和表 4-2 分别为部分国家或地区禁售燃油车时间和部分全球新能源汽车行业政策。

表 4-1　部分国家或地区禁售燃油车时间（不完全）

时间	国家或地区
2024 年	罗马（意大利）
2025 年	挪威、墨西哥、巴黎（法国）、马德里（西班牙）、雅典（希腊）

续表

时间	国家或地区
2030 年	爱尔兰、荷兰、德国、丹麦、印度、以色列、冰岛、斯洛文尼亚、瑞典、英国、海南(中国)、东京(日本)
2035 年	日本、加拿大
2040 年	法国、西班牙

表 4-2 全球新能源汽车行业政策(不完全)

国家或地区	时间	政策
欧盟	2020 年	《2030 年气候目标计划》：到 2050 年实现汽车的零排放
	2021 年 7 月	*Fit for 55*：将实现汽车的零排放目标年份提前到 2035 年
德国	2020 年 7 月	2021 年年底前，纯电(EV)补贴从 6000 欧元提升至 9000 欧元，混动(PHV)补贴从 4000 欧元提升至 6750 欧元
	2021 年年底	补贴政策延长至 2022 年年底
美国	2021 年 8 月	拜登总统签署行政令：要求 2030 年电动化率达 50%
	2021 年 10 月	*Build Back Better* 法案：单车最高税收抵免金额从 7500 美元提高到 1.25 万美元

2)政策激励加速动力革命

新能源汽车市场参与者主体可分为政府、车企与消费者，三者间的相互作用关系将政府对新能源汽车行业的早期激励政策分为两大类别：一类是面向车企的研发支持与生产激励；另一类是面向消费者的购置补贴与税费减免。表 4-3 为新能源汽车市场的主体关系作用模型。

表 4-3 新能源汽车市场的主体关系作用模型

市场主体	内容
政府	政府为车企提供政策支持并为消费者提供税费减免，进而优化汽车产业结构并达成环保诉求
车企	车企在研发与生产层面获得国家政策支持，进而协助国家实现战略目标并满足消费者需求
消费者	消费者获得优惠后购置新能源汽车以完成价值实现，进而带动基础设施建设并完善相关服务

3)“中国制造”战略下的激励体系

中国政府对新能源汽车的聚焦始于“八五”期间提出的电动汽车研究计划。到 2021 年《国民经济和社会发展第十四个五年规划和 2035 年远景目标纲要》(以下简称《“十四五”规划》)中提及聚焦新能源汽车等战略性新兴产业，表明了中央层面对新能源汽车产业的支持。至此，中国新能源汽车行业的发展上升至国家战略高度。图 4-1 为国民经济规划中新能源汽车政策的演变。

自 2006 以来，国务院、财政部、国家发改委等部门高度重视新能源汽车的发展，对行业的政策规划涉及购置补贴政策、节能减排政策、电池充电桩配套产业政策等，旨在推进新能源汽车的普及和新能源汽车行业的规范发展。在地方上，31 省(市、自治区)也针对新能源汽车行业出台了当地的政策规划，涉及产值的预期目标、产业配套发展支持等方面，表明相应的政策支持环境相当优越，这对于新能源汽车的发展至关重要。表 4-4 所示为 2017—2022 年国家层面有关新能源汽车行业的重点政策整理。

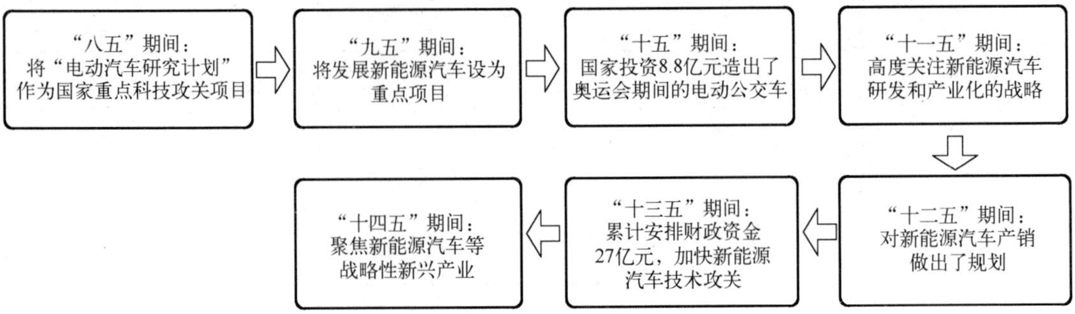

图 4-1 国民经济规划中新能源汽车政策的演变

表 4-4 2017—2022 年国家层面有关新能源汽车行业的重点政策整理

发布日期	发布单位	政策文件	相关内容
2017.04	工业和信息化部、国家发改委、科技部	《汽车产业中长期发展规划》	加快新能源汽车技术研发及产业化。利用企业投入、社会资本、国家科技计划(专项、基金等)统筹组织企业、高校、科研院所等协同攻关，重点围绕动力电池与电池管理系统等 6 个创新链进行任务部署
2018.03	第十三届全国人民代表大会第一次会议	2018 年政府工作报告	加快制造强国建设。推动新能源汽车等产业发展；推进消费升级，发展消费新业态新模式，将新能源汽车车辆购置税优惠政策再延长 3 年，全面取消二手车限迁政策；促进外商投资稳定增长，扩大新能源汽车等领域开放
2018.12	国家发改委、国家能源局、工业和信息化部、财政部	《提升新能源汽车充电保障能力行动计划》	力争用 3 年时间大幅提升充电技术水平，提高充电设置产品质量，加快完善充电标准体系，全面优化充电设施布局
2019.03	第十三届全国人民代表大会第二次会议	2019 年政府工作报告	促进新兴产业加快发展，培育新能源汽车等新兴产业集群，壮大数字经济。稳定汽车消费，继续执行新能源汽车购置优惠政策，推动充电、加氢等设施建设
2019.05	财政部、工业和信息化部、交通运输部等	《关于支持新能源公交车推广应用的通知》	在普遍取消地方购置补贴的情况下，可继续对购置新能源公交车给予补贴支持。落实好新能源公交车免征车辆购置税政策
2020.04	财政部、国家税务总局、工业和信息化部	《关于新能源汽车免征车辆购置税有关政策的公告》	2021—2022 年，对购置的新能源汽车免征车辆购置税
2020.05	第十三届全国人民代表大会第三次会议	2020 年政府工作报告	扩大有效投资。加强新型基础设施建设，发展新一代信息网络，增加充电桩、换电站等设施，推广新能源汽车，激发新消费需求、助力产业升级
2020.07	国家能源局	《关于开展跨省跨区电力交易与市场秩序专项监管工作的通知》	健全市场化交易机制，推进跨省跨区电力市场化交易，加强垄断环节监管，督促北京、广州电力交易中心和电网企业相关部门规范组织开展跨省跨区电力交易，加快构建有效竞争的市场结构和市场体系。推动解决厂网之间突出问题，维护良好的市场秩序，保障市场主体合法权益，进一步扩大清洁能源消纳空间，实现资源在更大范围优化配置
2020.09	财政部、工业和信息化部、科技部、国家发改委、国家能源局	《关于开展燃料电池汽车示范应用的通知》	将对燃料电池汽车的购置补贴政策调整为燃料电池汽车示范应用支持政策，对符合条件的城市群开展燃料电池汽车关键核心技术产业化攻关和示范应用给予奖励，形成布局合理、协同推进的燃料电池汽车发展新模式

续表

发布日期	发布单位	政策文件	相关内容
2021.05	国家能源局	《关于 2021 年风电、光伏发电开发建设有关事项的通知》	落实碳达峰、碳中和目标，以及 2030 年非化石能源占一次能源消费比重达到 25%左右、风电太阳能发电总装机容量达到 12 亿千瓦以上等任务；调动投资主体积极性，推动风电、光伏发电高质量跃升发展。2021 年，全国风电、光伏发电发电量占全社会用电量的比重达到 11%左右，后续逐年提高，到 2025 年达到 16.5%左右
2021.03	第十三届全国人民代表大会第四次会议	2021 年政府工作报告	稳定增加汽车、家电等大宗消费，取消对二手车交易不合理限制，增加停车场、充电桩、换电站等设施，加快建设动力电池回收利用体系。扎实做好碳达峰、碳中和各项工作，并制定 2030 年前碳排放达峰行动方案
2021.03	国家发改委	《中华人民共和国国民经济和社会发展第十四个五年规划和 2035 年远景目标纲要》	聚焦新一代信息技术、生物技术、新能源、新材料、高端装备、新能源汽车、绿色环保以及航空航天、海洋装备等战略性新兴产业，加快关键核心技术创新应用，增强要素保障力，培育壮大产业发展新动能
2021.04	国家能源局	《2021 年能源工作指导意见》	当前国内外形势错综复杂，能源安全风险不容忽视，落实碳达峰、碳中和目标，实现绿色低碳转型发展任务艰巨。为持续推动能源高质量发展，国家能源局制定了 2021 年主要预期目标，目标主要围绕能源结构、供应保障、质量效率、科技创新和体制改革五大方面进行
2021.10	国务院	《2030 年前碳达峰行动方案》	推动运输工具装备低碳转型，大力推广新能源汽车，逐步降低传统燃油汽车在新车产销和汽车保有量中的占比，推动城市公共服务车辆电动化替代
2020.10	国务院办公厅	《新能源汽车产业发展规划（2021—2035 年）》	到 2025 年，我国新能源汽车市场竞争力明显增强，动力电池、驱动电机等关键技术取得重大突破，安全水平全面提升。纯电动乘用车新车平均电耗降至 12 千瓦时/百公里，新能源汽车新车销量达到汽车新车销量总量的 20%左右，高度自动驾驶汽车实现限定区域和特定场景商业化应用，充换电服务便利性显著提高
2021.12	财政部、工业和信息化部、科技部、国家发改委	《关于 2022 年新能源汽车推广应用财政补贴政策的通知》	综合考虑新能源汽车产业发展规划、市场销售趋势以及企业平稳过渡等因素，2022 年新能源汽车购置补贴政策于 2022 年 12 月 31 日终止
2022.01	国家发改委	《关于进一步提升电动汽车充电基础设施服务保障能力的实施意见》	积极推进试点示范，探索新能源汽车参与电力现货市场的实施路径，研究完善新能源汽车消费和储放绿色电力的交易和调度机制
2022.03	第十三届全国人民代表大会第五次会议	2022 年政府工作报告	继续支持新能源汽车消费，鼓励地方开展绿色智能家电下乡和以旧换新
2022.01	国家发改委、国家能源局	《“十四五”现代能源体系规划》	加快发展风电、太阳能发电。全面推进风电和太阳能发电大规模开发和高质量发展，优先就地就近开发利用。在风能和太阳能资源禀赋较好、建设条件优越、具备持续整装开发条件、符合区域生态环境保护等要求的地区，有序推进风电和光伏发电集中式开发
2022.05	工业和信息化部等四部委	《四部门关于开展 2022 新能源汽车下乡活动的通知》	发布关于开展 2022 年新能源汽车下乡活动的通知。鼓励各地出台更多新能源汽车下乡支持政策，改善新能源汽车使用环境，推动农村充换电基础设施建设

续表

发布日期	发布单位	政策文件	主要内容
2022.05	国家发改委、国家能源局	《关于促进新时代新能源高质量发展的实施方案》	在创新开发利用模式、构建新型电力系统、深化“放管服”改革、支持引导产业健康发展、保障合理空间需求、充分发挥生态环境保护效益、完善财政金融政策七个方面完善政策措施，重点解决新能源“立”的问题，更好发挥新能源在能源保供增供方面的作用
2022.07	国新办	促进绿色智能家电消费国务院政策例行吹风会文件	提出包括支持开展全国家电以旧换新活动、推进绿色智能家电下乡、强化全链条服务保障、夯实基础设施支撑等在内的 9 条具体措施
2022.10	中国共产党第十九届中央委员会	党的二十大报告	建设现代化产业体系。巩固优势产业领先地位，在关系安全发展的领域加快补齐短板，提升战略性资源供应保障能力。推动战略性新兴产业融合集群发展，构建新一代信息技术、人工智能、生物技术、新能源、新材料、高端装备、绿色环保等一批新的增长引擎

2. 经济环境

经济环境是与企业发展和经营需要的经济特征、条件、环节等因素有关的必要条件。2020 年新冠疫情对全球经济产生了巨大的影响，但随着疫情政策的不断完善，宏观经济形势总体发展依然良好。2021 年中国经济持续稳定恢复，GDP 为 114.92 万亿元，同比增长达到 8.4%，人均 GDP 突破 8 万元。全国居民人均可支配收入约 3.51 万元，同比增长约 9%，居民人均消费支出约 2.4 万元，同比增长约 13.7%。居民人均交通和通信消费支出达 3156 元，同比增长 14.3%，居民消费力显著提升。2012—2021 年中国 GDP 同比和人均 GDP 如图 4-2 所示，2016—2021 年中国居民人均可支配收入、消费支出以及交通和通信消费支出如图 4-3 所示。

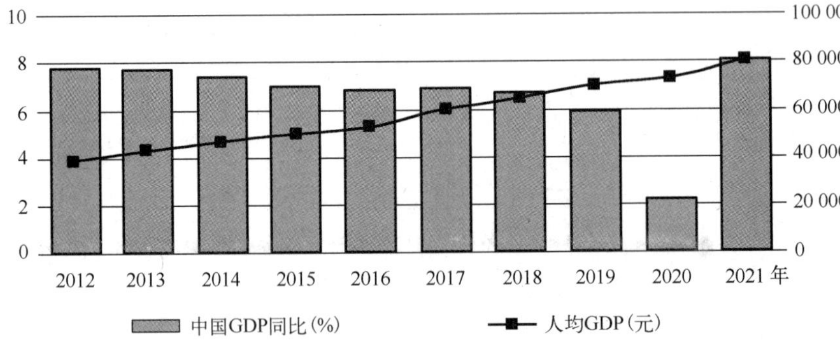

图 4-2 2012—2021 年中国 GDP 同比和人均 GDP

除受经济形势影响外，中国汽车市场还会受居民部门杠杆率影响。从 2016 年到 2020 年年初，居民部门杠杆率快速增长，极速膨胀的居民住房贷款会透支居民的购买能力，从而引发对汽车和其他耐用消费品的挤出效应。从 2020 年第三季度后，居民部门杠杆率保持基本稳定，居民购买能力也得到有效缓解。同时，原油价格变化正处于自 2022 年以来新一轮上涨周期的开始，虽然近期燃油价格在波动中有所下降，但内燃机汽车的用车成本预计在未来几年内会略有增加。相反，新能源汽车凭借补贴与燃料成本优势在短期内迎来了相对有利的销售环境。2019—2022 年原油期货价格走势如图 4-4 所示，2016—2021 年中国居民部门杠杆率如图 4-5 所示。

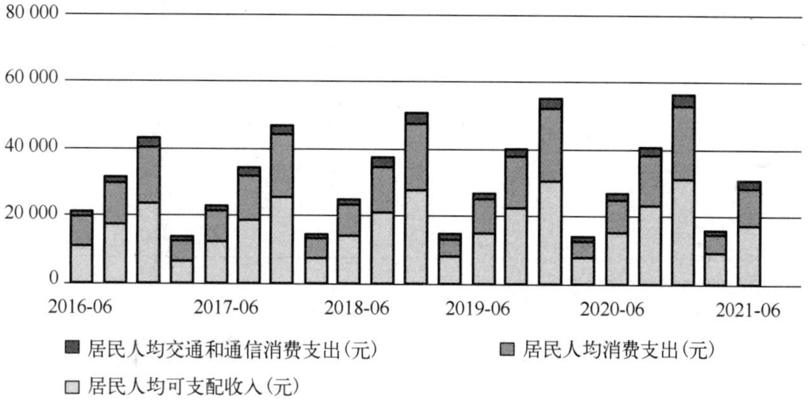

图 4-3　2016—2021 年中国居民人均可支配收入、消费支出以及交通和通信消费支出

图 4-4　2019—2022 年原油期货价格走势

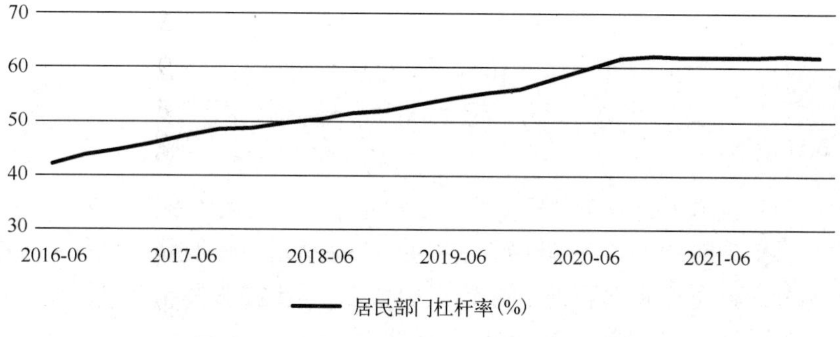

图 4-5　2016—2021 年中国居民部门杠杆率

能源消费结构关系国家能源安全、环境保护与经济增长质量。2015—2020 年，中国清洁能源消费占比提升显著，2020 年已达 24.3%，但化石能源消费占比仍超过 70%，能源消费结构变化主要来自化石能源的内部结构调整。同时期内，中国原油进口量日益增加，新能源汽车的广泛应用，将对优化能源消费结构与缓解原油进口依赖起到一定积极作用。2015—2020 年中国能源消费结构与清洁能源消费占比如图 4-6 所示。

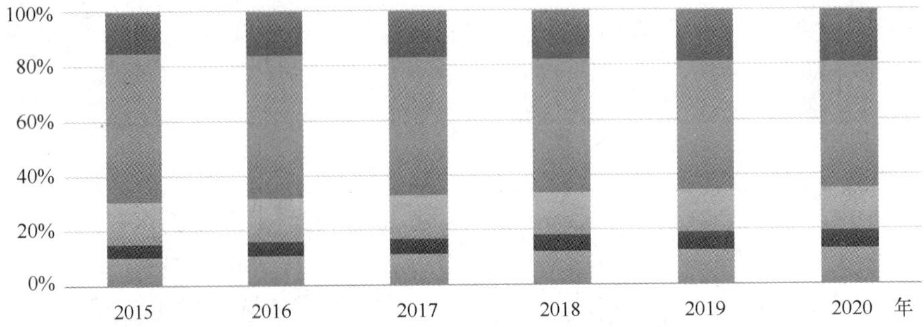

图 4-6 2015—2020 年中国能源消费结构与清洁能源消费占比

2016—2022 年，汽车工业增加值年均涨幅超过 10%，汽车工业产值提升近 30%。产能与日俱增的中国汽车工业为新能源汽车行业的持续快速发展提供了先进的技术研发能力、雄厚的资本注入和健全的工业基础设施。2016—2021 年汽车工业产值如图 4-7 所示。

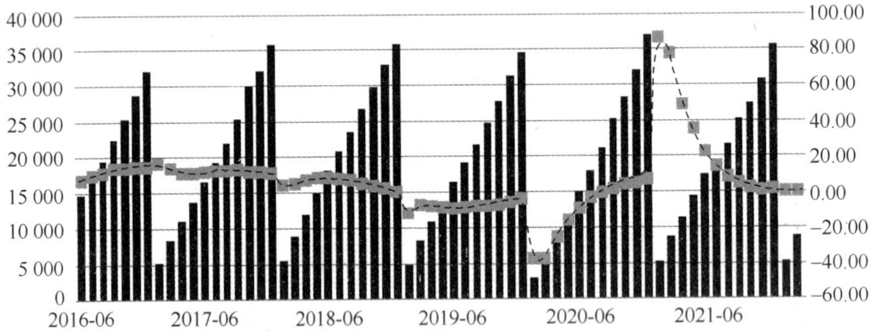

图 4-7 2016—2021 年汽车工业产值

3. 社会环境

近年来，随着技术不断成熟，配套设施不断完善，民众认可度持续提升，以及“双碳”目标的提出与产业政策的出台，推动新能源汽车产业链进一步发展。虽然市场整体向好，但目前国内新能源汽车产业发展仍面临着诸多问题，其中需求侧主要体现在消费者对电动车的“安全性”“充电难”“充电慢”等问题仍存有疑虑。针对这些问题，2022 年两会代表提出了解决方案，包括“超快充模式”和“换电模式”等。显然，“双碳”产业政策的间接推动，以及用户痛点凸显使新能源汽车市场迎来商机。“双碳”目标及产业政策推动新能源汽车产业链发展概览如图 4-8 所示。

在配套环境方面，全球各国政府纷纷发布政策或规划，推动充电桩部署。中国《新能源汽车产业发展规划(2021—2035 年)》明确指出，加快充换电基础设施建设，并将充电桩纳入“新基建”范畴。美国《基础设施投资和就业法案》投资 75 亿美元建立一个全国性的电动汽车充电器网络。欧盟委员会提出到 2025 年要安装 100 万根公共充电桩。截至 2021 年年底，中国公共充电桩保有量全球第一，累计建成充电桩 261.7 万个，充电站 7.5 万座，换电站 1298 座。但是，这一领域仍有明显不足——基础设施分布不均，许多地区尚未覆盖。公共充电桩超过 70%分布在广东、上海等地区，高速公路充电桩则主要集中在京津冀鲁、长三角、珠三角等区域。未来，随着充电桩设施覆盖更全面、充换电模式多种可能性的尝试与发展，新能源汽车有望得到一个更好的应用环境。

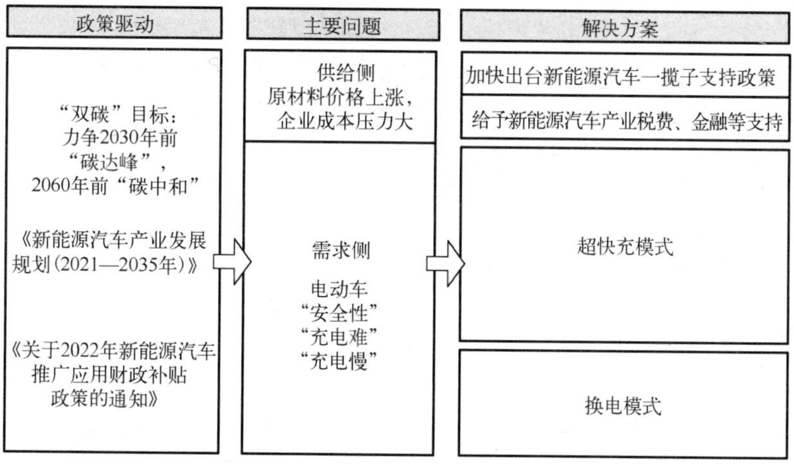

图 4-8 "双碳"目标及产业政策推动新能源汽车产业链发展概览

在消费者认可度方面，里程焦虑、安全问题是消费者购买新能源汽车主要的顾虑。随着电池的性能逐渐强大、公共充电基础设施越发完善、安全标准规范的制定推出，消费者对新能源汽车性能的信心有所增强。电动汽车理念前卫、智能化特征明显、灵活运营线上平台等特征也吸引了大量年轻消费者。麦肯锡调研数据显示，在中国市场，2019—2021 年，称"我喜欢的品牌只有电动汽车"的消费者占比从 10%上升到了 15%；2017—2021 年，愿意考虑购买新能源汽车的消费者占比从 20%上升到了 63%。另一方面，新能源汽车在市场集中度方面也得到进一步提升。2021 年，中国市场头部效应明显，前十大厂商的市场份额达到 60%，较 2020 年上涨 10%。从全球市场来看，仅特斯拉一家就实现销量 93.6 万辆，占据全球 14.4%的份额，体现了其超强的品牌吸引力。

4．技术环境

新能源汽车相关技术水平逐年提升，使新能源汽车拥有了与传统燃油汽车匹敌的竞争力。技术水平的提升主要体现在续航里程等性能的提升。以行业中同级别、同品牌、发布时间相差三四年的大众车型 e-Golf 和 ID.3 对比为例，2018 年上市的 e-Golf 续航里程仅为 255km，而 2021 年上市的 ID.3 续航里程达到 430km，明显高于前者。另以高于行业平均的特斯拉为例，第一辆纯电动跑车 Roadster(2008 年起售)充电行驶里程只有 392km、最高时速 201km，但其新款 Roadster(预计 2023 年上市)续航力预计将达到 1000km、最高时速超过 400km，性能提升明显。

总之，如今许多纯电动车的单次充电续航里程早已超过了 320km，远高于一般日常出行 50km 的需求。面向未来，从动力电池技术发展层面看来，伴随着比亚迪刀片电池、宁德时代 CTP 等新技术产业化应用的出现，以及 4680 圆柱电池的量产，动力电池领域的不断更新迭代，电池性能有望继续提升。以能量密度为例，参考《中国汽车动力电池技术路线图 1.0》做出的规划，2020 年系统级能量密度达到 250Wh/kg，2030 年将达到 500Wh/kg。

4.1.2 基于波特五力模型的竞争环境分析

通过理论分析发现，竞争优势的研究和产业环境息息相关，行业只有处于有吸引力且有利的产业环境下才能获得竞争优势。本节为新能源汽车产业竞争环境的分析，主要依据波特五力模型，从现有竞争者、潜在进入者威胁、替代者威胁、需求方议价能力以及供给方议价能力分析等五部分来展开。新能源汽车行业的波特五力模型分析框架如图 4-9 所示。

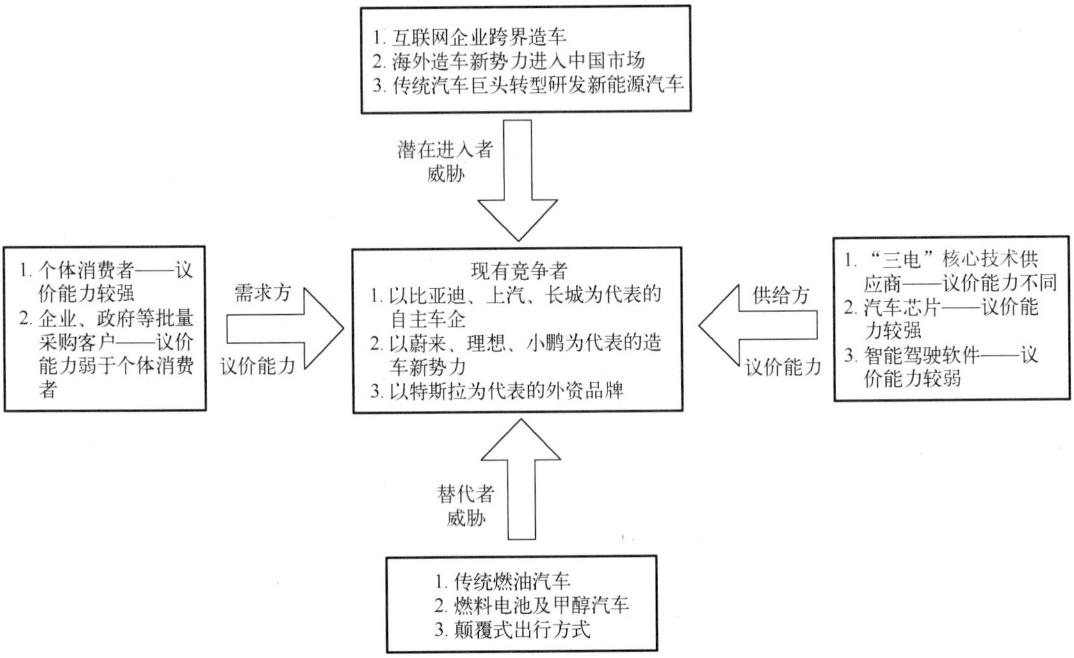

图 4-9 新能源汽车行业的波特五力模型分析框架图

1. 现有竞争者分析

新能源汽车产业因受到政府重视引起市场各资方追捧，致使我国新能源汽车市场投资热情高涨。2015—2021 年，我国新能源汽车产销量已连续 6 年居于全球第一位。根据数据统计，中国新能源汽车保有量由 2015 年的 42 万辆大幅增至 2021 年的 784 万辆，年复合增长率为 62.87%。产量则由 2015 年的 34 万辆跃升至 2021 年的 354.5 万辆，年复合增长率达到 47.81%。销量则由 2015 年的 33.1 万辆迅速增长至 2021 年的 352.1 万辆，年复合增长率达到 48.30%。2016—2021 年中国新能源汽车保有量、产量及销量表现如图 4-10 所示。

我国新能源汽车市场增长潜力大，各类补贴政策和需求端的爆发性增长使得社会资本对新能源汽车市场的投资力度不断走高，社会各方力量进入形成相互竞争态势。截至 2022 年年底，我国新能源汽车市场形成三方竞争格局：以比亚迪、上汽、长城为代表的自主车企，以蔚来汽车、理想汽车、小鹏汽车为代表的造车新势力，以及以特斯拉为代表的外资品牌。根据乘联会数据，2017 年自主品牌占市场份额达 97%，呈现出市场集中度较高的特点，但到了 2021 年，占据市场主力的自主车企市场份额下降到 63%，外资品牌和新势力品牌市场份额逐渐扩大，比重分别升至 21%、16%。2021 年中国新能源汽车市场竞争格局如图 4-11 所示。

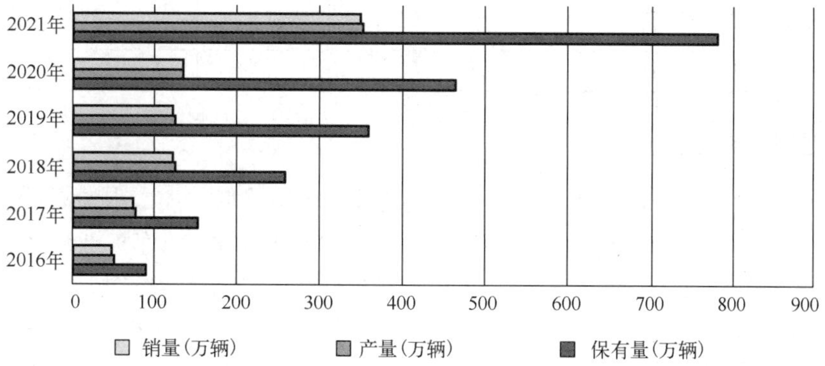

图 4-10　2016—2021 年中国新能源汽车保有量、产量及销量表现

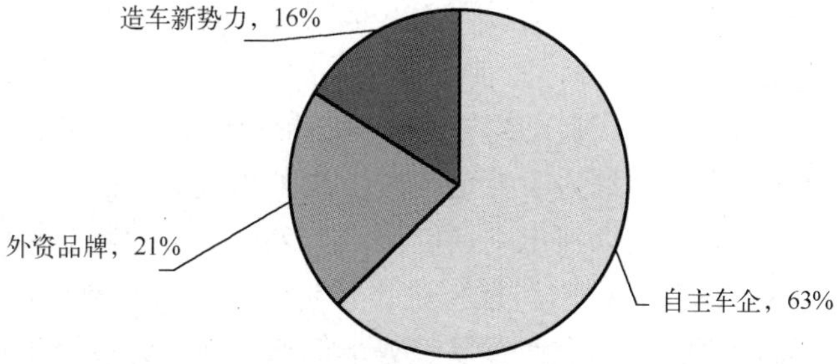

图 4-11　2021 年中国新能源汽车市场竞争格局

从表 4-5 可以看出，2021 年中国新能源汽车市场的集中度进一步提高，头部效应凸显，比亚迪的市场占有率达到了 16.6%。随着传统汽车企业加速转型入局，市场竞争加剧，企业可能会增加品牌营销和研发投入，或者降低产品价格以提升吸引力，通过各种方法进一步扩大企业在新能源汽车市场的份额。

表 4-5　中国新能源汽车市场主流品牌占比

排名	外资品牌	2021 年销量/万辆	市场份额/%	排名	外资品牌	2021 年销量/万辆	市场份额/%
3	特斯拉	32.3	9.2	20	丰田	2.4	0.7
13	一汽大众	7.0	2.0	21	本田	1.8	0.5
15	上汽大众	6.2	1.8	22	奔驰	1.7	0.5
17	宝马	4.9	1.4	23	奥迪	1.2	0.4
排名	**新势力**	**2021 年销量/万辆**	**市场份额/%**	**排名**	**新势力**	**2021 年销量/万辆**	**市场份额/%**
8	小鹏汽车	9.66	2.7	10	理想	9.13	2.6
9	蔚来	9.14	2.6	14	合众	6.97	2.0

续表

排名	新势力	2021年销量/万辆	市场份额/%	排名	新势力	2021年销量/万辆	市场份额/%
18	零跑	4.5	1.3	19	威马	4.4	1.2
排名	自主车企	2021年销量/万辆	市场份额/%	排名	自主车企	2021年销量/万辆	市场份额/%
1	比亚迪	58.4	16.6	7	奇瑞	9.8	2.8
2	上汽通用	43.1	12.2	11	吉利	8.01	2.3
4	长城	13.4	3.8	12	长安	7.65	2.2
5	广汽埃安	12.7	3.6	16	北汽新能源	6.1	1.7
6	上汽乘用	11.4	3.2				

2. 潜在进入者威胁

相比于传统燃油汽车，新能源汽车整车制造技术难度降低，加之市场前景广阔，利润率较高，吸引了众多竞争者加入市场角逐。尤其是2020年以来，汽车产业逐渐放宽外资投资限制以及降低行业准入门槛，导致市场涌现出许多潜在进入者，可细分为三类。

1) 互联网企业跨界造车

随着5G时代的到来，移动互联网使用场景逐步扩展到智能纯电动汽车领域，国内外许多互联网科技公司开始跨界造车，力图在快速发展的互联网浪潮中占据有利地位。其中，小米集团创始人雷军称将亲自带领公司投入100亿元进入智能纯电动汽车领域。苹果公司早在2018年开始试水自动驾驶业务，目前正在研发纯电动汽车产品，并计划于2024年推出一款全新产品，实现动力电池、自动驾驶系统等核心技术的自主掌控。华为公司则组建了专门的智能汽车业务部门，并致力于打造与智能汽车相关的智能车云等产品。百度公司则与吉利集团跨界合作，共同创立纯电动新能源汽车公司，打造新能源汽车的全套体系并命名为“集度汽车”。尽管这些互联网科技公司缺乏制造业生产管理经验，但其利用自身的强大互联网技术，在智能化的汽车产业发展趋势下仍然是新能源汽车市场上强有力的潜在竞争者。

2) 海外造车新势力进入中国市场

中国并不是唯一涌现造车新势力的国家，美国、欧洲也出现了一批新能源汽车产业的“黑马”。然而，中国是全球最大的新能源汽车消费市场和“世界工厂”，外资投资限制的放宽和取消将吸引更多的海外造车新势力涌入中国市场，力争在中国复制特斯拉的“奇迹”。其中，Lucid诞生于美国加利福尼亚州“硅谷”，目前已开始生产旗下第一款量产高端豪华车型Lucid Air，该公司计划于2023年左右在中国建厂。另一家美国造车新势力代表企业Rivian主攻纯电动皮卡车细分市场，目前已推出电动皮卡R1T和SUV车型R1S。Fisker公司则于2007年注册成立，经历了2013年的破产重组后，转型发展纯电动乘用车，计划与鸿海科技联合研发制造电动汽车，并进军中国、北美和印度市场。特斯拉在中国的大获成功，吸引了众多海外造车新势力加速进入中国市场，其潜在竞争力十分强悍，将为中国的汽车产业带来强大的潜在竞争力。

3) 传统汽车巨头转型研发新能源汽车

随着各国政府相继出台禁售燃油汽车的时间表，传统汽车巨头加速了向新能源汽车转型的研发进程，凭借在百年发展历程中积累的技术和资源优势，积极探索智能电动汽车的发展道路。其中，德国大众从 2021 年开始宣布开展“加速转型战略”，计划到 2030 年，纯电动汽车销量将占据其欧洲市场七成以上的销售份额，同时在北美市场和大中华区市场上，纯电动车型的销量也将超过总销量的一半。美国福特则计划未来 10 年内，将全球市场 40% 的车型替换为纯电动新能源汽车。而日本丰田则以混动和氢燃料为主攻方向，在大中华区市场推出了多款油电混合动力车型。

3．替代者威胁

中国新能源汽车市场最主要的替代者有三种：传统燃油汽车、燃料电池及甲醇汽车、颠覆式出行方式。

1）传统燃油汽车

从当前汽车市场的销量来看，依旧是传统燃油汽车占主导地位。同时，从技术和大众认知接受程度来看，国内外传统汽车制造厂商在传统汽车制造上具备更成熟的技术和价格优势。但另一方面，随着油价升高以及新能源汽车的电池技术升级，长期来看，传统燃油汽车对新能源汽车的替代威胁会逐步减小。

2）燃料电池及甲醇汽车

中国新能源汽车市场按照能源结构可以细分为：纯电动汽车、插电式混合动力汽车、燃料电动汽车，而目前主要以纯电动汽车为主。从技术类型角度出发，真正构成替代威胁的是基于燃料电池技术的新能源汽车。以氢气、氢燃料作为动力电池能量来源的汽车称为燃料电池汽车。与目前各大企业主推的锂电池汽车不同，燃料电池汽车具备很多技术优势（如续航里程较长、耐低温性强、加氢时间短、能量转换效率高等），同时也面临着成本居高不下和加氢站建设滞后的限制。近年来，我国加大对燃料电池汽车发展的支持力度，多项扶持政策陆续出台。2016 年发布的《节能与新能源汽车技术路线图》提出，2020—2030 年燃料电池汽车逐步由示范运行向大规模推广应用发展，到 2020 年、2025 年、2030 年国内燃料电池汽车的规模分别达到 0.5 万辆、5 万辆、100 万辆。2021 年，工业和信息化部发布《新能源汽车产业发展规划（2021—2035 年）》，强调提高氢燃料制储运经济性，推进加氢基础设施建设，支持有条件的地区开展燃料电池汽车商业化示范运行。未来一段时期随着规模效应带动燃料电池成本快速下降，以及加氢设施逐步普及，燃料电池汽车市场加速培育，将凭借强大的技术性能优势在新能源汽车产业中占据一席之地，从而与锂电池纯电动汽车并驾齐驱、平行发展。

另外，最近值得关注的甲醇汽车成为一种新的替代威胁。甲醇作为一种绿色能源，现已被多个国家推荐为未来取代石油并在新能源主赛道发力的“主力军”。与传统燃油汽车相比，甲醇汽车更加清洁高效；与纯电动汽车相比，甲醇汽车没有续航里程焦虑，补能简单；与燃料电池汽车相比，甲醇汽车的存储、运输更加方便，成本优势明显。作为全球最大的甲醇生产国，数据显示，2021 年我国甲醇产能为 9738.5 万吨，同比增长 3.2%，其产能和产量均超全球一半。但甲醇汽车依然存在缺乏明确界定和基础配套设施尚未普及的问题，这为产业发展带来一定局限。在《“十四五”工业绿色发展规划》中，甲醇汽车已经被明确列入绿色产品序列，绿色甲醇也被列入了绿色低碳技术推广应用工程。2022 年 9 月 1 日，首个全球性甲醇经济论坛召开，与会专家表明甲醇在新能源汽车赛道的未来应用前景广阔。同年 9 月，工业和信息化部在答复人大会议提议时也明确表示，未来在发展多元化能源产业和推动区域经济发展方面，甲醇经济将是重点环节。尤其是在汽车产业领域，甲醇汽车产业将成为重点扶持产业。未来，随着甲醇产业越来越成熟，甲醇汽车的适用性、安全性、可靠性、经济性和环保性也将进一步得到证明，“绿色甲醇+甲醇汽车”的新模式将实现全产业链的升级腾飞。

3) 颠覆式出行方式

从出行方式的角度来看，一旦自动驾驶技术趋于成熟并实现大规模商业化应用，必将产生革命性、颠覆性的交通出行方式，对私人小汽车出行方式形成巨大的颠覆性替代威胁。在交通拥堵已成为全世界大城市通病的今天，人们开始反思私人小汽车这种交通出行方式的弊病，而共享出行就是一种较为理想的全新出行方式。目前，Uber、滴滴等打车软件在全球范围内的巨大成功，代表了共享出行模式的兴起，但这仅仅是共享出行模式的初级形态。据权威机构预测，2035 年后真正意义上的无人自动驾驶将会实现产业化和大规模商用。届时，共享出行模式将进入高级形态，一种基于 5G 通信、下一代互联网和自动驾驶技术的高度组织化、智能化，又确保便捷性、安全性、舒适性的共享出行模式将全面替代私人小汽车出行，进而导致汽车需求在总量、结构等方面发生巨大变化。

4．需求方议价能力

新能源汽车的需求方主要包含市场上的个体消费者、企业和政府等批量采购客户。对于新能源汽车行业来说，需求方的议价能力正在不断增强。

1) 个体消费者

客观来说，在新能源汽车市场上，个体消费者价格敏感度极高，而新能源汽车在市场竞争中长期依赖政策补贴。随着新能源汽车补贴政策退坡执行直至取消，产品价格将失去明显竞争优势，消费者购买意愿持续降低。同时，国内新能源汽车产品种类不断丰富，产品更新迭代速度变快，个体消费者的可选择范围越来越大，对汽车服务也会有更高的要求。加之汽车消费类电子商务、新媒体、互联网的快速发展，各类产品测评、价格、促销信息铺天盖地，进一步消除了购买者与生产厂商之间的信息不对称。这些因素都将导致个体消费者具有较强的议价能力。

2) 企业、政府等批量采购客户

不同于个体消费者，企业、政府等批量采购的大客户对品质、品牌、服务等的关注远超过对价格的关注，并在采购中通常采用公开竞标的形式选择产品。在空气质量接连下降、能源紧张的情况下，政府有责任带领民众构建清洁干净的社会体系。比如，2014 年国家机关事务管理局、财政部、工业和信息化部共同制定《政府机关及公共机构购买新能源汽车实施方案》的总体目标就是实现政府机关每年购买新能源汽车的数量逐年增加。该方案同时指出，纳入新能源汽车推广应用城市的政府和公共机构，每年购买新能源汽车的数量占配置更新总量的比例要超过 30%，而且各城市比例要保证逐年增长。2020 年，工业和信息化部制定的《推动公共领域车辆电动化行动计划》指出，到 2035 年我国公共领域用车将全面实现电动化，燃料电池汽车实现商业化应用。2022 年国家机关事务管理局表示将按照《促进绿色消费实施方案》部署，推动公共机构及干部职工优先购买使用新能源汽车，适当提高党政机关公务领域的新能源汽车应用占比。此外，“十四五”规划也明确提到，推动城市公交和物流配送车辆电动化。所以，政府采购新能源汽车具有公益性的特点，较少考虑成本问题，这样政府的议价能力弱于个体消费者，但因采购规模大、采购集中，也具有一定议价能力。

5. 供给方议价能力

新能源汽车上下游产业链很长，而且供应链十分复杂。其中，最为重要的就是电池、电机、电控（“三电”）核心技术的供应商。考虑到新能源汽车智能化发展趋势，当前汽车芯片、智能驾驶软件供应商也成为整个产业链中的关键一环。

1）“三电”核心技术供应商

一辆纯电动新能源汽车出厂成本的五分之二在电池上，这也是整个供应链环节的重中之重。目前，由于动力电池行业具有相当的技术门槛和壁垒，行业格局呈现赢家通吃的局面，国内市场上的高端产品主要由宁德时代、比亚迪、LG 化学等行业巨头提供，2021 年上述三家公司占据的市场份额分别达到 48.06%、14.91%、10.16%。随着各大新能源汽车厂商纷纷扩大产能，加快推出高端车型，对于高性能动力电池的需求也不断增加，市场处于供不应求的状态，因此供应商在采购谈判中处于强势地位，具备较强议价能力。

电机、电控系统同样是纯电动新能源汽车的关键部件，其性能优劣直接决定了产品的竞争力。随着博世、麦格纳、大陆、博格华纳等外资电机、电控供应商进入中国市场，未来电机、电控市场进入红海竞争格局，供应商在市场采购谈判中处于相对劣势的地位，不具备较强议价能力。

2）汽车芯片及智能驾驶软件

相比于传统燃油汽车，新能源汽车上需要安装的芯片数量更多、性能更高，特别是新能源汽车向着智能化和自动驾驶方向发展后，更加依赖尖端汽车芯片供应。一辆普通燃油汽车上大约有五六百个芯片，而一辆纯电动智能汽车上必需的芯片就有 1000 个以上。由于芯片制造属于尖端科技行业，少数几个生产厂商掌控了全球市场份额，因此供应商议价能力较强。

为占据新能源汽车产业未来竞争的制高点，无论是特斯拉等国际巨头，理想、小鹏、蔚来等造车新势力，还是北汽新能源、比亚迪等，都在大力自主研发自动驾驶技术和智能驾驶软件，以打造核心竞争力，因此智能驾驶软件外部供应商议价能力较弱。

通过运用 PEST 模型分析新能源汽车行业可以发现，随着我国发展新能源汽车国家战略的确立，我国新能源汽车行业得到快速发展。为了实现我国经济结构的转型以及缓解环境保护的压力，政府制定了大量的相关优惠政策，在政治环境上给予了充分支持。同时，相关技术也随着新能源行业的迅速发展而快速提升，基础配套设施体系不断完善，消费者认可度也逐步提高。此外，结合波特五力模型分析新能源汽车行业的竞争形势可知，该行业目前处于国内外较为激烈的竞争环境中，虽然国家针对新能源汽车行业进入者设有相应的法律法规门槛，但行业仍然面临着互联网企业跨界造车、海外造车新势力进入中国市场以及传统汽车巨头转型研发新能源汽车等外部威胁，机遇和挑战并存。

4.2 新能源汽车的产业链分析

与传统燃油汽车不同，新能源汽车是具有先进工艺、新技术和新结构的汽车。考虑到电动汽车是新能源汽车的主体，本节就以电动汽车为例分析新能源汽车的产业链，包括上游、中游、下游以及终端 4 个部分。

新能源汽车的上游包括矿产资源、石墨、溶质溶剂、稀土、铁矿石等。其中，锂矿和钴矿通常构成磷酸铁锂、三元材料的上游，是正极材料的主要成分，石墨通常仅用作负极材料，六氟磷酸锂作为溶质的主要材料在电解液中占比最大。中游产业链包括正极材料、负极材料、隔膜、电解液构成的电芯，永磁材料和硅钢片构成的电机，以及 IGBT、PCB、电子元器件构成的电控。下游以“三电”系统为核心，包括电池、电机、电控以及汽车电子，共同构成了新能源汽车的动力系统。终端是指新能源整车和基础设施配套服务，包括充电桩的充换电服务、智能操作系统等。新能源汽车产业链如图 4-12 所示。

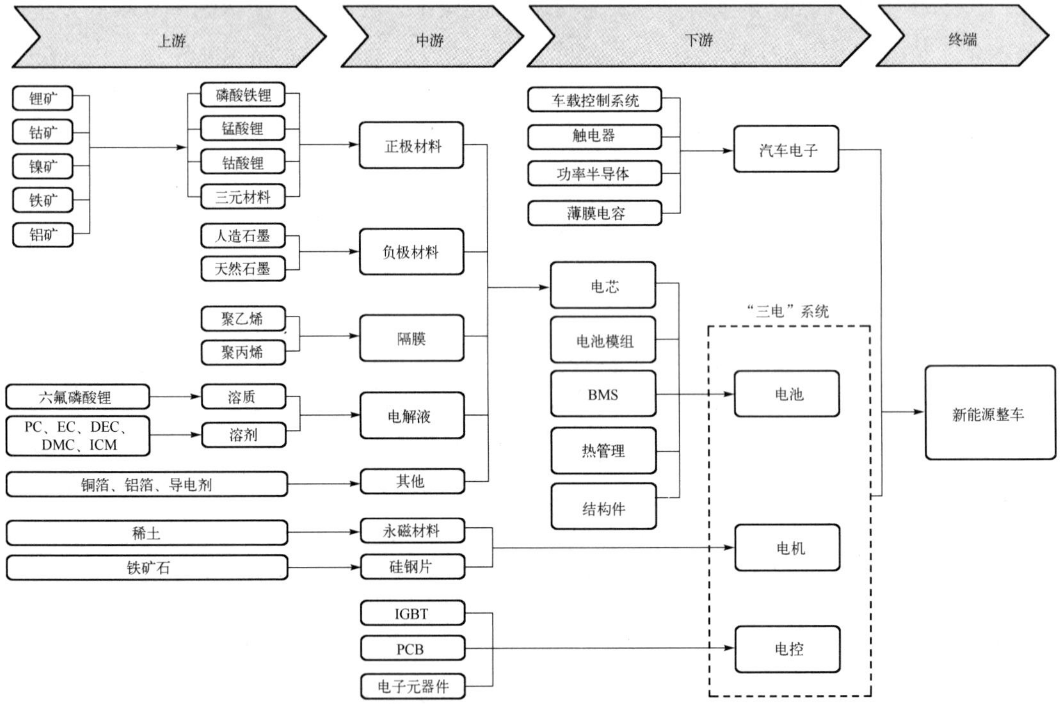

图 4-12 新能源汽车产业链

4.2.1 产业链上游

1. 钴

钴是锂离子电池正极材料的主要原材料之一，属于稀有金属，全球钴储量及产量分布集中度极高，主要集中在刚果(金)、澳大利亚和古巴。根据美国地质勘探局(USGS)数据，2020

年全球钴储量中刚果(金)占 51%，澳大利亚和古巴分列第二和第三位。2020 年全球钴产量合计约为 14 万吨，刚果(金)以 9.8 万吨排名第一，占比 69%，但因其政治局势波动性较大，所以钴的供应链体系缺乏安全保障。2020 年全球钴储量和产量分布分别如图 4-13 和图 4-14 所示。

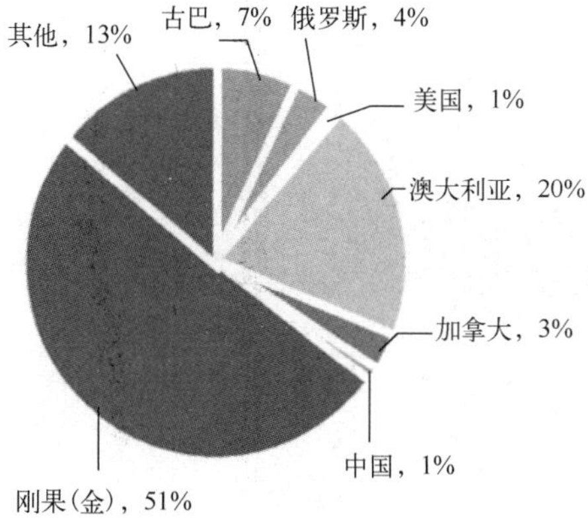

图 4-13　2020 年全球钴储量分布

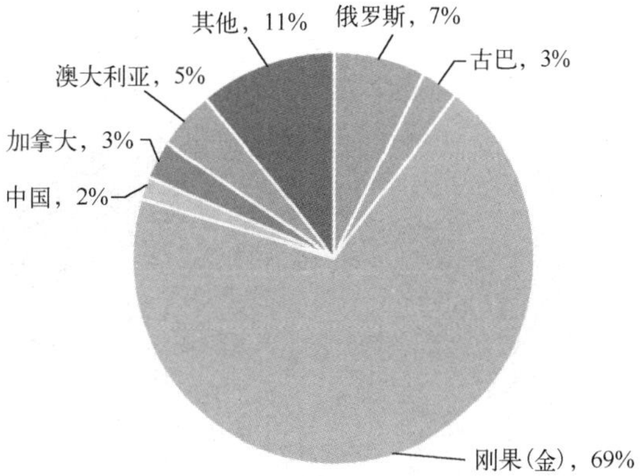

图 4-14　2020 年全球钴产量分布

从钴矿资源企业的市场占有率来看，钴矿资源市场呈一种寡头垄断分布形式，钴矿基本上被嘉能可、洛阳钼业、欧亚资源、Chemaf(Shalina)等 4 家公司把控，它们的全球市场份额高达 46%。其中，嘉能可是目前最大的钴矿生产商，约占全球总产量 19%。2020 年钴矿资源企业市场分布如图 4-15 所示。

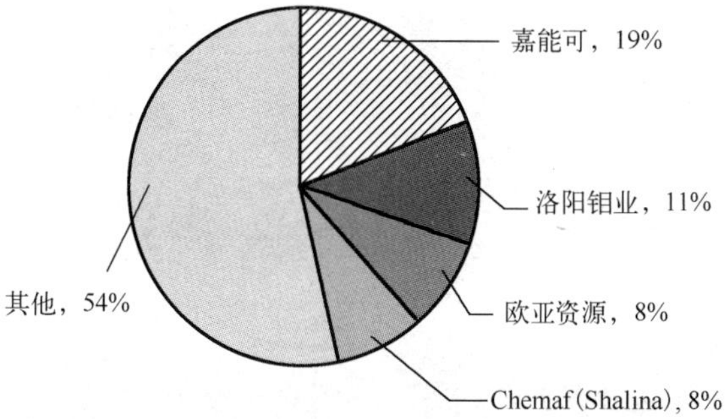

图 4-15　2020 年钴矿资源企业市场分布

在价格方面，从新能源汽车行业催生钴的需求，到供给端扩产叠加需求不及预期导致的供应过剩，钴价在 2018 年达到了最高值。2021 年均价 37.8 万元/吨，较 2020 年上涨 41.4%。运力不足导致的钴原料供应偏紧，以及库存低成为其价格上涨的主要驱动力。钴价走势如图 4-16 所示。

值得一提的是，钴的核心需求项完成了从传统领域(高温/硬质合金)到锂电池(消费电子/动力电池)的转移。其中，新能源汽车动力电池对钴的需求增速最快，有望在未来实现对消费电子领域以及传统领域需求量的赶超，在整个价值链中起着不可忽视的作用。

2. 锂

作为产业链中的重要一环，上游锂矿资源的开采和基础锂盐的生产加工是整个行业的基础，主要通过岩石和卤水两类进行提取加工。在全球电动化浪潮以及新能源汽车产销的快速增长下，锂资源的下游应用中电池的占比从不到30%增长到60%，锂矿在全球资源格局中的地位也愈发重要。

图 4-16　钴价走势

分国别来看，在 2020 年世界已探明的锂矿储量中，智利为 860 万吨，约占世界总储量的 50%，是世界第一大锂矿储量国，之后是澳大利亚、阿根廷、中国、美国。虽然中国目前已探明的锂矿储量排名全球第四，但作为全球目前锂消耗量最高的国家，中国的锂盐质地较差且生产加工较困难，因此中国仍以进口澳大利亚锂精矿和南美锂盐为主。2020 年全球锂储量分布如图 4-17 所示。

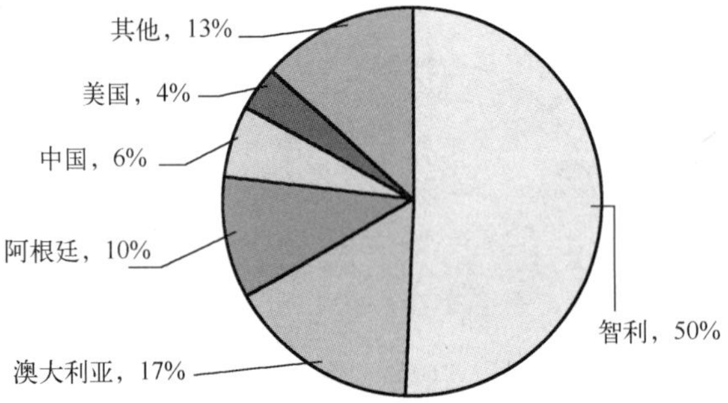

图 4-17　2020 年全球锂储量分布

从竞争格局来看，锂资源作为目前重要的战略性资源之一，全球的锂资源集中度较高，主要产能由美国雅保(ALB)、美国 Livent、智利矿业化工(SQM)、中国天齐锂业和中国赣锋锂业等五家垄断，约占据全球 72%的产能。随着锂资源的重要性逐渐提升，国内多家企业提出向海外寻求收购入股的计划，未来锂资源市场的竞争将会愈发激烈。2020 年全球锂矿企业市场分布如图 4-18 所示。

在新能源汽车产业链中，锂资源在正极材料、电解液和负极材料中都有广泛应用。其中，正极材料生产成本受原材料成本影响大。因此，上游锂价的波动从正极材料到动力电池再到下游整车是一条重要的成本传导链条，上游锂价的波动对整个新能源汽车产业链都形成了较为深远的影响。碳酸锂价格走势如图 4-19 所示。

从碳酸锂价格的走势可以看出，早期锂需求主要以工业和医疗用途为主，因此锂矿开采规模并未扩大。自 2015 年以来，中国等国家大力推行新能源车补贴支持政策，推动了新能源汽车市场快速增长，从而导致对锂资源的需求激增，碳酸锂和氢氧化锂的价格迅速上涨，到 2018 年年初一直保持在高位。价格高涨和需求快速扩张推动了大量西澳和北美锂矿的开采，市场供给一直处于扩张状态。随后，国内新能源退补政策的发布和去库存的压力，导致锂盐价格开始出现下滑，部分中小矿山难以生存，市场格局进一步向龙头企业集中。

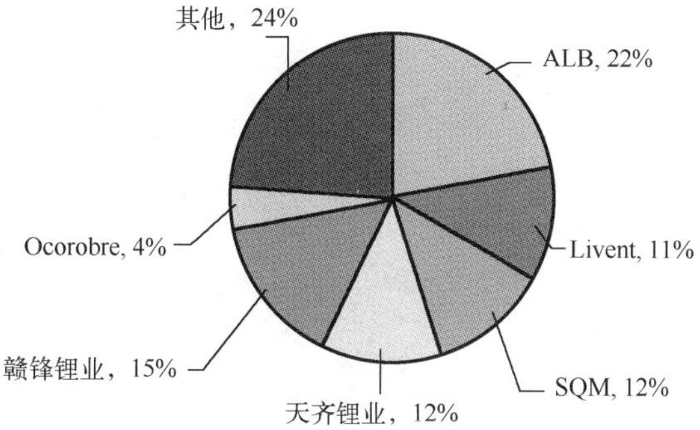

图 4-18 2020 年全球锂矿企业市场分布

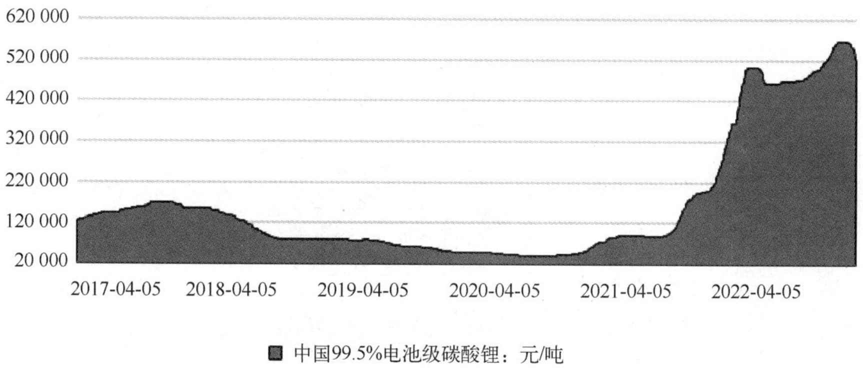

图 4-19 碳酸锂价格走势

近年来，全球“碳达峰”“碳中和”背景下，新能源汽车销量不断超预期暴涨，导致需求端持续增长，供需矛盾日益加剧，碳酸锂价格从不足 4 万元/吨涨至 50 万元/吨以上。上游锂资源厂商 2022 年业绩较 2021 年同期暴涨，毛利率、净利率和净利润水平都实现大幅增长。受上游锂资源价格暴涨的影响，正极材料厂商、动力电池厂商以及下游整车厂都面临着原材料成本上涨导致的毛利率下滑问题，下游整车厂迫于成本压力出现了车型涨价潮。

4.2.2 产业链中游

中游材料作为下游“三电”系统的重要组成部分，其中电池是“三电”系统的核心，主要分为正极材料、负极材料、隔膜、电解液。动力电池成本构成如图 4-20 所示。

1. 正极材料

正极材料是生产动力锂电池最核心的材料之一，约占电池制造成本的 40%以上，正极材料不仅决定了电池的安全度，还和电池的成本、寿命息息相关。按照正极材料体系来划分，主要分为钴酸锂(LCO)、锰酸锂(LMO)、磷酸铁锂(LFP)、三元材料等技术路线，其中以三元材料和磷酸铁锂两种工艺为主。2021 年锂电池正极材料中，磷酸铁锂正极材料出货量 45.5 万吨，占比最多，约 42%。在连续 5 年出货量落后三元材料的情况下实现反超，磷酸铁锂正极材料成为正极材料细分领域出货量最多，且增长速度最快的子行业。2021 年锂电池正极材料市场结构分布如图 4-21 所示。

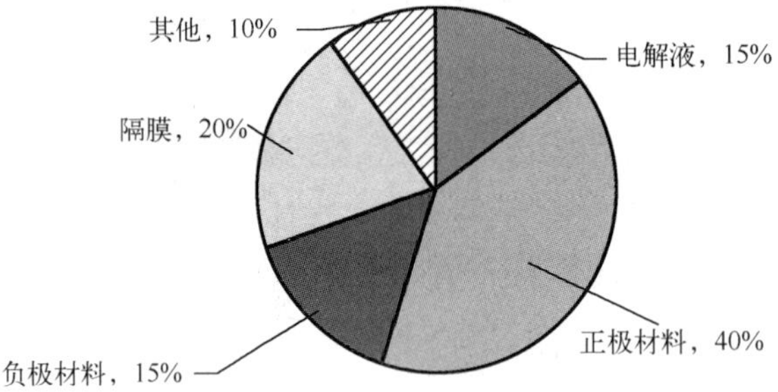

图 4-20　动力电池成本构成

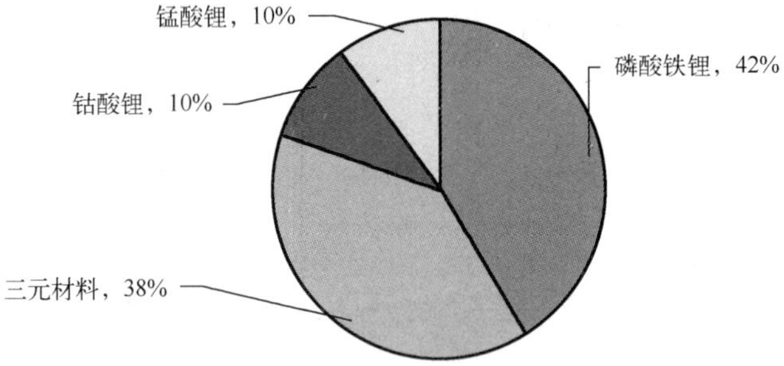

图 4-21　2021 年锂电池正极材料市场结构分布

从市场竞争来看，2020 年德方纳米以 9%的比例位居中国正极材料市场的首位。正极材料的整体制备技术比较成熟，当前技术改进集中于提高效率方面。由于头部企业具备一定成本和技术优势，未来中国正极材料市场将形成以技术、产业链上下游资源为主导的良性竞争局面，市场将逐渐向具备技术和产业链资源优势的头部企业集中。2020 年中国正极材料市场竞争格局如图 4-22 所示。

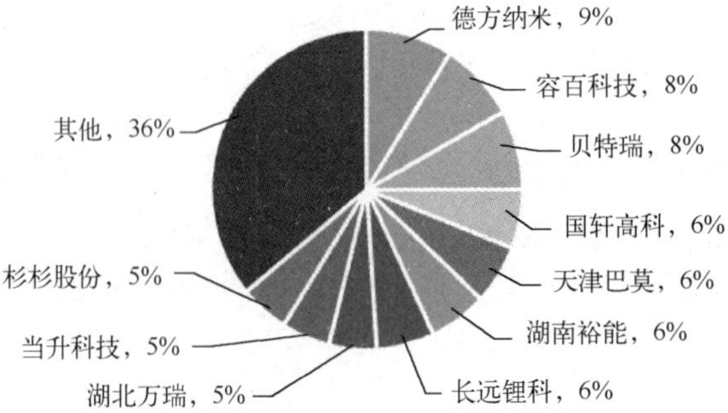

图 4-22　2020 年中国正极材料市场竞争格局

由于上游锂、钴、镍等金属价格的大幅上涨，正极材料的价格也随之出现较大幅度上涨。得益于新能源汽车和储能行业的发展，锂电池出货量提升，带动我国锂电池正极材料出货量快速增长。2021 年，中国锂电池正极材料产量为 109.4 万吨，同比增长 98.5%，实现超高增幅。主要正极材料价格走势如图 4-23 所示，2017—2021 年中国锂电池正极材料产量如图 4-24 所示。

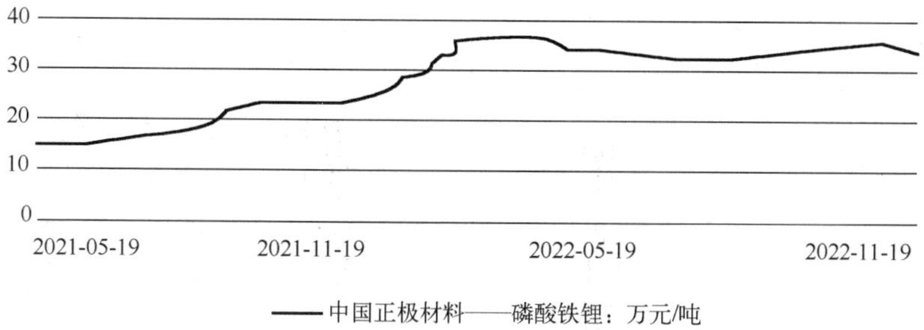

图 4-23　主要正极材料价格走势

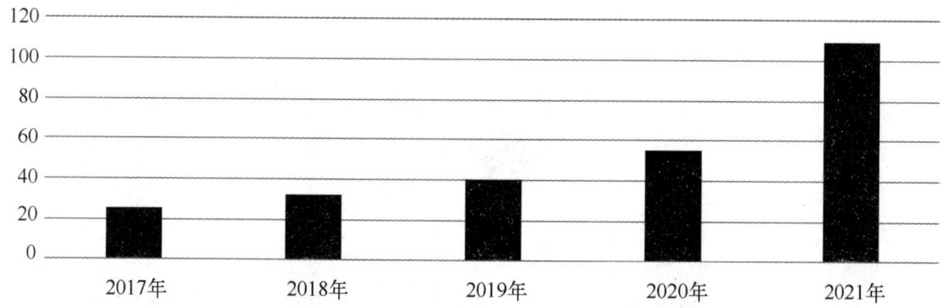

图 4-24　2017—2021 年中国锂电池正极材料产量(万吨)

动力锂电池的性价比决定了下游整车的性价比，而正极材料是动力锂电池成本占比最大、决定电池性能最关键的一环。因此，一旦下游需求爆发，那么最先受益的会是正极材料生产企业。

2. 负极材料

负极材料在锂电池中起到的主要作用是维持稳定和提高安全性能。全球大部分电池生产商的负极材料都是以石墨(人工石墨、天然石墨、碳纤维、中间相碳微球)为主。全球石墨矿资源约 3.2 亿吨，其中 71.74%的储量集中在土耳其、中国和巴西三国。中国是石墨产量大国，2021 年中国石墨产量 82 万吨，占全球总量的 79%。全球石墨矿储量如图 4-25 所示。

天然石墨主要来自石墨矿，成本低，但所含杂质较多且石墨粒径大小不一。人造石墨虽然价格较高，但各项性能均衡，更适用于电池负极材料。高工锂电数据显示，2019 年中国人造石墨负极材料出货量占负极材料出货总量的 78.94%，且该比例不断上升，2020 年为 84.11%，远超天然石墨比例。随着锂电池出货量的增加，人造石墨出货量也随之高速增长。

国内负极材料行业集中度较高，前四大厂商的市场份额超过 70%，领先优势明显。负极材料行业是典型的重资产行业，资金壁垒高，所需固定资产投资额大，会阻碍部分竞争对手进入。现有龙头企业都在加紧部署负极材料产能并提高设备利用率，行业领先者的优势将得到进一步巩固。2021 年中国负极材料市场竞争格局如图 4-26 所示。

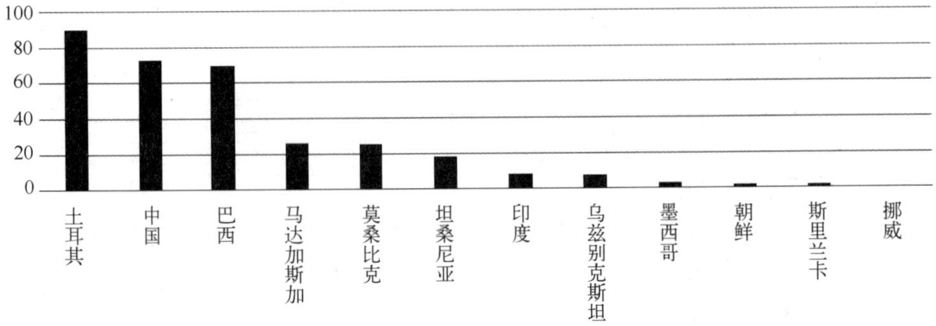

图 4-25　全球石墨矿储量(百万吨)

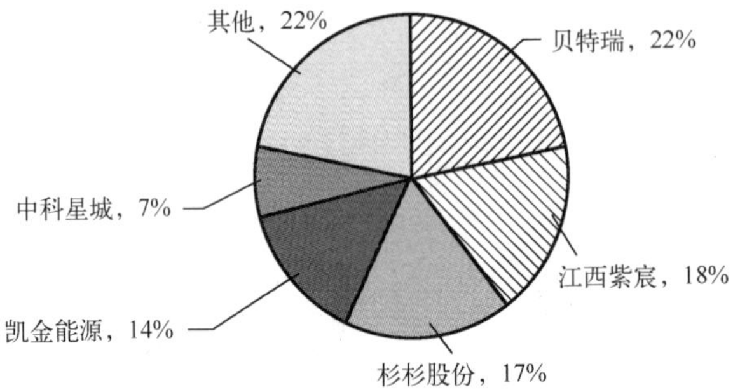

图 4-26　2021 年中国负极材料市场竞争格局

在价格方面，受下游需求大增拉动，2021 年年末相比年初，人造石墨价格上涨约 20%，天然石墨价格上涨约 2%。天然石墨价格上涨主要是受人造石墨价格上涨带动，人造石墨价格上涨主要因上游原材料和石墨化产能紧张，价格上涨传导所致。因价格上涨趋势延续，多数负极材料生产商通过自建石墨化降低自身成本，但一方面建设周期需要 1～1.5 年，另一方面受能耗双控影响，石墨化加工费也持续飙升。在石墨资源如此紧张的情况下，天然石墨配人造石墨成为行业解决方案之一，或将拉动天然石墨需求增长。主要负极材料价格走势如图 4-27 所示。

3. 隔膜

隔膜是一种具有微孔结构的薄膜，是锂电池中的关键环节，同时也是锂电池产业链中最具技术壁垒的关键内层组件，成本占比约 10%～20%。在锂电池进行电解反应时，锂电池隔膜可以用来分隔正极和负极，防止短路现象的发生，同时允许电解质离子自由通过。锂电池隔膜浸润在电解液中，表面上有大量允许锂离子通过的微孔，而微孔的材料、数量和厚度会影响锂离子穿过隔膜的速度，进而影响电池的放电倍率、循环寿命等性能。

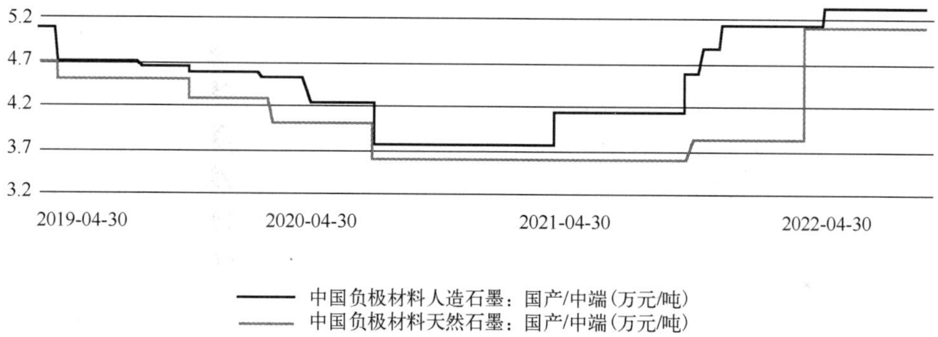

图 4-27 主要负极材料价格走势

隔膜主要包括两大技术路线：湿法隔膜和干法隔膜。三元材料动力锂电池基本采用湿法隔膜，磷酸铁锂电池也有宁德、国轩等主流厂家选用湿法隔膜。过去几年随着能量密度相对更高的三元材料动力锂电池出货量占比的提升，湿法隔膜的出货量占比也逐年提升。2021 年，国内隔膜产量 79 亿平方米，同比增长 112%，其中湿法隔膜产量 60.6 亿平方米，占比约为 77%；干法隔膜产量 18.4 亿平方米，占比约为 23%。未来随着储能快速增长，将进一步带来湿法隔膜和干法隔膜的增量市场。2016—2021 年国内隔膜出货量如图 4-28 所示。

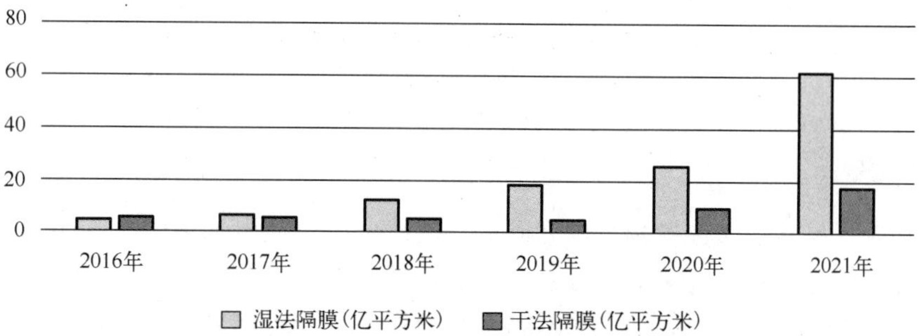

图 4-28 2016—2021 年国内隔膜出货量

在湿法隔膜市场，恩捷股份在国内市场占有率高达 50.3%，中材科技和星源材质位列二、三。在干法隔膜市场，中兴新材、星源材质和惠强新材分别位列前三。湿法隔膜是高技术壁垒、高资金投入、建设周期较长的产品，并且生产设备依赖进口，包括日本制钢所、德国布鲁克纳等。虽然日本制钢所的设备在湿发隔膜领域领先，但其产能有限，无法匹配全球新能源汽车大发展对隔膜需求的增量，这也是目前扩产中较大的制约因素之一，未来湿法隔膜仍供不应求。2021 年干法隔膜、湿法隔膜市场分布分别如图 4-29 和图 4-30 所示。

在价格方面，同样在 2021 年受下游需求的拉动，隔膜市场也呈现量价齐升。2021 年年末相比年初，湿法隔膜价格从 1.95 元/平方米上涨至 2.05 元/平方米，干法隔膜保持不变，维持 1.0 元/平方米。未来，由于优质隔膜产能稀缺、技术壁垒高，隔膜的供给可能相比负极材料更为刚性，但下游需求仍在增加，会出现一定程度上的供需紧张，意味着隔膜产量将继续高增，价格也存在提升的动力。湿法隔膜价格走势如图 4-31 所示。

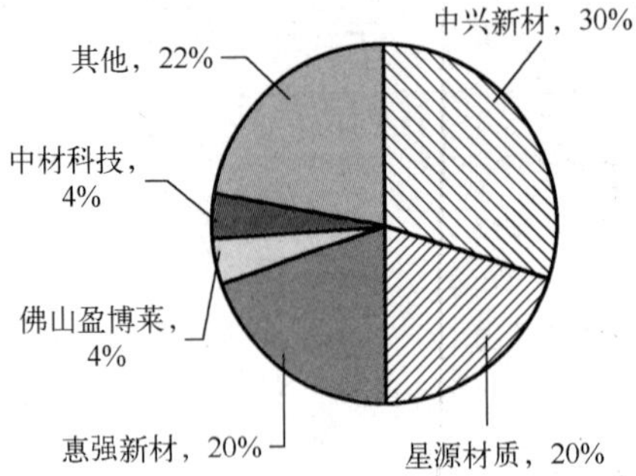

图 4-29 2021 年干法隔膜市场分布

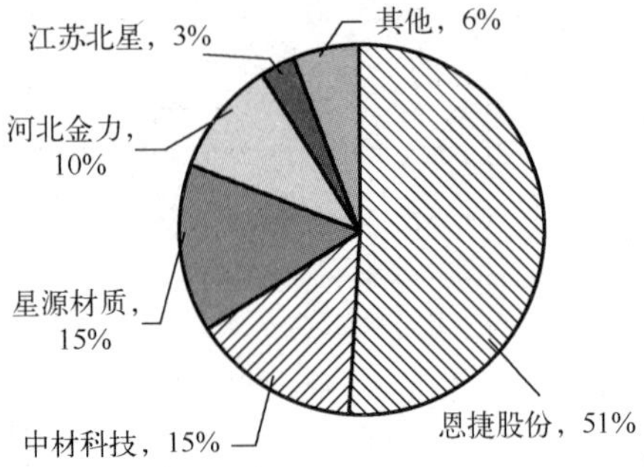

图 4-30 2021 年湿法隔膜市场分布

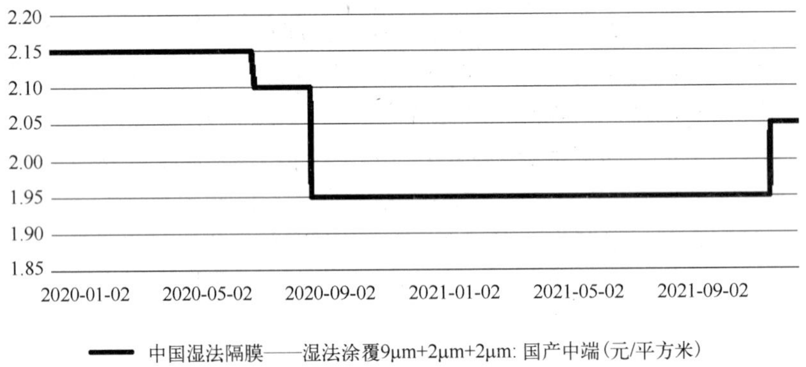

图 4-31 湿法隔膜价格走势

4. 电解液

电解液是令锂离子在正极和负极之间移动的载体，对锂电池性能有重要影响，占锂电池总成本的 10%～15%。其主要成分是电解质锂盐、有机溶剂和添加剂，电解质锂盐成本最高，占比近 50%。值得关注的是，双氟磺酰亚胺锂是一种新型锂盐，具有替代六氟磷酸锂的潜力，其导电率、化学稳定性和热稳定性均高于六氟磷酸锂，而且能显著提升电池的低温性能、循环寿命和耐高温性能等，更契合锂电池未来的发展方向。

受锂电池市场需求增长影响，我国电解液产能与产量不断增加。2017—2021 年我国电解液产能年均复合增长率为 36.74%，产量年均复合增长率为 41.61%，都呈现持续增长态势。2017—2021 年我国电解液产能及产量情况如图 4-32 所示。

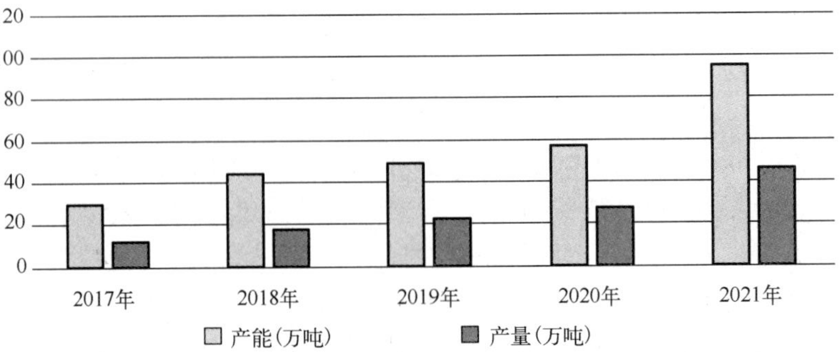

图 4-32 2017—2021 年我国电解液产能及产量情况

在市场格局方面，整体呈现中高度垄断局面。以天赐材料、新宙邦、国泰华荣为代表的头部电解液生产企业占据了 53%的市场份额。行业的核心壁垒为上游原材料价格居高不下，新进企业需支付大量的经济成本及时间成本来扩大自己的生产规模从而获得相对应的市场占有率。2021 年电解液市场竞争格局如图 4-33 所示。

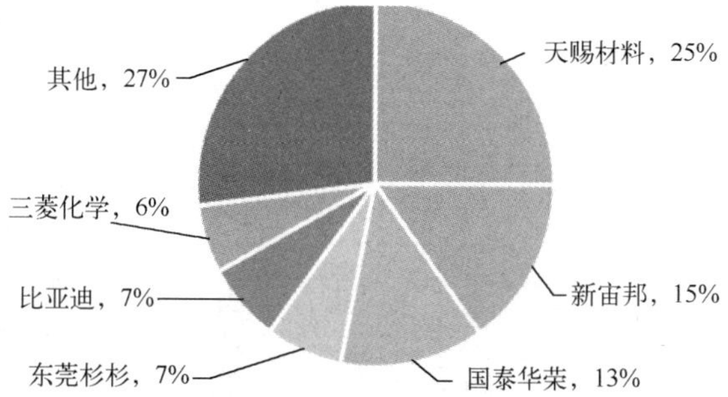

图 4-33 2021 年电解液市场竞争格局

在价格方面，电解液价格与上游原料六氟磷酸锂价格高度相关，变动趋势基本一致，故以六氟磷酸锂价格分析电解液价格走势。2019—2022 年电解液价格走势可以大致分为三个阶段：缓慢下行——上涨至历史高位——回落至历史中位水平。2019 年 1 月至 2020 年 8 月期间，新能源汽车销量增速较缓，市场渗透率较低，下游需求一般，叠加原材料六氟磷酸锂价格下行，致使电解液价格下行。2020 年 9 月至 2022 年 2 月期间，受财政政策补贴及消费政策刺激等因素的影响，新能源汽车行业景气度持续提升，销量实现快速增长，市场渗透率大幅提升，带动动力电池出货量大幅增长，提振电解液需求。叠加上游原材料六氟磷酸锂处于供不应求阶段，支撑电解液价格上行。2022 年 3 月至 9 月，相关生产企业积极扩张电解液与六氟磷酸锂产能，致使电解液与六氟磷酸锂产能大幅提升，价格逐渐回归至合理水平。六氟磷酸锂价格走势如图 4-34 所示。

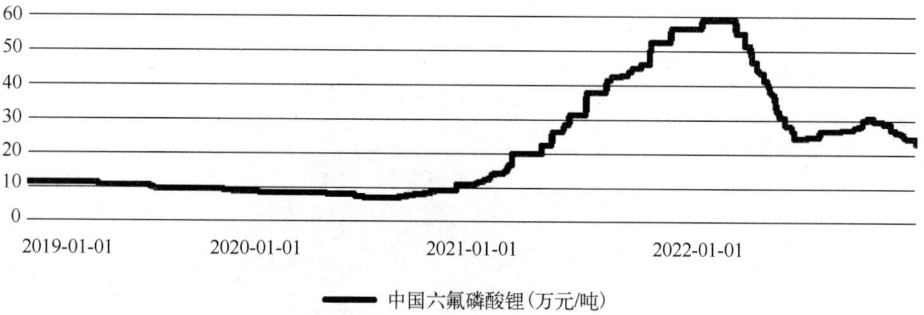

图 4-34 六氟磷酸锂价格走势

长期来看，电解液产能的逐步释放将为电解液产量持续增长提供动力，有望迎合其需求的不断增长，促使电解液价格维持合理水平。

4.2.3 产业链下游

动力电池作为新能源汽车最为关键的零部件，占新能源汽车总成本的 40%～60%。随着新能源汽车行业的快速发展，中国的动力电池产业也进入了高速增长期。2018—2021 年，中国动力电池装机量从 57GWh 涨至 158GWh，全球动力电池装机量从 98GWh 涨至 297GWh，增幅明显。同时，国内外整车市场的扩大也推动了中国动力电池的出货量大幅增长。根据高工产研锂电研究所(GGII)数据，2018—2021 年，中国的动力电池出货量从 65GWh 上升至 220GWh，特别是 2021 年增长率高达 175%。中国动力电池装机量及出货量和全球动力电池装机量如图 4-35 所示。

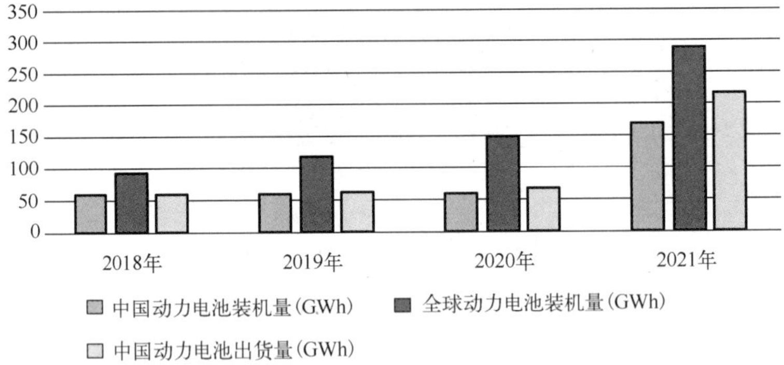

图 4-35 中国动力电池装机量及出货量和全球动力电池装机量

从竞争格局来看，全球动力电池的企业竞争呈现出以中国的宁德时代、韩国的 LG 新能源和日本的松下为主的局面。根据 SNE Research 及公开市场数据，2021 年，宁德时代、LG 新能源、松下三家企业的装机量共占全球电池装机量的 65%。2018—2021 年，全球动力电池市场集中度不断提升，前 5 大动力电池生产企业市场占有率从 68%升至 79%，头部效应进一步扩大。中国动力电池企业在全球竞争优势明显，市场集中度较高。根据(GGII)及公开市场数据，2019 年、2020 年及 2021 年中国前十动力电池企业装机量的市场份额分别为 88.0%、91.2%和 92.2%，行业集中度持续提升、行业竞争趋于激烈。此外，随着外资动力电池企业及整车企业加速进入中国市场，国内动力电池行业也将面临更加激烈的市场竞争。2021 年中国动力电池市场竞争格局如图 4-36 所示。

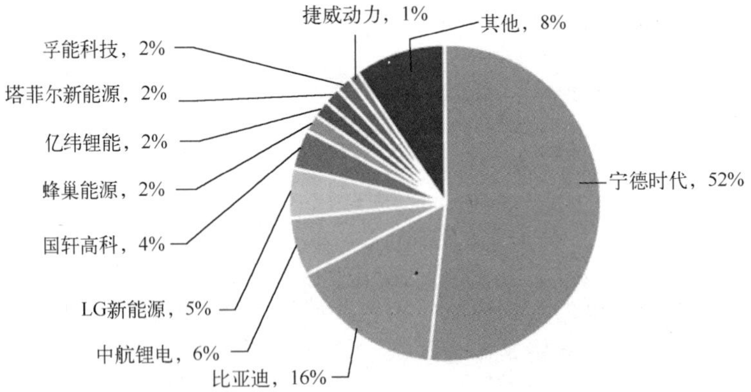

图 4-36 2021 年中国动力电池市场竞争格局

在价格方面，2021 年动力电池企业受原材料价格上涨影响，盈利能力弱化，导致动力电池企业盈利承压，毛利率呈现下滑态势。基于成本端的压力，2022 年一季度动力电池价格迎来拐点，逐步提价。价格开始拐点向上，将会改善动力电池企业的盈利能力，叠加下游终端的高增需求，该细分领域也将迎来量价利共振的良好局面。动力电池季度毛利率走势如图 4-37 所示。

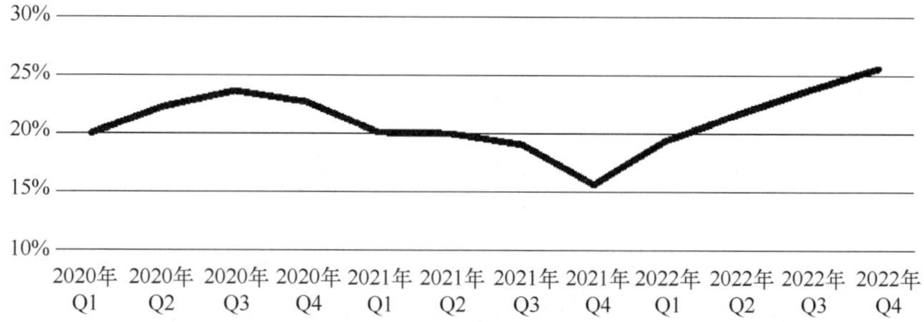

图 4-37　动力电池季度毛利率走势

2022 年动力电池产业已呈现高速增长的态势。长远来看，全球电动化浪潮席卷之下，新能源产品之于整个市场的渗透率逐步攀升，动力电池需求也将持续上升。

4.2.4　产业链终端

2022 年，全球新能源汽车(乘用车市场)销量首次突破千万辆大关，同比上涨 56.4%，渗透率达 23%。全球汽车产业从传统燃油汽车向新能源汽车转型发展的趋势已不可逆。全球新能源汽车年度销量及渗透率如图 4-38 所示。

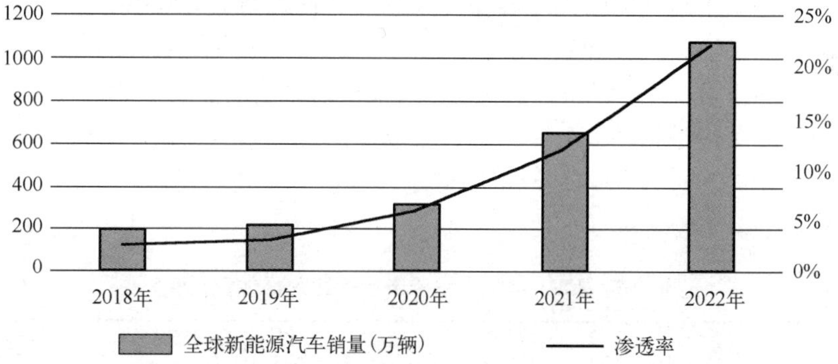

图 4-38　全球新能源汽车年度销量及渗透率

作为产业链的终端市场，新能源汽车需求旺盛，是拉动动力电池材料需求高速增长的直接原因。但进入 2022 年，受电池金属价格大幅上涨、芯片短缺、补贴退坡等因素的影响，新能源车企陆续宣布产品提价，包括特斯拉、比亚迪、蔚来、理想、小鹏等多家新能源车企。在 2022 年一季度原材料价格大涨局面下，已经形成了局部的终端需求反噬(尤其中低端车型)，车企基于经济性原因被迫调整产品线，但车型的提价预期也使得部分消费者的购车消费前置，同期汽油车的使用成本也明显上涨。整体而言，原材料价格高涨、高通胀环境将对车企的供应链管理能力、垂直一体化效率、规模效应、品牌和产品力提出更苛刻的要求，市场份额之争依然激烈，所以长期来看，新能源汽车产业链终端车企的分化将加剧。

从上述分析来看，随着下游需求市场的大幅增长，上游材料出现了不同程度的价格上涨和短缺，多数材料处于紧中不足的供应状态，加之国内锂、钴矿产资源对外部依赖性较大，导致产业链中下游环节的盈利整体承压，从而需求端形成部分“反噬”，中下游电池和车企开始陆续提价。可以看出，新能源汽车产业正在发生变革，部分企业的产业布局已经从整车开始向上游矿产资源方面延伸，尤其是通过对锂、钴矿产资源的掌控，来增强动力电池企业和整车生产企业在市场上的竞争力。

4.3 基于价值投资的股票池分析

价值投资的核心在于挖掘股票背后所代表的公司价值，评估其内在价值，并与市场估值相对比，选择价值被低估的公司作为投资标的，希望在后期获得估值回升带来的溢价回报。因此，价值投资应兼顾股票的基本面与市场的价值估值两方面。就新能源汽车行业而言，通过之前的产业链分析，我们得知需要重点关注钴、锂、正极材料、负极材料、隔膜、电解液、动力电池、整车等 8 个重要环节的上市公司。在选择具体的公司时，应尽量考虑市值高、竞争力明确且竞争格局稳定、盈利确定性高的头部企业，并结合产业链各环节特点，筛选出能经受住市场考验的优质企业来构建股票池。

4.3.1 钴矿市场

同其他金属品种一样，钴资源具有稀缺属性，其产业链包括了上游矿产资源、中游冶炼以及下游应用。由于冶炼扩张相对容易，因此上游资源和下游应用对行业影响更大，上游资源对钴产品的供给有较强约束，下游的市场前景和技术发展对钴的需求有重要影响，电池则是最主要的下游。凭借材料性能优势，未来市场对钴的需求依然有较大的成长空间。在该环节，应重点关注钴相关业务占比高、规模突出、上游资源相对丰富、积极布局下游产业链的龙头公司。2021 年国内钴矿市场可比公司估值比较如表 4-6 所示，主要钴上市公司产业链比较如表 4-7 所示。

表 4-6 2021 年国内钴矿市场可比公司估值比较

股票代码	公司名称	总市值/亿元	营业收入/亿元	营业收入同比/%	净资产回报率/%	每股收益/元	市盈率/倍
603799.SH	华友钴业	1005.22	421.04	66.69	26.60	3.25	22.59
603993.SH	洛阳钼业	959.12	1784.72	53.89	12.97	0.24	17.16
601618.SH	中国中冶	672.21	5241.75	25.11	8.16	0.35	8.11
300919.SZ	中伟股份	507.68	227.11	169.81	13.74	1.64	51.69
300073.SZ	当升科技	339.25	108.36	159.41	16.46	2.38	25.53
600549.SH	厦门钨业	223.55	360.60	67.96	14.24	0.84	17.86
301219.SZ	腾远钴业	217.62	48.73	132.81	41.64	12.18	16.60
600711.SH	盛屯矿业	197.20	399.67	15.29	9.12	0.38	19.92
300618.SZ	寒锐钴业	158.52	48.87	93.00	15.41	2.15	21.51
300409.SZ	道氏技术	100.05	73.55	98.18	16.11	1.02	15.11

续表

股票代码	公司名称	总市值/亿元	营业收入/亿元	营业收入同比/%	净资产回报率/%	每股收益/元	市盈率/倍
600490.SH	鹏欣资源	80.11	69.73	−1.46	1.16	0.03	78.24
300477.SZ	合纵科技	63.55	26.39	87.03	5.94	0.11	36.17
600961.SH	株冶集团	39.82	165.17	11.56	88.33	0.17	28.31
000655.SZ	金岭矿业	34.41	17.20	27.03	4.49	0.21	47.96

表 4-7 主要钴上市公司产业链比较

公司名称	上游自有资源	中游冶炼深加工	下游布局	备注
华友钴业	√	√	√	部分钴原料外购
洛阳钼业	√	—	—	除了钴外，还有铜、钼、铌、磷等，是综合矿业公司
寒锐钴业	—	√	—	部分资源获取通过矿山租赁方式，拟向下游延伸
盛屯矿业	—	√	√	其他业务包括铅、锌、铜、钨、锡等精矿开采，金属贸易和产业链服务
腾远钴业	—	√	√	积极进行上游资源拓展，并向下游延伸，形成闭环链路

华友钴业：起步于钴、铜业务，现已全面布局锂电上游镍、钴、锂资源，自供下游前驱体业务。第一阶段，公司主要从事钴、铜资源的开发，经2003年非洲考察后首次在海外布局钴、铜资源，2015年上市，这一阶段公司的业务稳步增长，成长为全球钴业龙头；第二阶段，公司紧密布局锂电上游资源，主营业务逐步转向新能源锂电材料和钴材料产品制造业务，目前拥有镍、钴、锂资源开发，三元前驱体以及正极材料制造的锂电上游一体化产业链，推动公司营业收入快速增长。公司成功打通了上游资源端、中游三元材料、下游车企的一体化布局，整体营业收入能力持续提升。

洛阳钼业：基本金属贸易业务位居全球前三。截至2021年，公司保有钴资源量及产量仅次于嘉能可，居全球第二位。资源量丰富且其开采成本极具竞争力，已成功并购世界级矿山，拥有刚果(金)TFM和KFM两大全球顶级铜、钴矿资源。除新能源转型金属外，公司还拥有钼、钨、铌、磷和金等贵金属组合，各资源品种均具有领先优势，将进一步稳固其在行业的龙头地位。

寒锐钴业：目前已经形成了从原材料钴矿石的开发收购，到加工冶炼，直至钴产品的完整产业流程，是国内少数拥有有色金属钴完整产业链的企业之一。受益于铜钴高价，以及公司科卢韦齐项目产能释放，公司营业收入、净利润实现高增长。

盛屯矿业：重点聚焦镍、钴、铜、锌金属品种，积极开拓境内外优质能源金属资源，并向下游锂电原材料行业延伸。目前该公司已在刚果(金)、印度尼西亚等地开展铜、钴、镍业务，并在国内从事金属冶炼和加工业务。该公司专注于新能源上游的镍、钴、铜资源领域，并向下延伸至新能源加工领域，实现了一体化布局。

腾远钴业：作为钴盐行业的细分龙头，铜、钴板块为公司的主营业务。由于钴市场的景气，2021年钴板块在整体业务的毛利贡献率提升至68%，钴板块的影响力仍在不断增强。产品产量方面，公司钴盐在国内名列前茅，2021年公司钴盐产量占比国内总产量8.18%，硫酸钴产量占比7%，居国内第三位，氯化钴产量占比13%，居国内第四位。公司在钴产品的湿法冶炼上具备较强的技术优势、工艺优势和成本优势。

厦门钨业：专注于钨钼、稀土和新能源材料三大核心业务，致力于研发和大规模生产三元材料、钴酸锂和磷酸铁锂等主流锂离子正极材料，成为正极材料领域的顶尖供应商。2021 年国内钴酸锂市场份额前 5 的公司合计占比高达 89%，其中厦门钨业占比达 49%，稳居龙头地位。此外，公司还与中创新航、比亚迪、松下、宁德时代等知名电池企业建立了稳定的合作关系。

中国中冶：立足于传统冶金工程领域，同时也在积极扩张新能源领域业务，聚焦镍、钴、铜等矿产资源，拥有完整产业链和世界级矿藏，并已在海外布局采、选、冶环节。目前公司的新能源三元前驱体产品已应用于广汽、上汽、蔚来、小鹏、吉利等车企。同时受益于金属价格上涨，公司利润明显增厚，有望迎来价值重估。

道氏技术：从 2017 年收购佳纳能源进入锂电新材料领域，佳纳能源拥有先进的湿法冶炼技术，已形成了从钴原料采购、钴中间品、电解铜、钴盐及三元前驱体生产和销售的完整垂直产业链。但入行时间较短，业务处于发展前期，所以营业收入方面与行业龙头华友钴业有所差距。全球钴冶炼加工产量市场份额显示，华友钴业占据市场 1/5 的份额，不过佳纳能源后来居上抢占了 5%的市场份额，排名全球第六。此外，根据其规划的 2 万吨钴盐产能，预计将大幅提升市场份额。

综上分析，拟将钴矿市场中钴占主导业务的龙头企业并在上下游产业布局完善的华友钴业（603799.SH）、洛阳钼业（603993.SH）、寒锐钴业（300618.SZ）、盛屯矿业（600711.SH）、腾远钴业（301219.SZ）、厦门钨业（600549.SH）、中国中冶（601618.SH）、道氏技术（300409.SZ）等 8 只股票纳入股票池。

4.3.2 锂矿市场

产业链上游锂矿市场中，真正决定企业竞争力的是其拥有的锂矿资源及加工能力。锂资源由于开发条件各异，产能不具备可复制性、扩张周期长、资本开支大，同时受制于部分国家政策限制，锂资源的获取和控制难度也非常大。近几年，锂资源供给持续偏紧促使锂原料和锂盐生产环节利润丰厚，同时掌握核心锂资源和锂盐冶炼加工能力的企业利润弹性更大，锂价上行叠加资源自给率提升将为一体化企业带来更高的业绩弹性。2021 年国内锂矿市场可比公司估值比较如表 4-8 所示，国内部分锂企业锂资源量及产能情况如表 4-9 所示。

表 4-8 2021 年国内锂矿市场可比公司估值比较

股票代码	公司名称	总市值/亿元	营业收入/亿元	营业收入同比/%	净资产回报率/%	每股收益/元	市盈率/倍
000792.SZ	盐湖股份	1571.73	193.79	5.44	66.57	0.85	21.88
002460.SZ	赣锋锂业	1504.74	149.21	102.07	32.08	3.73	19.22
002466.SZ	天齐锂业	1128.95	46.85	136.56	23.14	1.41	19.96
002756.SZ	永兴材料	422.55	84.76	44.76	19.57	2.22	26.84
000408.SZ	藏格矿业	408.70	44.79	90.31	16.43	0.73	20.55
002240.SZ	盛新锂能	384.13	40.86	63.88	20.46	1.08	21.15
300390.SZ	天华超净	359.80	61.17	158.73	40.87	1.59	15.76

续表

股票代码	公司名称	总市值/亿元	营业收入/亿元	营业收入同比/%	净资产回报率/%	每股收益/元	市盈率/倍
002176.SZ	江特电机	346.55	38.01	61.73	21.90	0.23	35.42
002497.SZ	雅化集团	306.12	70.44	61.26	16.29	0.82	16.28
601168.SH	西部矿业	285.25	384.01	33.92	24.23	1.23	8.89
002738.SZ	中矿资源	272.21	38.72	87.67	15.43	1.77	21.75
002192.SZ	融捷股份	270.92	12.90	136.09	11.34	0.26	84.53
600499.SH	科达制造	270.42	97.97	34.24	15.73	0.53	15.76
000155.SZ	川能动力	247.22	39.79	18.54	8.00	0.23	58.55
600338.SH	西藏珠峰	179.09	20.99	80.88	29.51	0.79	29.95
000762.SZ	西藏矿业	175.52	8.61	68.18	6.71	0.27	69.61
600773.SH	西藏城投	116.97	25.93	34.91	3.25	0.14	97.37
000546.SZ	金圆股份	88.46	81.89	0.78	1.78	0.12	97.19

表 4-9　2021 年国内部分锂企业锂资源量及产能情况

指标	赣锋锂业	天齐锂业	江特电机	雅化集团	盛新锂能	融捷股份
权益资源量/万吨 LCE	4848.96	1760.12	112.71	71.88	51.18	102.40
权益锂精矿产能/万吨 LCE	5.0	5.3	1.6	0	0.4	0.8
锂盐产能/万吨	13.6	4.5	2.5	4.7	4	0.5
锂资源自给率/%	37.1	118.0	64.0	4.7	10.5	160.0

目前，国内锂产业处于快速成长期，上游资源价格飙升，垂直一体化扩张将带来显著的效率优势和成本优势。因此，在锂矿板块，应从以下三方面重点关注。(1)资源自给率高。自给率可以有效衡量锂企业一体化程度，只有资源自给率高的企业才能真正实现供应保障及低成本锁定，最大化兑现利润。其中，盐湖股份作为国内盐湖提锂的龙头，资源和成本优势明显；赣锋锂业拥有的锂矿资源遍布全球各国且资源种类繁多；天齐锂业依托四大优质锂源、五大基地实现锂业务全球化布局，资源自给率持续大于 100%；藏格矿业拥有我国最大的产盐湖察尔汗部分采矿权；西部矿业、中矿资源、西藏矿业等企业同样拥有确定性锂资源权益，锂盐持续放量。(2)掌握锂盐加工能力及核心技术。赣锋锂业是全球唯一同时拥有卤水提锂、矿石提锂和回收提锂产业化技术的企业；永兴材料依托于自有采矿、选矿到成熟的碳酸锂深加工技术，公司原料成本可控，并且项目一经投产可迅速达产。(3)正在加速提升一体化发展。其中，天华超净与宁德时代拟合资投建 10 万吨碳酸锂冶炼产能项目，进一步加大双方合作力度，并且提前布局锂精矿，通过投资上游锂资源公司及签订长期采购协议，形成稳定、优质的原材料供应体系；融捷股份依托融捷集团及比亚迪享受产业资源优势，实现了锂电全产业链布局。

综上分析，拟将锂矿市场的龙头企业并在锂资源开发方面占有重要资源的盐湖股份(000792.SZ)、赣锋锂业(002460.SZ)、天齐锂业(002466.SZ)、永兴材料(002756.SZ)、藏格矿业(000408.SZ)、盛新锂能(002240.SZ)、天华超净(300390.SZ)、江特电机(002176.SZ)、雅化集团(002497.SZ)、西部矿业(601168.SH)、中矿资源(002738.SZ)、融捷股份

(002192.SZ)、科达制造(600499.SH)、川能动力(000155.SZ)、西藏珠峰(600338.SH)、西藏矿业(000762.SZ)等 16 只股票纳入股票池。

4.3.3 正极材料市场

当前我国正极材料市场包括磷酸铁锂、三元材料、钴酸锂和锰酸锂，其中磷酸铁锂和三元材料为市场主流，占下游动力电池出货量九成以上。磷酸铁锂正极材料技术壁垒相对较高，需具备成熟的工艺流程，头部企业主要通过控制上游资源保证原材料成本优势以及与下游动力电池企业形成稳定的合作关系来保证自身行业地位。普通三元正极材料行业壁垒偏低，但高镍三元正极材料行业门槛较高，行业内仅容百科技、当升科技等部分企业能够规模化生产质量稳定、品质高的高镍三元材料，未来三元正极的高镍化趋势将会带动三元正极材料行业向具有高镍技术优势的头部企业进一步集中。

由于正极材料的工艺水平需要长期的经验积淀和技术迭代，未来动力电池市场对高品质正极材料的需求将推动正极材料的市场份额进一步向头部集中。所以在该环节，应重点关注具备高水平工艺和技术的一体化龙头企业。2021 年国内正极材料市场可比公司估值比较如表 4-10 所示。

表 4-10 2021 年国内正极材料市场可比公司估值比较

股票代码	公司名称	总市值/亿元	营业收入/亿元	营业收入同比/%	净资产回报率/%	每股收益/元	市盈率/倍
300919.SZ	中伟股份	507.68	169.81	227.11	13.74	1.64	51.69
600884.SH	杉杉股份	474.66	151.94	217.30	21.32	2.04	12.35
688005.SH	容百科技	418.11	170.36	140.33	18.38	2.06	38.57
300769.SZ	德方纳米	395.84	413.93	77.06	30.96	8.95	26.19
300073.SZ	当升科技	339.25	159.41	108.36	16.46	2.38	25.53
002340.SZ	格林美	322.89	225.38	54.83	6.71	0.19	32.98
688779.SH	长远锂科	293.82	240.25	90.19	14.45	0.44	33.04
688116.SH	天奈科技	267.09	179.68	15.82	16.24	1.28	77.96
688707.SH	振华新材	227.18	432.07	71.07	19.61	1.12	33.50
688778.SH	厦钨新能	171.77	94.82	185.69	20.25	2.65	26.41
300409.SZ	道氏技术	100.05	98.18	73.55	16.11	1.02	15.11
002759.SZ	天际股份	91.69	203.24	29.77	24.50	1.85	8.27
688148.SH	芳源股份	75.22	108.49	21.22	5.92	0.15	162.27
300340.SZ	科恒股份	23.78	102.29	35.00	2.00	0.07	86.22

中伟股份： 三元前驱体行业的细分龙头，其高镍三元前驱体的技术优势显著。近年来迅速的扩产过程也从侧面体现出公司在前驱体下游客户中的稳定性和不可替代性，公司作为全球领先的三元前驱体供应商的地位将会长期存在。

容百科技： 国内领先的三元正极龙头企业，主打全品类产业布局，以高镍三元正极材料作为排头兵，产品研发保持领先优势，并且公司在磷酸盐体系与钠电体系均有布局。为降低竞争风险，公司积极布局上游资源、前驱体、材料回收、工艺设备等方面，同时建立产业基金加快产能建设，促进产融结合，打造具有竞争力的高镍三元正极材料产业链。

德方纳米：掌握了可制备高质量磷酸锰铁锂的液相法，是行业内少有的用液相法进行磷酸锰铁锂量产的企业，技术优势明显。同时积极扩张磷酸锰铁锂产能，与宁德时代长期稳定合作，与亿纬锂能合资成立年产 10 万吨的磷酸铁锂工厂。

当升科技：全球唯一一家同时向中、日、韩、欧美高端锂电客户提供高品质锂电正极材料的供应商。全球前十大锂电巨头均是公司客户，与三星 SDI、LG 化学、SKOn 等大客户的合作持续深入，动力电池方面的出货逐渐放量，海外客户的渗透率远高于其他正极材料企业。

格林美：以循环回收产业起家，通过并购方式切入新能源锂电材料赛道，已成为全球三元前驱体龙头企业，2021 年三元前驱体和四氧化三钴出货量均居全球市场前二位。公司三元前驱体高镍技术行业领先，产品产量在高镍领域及海外占比高，叠加资源回收的原料优势，三元前驱体业务毛利率长期处于行业领先地位。

振华新材：国内领先的正极材料供应商，镍钴锰酸锂三元正极材料为公司核心业务。自成立以来专注于单晶及其配套技术，公司国内单晶市场占有率为 26%，为全国第一，具备相关技术储备和研发能力，主要客户为宁德时代、孚能科技、珠海冠宇等国内动力电池制造商。

综上分析，拟将作为正极材料市场的龙头企业并具备成熟工艺和核心技术优势的中伟股份（300919.SZ）、容百科技（688005.SH）、德方纳米（300769.SZ）、当升科技（300073.SZ）、格林美（002340.SZ）、振华新材（688707.SH）等 6 只股票纳入股票池。

4.3.4　负极材料市场

全球电动化加速带动对锂电池负极材料的需求持续增长，行业龙头正在加速产业一体化布局及石墨化技术迭代，从而进一步增厚竞争壁垒。一体化是负极材料行业的发展趋势，从人造石墨负极材料成本构成来看，占比最大的是加工环节的石墨化和上游焦类原材料。以往人造石墨负极材料倾向于“石墨化委外加工”方式，只赚取单独负极生产环节利润，在未来的全方位竞争趋势下，负极材料企业开始逐步转向“自建石墨化产能”等一体化方式。

现阶段，在多样化的性能指标衡量维度下，面对新能源汽车降本、储能平价的市场需求，持续的工艺改进和有效的成本控制将成为企业的核心竞争力。所以该环节仍应重点关注兼具工艺及一体化布局优势的龙头企业。2021 年国内负极材料市场可比公司估值比较如表 4-11 所示，国内主要负极材料公司产品结构及产能情况如表 4-12 所示。

表 4-11　2021 年国内负极材料市场可比公司估值比较

股票代码	公司名称	总市值/亿元	营业收入/亿元	营业收入同比/%	净资产回报率/%	每股收益/元	市盈率/倍
603659.SH	璞泰来	824.51	70.36	103.87	18.03	2.53	40.20
600884.SH	杉杉股份	474.66	151.94	217.30	21.32	2.04	12.35

续表

股票代码	公司名称	总市值/亿元	营业收入/亿元	营业收入同比/%	净资产回报率/%	每股收益/元	市盈率/倍
835185.BJ	贝特瑞	419.86	135.67	127.17	20.80	2.97	25.75
300035.SZ	中科电气	188.06	125.33	27.24	16.12	0.58	44.05
300890.SZ	翔丰华	36.40	168.78	14.14	9.20	1.00	31.27

表 4-12　国内主要负极材料公司产品结构及产能情况

负极公司	产品结构	客户	负极产能/万吨	
			2021 年已有产能	在建产能
璞泰来	人造石墨、硅碳负极 涂覆隔膜、铝塑包装膜、锂电设备	宁德时代、ATL、比亚迪、LG 新能源、三星 SDI、中航锂电、特斯拉等	7	20
杉杉股份	人造石墨、天然石墨、硅基负极、复合石墨 正极材料、电解液、LED 偏光片	ATL、LGC、CATL、国轩高科、比亚迪、亿纬锂能等	12	10
中科电气	天然石墨、人造石墨、硅基负极、钛酸锂 正极材料、石墨烯	松下、三星 SDI、LG 化学、SKI、村田、宁德时代、比亚迪、国轩高科、力神等	10	21

璞泰来： 依托内蒙古、四川等能源成本优势区域，形成了从原材料供应到生产研发，再到销售负极材料成品的一体化布局。其中，石墨化盈利能力强于同行其他公司，自供率达到 81%。技术方面，公司致力于新材料研发，拥有世界最大规模的负极材料石墨化窑炉及相关工艺。

杉杉股份： 从服装企业转型为新能源产业领军企业，是国内第一家从事锂离子电池人造石墨负极材料研发生产的企业。规模上，公司依托内蒙古包头负极材料一体化项目及当地电价优势降本增产。产业链布局上，公司采取自建、参股等方式扩充石墨化产能，确保成本优势。

中科电气： 以磁电设备起家，2016 年 8 月通过收购湖南星城石墨进入锂电池负极材料市场，并将负极材料业务逐步发展为中心业务。2017 年以来公司持续加码负极材料业务，进入新的发展时期。核心竞争力可分为两方面，一方面通过布局一体化提升利润深度，公司积极布局石墨化产能，同时向上游焦类原材料延伸，相关新增产能建设项目正按计划积极推进；另一方面公司和宁德时代、亿纬锂能合作扩产，未来客户的需求有望保证公司产能顺利转化为销量。

综上分析，拟将作为负极材料的龙头企业并兼具工艺及一体化布局优势的璞泰来(603659.SH)、杉杉股份(600884.SH)、中科电气(300035.SZ)等 3 只股票纳入股票池。

4.3.5　隔膜市场

在全球电动车行业高景气发展的背景下，锂电材料行业也逐步走向成熟，未来隔膜行业发展将聚焦在扩产周期及下游客户的竞争。所以在该环节，应重点关注以下几个方面。(1)隔膜、涂覆产线一体化率增长较快的企业。涂覆膜不仅能够有效提升锂电池的放电性能、安全性等，还能延长使用寿命、增加充放电能力、提升闭孔温度等。(2)大力布局海外市场的企业。海外电池厂对隔膜性能要求相对更高，同时产品平均售价是国内的两倍。当前国内隔膜产品在海外市场渗透率相对较低，未来仍有较大的拓展空间。(3)隔膜设备自主创新水平较高的企业。当前隔膜的生产设备主要来源于海外厂商，设备产能有限且售价高昂，因此自主创新将是未来隔膜企业降本的重点途径。2021 年国内隔膜市场可比公司估值比较如表 4-13 所示。

表 4-13　2021 年国内隔膜市场可比公司估值比较

股票代码	公司名称	总市值/亿元	营业收入/亿元	营业收入同比/%	净资产回报率/%	每股收益/元	市盈率/倍
002812.SZ	恩捷股份	1811.14	91.32	86.37	21.80	3.06	56.58
300568.SZ	星源材质	245.35	21.03	92.48	7.84	0.39	63.13
688560.SH	明冠新材	40.33	13.99	40.33	8.97	0.75	30.68
831742.NQ	纽米科技	19.82	2.84	82.84	108.47	0.44	15.49

恩捷股份：全球锂电隔膜行业龙头企业，产品技术及产能均具有竞争优势。2021 年锂电池隔膜出货量约占全球市场的 50%，在锂电池隔膜材料行业中稳居第一。公司与多家下游客户绑定，并全力拓展海外客户，海外订单的高毛利率有望帮助公司获得超额收益。在营业收入方面，2021 年公司营业收入约 91 亿元，同比增长约 86%，净资产回报率达到近 22%，其中隔膜类业务收入占比达到 90%，为公司的主要盈利来源。

星源材质：位居锂电隔膜行业第一梯队，公司干法技术领先市场，并且具有完整的隔膜生产工艺，涵盖了干法、湿法以及涂覆技术。当前公司隔膜扩产加速，产能迅速扩张，新增南通生产基地 20 亿平方米隔膜生产线。2021 年公司锂电池隔膜类业务收入占比达到 99%，是公司绝对的核心业务。合作业务方面，下游客户包括宁德时代、比亚迪、LG 化学等多家海内外优质电池厂。

综上分析，拟将恩捷股份(002812.SZ)和星源材质(300568.SZ)纳入股票池。

4.3.6　电解液市场

电解液的原材料成本占比极高，行业的成本壁垒、技术壁垒均建立在溶质、溶剂、添加剂这三大材料之上，因此一体化布局是构筑企业竞争力的必然选择。垂直产业链布局不仅能够保障原材料的稳定供应，且具有显著的降成本效应，从而提升企业的盈利能力。以天赐材料为例，在实现溶剂与添加剂的完全自给的情况下，电解液业务毛利率较完全外购提高了 14%。因此，在该环节应重点关注成本控制能力更强的一体化布局龙头企业。2021 年国内电解液市场可比公司估值比较如表 4-14 所示。

表 4-14　2021 年国内电解液市场可比公司估值比较

股票代码	公司名称	总市值/亿元	营业收入/亿元	营业收入同比/%	净资产回报率/%	每股收益/元	市盈率/倍
002709.SZ	天赐材料	721.01	146.78	169.26	41.89	2.35	21.09
300037.SZ	新宙邦	275.78	85.24	134.76	22.24	3.18	16.59
002407.SZ	多氟多	242.85	92.14	85.29	31.38	1.73	12.79

天赐材料：电解液行业的绝对龙头企业，具备电解液溶质(锂盐)、添加剂、正极材料的量产能力，旗下子公司九江天赐积极布局溶剂业务，使天赐材料业务覆盖整个电解液行业上游，实现闭环。近年，公司逐步布局上游原材料如碳酸锂、氟化锂等，达到原材料自产，大幅降低电解液产品成本，提高毛利率。同时，公司和下游龙头企业长期合作，供应关系稳定，下游客户包括宁德时代、比亚迪、万向、力神、LG 化学、村田(化学)、特斯拉等。

新宙邦：国内电解液行业龙头企业。该公司正在加快扩产进程，在湖南、福建、天津、欧洲波兰等地建设生产基地。公司在国内外积极布局生产基地，以就近供应、快速响应客户需求。此外，公司正在深化一体化布局，推进多个锂盐项目及锂电添加剂项目的落地，项目全部达产后溶剂自供比例将提升至 70%，这将显著增厚公司利润。

多氟多：作为电解液行业的龙头企业，公司布局上游原材料氢氟酸和五氯化磷，通过自制氟化锂使得原材料成本更低。同时，公司改进生产工艺，自研双釜法，进一步提升了生产效率和原料利用率。在技术方面，公司提早布局了双氟磺酰亚胺锂等新型电解质锂盐并实现了技术突破，现有双氟磺酰亚胺锂年产能 1600 吨，正在扩建 1 万吨/年新产能，且成本能够降至和六氟磷酸锂相当，公司有望凭借成本优势和技术优势在电解液行业实现高速发展。

综上分析，天赐材料(002709.SZ)、新宙邦(300037.SZ)、多氟多(002407.SZ)均作为电解液行业的龙头企业并实现了一体化产业布局，成本控制能力强，盈利能力稳定，故纳入股票池。

4.3.7 动力电池市场

目前动力电池行业竞争格局已初步形成，宁德时代行业龙头地位确立，比亚迪凭借自身新能源汽车销量地位稳固，行业排名前十的企业市场份额呈现震荡上行趋势。未来随着动力电池需求的巨大增长，具备优势的二线电池企业有望进一步提升市场份额，突出重围。因此，该环节应从以下 4 个方面出发选择具有投资价值的二线电池企业。

(1) 重视研发投入，积极开发动力电池技术。由于动力电池行业竞争日益加剧及技术更新迭代快，动力电池企业需要加大研发投入来提高自己的核心竞争力。随着动力电池行业的逐步成熟，成本逐年下降，动力电池企业可通过研发新产品或技术来提高自身能力，从而提高盈利。孚能科技、亿纬锂能、国轩高科、鹏辉能源、天能股份等电池企业从事动力电池研发较早，具有深厚的技术积累，能够形成一定的技术优势。在产品技术方面，大多数二线电池企业在三元电池和铁锂电池技术上均有布局，且产品性能指标在行业内处于领先地位。在差异化技术方面，天奈科技、派能科技等均有行业领先的技术布局，具备竞争优势。在前瞻技术方面，孚能科技、亿纬锂能、欣旺达等在高比能量电池技术和固态电池方面均有明确的研发技术路线和时间安排。

(2) 具备供应链优势。二线电池企业供应链国产化率较高，积极布局上游原材料环节，通过收购、入股或者合资建厂等直接或间接方式保证上游原材料供给。此外，部分二线电池企业具有关键原材料研发能力，如亿纬锂能、国轩高科、欣旺达、鹏辉能源等企业掌握着某几种关键原材料的制备核心技术，从原材料端控制电池产品性能，或将成为未来的竞争优势。

(3) 拥有优质的客户结构。部分二线电池企业在早期发展过程中，通过与优质客户合作，放大出货量，提升自身产能，在行业内占有一席之地，后期反哺技术开发，形成良性循环。派能科技、孚能科技、亿纬锂能等均与一到两家高端主机厂客户建立了良好的合作关系，并提升自身产品性能，积极扩充产能，为未来发展打下坚实基础。

(4) 动力电池业务占比提升。在主营业务方面，国轩高科、孚能科技以动力电池作为主营业务，业务收入占比达到 70%以上；亿纬锂能逐步聚焦动力电池业务，目前营业收入占比达到 59%，未来有望进一步提升；欣旺达等动力电池业务占比较低。从企业财务来看，二线电池企业毛利率波动较大，更容易受客户销量和原材料影响。从股权结构来看，二线电池企业股东具备技术、供应链或产业资源等优势，能够对企业发展起到积极作用。

2021 年国内动力电池市场可比公司估值比较如表 4-15 所示。

表 4-15　2021 年国内动力电池市场可比公司估值比较

股票代码	公司名称	总市值/亿元	营业收入/亿元	营业收入同比/%	净资产回报率/%	每股收益/元	市盈率/倍
300750.SZ	宁德时代	9541.34	21.42	1598.68	159.06	6.88	59.89
002594.SZ	比亚迪	6589.52	4.01	2419.76	38.02	1.06	195.62
300014.SZ	亿纬锂能	1250.73	17.99	206.76	107.06	1.54	44.99
002074.SZ	国轩高科	446.14	0.69	129.80	54.01	0.08	517.71
300207.SZ	欣旺达	382.47	9.23	401.19	25.82	0.58	43.36
688116.SH	天奈科技	267.09	16.24	15.82	179.68	1.28	77.96
688063.SH	派能科技	264.16	11.09	26.19	84.14	2.04	73.78
688819.SH	天能股份	246.82	14.41	399.75	10.30	1.42	18.02
688567.SH	孚能科技	204.82	−9.85	46.63	212.60	−0.89	−21.02
603026.SH	胜华新材	195.20	45.64	71.42	57.67	5.81	13.98
688388.SH	嘉元科技	156.89	17.74	32.36	133.26	2.38	25.58
002091.SZ	江苏国泰	147.22	12.53	429.97	30.69	0.79	9.78
300438.SZ	鹏辉能源	135.95	6.99	62.93	56.30	0.43	62.28
688559.SH	海目星	115.86	7.48	23.05	50.26	0.55	81.12
000049.SZ	德赛电池	93.33	25.36	205.30	0.38	2.64	11.48
300530.SZ	达志科技	38.82	−50.22	1.62	29.96	−0.79	−21.54

综上分析，除了龙头企业宁德时代（300750.SZ）和比亚迪（002594.SZ），亿纬锂能（300014.SZ）、国轩高科（002074.SZ）、欣旺达（300207.SZ）、天奈科技（688116.SH）、派能科技（688063.SH）、天能股份（688819.SH）、孚能科技（688567.SH）、鹏辉能源（300438.SZ）、胜华新材（603026.SH）、江苏国泰（002091.SZ）等二线电池企业正加大研发投入、积极布局新增产能、完善供应链、开发先进动力电池技术，产品逐步具备成本和技术优势，进入了主流主机厂的供应链，具有极大的发展潜力和投资价值，故将上述 12 只股票纳入股票池。

4.3.8 新能源汽车终端市场

近年来，新能源汽车终端市场产销量高速增长，车型和份额竞争激烈。受原材料价格上涨、芯片短缺、补贴退坡等因素影响，整车企业成本压力显著提升，新能源汽车企业陆续宣布产品提价。然而，在成本向消费者传导的过程中，加剧了新能源汽车企业销量和份额的分化，同时电动化和智能化转型的时代变革本身也对新能源汽车企业的战略方向、供应链以及财务实力也提出了更高要求。

新能源整车分为美股整车、港股整车和 A 股整车，美股整车以及港股整车中的特斯拉、理想、蔚来、小鹏都具备明显的市场份额，但因构建的股票池需从 A 股中选择成分股，所以本节将针对 A 股中的优质新能源汽车企业进行分析，在该环节重点关注拥有垂直整合一体化、规模效应逐步凸显、品牌和产品力提升的企业。2021 年国内新能源汽车终端市场可比公司估值比较如表 4-16 所示。

表 4-16 2021 年国内新能源汽车终端市场可比公司估值比较

股票代码	公司名称	总市值/亿元	营业收入/亿元	营业收入同比/%	净资产回报率/%	每股收益/元	市盈率/倍
002594.SZ	比亚迪	6589.52	2419.76	38.02	4.01	1.06	195.62
600104.SH	上汽集团	1863.51	7522.80	5.10	9.19	2.12	7.72
601633.SH	长城汽车	1818.38	1389.07	32.04	11.26	0.73	34.11
601238.SH	广汽集团	1078.44	823.66	19.76	8.40	0.72	16.05
000625.SZ	长安汽车	706.17	1076.90	24.33	6.51	0.47	11.04
601127.SH	赛力斯	528.61	185.61	16.89	−27.80	−1.38	−25.33
000800.SZ	一汽解放	377.45	688.07	−13.13	15.35	0.84	9.68
600733.SH	北汽蓝谷	271.82	95.97	64.95	−47.58	−1.30	−5.08
600418.SH	江淮汽车	173.41	382.95	−6.11	1.41	0.10	−62.08
600066.SH	宇通客车	171.53	231.30	7.04	4.02	0.28	28.17
600166.SH	福田汽车	144.00	514.92	−4.83	−39.02	−0.78	86.88
600006.SH	东风汽车	92.80	151.74	13.23	4.69	0.19	24.96
000550.SZ	江铃汽车	76.96	344.12	6.42	5.88	0.67	20.43
600686.SH	金龙汽车	35.14	156.61	10.46	−12.99	−0.89	−5.91
000957.SZ	中通客车	24.66	47.90	4.06	−8.24	−0.37	−11.84
600213.SH	亚星客车	17.36	9.86	−47.93	10.29	0.01	−40.48

比亚迪：拥有高度垂直整合的供应链以及完善的渠道布局，搭配完善的产品矩阵，铸就了优质的品牌势能。结合车企分析框架，比亚迪在组织架构上配合股权激励方案以加强人才吸引力；在技术研发上通过自主研发“三电”系统、快充技术等保持市场领先；在产品布局上已实现对国内不同价位细分市场的全面覆盖；在渠道营销上开拓直营模式，渠道优势明显。

长安汽车：拥有 CS/UNI 系列混动和深蓝/阿维塔中高端纯电产品，正在加速向新能源转型。结合车企分析框架，在组织架构方面，长安汽车收回新能源科技子公司股权，持股比例提升至 51%，彰显了向新能源转型的中长期发展信心。在技术研发方面，长安汽车的全新双电机混动技术能够对标比亚迪，通过坚持智能化领域的自主研发，目前市场份额位居市场前列。在供应链管理上，长安汽车引入外部一线供应链体系，能够在保证供应量的同时实现稳定降本。

长城汽车：持续推进其电动智能核心自研技术，并计划通过混动新品和渠道变革来开启新一轮周期。结合车企分析框架，在组织架构方面，长城汽车在“一车一品牌”基础上，开展新一轮组织调整，以实现多个品牌之间的渠道和资源整合，并聚焦于打造“一个长城”全球品牌。在技术研发方面，长城汽车正在推进“三电”领域和智能辅助驾驶领域的技术突破，使其位居市场前列。在产品布局方面，为满足细分市场的差异化需求，长城汽车的六大品牌都有不同的定位。其中，哈弗和皮卡主要围绕其基础客户进行定位，魏牌和沙龙则实现品牌高端化，欧拉和坦克则针对不同人群进行差异化定位，共同促进了整体销量的提升。在供应链管理方面，长城汽车的 7 个子公司布局在不同领域，覆盖整车生产的不同环节，进一步推动了长城汽车的供应链整合。

赛力斯：与华为深度合作打造智能新品牌。结合车企分析框架，在技术研发上，公司研发实力强劲，新能源技术储备深厚，形成的智能增程核心技术已运用在纯电驱智能增程平台及增程零部件上。同时配合华为智能化解决方案，电动技术均具有较强竞争力。在产品布局方面，赛力斯旗下品牌搭载鸿蒙车机系统，实现“人、车、家”的全场景互联，配合零重力座椅等实现智能座舱领先水平，核心面向家庭及商务人士。在渠道营销方面，截至 2022 年年底布局近 1200 家终端门店，渠道覆盖广、扩张速度快，消费者触达面广阔，同时携手华为进行营销推广，手段多元有效。在供应链管理方面，在包含拓普在内的多家优质供应商配合下可实现稳定供应。

江淮汽车：商用车板块和乘用车板块并驾齐驱，自主研发与合作模式一起推进。结合车企分析框架，在商用车板块，商用车产品布局全面，轻卡市场占有率保持行业前列，丰富的产品储备与完善的产品体系将保证江淮汽车满足各类轻卡置换需求，使得公司受益于轻卡行业发展红利。在乘用车板块，江淮思皓将基于 MIS 皓学架构打造 20 款具有竞争力的新车型，不断提升自身销量规模。此外，江淮汽车还通过为蔚来代工的方式积累新能源汽车生产经验，从而实现业绩的增长。

广汽集团：技术储备深厚，研发、产销体系完善，销量稳定提升。结合车企分析框架，在组织架构方面，通过采取拆分上市的方法激发组织活力，同时树立新能源品牌形象。在产品布局方面，以科技感和年轻化的产品为重点，聚焦于充分竞争的细分市场，以时尚活力的品牌形象及超越同级的产品力使销量持续增长。在渠道营销方面，采用多层级的独立渠道提高效率，渠道门店总数处于新势力品牌前列。在供应链管理方面，自建电驱/电池生产线，实现了相对闭环的能源生态产业链布局。

上汽集团：利用智己和飞凡两大品牌，推动自主品牌实现高端化。结合车企分析框架，在组织层面上，上汽集团采取分拆上市的方式来提升子公司的发展和创新能力，同时推动员工持股计划以提高组织效率，并设立创新研究开发总院，采用独立和扁平的组织架构来推动新能源智能网联汽车的技术研发。在产品布局方面，上汽集团通过加入智己和飞凡两大品牌，实现了阶梯式全价位覆盖。在渠道营销方面，除了原有的经销商体系，智己和飞凡两大新品牌采用合作运营方式来搭建渠道，进一步加快扩张速度。在供应链管理方面，上汽集团实现了核心部件的自主可控，同时研发、生产布局全球化。在技术研发方面，公司自主掌握了“三电”系统研发，并积极推动核心架构的研发，部分硬件也实现了自研自产。

综上所述，比亚迪(002594.SZ)、上汽集团(600104.SH)、长城汽车(601633.SH)、广汽集团(601238.SH)、长安汽车(000625.SZ)、赛力斯(601127.SH)、江淮汽车(600418.SH)等7 家公司在组织架构、产品提升、渠道营销、供应链管理、技术研发上皆具有一定优势，是 A 股新能源整车环节中的优质企业，纳入股票池。

通过对新能源汽车产业链的选股分析，本节确定了该产业的股票池，共 57 只股票。扫码(线上资源 4-1)可阅读股票池信息。

线上资源 4-1

通过上述分析，我们认为对于新能源汽车行业，应关注以下子行业的投资机会：对于钴、锂这种稀缺资源的产业链上游来说，具有高投资价值的公司应该是资源相对丰富、自给率高、掌握加工核心技术的企业；对于产业链中游来说，具有高投资价值的公司应该是兼具高水平工艺及一体化布局优势的龙头企业，持续的工艺改进和有效的成本控制才能成为企业的核心竞争力；对于动力电池这样的产业链下游来说，更应关注重视研发投入，积极开发动力电池技术，具备供应链优势与优质客户结构的二线电池企业，一旦产品具备成本和技术优势，就能够进入主流主机厂的供应链，这些企业将具有极大发展潜力和投资价值；对于新能源汽车终端市场，应该重点关注拥有垂直整合一体化、规模效应逐步凸显、品牌和产品力提升的企业。综上来看，产业链各环节有不同特点，结合价值投资理论选股能够让更多的投资者关注上市公司本质，找到真正有价值的股票，同时也为后面构建多因子交易策略奠定了基础。

4.4 多因子交易策略分析

基于多因子选股模型和上一节确定的股票池，本节将进一步构建新能源汽车行业的交易策略，大致可分为 6 个步骤：确定样本数据期和基准指数、确定股票池、选取候选因子、筛选有效因子、构建多因子选股模型、回测分析。

第一步：确定样本数据期和基准指数。本章选取的样本数据期间为 2018 年 4 月至 2023 年 3 月，共计 59 期。其中，2018 年 4 月至 2022 年 4 月为因子检验期，共计 48 期，2022 年 5 月至 2023 年 3 月为模型回测期，共计 11 期。在对样本范围的界定上，本章基于沪深 300 指数(000300.SH)作为衡量模型效果的基准，构建的股票池也都属于该指数的成分股。

第二步：确定股票池。根据 4.3 节的分析，共选取 57 只股票构建股票池，使用其历史数据建立多因子模型。为使样本选取更符合投资收益，剔除 ST、ST*股票以及上市时间晚于 2018 年的股票，所以最终确定的股票池的股票数量为 47 只。

第三步：选取候选因子。在确定数据范围之后，需要根据行业的基本面分析建立因子库。除了第 3 章提及的聚宽因子库，Wind 中国 A 股量化因子库也提供了估值因子、风险因子、财务分析因子、技术指标因子和股东因子等，总计超过 500 个因子。本节在选取候选因子时采用的就是该因子库。

第四步：筛选有效因子。在判断因子有效性的基础上，选择有效因子，剔除无效因子。因子有效性的判断主要采用第 3 章提及的 IC 法、回归法和分组回测法等。

第五步：构建多因子选股模型。构建多因子选股模型的方法主要为打分法和回归法两种。打分法是根据因子对股票收益率的影响对因子进行打分，之后对因子进行赋权，加权后得到每个股票的打分，最后排序选出一定比例股票；回归法是通过因子载荷的历史数据拟合得到每只股票收益率的各期预测值，选择预期收益率最高的 n 只股票构建投资组合。考虑到回归法能够及时调整股票对各因子敏感性，故本节采取回归法来建立多因子选股模型。

第六步：回测分析。对模型进行回测，从累计收益、超额收益、夏普比率、最大回撤等多方面进行评估，最后进行模型是否有效的验证，并进一步用均值–方差模型和凯利公式对交易策略进行优化。

4.4.1　模型因子选取与检验

1．候选因子的选取

候选因子的初步选取根据行业特点与文献经验选取。通过对新能源汽车的产业链分析，可以发现行业目前正处于高速发展期，具备成长性强、技术含量高、周期性明显并且市场竞争激烈的行业特点，导致产业链内的上市公司成长属性较强，公司业绩极具爆发力且估值容忍度高，但受到部分行业竞争格局的影响，行业内不同公司的财务质量存在差异，市值方差较大。因此，构建候选因子库时，需要综合考虑新能源汽车行业的特点，选取能够反映行业内公司质量、估值、成长和风险等多方面因素的指标，以构建适合该行业的交易策略。具体而言，新能源汽车行业投资在基本面有必要兼顾市值因子、估值因子、成长因子、财务质量因子；在技术分析层面，选择成交量因子、动量因子、能量型因子和量价因子。具体的因子选择逻辑如下。

(1) 市值因子：市值因子是一个长期有效的超额收益来源，对股票收益率有一定的解释作用。新能源汽车行业内的公司通常都处于成长阶段，大部分是小规模公司，因此选择小市值因子可以较好地匹配该行业的特点。此外，由于新能源汽车行业的快速发展，市场上存在较多的新兴公司和创新公司，选择小市值因子还可以较好地发掘新的投资机会，获得更高的收益。本节选取对数流通市值作为代表，检测新能源汽车板块市值效应是否明显。

(2) 估值因子：市场买卖股票主要是围绕公司价值进行的，买低卖高是永恒的法则。新能源汽车行业受到政策支持，市场前景较好，因此该行业内的公司普遍处于高估值状态。那么在选择估值因子时，就需要关注市盈率、市净率等指标的相对水平，以及行业内公司盈利能力的变化和竞争格局的变化。本节选择市盈率、市净率、市销率与 PEG 因子作为估值因子代表。

(3) 成长因子：通常被用来筛选那些具有高增长潜力和高市场期望的股票，通过对公司的财务指标、市场前景等方面的分析来评估成长潜力，从而实现资产增值。新能源汽车行业正处于快速发展阶段。因此，选择营业收入同比增长率、净利润同比增长率等成长性因子可以较好地捕捉到行业内公司的成长潜力和发展前景。

(4)财务质量因子：财务质量体现在盈利和营运能力两个方面。具有优秀的商业模式和运营能力的公司能够赚取更多的利润和现金流，增加公司内在价值，因此市场投资者会更愿意支持这类白马或蓝筹股。新能源汽车行业内的公司一般需要大量投资于生产设备和研发，产业链涉及材料、零部件、整车等多个环节，企业需要及时回收应收账款和存货等流动资产，并且回报周期长。因此，在选择财务质量因子时，需要关注公司的资金实力和盈利能力等情况，同时也需要注意运营效率的变化。本节所选的财务质量因子包括净资产回报率、总资产净利率、销售毛利率及净利率、固定资产周转率与流动资产周转率。

(5)成交量因子：换手率表示股票买卖的频率，换手率高的股票流通性好、不易被套牢，但过高的换手率也会导致股价波动大，从而增加投资风险。

(6)动量因子：股市行情本质上是由买卖双方的供求决定的，动量因子就是评价这种供求关系的因子。动量效应指的是股票收益率有延续未来运动方向的趋势，这种惯性可以用来预测股票收益。本节选取的动量因子为相对强弱指标和过去 5 日的价格动量。

(7)能量型因子：能量指标主要通过对成交量进行分析，从而判断股票的未来走势，目的在于使投资者及时对个别股票进行买入和卖出操作，从而使自身获得稳定收益。本节选取市场能量指标和过去 12 个月相对强弱指标。

(8)量价因子：资金流量指标通过反映股价变动的 4 个元素——上涨的天数、下跌的天数、成交量增加幅度、成交量减少幅度来研判量能的趋势，预测市场供求关系和买卖力道。

本节采取的候选因子为月度数据，但财务报表往往按季度披露，因此需要对财务因子进行一定的滞后处理。以往研究一般通过引入 TTM(Trailing Twelve Months，滚动 12 个月)来剔除财务分析上的季节变化，经 TTM 处理的数据能平衡公司因季节性问题所形成的差值，进而解决了部分数据滞后的问题。另外，由于 TTM 是一个滚动数据，根据季度变化计算，能够更加客观反映上市公司的真实情况，为投资者做出决策提供一定依据。故本节的财务因子均采用 TTM 指标，候选因子汇总如表 4-17 所示。

表 4-17　候选因子汇总

因子类别	缩写	具体变量	计算方式
市值因子	lncap	对数流通市值	ln(流通份额×收盘价)
估值因子	PE	市盈率 TTM	总市值/归属母公司股东的净利润 TTM
	PB	市净率	总市值/最新公告股东权益
	PS	市销率 TTM	总市值/营业收入(TTM)
	PEG	市盈率相对盈利增长比率	市盈率/公司未来 1 年的每股收益复合增长率
成长因子	yoy_OI	营业收入同比增长率	[本期营业收入(TTM)−上年同期营业收入(TTM)]/ABS[上年同期营业收入(TTM)]×100%
	yoy_NI	净利润同比增长率	[本期净利润(TTM)−上年同期净利润(TTM)]/ABS[上年同期净利润(TTM)]×100%

续表

因子类别	缩写	具体变量	计算方式
成长因子	yoy_NA	净资产同比增长率	(本期归属母公司股东的权益−上年同期归属母公司股东的权益)/ABS(上年同期归属母公司股东的权益)×100%
	yoy_TA	总资产同比增长率	(本期资产总计−上年同期资产总计)/ABS(上年同期资产总计)×100%
财务质量因子	ROE	净资产回报率 TTM	归属于母公司的净利润(TTM)/归属于母公司的股东权益×100%
	ROA	总资产净利率 TTM	归属于母公司的净利润(TTM)/资产总计×100%
	gross_profit_margin	销售毛利率 TTM	毛利润(TTM) / 营业收入(TTM)×100%
	net_profit_margin	净利率 TTM	净利润(TTM) / 营业收入(TTM)×100%
	fixed_assest_turnover	固定资产周转率 TTM	营业总收入(TTM)×2/[期末(固定资产+工程物资+在建工程)+期初(固定资产+工程物资+在建工程)]
	current_assest_turnover	流动资产周转率 TTM	营业总收入(TTM)×2/(本期流动资产+上年同期流动资产)
成交量因子	turnover_rate5	5 日平均换手率	最近 5 日交易日成交量/流通股本×100%
动量因子	RSI	相对强弱指标	近 12 日平均收盘上涨数/(近 12 日平均收盘上涨数+近 12 日平均收盘下跌数)
	REVS5	过去 5 日的价格动量	5 日收益累加
能量型因子	CYF	市场能量指标	100−100/(1+R)；R=(100×成交量/流通股本)的 n 天指数移动平均；流通股本为沪深 A 股，$n = 13$
	RSTR12	过去 12 个月相对强弱指标	n 日内收盘价上涨数之和的移动平均值/(n 日内收盘价上涨数之和的移动平均值+n 日内收盘价下跌数之和的移动平均值)×100，$n = 12$
量价因子	MFI	资金流量指标	100−100/(1+n 期正资金流向/n 期负资金流向)，n = 14；原始资金流向=(最高价+最低价+收盘价)/3×数量

2. 数据处理

确定好候选因子后，本节从 Wind 金融终端获取因子数据，然后对因子序列进行预处理。

(1)去极值：一般来说采用正态分布或者绝对中位数去极值，前者把因子数据分散在均值±3σ外的数据视为异常值剔除。鉴于本节样本较少和以下两点原因没有进行去极值操作：第一，股票数据是实现了的历史数据，去极值将导致模型应对极端情况能力变弱，在极端市场状态下，模型容易给出错误结论；第二，公司管理层偏好平滑的财报数据，通过合规(如盈余管理等)手段使财报尽可能平滑，因此投资者接触的财报数据本身已经被平滑过了。

(2)填补缺失值：主要分为直接去除和填充，前者更加适用于缺失值较少且不会对结果影响过大的情形。由于本节缺失值较少且数据较有规律，对基本面类因子和技术类因子的缺失值用前三个月均值填补即可。

(3)标准化：使用 z-score 标准差标准化法，将数据与其均值相减再除以样本数据的标准差，新数据分布为均值为 0、标准差为 1 的正态分布。

3. 有效因子的筛选

因子有效性检测需要对因子进行相关性分析和收益率分析，筛选出的兼具预测性能和收益的因子才能进入选股环节。本节在对因子进行筛选的过程中，主要采取回归法、IC 法和分组回测法三种方法。前两种方法的优势在于衡量了单因子的质地且结果清晰，而分组回测法可以直观体现因子分组投资组合的收益与波动单调性。因子测试方法比较如表 4-18 所示。扫码(线上资源 4-2)可阅读筛选有效因子的代码。

线上资源 4-2

表 4-18 因子测试方法比较

检验方法	优势	劣势
回归法	检验因子在时间序列上的收益和风险表现	同样无法反映因子组合的表现，未做到对其他风险完全中性
IC 法	简单直接	只能反映单个因子与收益率的线性相关性，无法体现因子组合的超额收益
分组回测法	可以体现因子分组投资组合的收益与波动单调性	组合易受其他因子的影响，难以判别特定因子收益与风险

1) 相关性检验分析——回归法与 IC 法

由于各个因子对股票的影响结果不同，因此需要检查哪些因子对股票影响显著。因子相关性指的就是 t 期因子数据与 t+1 期资产收益率的关系，相关性越强，模型的预测效果也会更好。

回归法检验因子对收益率的预测能力，将个股 t+1 期股票收益率和对应的 t 期因子暴露度进行截面回归，采用加权最小二乘回归(WLS)得到回归系数 β，即为 t 期的因子收益，对有效的 β 值在 5%显著性水平下进行 t 检验。可用回归系数 t 检验的绝对值来衡量因子的预测能力(即显著性)。一般来说，t 检验的绝对值大于 2，表示显著。t 统计量计算公式如下：

$$t = \frac{\overline{x} - \mu}{\sigma} \tag{4-1}$$

式中，$\overline{x}$ 为样本均值；μ 为总体均值；σ 为样本标准差。

基于回归法，可选取 IC 值进行辅助检验。IC 值是指因子在 t 期的值与 t+1 期资产收益率之间的相关系数，即

$$\text{IC} = \text{corr}(r_{i,t+1}, F_{i,t}) \tag{4-2}$$

式中，$r_{i,t+1}$ 表示资产 i 在 t+1 期的资产收益率；$F_{i,t}$ 表示处理后的 t 期因子值。IC 值为正，表示因子与收益正相关；IC 值为负，表示因子与收益负相关。IC 值的绝对值均值越高，表示因子的收益预测能力越强，一般认为 IC 值的绝对值大于 3%时，因子对收益的预测有效。此外，IC 值时间序列的标准差表示因子预测能力的稳定性，IC 值时间序列中 IC 值大于 0 或小于 0 的比例表示因子预测能力的一致性。利用 IC 值时间序列可进一步计算信息比率 IR 值，公式如下：

$$\text{IR} = \frac{\mu_{\text{IC}}}{\sigma_{\text{IC}}} \tag{4-3}$$

式中，μ_{IC} 表示 IC 值序列的均值；σ_{IC} 表示 IC 值序列的标准差。IR 的高低用来反映因子获取超额收益的稳定能力，一般以 0.5 作为衡量标准。IR 值越大，因子预测效果越好，选股能力越强。对本节的候选因子进行回归检验和 IC 值检验结果汇总，如表 4-19 所示。

表 4-19　对本节的候选因子进行回归检验和 IC 值检验结果汇总

因子	因子收益率均值	因子收益率>0 占比	ABS(*t*)均值	ABS(*t*)>2 占比	IC 均值	IC 标准差	IC>0 占比	IR
lncap	0.317	0.551	4.035	0.122	0.041	0.201	0.531	0.206
PE	0.254	0.612	0.550	0.041	0.038	0.189	0.612	0.203
PB	0.846	0.714	9.043	0.204	0.114	0.244	0.735	0.466
PS	0.642	0.633	9.554	0.204	0.087	0.221	0.633	0.394
PEG	–0.059	0.469	1.041	0.061	–0.011	0.176	0.429	–0.060
yoy_OI	–0.066	0.388	4.984	0.061	–0.014	0.205	0.367	–0.070
yoy_NI	0.090	0.449	0.878	0.020	0.000	0.173	0.449	–0.001
yoy_NA	–0.002	0.510	2.641	0.061	–0.003	0.168	0.490	–0.018
yoy_TA	–0.047	0.531	3.731	0.061	–0.009	0.207	0.490	–0.042
ROE	–0.045	0.551	4.647	0.061	–0.009	0.228	0.490	–0.040
ROA	–0.033	0.490	4.587	0.041	–0.008	0.217	0.490	–0.038
gross_profit_margin	–0.057	0.551	1.969	0.061	–0.009	0.185	0.551	–0.049
net_profit_margin	–0.019	0.531	3.916	0.041	–0.004	0.187	0.510	–0.022
fixed_assest_turnover	–0.212	0.347	2.783	0.020	–0.030	0.150	0.347	–0.200
current_assest_turnover	–0.070	0.449	1.949	0.041	–0.010	0.159	0.449	–0.062
turnover_rate5	1.702	0.755	20.795	0.449	0.217	0.290	0.755	0.750
RSI	3.844	0.959	30.486	0.837	0.465	0.199	0.959	2.330
REVS5	4.042	1.000	26.212	0.837	0.487	0.179	1.000	2.725
CYF	0.989	0.694	12.865	0.408	0.130	0.288	0.714	0.450
MFI	0.616	0.735	5.750	0.163	0.089	0.178	0.714	0.497
RSTR12	8.924	1.000	63.423	0.980	0.778	0.127	1.000	6.130

从表 4-19 可知，PE、PEG、yoy_NI、gross_profit_margin、current_assest_turnover 的 *t* 值的绝对值小于 2，故剔除上面 5 个因子，保留其他 16 个因子，但 *t* 值绝对值大于 2 的占比中部分因子表现不佳，尤其是财务因子，说明稳定效果较差。通常认为，IC 均值的绝对值大于 3%时，因子对收益的预测效果较好，所以进一步剔除 IC 均值的绝对值小于 3%的因子，包括 yoy_OI、yoy_NA、yoy_TA、ROE、ROA、net_profit_margin，共 6 个因子，剩余 10 个因子。fixed_assest_turnover 的 IC 均值小于 0，说明该因子是负向因子，其余保留因子均为正向因子。IC 标准差均不超过 0.3，因子稳定性较强；IC > 0 的占比较高，大部分能达到 50%以上，说明因子效果的一致性表现较好。

2) 收益率检验分析——分组回测法

通过回归检验与 IC 法检验的因子，能说明单个因子与股票未来收益具有较强相关性，但并不一定具有收益能力，或者利用这些因子构建的投资组合收益率不一定高。为了增强因子对整体模型的超额收益的贡献，进一步采用分组回测法对因子进行分析。

分组回测法基于打分排序法，首先在截面上计算股票池中个股的各个因子变量，并在每个月的调仓时间节点(本章为月底，每月调仓)将股票按因子的大小进行排序，平均分为 *n* 分位(一般分为 5 组、10 组等整数组)，然后按照调仓周期的最后一个交易日的收盘价进行等比例投资。

本章将股票分为 5 组，因子值最大的组合称为优势组合，反之称为劣势组合。计算两个组合在因子训练期的月均年化收益，并减去沪深 300 指数基准得到超额收益。此外，还需要计算每一因子两个组合跑赢或跑输市场的概率。本章主要比较优势组合和劣势组合两者收益率的差异，差异越大表示因子的收益率表现越好，两个组合的最小超额收益阈值分别取值 4%和–4%，优势组合或劣势组合以尽量高的概率跑赢或跑输市场。将剩余因子池中的因子进行收益率检验，结果如表 4-20 所示。

表 4-20 因子收益率检验结果

因子	优势组合收益		劣势组合收益		优势组合跑赢市场的概率	劣势组合跑输市场的概率
	年化收益	超额收益	年化收益	超额收益		
lncap	1.298	0.238	1.175	–0.115	0.542	0.521
PB	1.667	0.607	0.925	–0.136	0.563	0.375
PS	1.605	0.545	1.005	–0.056	0.521	0.479
fixed_assest_turnover	1.129	0.068	1.294	0.234	0.521	0.479
turnover_rate5	2.312	1.252	0.866	–0.195	0.604	0.354
RSI	3.856	2.796	0.530	–0.531	0.792	0.167
REVS5	3.676	2.615	0.576	–0.484	0.771	0.229
CYF	2.282	1.222	0.910	–0.151	0.625	0.354
MFI	1.626	0.566	1.030	–0.050	0.646	0.458
RSTR12	6.816	5.755	0.267	–0.793	0.979	0.063

根据上述结果，市值因子、估值因子和技术因子表现较好。其中，市值因子表现最好，优势组合超额收益达到 23.8%，而劣势组合跑输市场的超额收益仅为–11.5%，因子具有明显的差异性。优势组合在所有的交易日里面能以 54.2%的概率跑赢市场，劣势组合同样也能以 52.1%的概率跑输市场。此外，成交量因子、动量因子等也表现突出。根据上文标准综合考虑，剔除 fixed_assest_turnover、RSTR12 两个因子。

4．冗余因子的剔除

经过有效性检验后，留下的因子来自各个大类，却仍可能存在高度的相关性，因此下一步需要进行相关性检验，剔除因子之间的严重的多重共线性影响。本节将相关系数阈值定为 0.6，超过 0.6 则认为因子之间相关性过高，因此需要考量并去除其中的一个因子。因子相关性检验结果如表 4-21 所示。

表 4-21　因子相关性检验结果

因子	lncap	PB	PS	turnover_rate5	RSI	REVS5	CYF	MFI
lncap	1							
PB	0.30	1						
PS	0.18	0.78	1					
turnover_rate5	−0.11	0.23	0.30	1				
RSI	0.34	0.40	0.37	0.51	1			
REVS5	0.11	0.17	0.17	0.17	0.24	1		
CYF	−0.22	0.29	0.32	0.77	0.51	0.09	1	
MFI	0.05	0.04	0.05	0.02	0.02	0.20	−0.03	1

通过表 4-21 可知，有效因子之间存在冗余问题，如 PS、PB、CYF 和 turnover_rate5。本节剔除的原则是结合分组回测法的因子收益和跑赢概率，去除区分度差和跑赢概率小的因子，故剔除 PS、CYF 2 个因子。因此，单因子检验部分最终留下 6 个因子，如表 4-22 所示。

表 4-22　最终确定因子

缩写	因子名称	类别
lncap	对数流通市值	市值因子
PB	市净率	估值因子
turnover_rate5	5 日平均换手率	成交量因子
RSI	相对强弱指标	动量因子
REVS5	过去 5 日的价格动量	动量因子
MFI	资金流量指标	量价因子

4.4.2　模型的构建与回测

经过因子筛选后，最终确定了用于建立模型的 6 个因子。本章基于多因子模型构建投资组合，主要采取线性回归法，最后对多因子模型进行回测与持仓分析，判定模型构建效果。扫码(线上资源 4-3)可阅读新能源汽车行业多因子模型交易策略的代码。

线上资源 4-3

1. 使用回归法构建多因子模型

回归法主要是构建收益预测模型，通过因子载荷的历史数据估计股票未来的预期收益率，进而实现选股。具体可划分为以下三个步骤：

第一步，为了得到预期因子载荷，首先构建多元线性回归模型如下：

$$r_{i,t} = \sum_{k=1}^{k} \beta_{k,t} F_{i,k,t-1} + \varepsilon_{i,t} \tag{4-4}$$

式中，$r_{i,t}$ 表示股票 i 在 t 期的收益率；$F_{i,k,t-1}$ 表示 t−1 期股票 i 在因子 k 上的因子值；$\beta_{k,t}$ 表示因子载荷；$\varepsilon_{i,t}$ 表示随机干扰项。每一期进行截面线性回归，可得到因子载荷的历史序列。

第二步，根据因子载荷的历史序列，可对 t+1 期的预期因子载荷进行估计。令因子 k 在 t 期的因子载荷的估计值为 $\hat{\beta}_{k,t}$，本章采取均值法计算因子载荷的预期值，即通过计算前 N 期的因子载荷均值作为 t+1 期因子的因子载荷，公式如下：

$$\hat{\beta}_{k,t+1} = \frac{1}{N} \sum_{\tau=t-N+1}^{t} \hat{\beta}_{k,\tau} \tag{4-5}$$

第三步，估计出 t+1 期的因子载荷后，结合 t+1 期股票在各因子上的因子值，即可预测股票预期收益率。

$$r_{i,t+1} = \sum_{k=1}^{k} \hat{\beta}_{k,t+1} F_{i,k,t} \tag{4-6}$$

式中，$r_{i,t+1}$ 表示股票 i 在 t+1 期的预期收益率；$F_{i,k,t}$ 表示 t 期股票 i 在因子 k 上的因子值；$\hat{\beta}_{k,t+1}$ 表示 t+1 期因子 k 的预期因子载荷。

第四步，选择预期收益率最高的 10 只股票构建投资组合。

2. 模型回测设置

为了验证模型的适应能力，下一步需进行模型回测。回测指的是将历史数据用于未来股市预测，并形成自动交易的智能化模型，需要将历史数据及多因子模型运用到实际股市中形成投资策略。回测框架需要尽量接近实盘交易，如交易费率、换手率、自选股票池大小等。

本章的股票池为基于基本面分析所构建的新能源汽车产业链公司股票池，回测基准为沪深 300 指数，初始资金为 1000 万元。在仓位控制上，采取两种方法进行对比：一种是全仓投入；另一种是按照凯利公式计算的最优杠杆率，确定一定比例的交易资金投入到下一期。调仓频率为月度，选取预测收益率最高的前 10 只股票持有，在月底按照等权重和均值–方差模型两种方式配置资金，并进行比较。持有至下期末后根据因子更新数据对下期收益率进行判断，之后不断循环直至回测结束。回测参数设置如表 4-23 所示。

表 4-23 回测参数设置

参数	内容
训练区间	2018 年 4 月—2022 年 4 月
回测区间	2022 年 5 月—2023 年 3 月
回测方式	滚动训练，向前滚动 N 期，计算 N 期的因子收益平均值作为预测值，$N=4$
资金池	1000 万元
调仓频率	月度
仓位控制	全仓/凯利公式
股票权重	等权重/均值–方差模型
佣金、印花税等交易费率	千分之一

1) 仓位控制的设置

部分投资者习惯以账户资金的固定百分比来执行交易，但这种固定比例的投注方式并不能确保在账户不破产的情况下还能实现资金的快速增长。凯利公式可以帮助投资者确定最优的仓位比例，从而在投资组合的长期表现上产生巨大的影响。本章运用第 3 章介绍的凯利公式来进行仓位控制，优化目标是最大化单期对数收益率的期望。若标的资产单期(算数)收益率服从均值为 μ 、方差为 σ^2 的正态分布，那么其最优杠杆率为：$L^* = \mu / \sigma^2$ 。与大部分做法一样，本章使用 $L^*/2$ 的杠杆率。为控制高杠杆率带来的风险，当杠杆率大于 1，即投入的资金总额超过了资产净值时，本章将其设置为全仓投入，以降低交易风险。

2)资金配置的设置

资金配置是指如何确定投资组合中各个资产所分配的资金权重。很多投资者都采用等权重方式来配备资金。等权重顾名思义就是令每只股票的权重相同，与之相对应，本章构建的组合包含 10 只股票，每只股票权重为 0.1。但组合投资理论告诉我们这种分配资金的方式并不是最优的，而是以均值–方差模型为基础，通过优化风险收益特征，确定组合中各资产的权重。故本章采用第 3 章介绍的均值–方差模型，采取在既定收益的要求下最小化组合风险，进而确定多因子组合中各股票的权重。其中，$\bar{r}$ 为所要求的收益率水平，考虑到资金的使用成本，$\bar{r}$ 要大于最低收益率水平。本章取 1 年期国债收益率为最低收益率水平，约为 2.2%。

3. 模型回测结果对比

设定好回测参数后，模型回测得到的净值曲线如图 4-39 所示。从图中可以看出，本次所构建的交易策略在回测期间收益表现较为优异。截至 2023 年 3 月底，采用凯利公式/均值–方差模型的组合净值为 1.218，高于净值为 0.947 的沪深 300 指数；全仓/等权重组合的净值为 1.003，相较于采用凯利公式/均值–方差模型的组合表现较差，但整体仍跑赢大盘，并且投资组合能够在基准指数上涨或下跌的市场环境中实现超额收益，表现出较好的稳定性。

为了更好地评估交易策略在新能源汽车领域的表现和风险水平，将新能源汽车产业指数(399417.SZ)加入净值曲线中进行对比，可以了解该策略是否优于或劣于市场平均水平，以及是否能够在特定行业或市场条件下实现超额收益。回测结果表明，构建的交易策略净值曲线在回测期间表现优于新能源汽车产业指数，并且两种投资组合在相同时间段内下跌的幅度更小，相对于新能源汽车产业指数的表现更为稳健。

从构建的投资组合走势来看，2022 年二季度收益急速上升，盈利性最好的月份出现在 2022 年 7 月，从 7 月底开始进入震荡下行阶段。11 月起由于市场开始注重企业业绩，投资者更加关注公司的业绩表现，而非仅仅关注公司估值。这种趋势通常会导致那些估值过高但业绩表现较差的公司股票价格下跌，而那些业绩表现良好但估值相对较低的公司股票价格则相对稳定或上涨。

从净值曲线的表现来看，构建的两种投资组合在前期上升期间呈现出相似的走势，在后期回撤时差距逐渐拉大。结合表 4-24 回测期的每月收益表现和盈利的月份，发现采用凯利公式/均值–方差模型的组合大多数时候比全仓/等权重组合盈利少。例如，2022 年 11 月，全仓/等权重组合盈利 2.3%，采用凯利公式/均值–方差模型的组合盈利 1.5%；亏损的月份，采用凯利公式/均值–方差模型的组合亏损得比全仓/等权重组合少得多。例如，2023 年 3 月，全仓/等权重组合亏损 6.7%，采用凯利公式/均值-方差模型的组合仅亏损 1.9%。由此可以推断，采用了凯利公式/均值-方差模型的组合主要是通过有效规避市场的下行风险从而获得了超额利润。

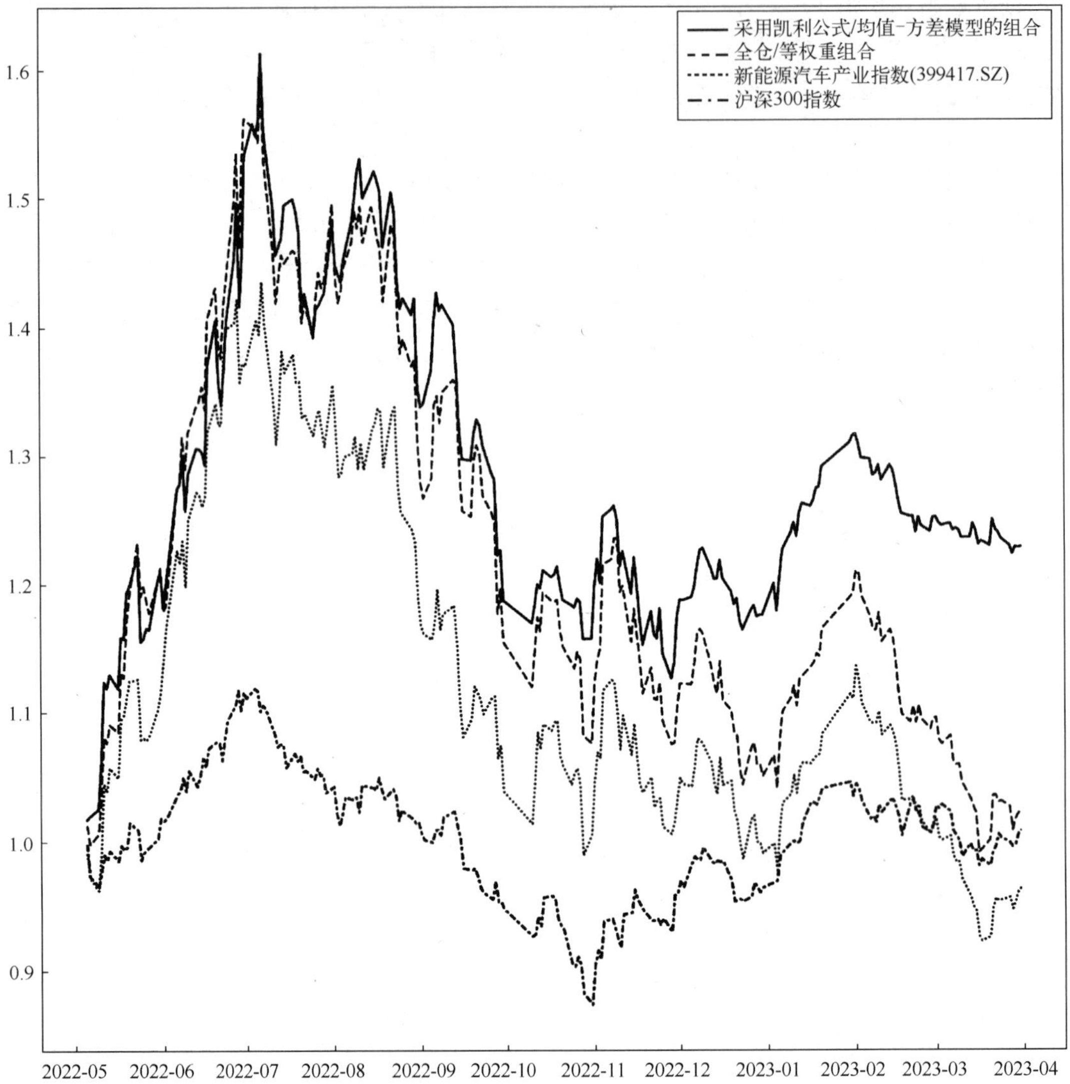

图 4-39 回测期净值曲线

表 4-24 回测期每月收益

月份	全仓/等权重组合	采用凯利公式/均值-方差模型的组合
2022 年 5 月	21.4%	21.4%
2022 年 6 月	24.9%	19.4%
2022 年 7 月	–5.8%	–2.2%
2022 年 8 月	–9.0%	–5.3%
2022 年 9 月	–12.3%	–12.6%

续表

月份	全仓/等权重组合	采用凯利公式/均值-方差模型的组合
2022 年 10 月	–6.9%	–2.6%
2022 年 11 月	2.3%	1.5%
2022 年 12 月	–4.9%	0.0%
2023 年 1 月	13.5%	12.4%
2023 年 2 月	–8.3%	–4.7%
2023 年 3 月	–6.7%	–1.9%

表 4-25 是模型关键评价指标的结果统计。可以看出，模型在 2022 年市场风格变化猛烈、美联储加息、俄乌冲突、疫情反复，以及 2023 年初新能源汽车行业补贴政策正式退出等多种影响下，采用凯利公式/均值-方差模型的组合仍然能够取得不错的超额收益。整个回测期间，采用凯利公式/均值-方差模型的组合总收益为 21.78%，年化收益为 23.99%，相较于基准沪深 300 指数的总超额收益为 27.05%，年化超额收益为 31.80%，整体表现优异。

表 4-25 模型关键评价指标的结果统计

评价变量	全仓/等权重组合回测值	采用凯利公式/均值-方差模型的组合回测值
策略总收益率	0.30%	21.78%
策略年化收益率	0.33%	23.99%
基准总收益率	–5.27%	–5.27%
基准年化收益率	–7.81%	–7.81%
夏普比率	0.38	0.83
最大回撤	33.85%	21.21%
Alpha	0.01	0.03
Beta	1.49	1.14

一个交易策略的收益有主动和被动之分。主动收益或超额收益用 Alpha 表示，用于衡量投资者的选股择时能力，被动收益是指策略承担市场风险所获得的与之相对应的风险报酬，用 Beta 表示，用于反映构建的策略对市场波动的敏感性。本章构建的采用凯利公式/均值-方差模型的组合策略 Alpha 为 0.03，大于 0，表示该策略的业绩表现优于市场表现。Beta 为 1.14，大于 1，可见该策略对市场波动具有一定程度的敏感性。夏普比率是对单位风险的定价，衡量单位风险的获利能力。夏普比率是否大于 0 是衡量策略是否有效的标准，若大于 0，表明策略的收益高于风险，策略是有效的。采用凯利公式/均值-方差模型的组合夏普比率达到 0.83，意味着承担一单位风险可以带来 83%的超额收益，可见单位风险能获得较好的超额收益，因此策略是有效的。最大回撤在投资管理中被用来评估策略的风险。该策略最大回撤是 21.21%，说明可能面临的最大亏损是 21.21%，可见风险控制能力较好。

为了验证模型的优化效果，本章将采用凯利公式/均值-方差模型的组合和全仓/等权重组合的回测值放在一起进行比较。结果发现，全仓/等权重组合虽然整体能战胜基准，但相较于采用凯利公式/均值-方差模型的组合，模型回撤进一步增大，最大回撤超过 30%，风险控制能力减弱，年化收益率跑输 23.66%，夏普比率下降，获得超额收益的能力也不如优化组合。可见，结合凯利公式和均值-方差模型的投资策略，在收益表现和方差稳定性上均显著优于全仓投入及等权重分配的基准策略。

基于凯利公式确定交易资金比例和全仓投入两种仓位控制方法，以及使用均值-方差模型确定股票权重和等权重两种资金配置方法，本章进一步将 4 种交叉投资组合的净值曲线进行对比，如图 4-40 所示。整体来看，采用凯利公式/均值-方差模型的组合在回测期间跑赢其他 3 种组合，全仓/等权重组合的总收益率最低。尤其是在走势下行期间，采用凯利公式/均值-方差模型的组合回撤幅度相较其他 3 种组合更小，单一使用凯利公式或均值-方差模型的组合表现相较于全仓/等权重组合的风险控制能力也有明显提升。

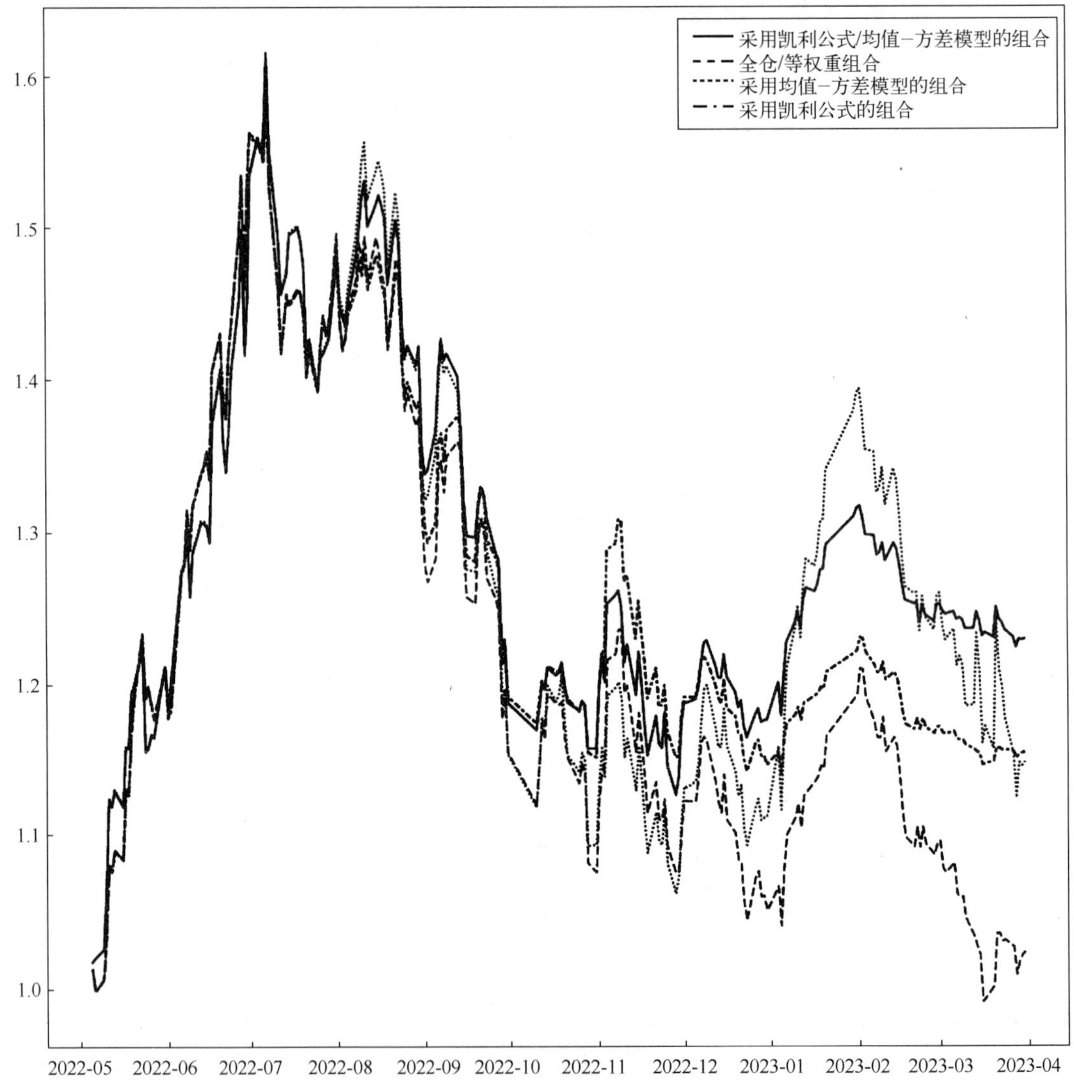

图 4-40　4 种交叉投资组合净值曲线对比

我们认为，凯利公式和均值-方差模型在交易策略中起到了明显的正向作用。一方面，基于凯利公式的仓位控制可以最大化投资组合的长期收益率，帮助投资者在风险和回报之间达到最佳平衡，同时可以帮助投资者避免过度交易的问题，过度交易可能会导致投资者错失机会并增加交易成本。通过控制仓位比例，投资者可以避免因将过多资金投入高风险的交易中而导致投资组合的波动性过大，从而降低投资组合风险。另一方面，均值–方差模型根据不同股票的历史表现和风险水平来计算其最优权重，帮助投资者避免因过度集中投资于某只股票而导致单一股票的波动致使整个投资组合的亏损，从而有效降低投资组合风险，并能够动态调整投资组合的权重，以适应市场的变化和优化投资策略。因此，在证券市场投资实践中，投资者应当搜寻市场中具有较高预期收益率以及稳定性较高的股票，然后根据均值–方差模型构建最小方差投资组合，运用凯利公式进行合理的资产配置并且长期持有，这样才能实现较高的超额投资收益，提高资产的配置效率。

习 题

1．请选择任意一个行业(如半导体与芯片行业、医疗健康行业)，分析该行业的产业链，并构建多因子量化交易策略。

2．请分析“碳达峰”“碳中和”政策对中国社会经济带来的影响，选取恰当的上市公司构建“双碳”赛道的股票池，并构建多因子量化交易策略。

3．请分析人口老龄化对中国社会经济的影响，选取恰当的上市公司构建股票池，并构建多因子量化交易策略。

Chapter 5

第 5 章　期货交易

期货交易具有多空双向、杠杆交易和 T+0 等特征，给量化交易提供了更多的应用空间。本章从期货市场及期货交易规则出发，在理论层面上阐述期货定价模型，在实务层面上分析典型期货品种的基本面，并从 CTA 策略、期货套期保值策略、期货套利策略等方面详解期货量化交易，最后是期货交易虚拟仿真实验介绍。

5.1　期货市场及期货交易规则

期货交易是指在期货交易所内买卖标准化期货合约的交易，即投资者缴纳一定数量的保证金，通过在期货交易所公开竞价买卖期货合约，并在合约到期前对冲或实物交割来了结义务的一种交易方式。其中，期货合约是由期货交易所统一制定的、规定在将来某一特定时间和地点交割一定数量的标的物的标准化合约。针对期货交易的特点，本节简要介绍我国期货市场和期货品种、期货市场的功能与作用以及期货交易规则。

5.1.1　期货市场与期货品种

作为买卖期货合约的场所，期货交易所是期货市场的核心，其本身不进行交易活动，而是通过制定相应的规则为期货市场提供管理机制，从而为交易者提供一个公开、公平、公正的交易场所。我国的期货交易所主要包括郑州商品交易所、上海期货交易所(下设上海国际能源交易中心)、大连商品交易所、中国金融期货交易所、广州期货交易所等。各交易所的主要交易品种如下。

郑州商品交易所(简称郑商所)：成立于 1990 年 10 月，是国务院批准成立的首家期货市场试点单位。截至 2023 年 3 月，上市品种包括普通小麦、优质强筋小麦、早籼稻、晚籼稻、粳稻、棉花、棉纱、油菜籽、菜籽油、菜籽粕、白糖、苹果、红枣、动力煤、甲醇、精对苯二甲酸(PTA)、玻璃、硅铁、锰硅、尿素、纯碱、短纤、花生等 23 个期货品种，范围覆盖粮、棉、油、糖、果以及能源、化工、纺织、冶金、建材等多个国民经济重要领域。

上海期货交易所(简称上期所)：成立于 1990 年 11 月。截至 2023 年 3 月，上市品种包括铜、铝、锌、铅、镍、锡、黄金、白银、螺纹钢、线材、热轧卷板、不锈钢、燃料油、石油沥青、天然橡胶、纸浆、原油、低硫燃料油、20 号胶、国际铜等 20 个期货品种。其中，原油、低硫燃料油、20 号胶、国际铜等 4 个期货品种在上海期货交易所子公司——上海国际能源交易中心(成立于 2013 年 11 月，简称上期能源)上市。

大连商品交易所(简称大商所)：成立于 1993 年 2 月。截至 2023 年 3 月，上市品种包括铁矿石、焦炭、焦煤、豆粕、豆油、黄大豆 1 号、黄大豆 2 号、棕榈油、玉米、玉米淀粉、粳米、鸡蛋、生猪、胶合板、纤维板、塑料、聚氯乙烯(PVC)、乙二醇、聚丙烯、苯乙烯、液化气等 21 个期货品种。

中国金融期货交易所(简称中金所)：成立于 2006 年 9 月。截至 2023 年 3 月，上市品种包括沪深 300 指数、中证 500 指数、中证 1000 指数、上证 50 指数、2 年期国债、5 年期国债、10 年期国债等 7 个期货品种。

广州期货交易所(简称广期所)：成立于 2021 年 4 月。截至 2023 年 3 月，上市品种包括工业硅 1 个期货品种。2021 年 5 月，广期所两年期品种计划获中国证监会批准，明确将 16 个期货品种交由广期所研发上市，包括碳排放权、电力等事关国民经济基础领域和能源价格改革的重大战略品种，中证商品指数、能源化工、饲料养殖、钢厂利润等商品指数类创新型品种，工业硅、多晶硅、锂、稀土、铂、钯等与绿色低碳发展密切相关的产业特色品种，咖啡、高粱、籼米等具有粤港澳大湾区与“一带一路”特点的区域特色品种，以及国际市场产品互挂类品种。

截至 2023 年 3 月 1 日，我国期货市场共有 72 个期货品种，包括 65 个商品期货和 7 个金融期货。

5.1.2　期货市场的功能与作用

1. 期货市场的功能

一般而言，期货市场具有价格发现和风险规避等基本功能。

(1) 价格发现功能：期货市场具有公开透明的交易机制，吸引了数量众多、不同类型的交易者，采用集中的公开竞价交易方式，使得各类信息高度聚集并迅速传播，有效降低了市场信息不对称程度。因此，形成的期货价格具有真实性(真实反映供求状况)、预期性(反映众多交易者对未来供求状况的预期)、连续性(标准化合约流动性强，可连续反映供求变化)和权威性等特点。期货价格不仅能够指导实际生产和经营活动，还被作为现货交易的定价基准。例如，大宗商品的国际贸易通常采取“期货价格＋升贴水”的定价方式。

(2) 风险规避功能：期货交易可以规避现货价格波动风险。利用期货市场和现货市场价格走势趋同的原理，只需在期货市场和现货市场进行方向相反的交易，就可以在两个市场之间建立起一种互相冲抵的机制，以一个市场的盈利来冲抵另一个市场的亏损，从而规避价格波动风险。这就是期货交易者的套期保值业务。通过期货交易，套期保值者可以把现货市场的价格波动风险转移给寻求风险利润的投机者。

2. 期货市场的作用

基于价格发现和风险规避等功能，期货市场对现货市场、实体企业、宏观经济等都发挥着重要作用。

(1) 期货市场有利于现货市场的发展与完善。期货市场是现货市场发展到一定阶段的产物，期货市场的产生反过来又促进了现货市场的发展。期货市场的价格发现功能有助于形成合理的现货市场价格。期货市场的风险规避功能有助于现货市场扩大交易规模。期货市场的标准化合约规定了标的物的品质标准，有助于现货市场中商品品质标准的确立，从而促进企业提高产品质量。

⑵期货市场有利于实体企业的生产经营。期货价格可作为反映供求状况的信号，有助于实体企业进行科学合理的决策，组织现货生产。通过期货市场进行套期保值，实体企业可规避现货市场的价格风险，达到锁定生产成本、实现预期利润的目的，使生产经营活动免受价格波动的干扰。

⑶期货市场有利于国民经济稳定，政府制定宏观决策、争夺大宗商品国际定价权。期货市场提供的合理价格信号可调节市场供求，提供的分散和转移价格风险的工具有助于稳定国民经济。期货价格的信号功能和预测特点也有助于政府科学合理地制定和调整宏观经济政策。此外，在经济全球化背景下，规模大、规范化和国际化的期货市场往往会成为世界市场的定价中心，由此形成的期货价格将成为世界市场的基准价格。期货市场还有助于提高政府在国际价格形成中的话语权和主导权，从而使其在国际贸易中处于有利地位。

5.1.3 期货交易规则

相对于股票交易规则而言，期货交易规则更加复杂。期货交易所不仅要制定交易规则，还要针对交易、结算、交割、风险控制等制定实施细则。本节以上海期货交易所交易规则和实施细则为基础，阐述期货交易规则的主要内容，包括期货合约及主要条款、期货交易业务、期货结算业务、期货交割业务、风险控制措施等。

1. 期货合约及主要条款

期货合约是指由交易所统一制定的、规定在将来某一特定的时间和地点交割一定数量标的物的标准化合约。期货合约的主要条款包括合约名称、交易品种、交易单位、报价单位、最小变动价位、涨跌停板幅度、合约月份、交易时间、最后交易日、交割日期、交割品级、交割地点、最低交易保证金、交割方式、交易代码、上市机构等。

2. 期货交易业务

交易方式：期货交易是指在交易所采用公开的集中交易方式或者中国证监会批准的其他方式进行的以期货合约或者期权合约为交易标的的交易活动。

交易时间：期货交易分为日盘和夜盘，具体交易时间安排如表 5-1 和表 5-2 所示。

交易指令：交易指令包括限价指令和交易所规定的其他指令。交易指令当日有效，在成交前可变更、撤销。交易指令未能一次全部成交且未撤销的，将继续参加当日竞价交易。

成交原则：交易所计算机撮合系统将买卖申报指令以价格优先、时间优先的原则进行排序，当买入价大于等于卖出价则自动撮合成交。

套期保值交易管理：套期保值交易头寸分为一般月份套期保值交易头寸和临近交割月份套期保值交易头寸，实行审批制。获准套期保值交易头寸的会员或者客户，应当在该套期保值所涉合约最后交易日前第三个交易日收市前，按批准的交易部位和头寸建仓。在规定期限内未建仓的，将视为自动放弃套期保值交易头寸。

表 5-1 期货交易时间表（日盘）

交易所	日盘交易时间
上期所（SHFE） 上期能源（INE） 大商所（DCE） 郑商所（CZCE） 广期所（GFEX）	周一至周五 9:00—10:15、10:30—11:30、13:30—15:00
中金所（CFFEX）	股指：周一至周五 9:30—11:30、13:00—15:00
	国债：周一至周五 9:30—11:30、13:00—15:15

注：8:55—8:59 为日盘集合竞价时间，而中金所集合竞价时间为 9:25—9:29。开通夜盘的期货品种不再进行日盘集合竞价。期货交易时间表自 2016 年 5 月 31 日起实施。

表 5-2 期货交易时间表（夜盘）

交易所	夜盘交易品种	夜盘交易时间
上期所（SHFE） 上期能源（INE）	黄金 AU、白银 AG、原油 SC	周一至周五 21:00—次日 2:30
	铜 CU、国际铜 BC、铝 AL、锌 ZN、铅 PB、锡 SN、镍 NI、不锈钢 SS	周一至周五 21:00—次日 1:00
	天然橡胶 RU、螺纹钢 RB、热轧卷板 HC、石油沥青 BU、纸浆 SP、20 号胶 NR、燃料油 FU、低硫燃料油 LU	周一至周五 21:00—当日 23:00
大商所（DCE）	棕榈油 P、焦炭 J、豆粕 M、豆油 Y、黄大豆一号 A、黄大豆二号 B、焦煤 JM、铁矿石 I、塑料 L、聚氯乙烯 V、聚丙烯 PP、乙二醇 EG、玉米 C、玉米淀粉 CS、粳米 RR、苯乙烯 EB、液化石油气 LPG	周一至周五 21:00—当日 23:00
郑商所（CZCE）	白糖 SR、棉花 CF、菜粕 RM、甲醇 MA、PTA、动力煤 ZC、玻璃 FG、菜籽油 OI、棉纱 CY、纯碱 SA、短纤 PF	周一至周五 21:00—当日 23:00

注：法定节假日（不包含双休日）前第一个工作日的连续交易（夜盘）不再交易。20:55—20:59 为夜盘集合竞价时间；20:59—21:00 为夜盘撮合成交时间。期货交易时间表自 2016 年 5 月 31 日起实施。

套利交易管理：套利交易和投机交易合并为非套期保值交易。非套期保值交易头寸按照风险控制管理办法中各合约在不同时期的限仓比例和限仓数额的规定执行。套利交易分为跨期套利和跨品种套利，其中跨期套利是指同一品种不同合约间的套利交易，跨品种套利是指不同品种合约间的套利交易。需申请套利交易头寸的客户应当向任意一家其开户的期货公司会员申报，由期货公司会员进行审核后，再向交易所办理申报手续。

3. 期货结算业务

结算是指根据交易结果和交易所有关规定对会员保证金、盈亏、手续费、交割货款及其他有关款项进行计算、划拨的业务活动。

保证金制度：保证金是指期货交易者按照规定交纳的资金或者提交的价值稳定、流动性强的标准仓单、国债等有价证券，用于结算和保证履约。保证金分为结算准备金和交易保证金。其中，结算准备金是指会员为了交易结算在交易所专用结算账户中预先准备的资金，是未被合约占用的保证金。交易保证金是指会员在交易所专用结算账户中确保合约履行的资金，是已被合约占用的保证金。各品种期货合约交易保证金的最低收取标准会在期货合约中规定，而不同阶段交易保证金的收取标准则是按风险控制管理办法的规定执行的。

当日无负债结算制度(又称逐日盯市)：每一交易日闭市后，交易所按当日结算价结算所有合约的盈亏、交易保证金及手续费、税金等费用，对应收应付的款项实行净额一次划转，并相应增加或减少会员的结算准备金。会员的结算准备金余额低于交易所规定的结算准备金最低余额的，应当追加保证金。

4. 期货交割业务

交割是指期货合约到期时，根据交易所的规则和程序，交易双方通过该期货合约所载标的物所有权的转移，或者按照规定结算价格进行现金差价结算，了结到期未平仓合约的过程。

5. 风险控制措施

涨跌停板制度：涨跌停板制度是指合约在一个交易日中的交易价格不得高于或者低于规定的涨跌范围，超过该涨跌范围的报价将被视为无效，不能成交。涨跌停板幅度由交易所设定，交易所可以根据市场风险状况调整涨跌停板幅度。

持仓限额制度：持仓限额是指交易所对会员、境外特殊参与者、境外中介机构或客户的持仓量规定的最高数额。交易所根据市场风险状况，制定并调整持仓限额标准。会员、境外特殊参与者、境外中介机构或客户等应当在持仓限额内进行交易。从事套期保值交易、套利交易的，应当在其套期保值交易、套利交易的持仓量额度内进行交易。

交易限额制度：交易所可以根据市场情况，制定并调整日内开仓交易量等标准。

强行平仓制度：对会员、境外特殊参与者、境外中介机构、客户等存在违规超仓、未按规定及时追加交易保证金等违规行为或者交易所规定的其他违规行为的，交易所可以对其采取强行平仓措施。

强制减仓制度：期货交易出现同方向连续单边市等可能引发市场发生重大风险状况的情形，交易所可以采取强制减仓措施。

大户报告制度：会员、境外特殊参与者、境外中介机构、客户等持有某品种合约的数量达到交易所规定的持仓报告标准时，会员、境外特殊参与者、境外中介机构、客户等应当按规定向交易所报告其资金、持仓量等情况。交易所可以根据市场风险状况，设定并调整持仓报告标准以及相关要求。

风险警示制度：交易所认为必要的，可以单独或者同时采取要求会员、境外特殊参与者、境外中介机构、客户等报告情况、谈话提醒、书面警示和发布风险警示公告等措施，以警示和化解风险。

5.2 期货定价理论

期货定价遵从衍生品定价的无套利定价原理，以持有成本理论为主。本节简要介绍无套利定价原理和持有成本理论。

5.2.1　无套利定价原理

期货合约以现货资产为标的物，其到期交割机制建立了期货与现货之间的联系。期货定价遵从无套利定价原理，这是一价定律在金融市场的反映。在完全竞争的环境中，正常情况下，两份相同的资产在两个市场中的报价必然相同，否则市场参与者就可进行无风险套利，即在一个市场中低价买进，同时在另一个市场中高价卖出。在定价低的市场中的需求增加而使其价格上涨，在定价高的市场中因供给增加而使其价格下跌，直至最后两个报价相等，套利交易者不再获得无风险收益。

5.2.2　持有成本理论

持有成本理论是主要的期货定价理论，即期货价格取决于期货合约标的物的现货价格和持有该现货商品至期货合约交割日之间的持有成本。

该理论的基本假设包括：(1) 期货合约不是真实的资产而是买卖双方之间的协议，双方同意在以后的某个时间进行现货交易，因此该协议开始的时候没有资金的转移；(2) 期货合约的卖方要以后交付对应现货才能得到现金，因此必须得到补偿来弥补因持有对应现货而放弃的马上到手资金所带来的收益；相反，期货合约的买方要以后才付出现金交收现货，必须支付使用资金头寸推迟现货支付的费用，因此期货价格必然要高于现货价格以反映这些融资或持仓成本；(3) 借入和贷出的资金利率是相同的而且是已知的；(4) 无税收和交易成本；(5) 现货资产具有足够的流动性，价格已知，无卖空限制。

当现货资产无持有成本时，期货定价模型如下：

$$F_t = S_t \mathrm{e}^{r(T-t)} \tag{5-1}$$

式中，F_t 表示 t 时刻的期货价格；S_t 表示 t 时刻的现货价格；r 表示连续化的无风险利率（融资成本）；T 表示期货到期日。

当现货为商品时，通常存在仓储成本（Storage Cost）、便利收益（Convenience Yield）等，此时期货定价模型为：

$$F_t = S_t \mathrm{e}^{(r+\mathrm{SC}-\mathrm{CY})(T-t)} \tag{5-2}$$

式中，r、SC、CY 分别表示连续化的融资成本、仓储成本和便利收益。

当现货为金融资产时，通常存在股利（Dividend），此时期货定价模型为：

$$F_t = S_t \mathrm{e}^{(r-d)(T-t)} \tag{5-3}$$

式中，d 表示连续化的股利收益。

在实际期货市场上，交易成本、现货卖空限制、借入和贷出的利率差异等都会影响期货定价，影响持有成本理论的适用性。

5.3　典型品种基本面分析

与股票交易类似，期货交易也需要关心交易品种的基本面情况，并从产业链的角度分析影响现货价格和期货价格的供给与需求因素、库存状况、季节性特征等。本节以在上期所上市的天然橡胶为例，展示期货品种的基本面分析。

5.3.1 品种简介

1. 品种与分类

橡胶主要分为天然橡胶和合成橡胶。天然橡胶是指从巴西橡胶树上采集的天然胶乳，经过凝固、干燥等加工工序而制成的弹性固状物，是一种以橡胶烃(聚异戊二烯)为主要成分的天然高分子化合物，其橡胶烃含量在90%以上，还含有少量的蛋白质、脂肪酸、糖分及灰分等。合成橡胶是由人工合成的高弹性聚合物，也称合成弹性体，广义上指用化学方法合成制造的橡胶，以区别于从橡胶树生产出的天然橡胶。

橡胶的品种和分类如图 5-1 所示。

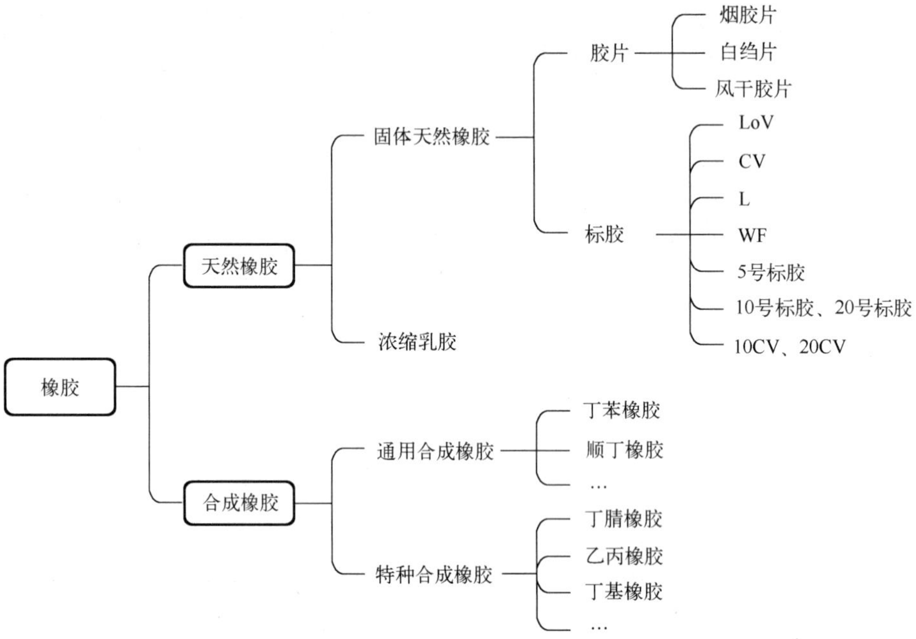

图 5-1 橡胶的品种和分类

天然橡胶按形态可以分为两大类：固体天然橡胶(胶片与标胶)和浓缩乳胶。其中，胶片按制造工艺和外形的不同，可分为烟胶片、白绉片、风干胶片等。烟胶片是天然橡胶中最具代表性的品种，一度是用量最大、应用最广的一个胶种。烟胶片一般按外形来分级，分为特级、一级、二级、三级、四级、五级共 6 级，达不到五级的则列为等外胶。

标胶(SMR，也称技术分级橡胶 TSR)是按国际上统一的理化性能、指标来分级的。这些理化性能包括杂质含量、塑性初值、塑性保持率、氮含量、挥发分含量、灰分含量及色泽指数 7 个指标，其中以杂质含量为主导性指标。根据国家标准和 ISO 标准，标胶主要分为以下几类：LoV(低黏恒黏胶，Low Viscosity Constant Viscose)、 CV(恒黏胶，Constant Viscose)、L(浅色胶，Light-colored Rubber)、WF(全乳胶，Whole Field Latex Rubber)、5 号标胶、10 号标胶和 20 号标胶、10 号恒黏胶(10CV)和 20 号恒黏胶(20CV)。其中，20 号标胶表示杂质含量不超过万分之二十的标胶。

2. 产业链分析

天然橡胶与钢铁、石油和煤炭并称为四大工业原料，是关乎国计民生的重要战略物资。目前，世界上部分或完全用天然橡胶制成的物品已达 7 万种以上。天然橡胶的产业链如图 5-2 所示。

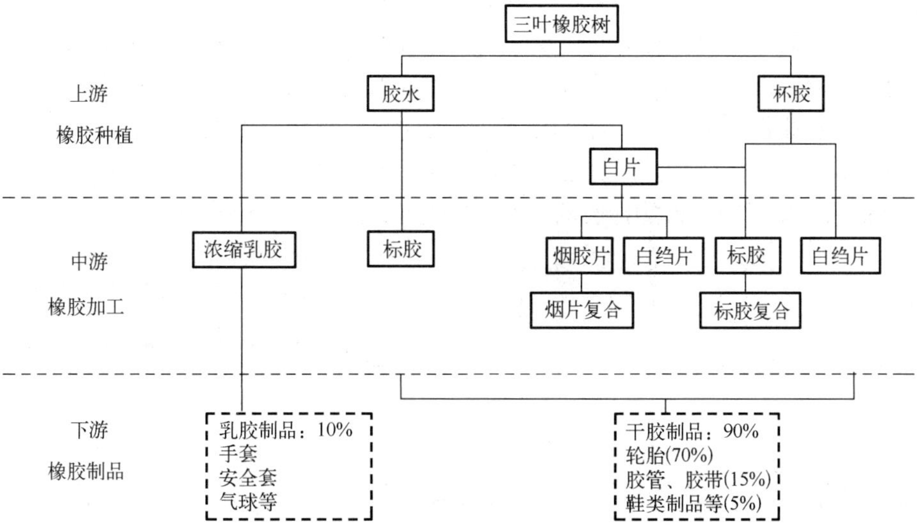

图 5-2　天然橡胶的产业链

轮胎、胶管、胶带、鞋类制品、乳胶制品是天然橡胶主要的下游应用领域。其中，全球约 70%的天然橡胶用于轮胎制造，15%的天然橡胶用于胶管和胶带，5%的天然橡胶用于鞋材，其他橡胶制品(手套、安全套、气球等)约占 10%。需要特别说明的是，浓缩乳胶主要应用于橡胶制品上，虽然可以制作斜交胎，但是随着近几年淘汰落后的斜交胎产能、轮胎市场不断子午胎化，用于生产斜交胎的全乳胶越来越少。20 号标胶是当今全球天然橡胶产业最主要、最具代表性的品种。20 号标胶在下游主要应用在生产全钢胎、半钢胎、斜交胎等轮胎产业。在制造轮胎的原料中，天然橡胶约占 28%，合成橡胶约占 26%。

总体而言，天然橡胶产业链较长，种植环节和加工环节的话语权不高，没有定价权。原料贸易、橡胶贸易和下游轮胎贸易三个环节均存在严重投机，而加工环节因利润极低使其不得不也参与期货市场的投机，加剧了行情波动。

5.3.2　现货价格影响因素

1. 供给端影响因素

天然橡胶具有农产品属性。从长远来看，天然橡胶的供给具有长期稳定性，主要受种植面积和开割面积、割胶意愿等影响。从短期来看，天气状态、政策因素等偶发性事件也会影响天然橡胶产量。

1) 种植面积和开割面积

根据天然橡胶生产国协会(Association of Natural Rubber Producing Countries，ANRPC)发布的数据，2020 年天然橡胶全球产量约 1300 万吨，主产区集中在东南亚地区，约占全球总产量的 90%。其中，泰国的年产量约 450 万吨(约 35%)，印尼的年产量约 300 万吨(约 25%)，越南、中国、马来西亚、缅甸占全球的产量分别在 5%～8%之间。中国的主产区在云南西双版纳和海南，年产量 80 万吨左右，约占全球产量的 7%。

天然橡胶的种植面积与种植的收益密切相关。1999—2015 年，天然橡胶的价格持续走高，天然橡胶的种植面积也不断增加。2008—2009 年，在金融危机的影响下，产胶国出现了因割胶收益太低而砍伐橡胶林的现象，天然橡胶的种植面积和开割面积罕见同比下滑。由于前期投入较大，一般情况下胶园主是不会砍伐橡胶林的，只有当种植橡胶的收益长期显著低于其他农业甚至工业生产时，胶园主才会考虑这种极端做法。此后，随着橡胶价格反弹并且在 2011 年突破每吨 4 万元，2010—2012 年，天然橡胶的种植面积又大幅增加。2020 年受新冠疫情影响，天然橡胶的开割面积也出现了下滑(见图 5-3)。

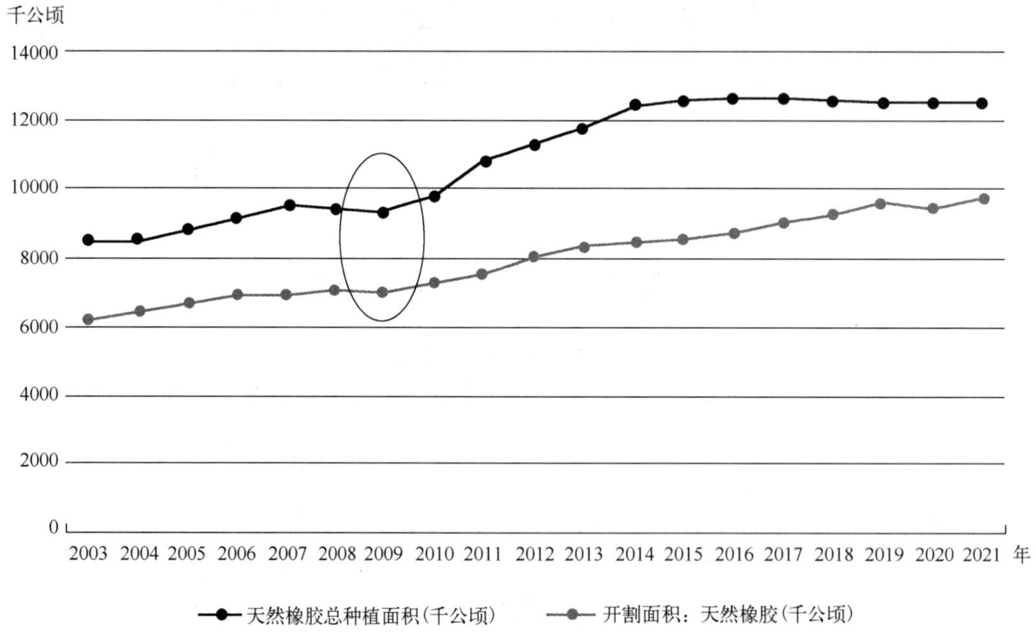

图 5-3 全球天然橡胶的种植面积和开割面积(2003—2021 年)

天然橡胶的种植面积并不等于开割面积，因为一棵新的橡胶树栽种 7 年后才可以产胶，且产胶初期产量较少，10 年后产量才能上升到正常水平，之后可以连续割胶 20～30 年。

天然橡胶当年的开割面积大约等于上一年的开割面积加上 7 年前的新种及翻种面积减去当年的翻种面积。7 年前的新种及翻种面积极大地影响了当年开割面积的大小。图 5-4 所示为全球天然橡胶开割面积释放情况，将 2003—2017 年的新种及翻种面积向后推 7 年可以看出：以 2019 年为分水岭，2018 年和 2019 年全球天然橡胶开割面积仍处于大量释放阶段；从 2020 年开始，由于 2013 年之后新种面积大幅减少，因此开割面积的释放也大幅放缓，全球天然橡胶的产量将逐步从顶峰开始稳定甚至回落。

天然橡胶的收割具有明确的季节性特征，每年都会周期性地经历开割季和停割季。全球天然橡胶主产区割胶季节性特征如图 5-5 所示。

从图 5-5 可知，泰国天然橡胶种植区域分布较广，大部分产区 6 月进入割胶期，于次年 2 月中旬停止割胶。由于地理差异，印尼物候期和其他产胶国相差较大，通常在 12 月中旬开始割胶，并一直持续到来年的 10 月甚至 11 月。马来西亚与泰国南部的开停割时间相仿，越南与泰国北部生产周期基本相同，但停割期提前至次年 1 月。

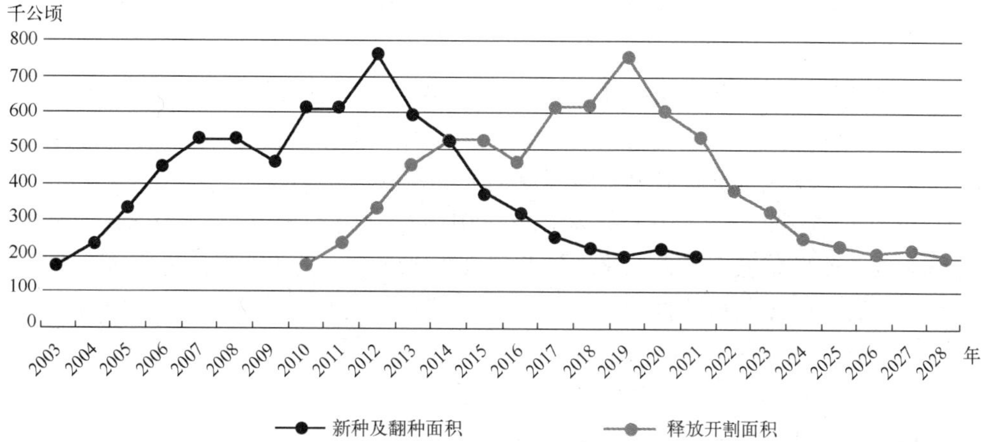

图 5-4　全球天然橡胶开割面积释放情况

<table>
<tr><th rowspan="2">国家</th><th colspan="12">月　份</th></tr>
<tr><th>1</th><th>2</th><th>3</th><th>4</th><th>5</th><th>6</th><th>7</th><th>8</th><th>9</th><th>10</th><th>11</th><th>12</th></tr>
<tr><td rowspan="2">泰国</td><td colspan="2"></td><td colspan="3">停割期</td><td colspan="5">过渡期</td><td colspan="2">旺产期</td></tr>
<tr><td></td><td colspan="4">热季</td><td colspan="5">雨季</td><td colspan="2">凉季</td></tr>
<tr><td rowspan="2">印尼</td><td colspan="3">过渡期</td><td colspan="4">旺产期</td><td colspan="4">减产期</td><td></td></tr>
<tr><td colspan="4">雨季</td><td colspan="6">旱季</td><td colspan="2">雨季</td></tr>
<tr><td rowspan="2">马来西亚</td><td colspan="2"></td><td colspan="3">停割期</td><td colspan="5">过渡期</td><td colspan="2">旺产期</td></tr>
<tr><td colspan="4">雨季</td><td colspan="5">旱季</td><td colspan="3">雨季</td></tr>
<tr><td rowspan="2">越南</td><td colspan="4">停割期</td><td colspan="3">过渡期</td><td colspan="4">旺产期</td><td>过渡期</td></tr>
<tr><td colspan="4">旱季</td><td colspan="7">雨季</td><td></td></tr>
<tr><td>中国</td><td colspan="4">停割期</td><td colspan="3">过渡期</td><td colspan="3">旺产期</td><td>月中旬（云南）</td><td>月下旬（海南）</td></tr>
</table>

图 5-5　全球天然橡胶主产区割胶季节性特征

中国天然橡胶产区主要集中在云南西双版纳地区和海南地区：云南通常在 3 月中下旬陆续开割，停割时间在 11 月中旬；海南则要等到 4 月开始割胶，相应的停割时间延长到 12 月中旬至年底；国内割胶期一般为 8 个月左右。

2）割胶意愿

天然橡胶的生产成本主要由三大部分构成：一是橡胶种植成本（每吨 5000～6000 元）；二是割胶人工成本；三是加工运输成本（每吨 1500～2000 元）。割胶人工成本占据了橡胶成本的大半部分。除一些家庭式小微胶园由胶农自主割胶外，中等规模以上的胶园一般都采取雇佣工人割胶的模式，一般工人与胶园主的割胶分成比例是 5∶5 或 6∶4。由于这部分成本和胶水价格直接挂钩，所以割胶人工成本的浮动性较高。以 15 元/千克的胶水折干胶价格来计算，每吨干胶中分给割胶工人的成本约在 7500～9000 元。

从理论上来说，当胶水收入小于人工成本和种植成本时，胶农或胶园主的种植意愿将会降低。但橡胶树是多年生植物，其生长和生产周期较长，前期投入成本较高，一般不会因为短期胶价过低而轻易砍伐胶林，特别是对于中等规模的胶园和农垦集团来说更是如此。

种植效益不佳的时候，胶园主往往会采取一些应对措施。其一，降低种植上的成本投入。其二，降低割胶频率。其三，惜售。他们会将原料转为库存，储存一段时间。但是储存条件等因素会影响产品质量，储存过后的原料胶只能做成标胶，其售价较全乳胶的略低。其四，翻种或改种。这主要是针对胶龄较大或新种的橡胶树（一般指胶龄在 35 年以上和 3 年以下的胶树），而对于正值高产阶段的橡胶树，他们是不会轻易砍伐的。此外，橡胶树多种植在山坡和荒地，可替代种植的作物较少，改种在短期内对胶水供应量的影响有限。不过，如果持续长时间亏损，或者亏损局面进一步恶化，特别是当胶水收入不足以弥补割胶成本时，那么主动弃割或砍伐胶林的情况就会大面积发生。

割胶成本在橡胶生产成本中占据大半部分，因此当胶价大幅下挫时，割胶工人的工资首先受到影响。当胶价低于一定水平，割胶工人收入缩水，割胶意愿急剧下降。此时，产业转移或工人外出打工的可能性增大。2014—2022 年云南乳胶胶水价格如图 5-6 所示。

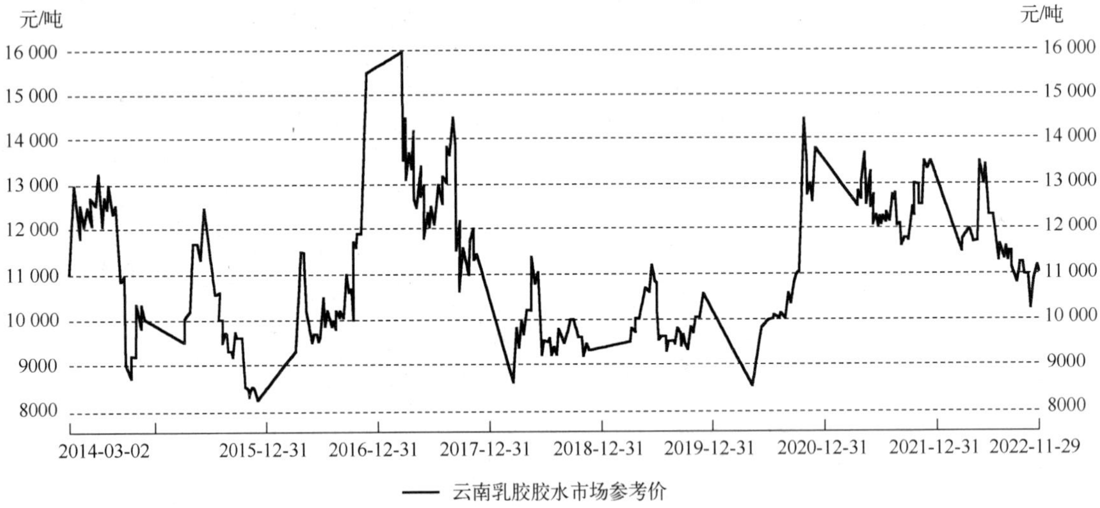

图 5-6　云南乳胶胶水价格（2014—2022 年）

根据胶价水平，我们可以估算出割胶工人的收入情况。以云南为例，每亩 33 株橡胶树，单产平均 105 千克，每个工人负责 750 株，三天一刀，一个割胶工人一年的割胶总量为 2.39 吨，而工人与胶园主的割胶分成比例一般为 5∶5 和 6∶4。假设按 6∶4 分成，胶水以 15 000 元/吨来计算，其可得年收入为 15 000×2.39×60%=21 510 元，考虑到一年割胶时间为 8 个月，因此割胶期内的平均月收入约为 2689 元。

以海南为例，每亩 33 株橡胶树，单产平均 75 千克，每个工人负责 1000 株，三天一刀，一个割胶工人一年的割胶总量为 2.27 吨，工人与胶园主的割胶分成比例也按 6∶4 分成，胶水以 15 000 元/吨来计算，其可得年收入为 15 000×2.27×60%=20 430 元，同样一年割胶时间按 8 个月计，割胶期内的平均月收入约为 2554 元。

参考海南、云南两省城镇居民人均工资性收入和农民纯收入，可以倒算出其收入水平所对应的天然橡胶成本。当胶价下跌以至于割胶工人年收入低于城镇居民人均工资水平时，割胶工人弃割转业的可能性会大幅增加。因此，影响割胶工人割胶积极性的关键因素是胶水的价格和当地城镇居民人均工资性收入和农民外出务工的收入。

另据人民网 2019 年的一篇报道，海南橡胶联合北京理工华汇智能科技有限公司研发的林间智能割胶机器人不仅可以识别出每棵橡胶树的相关生产数据，自主查找到上一次割线的位置，还可以计算出割面深度、树皮厚度，并定点此次割胶的割线位置。等割胶机器人相关技术成熟并量化生产后，将有效解决割胶工人短缺问题。目前，橡胶机器人的生产成本还很高，没有达到量产水平。

3）天气状况

关于天气对橡胶产量的影响，主要关注厄尔尼诺现象和拉尼娜现象发生的概率。厄尔尼诺现象的基本特征是太平洋沿岸的海面水温异常升高，海水水位上涨，并形成一股暖流向南流动。它使原属冷水域的太平洋东部水域变成暖水域，结果引起台风、海啸和暴雨，造成一些地区干旱、另一些地区又降雨过多的异常气候现象。对于中国来说，厄尔尼诺现象易导致暖冬，南方易出现暴雨洪涝，北方易出现高温干旱，东北易出现冷夏。对泰国而言，厄尔尼诺现象易导致干旱，这对橡胶产量影响较大，因为干旱会导致橡胶树加速落叶，并影响抽新芽。

拉尼娜现象指赤道附近东太平洋水温反常下降的一种现象，同时伴随着全球性气候混乱，表现与厄尔尼诺现象相反，并总是出现在厄尔尼诺现象之后。然而，从 1950 年以来的记录看，厄尔尼诺现象发生频率要高于拉尼娜现象。

拉尼娜现象带来的影响是：中国表现为寒冬酷暑，出现南旱北涝；美国西南部和南美洲西岸变得十分干燥；澳大利亚东部、巴西东北部等地降雨偏多；泰国南部、马来西亚、印尼和菲律宾等东南亚地区暴发洪涝灾害；非洲西岸和东南岸、日本和朝鲜半岛等东北亚地区异常寒冷。

厄尔尼诺现象及随后大概率发生的拉尼娜现象将致东南亚天然橡胶主产国先旱后涝，部分胶园因干旱而突发山火焚毁，而拉尼娜现象或带来暴雨可缓解旱情，但是不利于割胶工作的展开，容易引发供应旺季不旺的多头炒作行情。

4）政策因素

短期来看，政策导向也会影响天然橡胶产量。比如，泰国政府通过多种政策提振割胶工人割胶积极性，包括发放补助金及贷款；加大对印度、俄罗斯的出口；增加道路建设中的天然橡胶使用量；等等，这些政策对提振割胶工人信心、稳定产量起到了一定支撑作用。又如，2016 年三方橡胶理事会（泰国、印尼、马来西亚）计划从 3 月开始实施出口削减计划，预计 3 月至 8 月减少 61.5 万吨出口量，从基本面上影响天然橡胶供给。

需要指出的是，天然橡胶主产国为稳定胶价而推出的联合限产政策在一定程度上影响了人们对天然橡胶供给稳定的预期，造成需求方大量囤积天然橡胶，致使胶价畸形上涨。比如，2008 年、2012 年及 2016 年国际天然橡胶主产国联合限制出口以来，天然橡胶的价格均出现不同程度的回升。

2. 需求端影响因素

天然橡胶除了具有农产品属性，还具有工业品属性。天然橡胶是全球四大工业原料之一，主要用于轮胎生产，与汽车制造、物流运输以及基础设施建设等产业有着非常密切的关系。换句话说，天然橡胶需求的好坏与宏观经济的发展情况紧密相关。2007—2021 年全球 GDP 增速与天然橡胶消费增速如图 5-7 所示。

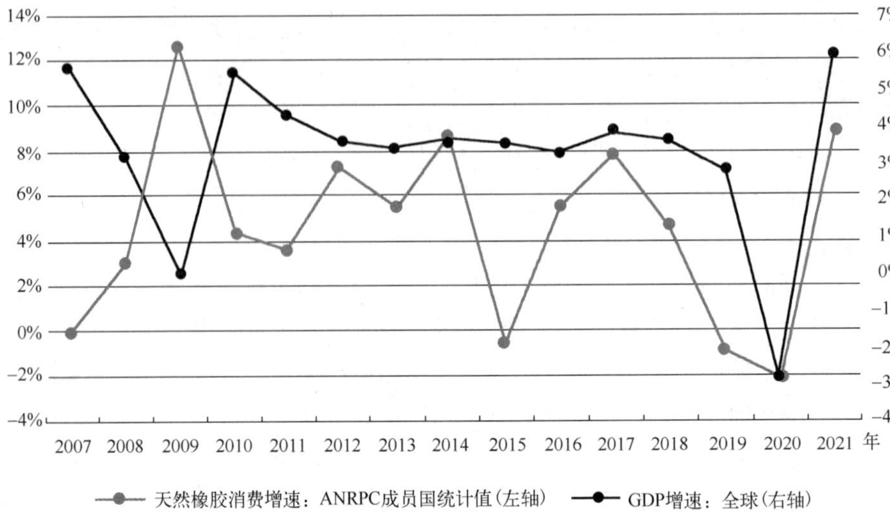

图 5-7 全球 GDP 增速与天然橡胶消费增速（2007—2021 年）

全球天然橡胶消费的大幅提高往往需要一个风口，也就是一个庞大的欠发达经济体的高速发展。21 世纪的前 10 年，中国就是这个风口。2000—2011 年，中国 GDP 保持 8%以上的高速增长，天然橡胶消费量由不到 150 万吨大幅上升至 500 万吨左右，全球天然橡胶消费在同时期也保持了较高的增速（除了金融危机时期）。

2012 年之后，中国经济开始了不断探底的过程，GDP 增速也逐渐下滑至 7%以下，这导致中国天然橡胶消费增速明显放缓（尤其是 2015 年之后），并因此拖累了全球天然橡胶消费增速。从发展情况来看，中国经济已经由高速增长换挡为中高速增长，中国发挥全球天然橡胶需求增长的风口作用已经开始弱化。最有可能继中国之后成为下一个天然橡胶需求风口的国家是印度。印度拥有大约 13.24 亿人，是全球第二大发展中国家，也是全球第二大天然橡胶消费国。未来，在新的消费风口没有出现之前，全球天然橡胶消费预计只能维持 3%左右的温和增长。相反，如果印度的天然橡胶消费快速增加，成为下一个风口，那么全球天然橡胶消费也有望回到高速增长的轨道。

除了经济增长是影响天然橡胶消费的核心因素，合成橡胶的替代性和橡胶工业日益成熟的技术也会影响天然橡胶的消费量。特别是全球橡胶工业经过多年的发展与竞争，生产效率与产品性能不断提高，且橡胶工业的发展使得单位橡胶制品耗胶量减少。

考虑到轮胎、胶管、胶带、鞋类制品、乳胶制品是天然橡胶主要的下游应用领域，并且 70%的天然橡胶用于轮胎制造，所以需要重点关注轮胎市场的影响。轮胎可分为半钢胎和全钢胎，半钢胎主要应用于乘用车和轻卡，全钢胎主要应用于重卡、客车和工程车辆。轮胎市场中 75%的轮胎被应用于轮胎替换市场，25%的轮胎用于汽车原产配套。其中，半钢胎约 70%用于替换，30%用于配套；全钢胎 83%用于替换，17%用于配套。全钢胎单条耗天然橡胶约 30 千克，半钢胎平均每条耗天然橡胶约为 1～1.5 千克。因此，全钢胎市场的变化对天然橡胶的影响最为巨大。

由于成本和市场原因，全球轮胎制造业正逐步向亚太地区转移，中国已经成为世界轮胎最大的生产国和重要出口国。目前中国年全钢胎产量约 1 亿条，半钢胎产量约 4.5 亿条，全钢胎产量约占世界产量的 60%，半钢胎产量也已占世界产量的近 30%；其中约 60%的轮胎用于出口。

国内有大小不等的轮胎生产企业近300家，子午胎生产企业约130家，其中近一半产能集中在山东，市场竞争异常激烈。

我国轮胎生产企业分为国有、合资/独资、民营三种：第一种是中策、三角、玲珑、风神、双星、双钱、成山、华南等大型企业，以生产全钢胎、工程胎、中低档半钢胎为主；第二种是米其林、普利司通、固特异三大跨国轮胎巨头，以及佳通、正新、库珀、建大等合资企业，这些企业以生产乘用胎为主，并占据了绝大多数配套及替换市场份额；第三种是永泰、恒丰、永盛、兴源、金宇等民营企业，多生产工程胎、农用胎、载重胎等，近年来有长足发展。

考虑到橡胶管带（房地产行业）和鞋类制品的消费需求占比较小且相对稳定，因此短期内应重点关注轮胎市场特别是卡车、客车的需求（对应20号标胶）、乳胶制品的需求（对应沪胶）以及合成橡胶的替代性。

5.3.3 期货价格影响因素

1．供需影响因素

前面提及，主要关注泰国和印尼等主产国以及我国云南和海南地区天然橡胶的产量，重点关注这些地区割胶工人的割胶积极性（胶水价格）和极端天气（厄尔尼诺现象和拉尼娜现象）。天然橡胶下游的主要需求是轮胎，所以应该重点关注轮胎加工业和汽车行业的发展情况，包括轮胎的国内消费和出口情况、全球和中国乘用车和重型卡车的制造和销售情况等。天然橡胶的供需平衡情况与价格密切相关。

2．库存状况

中国是橡胶消费大国，高度依赖进口，因此其库存和进口情况也是影响期货价格的重要因素。由于中国的轮胎加工市场主要集中在山东，所以需要重点关注青岛保税区库存的情况。总体来看，青岛保税区库存与天然橡胶价格负相关。2010—2018年青岛保税区库存与天然橡胶价格情况如图5-8所示。

3．替代品

合成橡胶作为化学品，其性质与天然橡胶的高度相似，对天然橡胶替代率约为15%。随着经济发展，橡胶需求量越来越大，替代品合成橡胶随之出现并挤占了部分天然橡胶的消耗。合成橡胶的价格与原油的价格密切相关。1995—2022年天然橡胶价格与原油价格曲线如图5-9所示。

4．季节性特征

天然橡胶的季节属性很强。以在上海期货交易所交易的天然橡胶（简称沪胶）交割的品种为例进行说明。国内天然橡胶产区主要集中在海南、云南两省。一般情况下，海南割胶季节为每年3月至12月，云南的割胶季节为每年的4月至11月。一般天然橡胶开割1个月后即可大量上市。因此，每年的5月至8月是供给旺季，1月至3月是供给淡季。通常情况下，在开割季节及供给旺季，胶价下跌，在停割时期及供给淡季，胶价上涨。

从2009—2018年沪胶期货价格行情的统计情况来看，1、2、5、9、10月上涨概率较大，其中1月上涨的概率达到89%；4、7、8、11月下跌概率较大，其中4月和11月下跌的概率最大。比较有趣的是跌涨紧密相随，如 4 月份下跌概率比较大，紧接着是 5 月份的上涨概率比较大，8 月份的下降将刺激 9 月份的反弹，而 11 月份是各月当中下跌概率最大的，结果导致随后的 12 月、1 月、2 月三个月份的强势反弹。

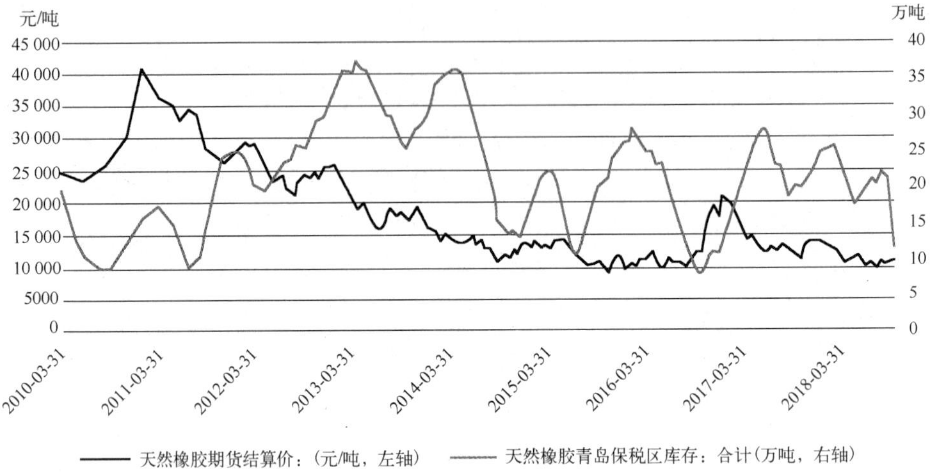

图 5-8　青岛保税区库存与天然橡胶价格情况(2010—2018 年)

图 5-9　天然橡胶价格与原油价格曲线(1995—2022 年)

每年有两个重要的多转空季节性窗口：第一个是 4 月份，第二个是 7 月份。因为 3 月底 4 月初是新胶开割的季节，所以 4 月份胶价容易下跌。6 月、7 月是产胶旺季，因此 7 月份前后通常都会经历一轮季节性下跌。到了 8 月、9 月，台风或热带风暴、持续的雨天、干旱等都会降低天然橡胶产量而使胶价上涨。因此，虽然天然橡胶价格可能会因合成橡胶走弱以及下游需求低迷而承压，但其在 9 月份会得到降雨、台风等季节性因素的支撑，使得下行空间有限。而到了 11 月份，虽然此段时间发生灾害天气的概率减少，天然橡胶生产正常。但除了逐渐增加的上期所天然橡胶库存，前期因为惜售心理而滞销的国内产区标胶也会对市场形成向下压力，因此这个月份是下跌概率最大的一个月。进入 12 月后，国内产区逐渐停止割胶，下游厂家需要补充库存以满足停割期间的生产需要，因此沪胶将迎来 2～3 个月的见底后的上涨行情。

5．套利行为

橡胶兼具农产品、工业品、金融工具等多重属性，因此产地的局限性、供应商的完全竞争、下游行业的快速增长、易受各方面因素影响、行情的大幅波动等特性给橡胶贸易提供了巨大的逐利空间，也给橡胶期货提供了套利机会。

1）非标套利

对于橡胶来说，现货市场非常庞大，我国一年的天然橡胶消费为 500 多万吨，但是沪胶可交割的仓单数在 30 万吨左右。这就意味着在仓单上可以操作的数量非常有限。比如，你想做 5 万吨的套利，但是你未必能够找到 5 万吨的仓单。为了应对这种情况，橡胶的投资商们在传统的期现套利模式之外，创建了一种新的期现套利模式，也就是市面上所说的“非标套利”。

非标套利的操作：当期货价格对现货（混合胶）价格的升水达到一定水平时，买入现货，同时抛出期货，然后等待期货价格回归现货价格。如果这个合约没能回归，那么就展期，等待下一个合约的回归。当然，由于展期的时候会有价差存在，因此这里同时肯定也会损失一部分利润。期货向现货回归的基本逻辑是：期货仓单具有有效期，期货仓单的价格归根到底是要接受现货市场的检验，是要流入现货市场的。

2020 年之前，天然橡胶市场大量的非标套利导致期货市场的定价与下游市场的需求不匹配，同时也造成了中国的天然橡胶市场长期表现为期货价格对现货价格的升水。2015—2020 年沪胶期现价差如图 5-10 所示。

图 5-10 沪胶期现价差（2015—2020 年）

2）跨期套利

橡胶市场的主力合约有三个，分别是 01、05、09 合约，因此跨期套利主要围绕这三个合约进行展开。

（1）1—5 套利和 5—9 套利。

1 月和 5 月、5 月和 9 月在供需方面面对的形势大体相近。从套利成本估算，1—5 价差和 5—9 价差在 400～500 元/吨之间是一个合理区间。

（2）9—1 套利。

在上期所上市交易的交割品种以国产全乳胶为主，并且在库交割的有效期限为生产年份的第二年的最后一个交割月份，超过期限的将转作现货。当年生产的国产天然橡胶如要用于实物交割，那么最迟应当在第二年的 6 月份以前（不含 6 月）入库完毕，超过期限不得用于交割。根据这个交割制度，每年的 09 合约对应的是前一年生产的老胶，而 01 合约对应的是当年生产的新胶，09 合约的交割标的不能交割到第二年的 01 合约上，因此超过期限的转作现货。

由于 09 合约老胶在失去时间价值后，便无法在期货市场上以仓单的形式抛售，只能转为现货流入终端消费市场。而国内轮胎企业主要消费标胶、复合胶和混合胶，只有全乳胶贴水市场低价货越南 3L、混合胶 350 以上(关税影响)才能被下游所消化，实现交割库的快速去库存，因此往往会出现 09 合约到期后价格低于天然橡胶现货价格的现象。

新全乳胶注册仓单一般对标 01 合约价格，跟随远月对近月保持高升水，导致每年最后一个主力 09 合约的交割压力都非常大，同时造成每年新胶上市的 01 合约大幅跳空高开的现象。天然橡胶期货合约的设计令 09 合约具有天然的空头属性：在 09 合约交割前 2 个月左右，投资者进行“空 09 多 01”反套，将 9-1 价差大幅拉开；随着交割日的临近，投资者出于期现回归的逻辑做空 9-1 价差，等待价差回归获利。

近年来，沪胶 9-1 升水在 2000 元/吨左右，2017 年的价差最大时一度高达 3450 元/吨，2018 年后逐渐向 1000～1100 元/吨收敛。2019 年 8 月 12 日，20 号胶期货的上市为产业投资者进行现货套期保值和期现套利操作提供了新的选择，降低了混合胶和沪胶的非标套利强度。由于 20 号胶采取 1 月至 12 月连续合约的形式，交割品在现货市场的流动性增强，近远月价差能有效反映供需关系，01 合约新胶溢价将大幅降低，间接导致沪胶的 9-1 价差套利空间收窄。2013—2020 年沪胶 9-1 合约差价如图 5-11 所示。

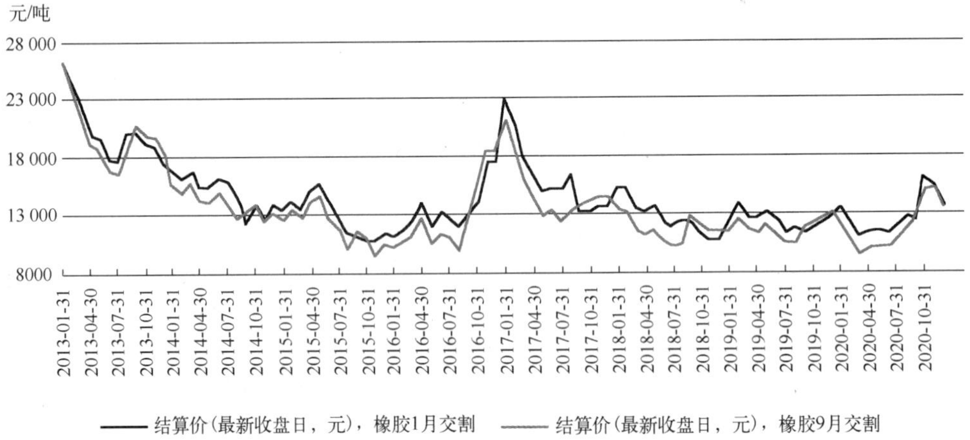

图 5-11 沪胶 9-1 合约价差(2013—2020 年)

3)跨市场套利

目前世界上的天然橡胶期货品种主要集中在亚洲，包括日本的东京工业品交易所(TOCOM)、中国的上海期货交易所(SHFE)、新加坡的新加坡交易所(SICOM)，SHFE 目前已经成为天然橡胶成交量、持仓量最大的交易所，而 SICOM 由于成交量小而逐渐被称为 SHFE 的“影子”。

一般而言，生产商及二盘商比较重视在 TOCOM 交易的日胶价格，会根据日胶走势计划生产及调整报价；贸易商将在 SHFE 交易的沪胶视为中国天然橡胶消费的晴雨表，并根据沪胶走势制订采购计划；轮胎商则以 SICOM 决定采购价格，尤其是长期协议价格。

SHFE 天然橡胶交割标的是全乳胶和 RSS3，而 TOCOM 与 SICOM 的交割标的同样有 RSS3。此外，三个交易所的交易时间大部分重合，其活跃月份也比较相近，因此跨市场套利成为可能。跨市场套利成本主要包括运费、到岸升贴水、汇率波动、增值税、关税和杂费等。

4)跨商品套利

跨商品套利是指利用两种或两种以上相互关联商品的期货合约的价格差异进行套利交易。比如，可以根据沪胶与 20 号胶的价差进行套利。又如，天然橡胶与合成橡胶在下游轮胎使用上有替代关系，也可利用天然橡胶与合成橡胶之间的价差进行套利。因此，20 号胶和天然橡胶的价格也会影响沪胶的期货价格。

5.3.4 主要关注的数据

根据 Wind 数据库的数据，可得到以下与天然橡胶基本面研究相关的数据(见图 5-12 和图 5-13)。

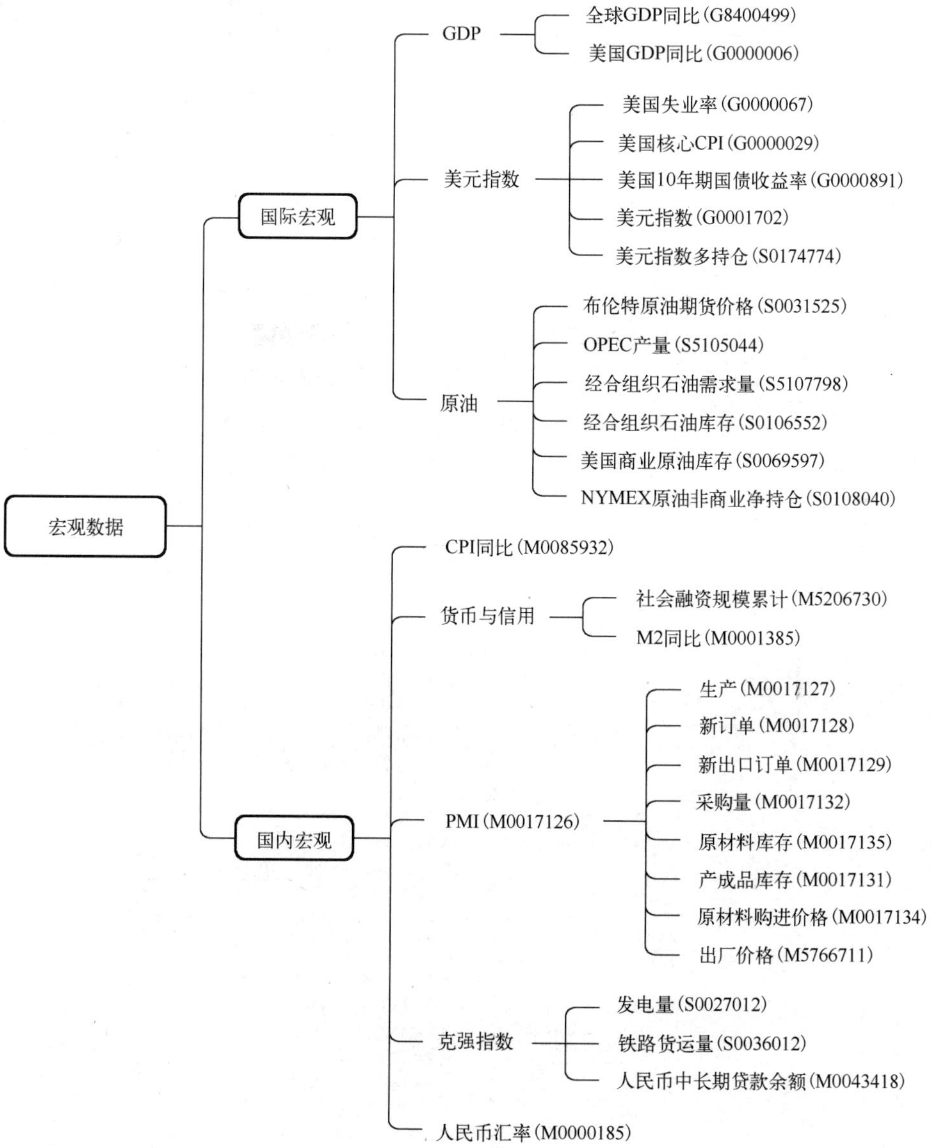

图 5-12 与天然橡胶期货价格相关的宏观经济数据

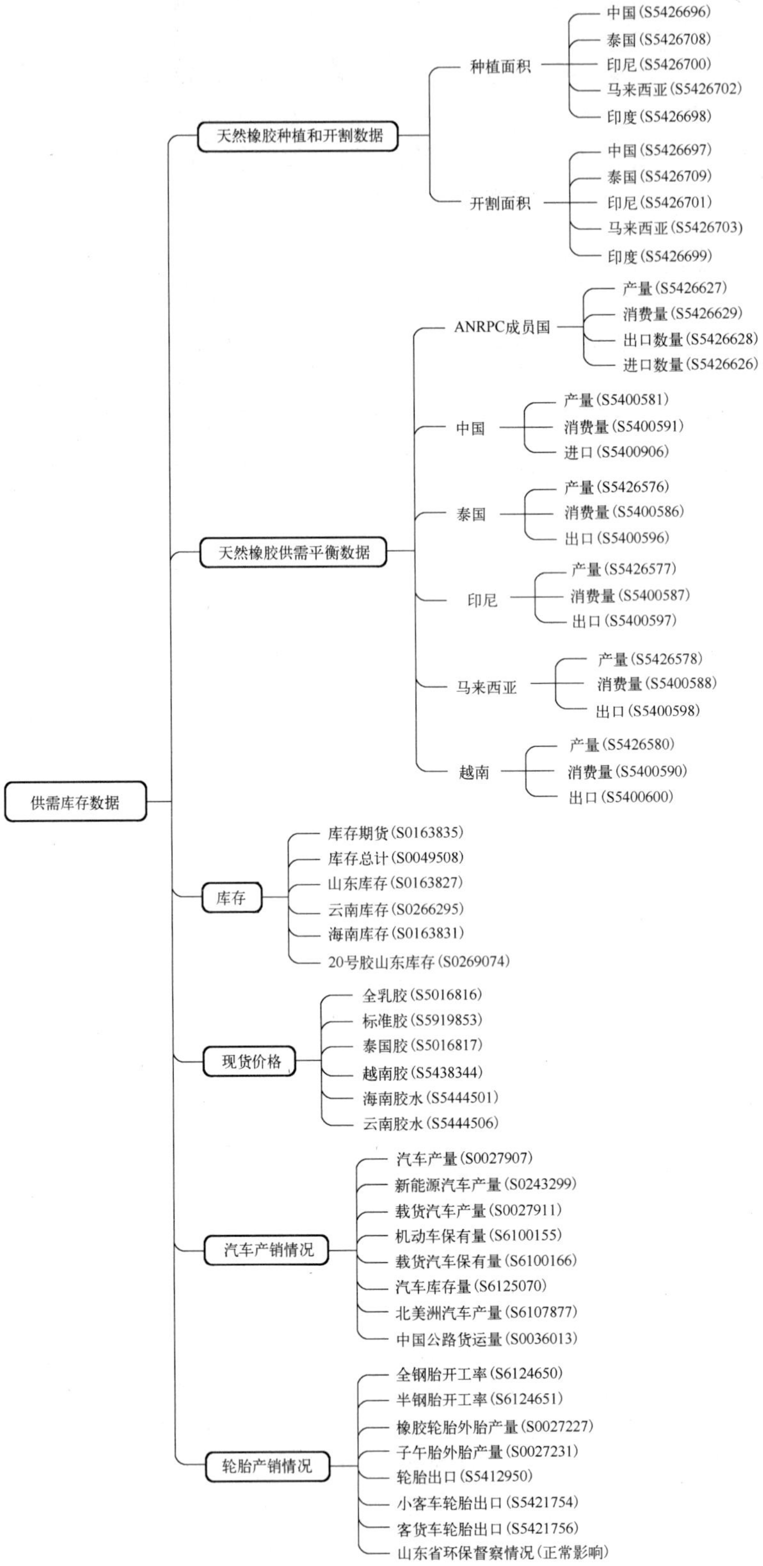
供需库存数据
天然橡胶种植和开割数据
种植面积
中国（S5426696）
泰国（S5426708）
印尼（S5426700）
马来西亚（S5426702）
印度（S5426698）
开割面积
中国（S5426697）
泰国（S5426709）
印尼（S5426701）
马来西亚（S5426703）
印度（S5426699）
天然橡胶供需平衡数据
ANRPC成员国
产量（S5426627）
消费量（S5426629）
出口数量（S5426628）
进口数量（S5426626）
中国
产量（S5400581）
消费量（S5400591）
进口（S5400906）
泰国
产量（S5426576）
消费量（S5400586）
出口（S5400596）
印尼
产量（S5426577）
消费量（S5400587）
出口（S5400597）
马来西亚
产量（S5426578）
消费量（S5400588）
出口（S5400598）
越南
产量（S5426580）
消费量（S5400590）
出口（S5400600）
库存
库存期货（S0163835）
库存总计（S0049508）
山东库存（S0163827）
云南库存（S0266295）
海南库存（S0163831）
20号胶山东库存（S0269074）
现货价格
全乳胶（S5016816）
标准胶（S5919853）
泰国胶（S5016817）
越南胶（S5438344）
海南胶水（S5444501）
云南胶水（S5444506）
汽车产销情况
汽车产量（S0027907）
新能源汽车产量（S0243299）
载货汽车产量（S0027911）
机动车保有量（S6100155）
载货汽车保有量（S6100166）
汽车库存量（S6125070）
北美洲汽车产量（S6107877）
中国公路货运量（S0036013）
轮胎产销情况
全钢胎开工率（S6124650）
半钢胎开工率（S6124651）
橡胶轮胎外胎产量（S0027227）
子午胎外胎产量（S0027231）
轮胎出口（S5412950）
小客车轮胎出口（S5421754）
客货车轮胎出口（S5421756）
山东省环保督察情况（正常影响）

图 5-13　天然橡胶供需库存数据

5.4 CTA 策略

期货市场是量化交易重要的场所之一，以商品期货为主要交易对象的策略通常称为CTA(Commodity Trading Advisor，商品交易顾问)策略，又称为管理期货策略(Managed Futures)。近年来，CTA 策略也将交易对象拓展到股指期货、汇率期货等金融期货，丰富了应用范畴。本节简要介绍 CTA 策略、常见的量化 CTA 策略和海龟交易法则。

5.4.1 CTA 策略概述

CTA 策略是指投资于期货市场的策略。其中，CTA 既可指代商品交易顾问，又可指代 CTA 基金(管理期货基金)，还可指代投资于期货的资产管理产品。CTA 策略的投资标的非常丰富，除农产品期货、能源期货、化工期货、金属期货等商品期货品种外，也包括股指期货、国债期货、外汇期货等金融期货品种。

自 2010 年起，随着股指期货的推出，国内开始出现 CTA 策略的管理人，但交易策略相对简单。2015 年股灾后股指期货交易受限，部分股指期货的交易者转入商品期货市场。2016 年商品市场牛市吸引大量资金投入 CTA 策略，CTA 策略的管理人逐渐成为梯队，因此策略变得多样化且技术工具越来越丰富。进入 2020 年后，随着疫情的蔓延到逐步受到控制，全球经济也从受创逐渐复苏，CTA 策略被越来越多的投资者所认可，成为资产配置的重要产品之一。

依据不同的分类标准，CTA 策略可划分为多种类型。依据投资方式，CTA 策略可分为主观 CTA 策略和量化 CTA 策略。主观 CTA 策略是由投资者或基金管理人基于基本面、调研或操盘经验，主观来判断走势，决定买卖时点并及时调整。量化 CTA 策略是通过分析和建立数量化的交易策略模型，根据模型产生的买卖信号进行投资决策、资金管理和风险控制等。依据交易策略方式，CTA 策略可分为趋势跟踪 CTA 策略和套利对冲 CTA 策略。趋势跟踪 CTA 策略主要是通过追随已形成的价格趋势获利，价格处于上涨趋势时持有多仓，下跌时持有空仓，当趋势结束时平仓。套利对冲 CTA 策略则是通过对相关品种/合约进行交易，可做多低估值品种，做空高估值品种，从而在价格回归中获利，包括期现套利、跨期套利、跨品种套利、跨市场套利等。依据持仓周期，CTA 策略可分为日间低频(长周期、中周期、短周期)和日内高频等。一般而言，长周期为两周及以上，中周期为 1～2 周，短周期为 5 个交易日内；日内高频则为几秒到一天不等。

CTA 策略的优势主要体现在分散风险的能力上。首先，CTA 策略多空转换灵活，具备比较稳健的收益和比较小的回撤，从而呈现较好的风险收益比。期货的杠杆特性和做空机制可在提高收益的同时降低组合的风险程度。其次，CTA 策略可投资多样化的全球期货市场，能在全球范围内寻找有效的投资机会，从而帮助投资者进行全球化资产配置，规避多种潜在投资风险。最后，CTA 策略与传统资产的相关性较低。当股票市场、债券市场等传统市场收益不佳时，可通过 CTA 策略实现组合多样化，从而降低投资组合的整体风险。

5.4.2 常见的量化 CTA 策略

量化 CTA 策略可分为趋势跟踪策略和套利对冲策略，二者又可按交易频率进一步细分为日间低频策略和日内高频策略等。本节主要介绍趋势跟踪策略中的日间 CTA 策略和日内 CTA 策略。日内 CTA 策略基本不留隔夜仓，而日间 CTA 策略可能持有一天到几天(短线策略)、几天到几周(中线策略)，甚至更长(长线策略)时间。

1. 日间 CTA 策略

日间 CTA 策略主要依赖相关技术指标来判断价格趋势并展开交易。这类策略可分为通道类策略和信号类策略。前者根据确认的价格中枢以及计算得到的波动范围确定一个通道的上下轨，一旦价格突破上下轨则确认为趋势，可进场交易。后者通过某些技术指标的反转或突破来确认趋势进而指导交易。常见的日间策略包括 ATR 通道策略、布林线策略、MACD 策略、均线策略等。

1) ATR 通道策略

ATR (Average True Range) 称为平均真实波幅，用来衡量价格波动性，定义真实波动幅度(True Range，TR)为以下三者的最大值：当前交易日的最高价减去当前交易日的最低价，当前交易日的最高价减去前一交易日收盘价的绝对值，当前交易日的最低价减去前一交易日收盘价的绝对值。

计算 TR 的 n 日平均值即为 ATR，记为 ATR(n)，表示当前市场的波动水平。根据 ATR 可判断出当前市场的横盘整理区间。当价格突破该横盘整理区间时，市场可能形成趋势，即可入场交易。日间 ATR 通道策略的设计思路是：首先，计算通道上轨 $\text{Upline}=\text{MA}(n)+\text{ATR}(n)\times k$。其中，$\text{MA}(n)$ 表示 n 日移动平均线，k 表示通道的带宽参数。然后，计算通道下轨 $\text{Downline}=\text{MA}(n)-\text{ATR}(n)\times k$。当日内价格突破上轨时，则开仓做多，达到止盈条件、止损条件或价格跌破均线时，则平仓；当日内价格突破下轨时，则开仓做空，达到止盈条件、止损条件或价格突破均线时，则平仓。

2) 布林线策略

布林线(Boll)是一种常见的技术分析指标。布林线策略属于通道类策略，其设计思路是：首先，计算通道上轨 $\text{Upline}=\text{MA}(n)+\text{std}(n)\times k$。其中，$\text{MA}(n)$ 表示 n 日移动平均线，$\text{std}(n)$ 表示价格的 n 日标准差，k 表示布林线的带宽参数。然后，计算通道下轨 $\text{Downline}=\text{MA}(n)-\text{std}(n)\times k$。当日内价格突破上轨时，则开仓做多，达到止盈条件、止损条件或价格跌破均线时，则平仓；当日内价格突破下轨时，则开仓做空，达到止盈条件、止损条件或价格突破均线时，则平仓。

3) MACD 策略

MACD (Moving Average Convergence and Divergence) 也是常见的技术分析指标，利用收盘价的短期(常用为 12 日)指数移动平均线与长期(常用为 26 日)指数移动平均线之间的聚合与分离状况，对买进、卖出时机做出研判。MACD 的计算方法为：首先，计算短期指数移动平均线 $\text{EMA}_{12,t}=\text{EMA}_{12,t-1}\times 11/13+P_t\times 2/13$；接着，计算长期指数移动平均线

$EMA_{26,t}= EMA_{26,t-1}\times 25/27+P_t\times 2/27$；然后计算差离值 $DIF_t=EMA_{12,t}-EMA_{26,t}$ 和离差平均值 $DEA_t=DEA_{t-1}\times 8/10+DIF_t\times 2/10$；最后计算 $MACD_t=2\times(DIF_t-DEA_t)$。其中，$P_t$ 表示第 t 日收盘价。

MACD 策略的实施：当 $DIF_t>0$ 且 $MACD_t>0$ 时，开仓做多或空头获利平仓；当 $DIF_t>0$ 且 $MACD_t<0$ 时，开仓做空或多头获利平仓。需要说明的是，MACD 策略的应用非常广泛，并不局限于期货市场。同时，MACD 策略与其他技术指标的结合也很多样。

4）均线策略

移动平均线是应用最普遍的技术分析指标，主要用于确认和判断趋势。移动平均线常用线有 5 天、10 天、30 天、60 天、120 天和 240 天的指标。其中，5 天和 10 天的移动平均线为短期指标移动平均线；30 天和 60 天的移动平均线为中期指标移动平均线；120 天和 240 天的移动平均线为长期指标移动平均线。

均线策略有多种设计方式，常见策略如均线突破策略和双均线策略。均线突破策略是比较移动平均线与当前价格的关系。如果当前价格上涨，超过移动平均线，则开仓做多（或空头获利平仓）；如果当前价格下跌，低于移动平均线，则开仓做空（或多头获利平仓）。双均线策略是比较短期移动平均线与长期移动平均线的关系。如果短期移动平均线从下往上突破长期移动平均线，称为金叉，则开仓做多（或空头获利平仓）；如果短期移动平均线从上往下突破长期移动平均线，称为死叉，则开仓做空（或多头获利平仓）。

2. 日内 CTA 策略

上述日间 CTA 策略也可用于日内高频环境。除此之外，常见的日内 CTA 策略还包括 Dual Thrust 策略、R-Breaker 策略、菲阿里四价策略、空中花园策略等。这些策略都属于通道突破策略，核心在于通道上下轨的确定。

1）Dual Thrust 策略

Dual Thrust 策略在开盘价的基础上确定上下轨，利用前 n 日的最高价、最低价和收盘价来确定一个合理的震荡区间，将上下轨到开盘价的距离设置为震荡区间的一定比例，当前价格突破上下轨时，产生入场信号。策略设计思路是：首先，计算震荡区间 $Range=Max(HH-LC,HC-LL)$。其中，HH 表示前 n 日的最高价中的最高价；LC 表示前 n 日的收盘价中的最低价；HC 表示前 n 日的收盘价中的最高价；LL 表示前 n 日的最低价中的最低价。然后，计算通道上轨 $Upline=Open+Range\times k_u$。其中，Open 表示当日开盘价；$k_u$ 表示浮动参数。最后，计算通道下轨 $Downline=Open-Range\times k_d$。其中，$k_d$ 表示浮动参数。当价格向上突破上轨时，则开仓做多（或空头获利平仓）；当价格向下突破下轨时，则开仓做空（或多头获利平仓）。

Dual Thrust 策略考虑了多头和空头在触发条件上的非对称性。做多和做空参考的震荡区间可以选择不同的周期数，也可以通过参数 k_u 和 k_d 来确定。参数越小，越容易被触发。投资者可参考历史数据回测的最优参数，也可阶段性地动态调整参数值。

2）R-Breaker 策略

R-Breaker 策略结合了日内趋势追踪和反转的策略。其核心是通过前一交易日的最高价、最低价、收盘价计算出 6 个重要价位，从高到低排列为突破买入价、观察卖出价、反转卖出价、反转买入价、观察买入价和突破卖出价，通过这 6 个价格形成当前交易的触发条件。如果价格确认为趋势则顺势而为；如果价格波动较大但是没有确认为趋势，则在价格回调的情况下做反转交易。策略设计如下：

- 突破买入价：$Bbreak = Ssetup + 0.25 \times (Ssetup - Bsetup)$
- 观察卖出价：$Ssetup = High + 0.35 \times (Close - Low)$
- 反转卖出价：$Senter = 1.07 / 2 \times (High + Low) - 0.07 \times Low$
- 反转买入价：$Benter = 1.07 / 2 \times (High + Low) - 0.07 \times High$
- 观察买入价：$Bsetup = Low - 0.35 \times (High - Close)$
- 突破卖出价：$Sbreak = Bsetup - 0.25 \times (Ssetup - Bsetup)$

其中，High、Low、Close 分别表示前一交易日的最高价、最低价和收盘价。如果价格超出突破买入价，则开仓做多；如果价格跌破突破卖出价，则开仓做空。如果价格超出观察卖出价但没有超出突破买入价，并进一步跌破反转卖出价，则确认反转做空；如果价格跌破观察买入价但没有跌破突破卖出价，并进一步超出反转买入价，则确认反转做多。

3) 菲阿里四价策略

菲阿里四价策略是一种通道突破策略，以前一交易日的最高价和最低价为通道上轨和通道下轨，价格突破上下轨，则视为进场信号。如果当前价格突破上轨，则开仓做多(或空头获利平仓)；如果当前价格跌破下轨，则开仓做空(或多头获利平仓)；收盘时平仓。菲阿里四价策略较为简单，但容易出现假突破，具体策略中可增加条件来过滤假突破，以提升该策略的胜率。

4) 空中花园策略

空中花园策略也是一种通道突破策略，通常在当天高开或低开的时候使用。其核心逻辑在于，如果当天高开或者低开，说明市场上一定有了重大的利好或者利空，此时市场往往会产生巨大的波动，可根据开盘价涨跌幅表现出的市场波动来判断是否入场交易。当确认高开或者低开后，当日第一根 K 线(依日内交易频率而定)的最高价和最低价为通道上轨和通道下轨。

空中花园策略的实施：当天开盘价相对于前一交易日收盘价涨跌幅在1%以内，则当天不交易；价格突破上轨做多(或空头获利平仓)，价格突破下轨做空(或多头获利平仓)；收盘时平仓。该策略上下轨的设定比较简单，实际中也可结合其他的条件对策略进行改进，进而提高胜率。

5.4.3 海龟交易法则

海龟交易法则是量化交易的经典策略之一，它通过一系列的法则对交易的每个细节进行量化，从而形成完整的交易系统。交易系统执行时无须加入交易者的主观判断。海龟交易法则的交易步骤主要包括交易标的、交易头寸、交易时机(建仓、加仓、平仓等)、止损机制等。

1. 交易标的

交易系统或交易策略首先需要确定所投资的标的，即选择市场和产品的过程。海龟交易法则选择市场和产品的原则有以下两点：(1) 主流交易所中流动性好的期货品种，以主力合约为交易标的；(2) 关联度较低的品种组合，有效分散风险。

2. 交易头寸

合理设定头寸规模有利于提高策略收益并控制策略风险。期货市场的杠杆特征使得头寸设定更为重要。海龟交易法则采用基于波动性的头寸管理策略，基本逻辑是波动性较强的品种的合约持有量应该更少，波动性较弱的品种的合约持有量应该更多。

海龟交易法则采用 N 来表示波动性，代表真实波动幅度的 20 日指数移动平均线，即平均真实波幅 ATR。考虑交易标的的合约乘数，可计算波动性代表的货币价值，称为价值量波动性 NV，定义如下：

$$\mathrm{NV} = N \times M \tag{5-4}$$

式中，M 表示标的合约乘数。令投入的资本为 C，可忍受的账户变动为 1%，标的头寸单位 Unit 如下：

$$\mathrm{Unit} = \frac{C \times 1\%}{\mathrm{NV}} \tag{5-5}$$

上式显示，波动性 N 越大，头寸单位越小。波动性 N 会每周更新一次。

海龟交易法则通过设定多品种的最大头寸限制来管理组合风险，具体要求：(1)单一品种的头寸单位不超过 4 个；(2)高度相关的品种在单一方向上的头寸单位不超过 6 个；(3)低度相关的品种在单一方向上的头寸单位不超过 10 个；(4)单一方向的头寸单位不超过 12 个。

3. 交易时机

海龟交易法则以唐奇安通道突破系统(Donchian's Channel Breakout System)为基础建立入市法则。首先设定上下轨，然后价格向上突破上轨则做多，价格向下突破下轨则做空。海龟交易法则设定了两种入市规则，称为建仓规则 1 和建仓规则 2。交易者可自行决定在每个系统中所配置的资金量。

建仓/平仓规则 1：以 20 日突破为基础的短线系统。当空仓时，如果价格向上突破了前 20 日的最高价，则做多，买入 1 头寸单位；当空仓时，如果价格向下突破了前 20 日的最低价，则做空，卖出 1 头寸单位。当持有多头时，如果价格向下突破了前 10 日的最低价，则卖出平仓；当持有空头时，如果价格向上突破了前 10 日的最高价，则买入平仓。

建仓/平仓规则 2：以 50 日突破为基础的长线系统。当空仓时，如果价格向上突破了前 50 日的最高价，则做多，买入 1 头寸单位；当空仓时，如果价格向下突破了前 50 日的最低价，则做空，卖出 1 头寸单位。当持有多头时，如果价格向下突破了前 20 日的最低价，则卖出平仓；当持有空头时，如果价格向上突破了前 20 日的最高价，则买入平仓。

加仓规则：价格在上次买入价格的基础上往盈利的方向变化 $0.5N$，即可再增加 1 个单位，直到满仓 4 个单位。

4. 止损机制

海龟交易法则根据投资的风险来设定止损的标准，主要包括统一止损和双重止损。其中，统一止损是指任何一笔交易都不能出现账户规模 2%以上的风险。价格波动 $1N$ 表示 1%的账户规模，容许风险为 2%的最大止损就是价格反向波动 $2N$。分批买进但按统一价格止损，按 $0.5N$ 的波动加仓之后，之前的头寸止损价也增加 $0.5N$。

双重止损是指止损设在价格反向波动 0.5N 处，即只承受 0.5%的账户风险。各单位头寸保持各自的止损价不变，某一单位触发止损后，如果市场价格恢复到原来的买入价，该单位就被重新建立。4 个单位头寸的累加风险也不超过 2%。

5.5 期货套期保值策略

期货市场的风险规避功能通过套期保值来实现。本节内容主要有套期保值概述、套期保值策略设计和套期保值应用等。

5.5.1 套期保值概述

本节简要介绍套期保值的概念与特征、原理与作用及常见的套期保值类型等。

1. 套期保值的概念与特征

套期保值是一种以规避现货价格波动风险为目的的期货交易行为，是指在期货市场上建立与现货市场方向相反的交易部位(或头寸)，用一个市场的盈利弥补另一个市场的亏损，从而转移、规避价格风险。

如果期货盈亏与现货盈亏的幅度是完全相同的，则可形成风险的完全对冲，称为完全套期保值。然而，诸多因素会导致不完全套期保值，如期货与现货的价格变动不完全一致、期货现货头寸不完全匹配、采用相似品种进行交叉套期保值等。基差就用于描述现货与期货之间的价格差异，定义为现货价格-期货价格。套期保值的实质就是用较小的基差风险代替较大的现货价格风险。

套期保值建立了现货市场与期货市场之间相互补偿、相互冲抵的机制，呈现出交易方向相反、商品种类相同、商品数量相等、月份相同或相近等特征。

1) 交易方向相反

套期保值交易必须在两个市场上同时采取相反的买卖行动，即反向操作。具体操作为：在现货市场上买入商品的同时，就应该在期货市场上卖出该商品的期货合约；而在现货市场上卖出商品的同时，就应该在期货市场上买进该商品的期货合约。

对于同种商品来说，由于受相同供求因素的影响，该商品在现货市场上的价格和期货市场上的价格之间会保持相同的走势。同时在两个市场采取反向操作就能有效地利用两个市场，建立起互相补偿的机制，以一个市场上的盈利来弥补另一个市场上的亏损。

2) 商品种类相同

套期保值交易所选择的期货合约的标的物必须和在现货市场上买卖的现货商品是相同种类的。例如，若为现货市场中的铜进行套期保值，就应该选择铜期货合约。只有商品种类相同，期货价格和现货价格之间才有可能形成密切的关系，呈现大致相同的价格走势，从而在两个市场上同时采取反向操作才能规避风险。若商品种类不同，则套期保值交易不仅不能达到规避价格波动风险的目的，还有可能增加价格波动风险。

需要注意的是，并非所有商品都能成为期货合约的标的物，某些现货商品找不到相同种类的期货合约。因此，实际套期保值交易通常会出现“交叉套期保值”的现象。交叉套期保值是指，套期保值交易时若无现货商品相对应的期货合约，可选取一种与该商品不同种类但价格走势大致相同的相关商品的期货合约来进行保值。例如，可采用原油期货合约为成品油现货进行套期保值。一般而言，两种商品之间的替代性越强，套期保值的效果越好。

3）商品数量相等

进行套期保值交易时，期货合约头寸所反映的商品数量应与现货商品交易数量相等。只有保持两个市场上买卖商品的数量相等，才能使一个市场上的盈利额与另一个市场上的亏损额相等或最接近。然而，由于期货合约是标准化的，每手期货合约所代表的商品数量是固定不变的，而交易者在现货市场上买卖的商品数量却是不一样的。因此，套期保值交易有时期货商品数量与现货商品数量难以保持一致，这在一定程度上影响了套期保值的效果。

4）月份相同或相近

套期保值交易所选用的期货合约的交割月份最好与交易者将来在现货市场上实际买进或卖出现货商品的时间相同或相近，这样才能使期货价格和现货价格之间的联系更加紧密，增强套期保值效果。

2. 套期保值的原理

套期保值通过反向操作建立起期货市场与现货市场之间相互冲抵的机制，从而达到规避现货价格波动风险的目的。这要求期货价格与现货价格走势一致且变化幅度相同，主要基于以下两个原理。

首先，同种商品的期货价格和现货价格受相同因素的影响，可能表现为价格变动趋势相同、走势基本一致的现象。其次，随着交割日的临近，期货价格与现货价格趋同。期货价格包含了资金的时间价值和商品的持有成本（如仓储费、保险费等），通常高于现货价格。当接近交割日时，时间价值和持有成本逐步消失，导致期货价格接近现货价格。此外，期货交易的交割制度也保证了现货市场价格与期货市场价格会随期货合约到期日的临近而趋向一致。

3. 套期保值的作用

套期保值为企业提供应对不利价格波动的防范手段，使企业能在很大程度上免受价格波动对其经营造成的不利影响，从而企业可在采购、定价、销售等经营活动中获得较大的灵活性。例如，某大豆压榨企业主要从事豆油榨取业务，采购大豆原料，卖出豆油和豆粕。经营中面临大豆、豆油和豆粕等的价格波动风险。原材料（大豆）价格上涨或产成品（豆油和豆粕）价格下跌，都会给企业带来损失。该企业可参与商品期货市场，买入大豆期货合约，卖出豆油期货合约和豆粕期货合约，同时在原材料端和产成品端进行套期保值。这样，该企业可锁定利润空间，合理制订并顺利实施其财务计划和生产计划。

在宏观层面，套期保值有利于稳定生产成本、节约社会资本，还有利于形成合理的定价水平。当价格偏低时，套期保值者在市场上竞相购入合约，可以使价格回升；当价格偏高时，套期保值者竞相出售合约，使价格回落。因此，市场价格趋于稳定，从而形成合理的价格水平。

4. 套期保值的类型

在实际交易中，套期保值可分为多种类型。按期货品种划分，套期保值可分为商品期货套期保值和金融期货套期保值。按交易方向划分，套期保值可分为买入套期保值和卖出套期保值。其中，参与买入套期保值的投资者一般是将来在市场上的买方个人或企业，他们通过套期保值达到控制成本、规避价格上涨风险的目的。参与卖出套期保值的投资者一般是将来在市场上的卖方个人或企业，他们通过套期保值达到锁定销售价格、规避价格下跌风险的目的。此外，买入套期保值和卖出套期保值也可联合使用，称为双向套期保值。

1）买入套期保值

买入套期保值，即持有期货多头头寸，是指预先在期货市场上买入期货合约，从而为交易者将要在现货市场上买进的现货商品进行保值。基本做法是：预先在期货市场上买入与将来要在现货市场上买进的现货商品种类相同、数量相等、月份相同或相近的期货合约。此后，当买进现货商品时，同时卖出预先买入的期货合约，结束买入套期保值。若此时现货商品价格上涨，期货合约价格也随之上涨，虽然投资者在现货市场上付出了更多的成本（亏损），但在期货市场上盈利了。这样的话，利用期货市场的盈利弥补现货市场的亏损，可达到保值的目的。反之，若此时现货商品价格下跌，期货合约价格也随之下跌，虽然投资者在现货市场上付出了较少的成本（盈利），但在期货市场上亏损了。也就是说，套期保值的代价是放弃现货价格发生有利变化带来的盈利机会。

2）卖出套期保值

卖出套期保值，即持有期货空头头寸，是指预先在期货市场上卖出期货合约，从而为交易者将要在现货市场上卖出的现货商品进行保值。基本做法是：预先在期货市场上卖出与将来要在现货市场上卖出的现货商品种类相同、数量相等、月份相同或相近的期货合约。此后，当卖出现货商品时，同时买进预先卖出的期货合约，结束卖出套期保值。若此时现货商品价格下跌，期货合约价格也随之下跌，投资者虽在现货市场上出现亏损，但在期货市场上盈利了。这样的话，利用期货市场的盈利弥补现货市场的亏损，可达到保值的目的。反之，若此时现货商品价格上涨，期货合约价格也随之上涨，投资者虽在现货市场上相对盈利，但在期货市场上亏损了。也就是说，套期保值的代价是放弃现货价格发生有利变化带来的盈利机会。

3）双向套期保值

双向套期保值，是指同时运用买入套期保值和卖出套期保值对交易者将要在现货市场采购和销售的现货商品进行保值。双向套期保值的做法是把买入套期保值和卖出套期保值相结合。这种套期保值可用于贸易商对买卖两个环节上的同种商品进行保值，也可用于加工商对原材料和产成品两种商品进行保值。

5.5.2 套期保值策略设计

实际套期保值策略的设计涉及多方面的问题，包括选择期货品种、选择期货合约、确定期货与现货的相对比例（套期保值比率，Hedging Ratio）、保证金管理、合约展期等。其中，套期保值比率的确定是套期保值策略设计的核心。

在商品期货套期保值中，若存在与现货商品相同的期货品种，期货合约代表的数量与现货数量之比应为 1。例如，某大豆种植基地预计 3 个月后可收获 2 万吨大豆上市销售，为规避将来大豆价格下跌的风险，可利用 3 个月后到期的大豆期货合约做套期保值。因大豆期货合约的交易单位为 10 吨/手，所以需要卖出 2000 手期货合约。而在股指期货套期保值中，合约标的物是股票指数，只有严格按照指数的构成买卖一篮子股票(如沪深 300 指数包括 300 只股票)，才能与期货合约标的物完全对应。但事实上，绝大多数投资者和金融机构都不会持有如此庞大的股票组合。因此，股指期货套期保值比率的确定更为复杂。

直观上，套期保值的目的是对冲风险。因持有不同股票所承担的风险不一样，故在市值相同的情况下，买入风险越大(小)的股票所需卖出的期货合约数量越多(少)。股票市场的风险可分为系统性风险和非系统性风险。其中，系统性风险是指对整个股市普遍产生不利影响的风险，其主要特征是对所有股票均产生不同程度的影响。非系统性风险是指由于上市公司的经营管理、财务状况、市场销售、重大投资等因素发生重大变化而导致的风险，它一般只影响某只股票或某个行业的股票价格。根据现代证券组合理论，投资者可通过构造投资组合来分散掉大部分非系统性风险。而系统性风险则需要利用股指期货来对冲。

期货市场是不同于现货市场的独立市场，因而期货价格的波动与幅度不一定与现货价格完全一致，这样买入一份现货的同时卖出一份期货合约就会产生盈利或亏损，如何将这种价格波动风险降到最低程度就关系到套期保值比率的计算。套期保值比率就是确定买入一份现货需要卖出的期货合约数量。风险最小化方法是最易理解、最常用的确定最优套期保值比率的方法。常用的风险最小化套期保值比率是最小方差套期保值比率。

从套期保值后收益的风险最小化角度研究套期保值问题，就是将现货市场和期货市场的交易头寸视为一个投资组合，即利用套期保值组合收益率的标准差作为衡量风险的大小，在组合资产的收益风险最小化的条件下，确定最优套期保值比率。套期保值组合的收益率为：

$$R_t = X_s R_{s,t} - X_f R_{f,t} \tag{5-6}$$

式中，X_s 表示现货组合头寸；X_f 表示期货持有头寸；$R_{s,t}$、$R_{f,t}$ 分别表示现货组合和期货合约的收益率。该套期保值组合收益率的方差为：

$$\mathrm{Var}(R_t) = X_s^2\sigma_s^2 + X_f^2\sigma_f^2 - 2X_s X_f \sigma_{sf} \tag{5-7}$$

式中，σ_s^2、σ_f^2 分别表示现货和期货收益率的方差；σ_{sf} 表示二者之间的协方差。套期保值的准则是使套期保值组合收益率的方差最小，根据一阶条件可求得风险最小化条件下的最优期货头寸为：

$$X_f^* = \frac{\sigma_{sf}}{\sigma_f^2} \times X_s \tag{5-8}$$

最优套期保值比率可定义为：

$$h^* = \frac{X_f^*}{X_s} = \frac{\sigma_{sf}}{\sigma_f^2} \tag{5-9}$$

因此，要得到最优套期保值比率，只需估计以下回归模型：

$$R_{s,t}=\alpha+\beta R_{f,t}+\varepsilon_t \tag{5-10}$$

式中，$R_{s,t}$、$R_{f,t}$ 分别表示现货收益率和期货收益率。利用最小二乘法做回归分析得到最优套期保值率。

套期保值效率主要衡量套期保值后资产方差减小的比率，可以用来比较最优套期保值比率的保值效果。如果资产没有进行套期保值，那么其方差为 $\mathrm{Var}(R_{s,t})$，套期保值后组合的方差为 $\mathrm{Var}(R_{s,t}-\beta R_{f,t})$。将套期保值效率（He）定义为未套期保值投资组合方差与套期保值投资组合方差的差占未套期保值投资组合方差的比值，可以表示为：

$$\mathrm{He}=1-\frac{\mathrm{Var}(R_{s,t}-\beta R_{f,t})}{\mathrm{Var}(R_{s,t})} \tag{5-11}$$

He 值越高，则说明套期保值后方差减小的部分越大，保值效果越好。

5.5.3 套期保值应用

套期保值不仅被企业用于规避现货价格波动风险，还在 alpha 策略构建上发挥着重要作用。

1. 企业套期保值

企业开展套期保值业务需遵循以下流程：(1) 明确企业的套期保值需求。正确认识企业经营中面临的价格风险，是采购风险(原材料)还是销售风险(产成品)，或二者兼有。明确企业自身的风险偏好，确定哪些风险需要规避。比较风险敞口(可能的损失)与套期保值费用，判断是否进行套期保值。(2) 制定套期保值策略。确定期货品种(尽量选择同种商品的期货合约，无同种商品时可采用替代商品的期货合约)、选择合约月份(主力合约或非主力合约)、确定套期保值类型(买入套期保值、卖出套期保值或双向套期保值)、确定保值期限、确定套期保值比率(同种商品套期保值比率为 1，不同商品需计算套期保值比率)。(3) 执行套期保值策略。准备资金，确定开仓时机，下单建仓(采用一次建仓或逐步建仓方式)。(4) 监控套期保值过程并管理。监控基差风险、流动性风险、交割风险、财务风险(保证金管理)、投机风险、操作风险等，适时进行仓位调整或合约展期。(5) 评估套期保值效果。结束套期保值，计算套期保值效率。

2. alpha 策略

alpha 策略是典型的对冲策略，通过构建相对价值策略来超越指数，然后通过指数期货或期权等风险管理工具来对冲系统性风险。投资者在市场交易中面临着系统性风险和非系统性风险，通过对系统性风险进行度量并将其分离，从而获取超额绝对收益的策略组合，即为 alpha 策略。简单而言，在多因子策略中采用股指期货对冲系统性风险，即为 alpha 策略。

果仁网在构建多因子策略时提供了股指期货对冲的功能，可实现 alpha 策略的设计与回测。聚宽平台在量化课堂中提供的“股指期货对冲策略”也是 alpha 策略示例。感兴趣的读者可前往试用与分析。

5.6　期货套利策略

期货套利策略是比套期保值策略应用更广泛的期货交易策略。本节内容主要有套利交易概述、常见套利策略以及统计套利策略等。

5.6.1　套利交易概述

本节简要介绍套利交易的概念、原理和作用等。

1．套利交易的概念

套利交易，也称为价差交易，是指期货交易者在期货市场上买进一定数量期货合约的同时，卖出一定数量其他相关的期货合约，然后在适当的时候对两种期货交易部位进行平仓，从而赚得一定利润的做法。这两种期货合约既可以是属于同一商品，也可以是相互之间有关联的商品品种，还可以是不同交易所上市的商品。套利交易关注的重点是期货合约之间的相互价格关系，即两者之间价差水平的变化。

套利交易与投机交易存在较大区别，投机交易的风险比套利交易要大得多，而且，二者还有以下两个差异：一方面，投机交易是从单一的期货合约中利用价格的上下波动赚取利润，而套利交易则是从不同的两个期货合约之间的相对价格差异套取利润；另一方面，投机交易在一段时间内只做买或卖，而套利交易则是在同一时间买入并卖出期货合约，交易者在同一时间内既是买空者又是卖空者。

2．套利交易的原理

有效的期货市场可以发挥其价格发现的市场功能，使其产生价格机制良性运行。这表现为：(1)同一商品各月份合约依据即时的市场情况呈现良性的时间和价格序列；(2)不同交易所的两种或两种以上相关商品合约的价格变动在合理的幅度之内；(3)同一商品的现货价格与期货价格的相关性很高。总之，相关的期货合约价格之间呈现一定的稳定关系。

尽管相关期货合约的价格关系相对稳定，但也有发生变化的时候，特别是在价格关系失调、差距过大或过小时，此时进入期货市场进行套利交易就有较大的获利机会。套利交易者就是通过分析、预期这种价差的变化趋势对两种以上相关期货合约做反向操作。

3．套利交易的作用

套利交易对期货市场的运行起到了非常重要的作用。它有助于扭曲的期货市场价格重新恢复到正常，是价格结构稳定的主要力量之一，也是提供市场流动性的一股重要力量。

1)有助于合理价格水平的形成

套利交易只有在期货市场各种价格关系出现不正常时才有可能进行。当期货市场价格发生扭曲时，各种价格关系变化超出正常范围，就给套利交易者制造了盈利的投资机会。期货市场上不正常的价格关系通常是由于一些技术性因素引起的，往往不会持续很长的时间，因而套利交易能使市场上的交易行为很快达到平稳，使扭曲的价格很快回到正常的水平。

套利交易者会不断地分析和研究期货市场上相关合约的各种比价关系，找出不正常的价格关系，进行套利。由于影响期货市场各合约价格和现货市场价格的因素存在一定的差异，因此套利交易者十分关注市场动向，能及时发现不正常的价格关系，并利用两种期货合约价差的变化，随时进行套利交易。套利交易者同时“买低”“卖高”的交易结果有助于使期货市场各种价格关系趋于合理。

2)为交易者提供风险对冲的机会，保证市场的流动性

从理论上讲，每个月份的合约都存在着流动性风险。从上市直至交割，合约的市场流动性经历了由弱变强、再由强变弱的过程。套利交易者和套期保值交易者通常最先进行远月份合约的交易。由套利交易者制造了远月份合约的流动性，再由投机交易者维持并加强其市场流动性。这是套利交易者与投机交易者的区别之一，这也决定了远月份合约开始时投机交易者是较少介入的，只有在套利交易者制造了市场流动性之后，投机交易者才会进入。而套期保值交易者则依靠套利交易者提供的足够数量的流动性，以完成拟进行的套期保值交易。套利交易者买入或卖出远期月份的合约，同时对近期月份合约进行相反的交易。一般而言，最大的交易活动总是在每一种商品的近期月份合约进行，期货合约月份越远，交易活动越少。因此，远期月份合约的流动性比近期月份合约的小，而商业性套期保值交易者将其套期保值交易主要放在远期月份合约。如果没有套利交易者，套期保值交易者就不能有效地进行这样的交易。可以说，套利交易的有效开展为套期保值交易提供了现实可能性。

5.6.2 常见套利策略

根据所选期货合约的不同，期货套利可分为期现套利、跨期套利、跨市场套利和跨品种套利 4 种类型。其中，期现套利选取期货合约与现货，如商品期货与现货、沪深 300 股指期货与 ETF；跨期套利选取近月合约与远月合约，如当月合约和下月合约；跨市场套利选取不同交易所的相关商品期货合约，如伦敦铜期货和上海铜期货；跨品种套利选取关联商品的期货合约，如大豆期货和豆油期货、螺纹钢期货与焦炭期货。

1. 期现套利

期现套利是利用同一种商品在期货市场与现货市场之间的不合理价差(称为基差)，通过在两个市场上进行方向相反交易，待价差趋于合理而获利的交易，即利用现货交割及持仓成本与期货的价差进行套利交易。

期现套利与套期保值存在较大区别。一方面，二者在现货市场上所处地位不同。期现套利交易者与现货并没有实质性的联系，而套期保值交易者与对应现货的关系是实质性的。另一方面，二者的目的不同。期现套利交易的目的在于“利”，而套期保值交易的根本目的在于“保值”，即为了避险而进行期货交易。

同一种商品的期货价格与现货价格之间存在着无套利机会的定价关系，这种关系通常称为持有成本定价(持有成本是指商品的储藏成本加上为资产融资所需支付的利息再扣掉持有资产带来的收入)。理论上，期货价格与现货价格的差异(即基差)应该等于该商品的持有成本。一旦基差与持有成本偏离较大，就出现了期现套利的机会。基差偏离可能的原因有：(1)突发重大事件或消息。由于期货和现货对消息的敏感程度不同，从而对消息的反应

程度会存在差异。一般情况下，期货市场比现货市场的反应更加迅速和强烈。(2)现货供需格局失衡。由于基本面的改变，导致现货供需失衡，从而致使期货市场上产生强烈的看涨或看跌预期，尤其是在大牛市或大熊市时，往往容易出现基差与持有成本之间出现较大的偏离的情况。(3)逼仓行情的出现。当逼仓行情出现时，期货价格脱离供需关系，从而引发单边行情，使得期货和现货的正常价格关联被破坏，从而创造了套利的机会。

期现套利主要包括正向套利和反向套利两种。当期货价格大于现货价格时，称为正向市场。当期货价格小于现货价格时，称为反向市场。符合商品正常流向的先买入后卖出的套利方式称为正向套利，反之为反向套利。因此，做多现货做空期货为正向套利，做空现货做多期货则为反向套利。

当期货价格对现货价格的升水大于持有成本时，套利交易者可以实施正向套利，即在买入(持有)现货的同时卖出同等数量的期货，等待基差收敛时平仓或通过交割结束套利。正向套利适合商品的生产厂商和贸易中间商。在现货交割阶段，生产厂商和贸易中间商的交易流程与套利平仓是同方向的。持有成本以持有现货到期交割为基础，一般会发生交易手续费、运输费、交割手续费、仓储费、增值税及资金占用费等费用。计算公式为：正向套利持有成本=交易手续费+交割手续费+运输费+入库费+检验费+仓单升贴水+仓储费+增值税+资金占用费。

当期货价格对现货价格的贴水(绝对值)大于持有成本时，套利交易者可实施反向套利，即卖空现货并做多期货。由于现货市场上不存在做空机制，因此反向期现套利受到较大的限制。现实中，通常是拥有现货库存的企业为了降低库存成本才会考虑实施反向套利。在现货市场上卖出现货，企业不仅能够获得短期融资，还能节省仓储成本。当期货相对于现货的升水过低甚至是贴水的时候，企业就可以考虑反向套利以降低其库存成本。

期现套利中应注意的问题：(1)商品必须符合期货交割要求。商品的质量标准是期现套利的重点。因为交割是实现期现正向套利的基础，一旦这个基础被破坏，那么期货市场将面临巨大的敞口风险。(2)保证运输和仓储。注册仓单的时间点对于套利的效果起到很重要的作用。过早地将货物运到交割仓库，就会多交仓储费，利润会大打折扣；过晚则容易导致交割不成功。(3)严密的财务预算。要保证套利交易成功，就要对所有环节所发生的费用有一个严密的预算，特别是对仓单成本要计算周密。另外，在财务安排上要为期货保证金的追加做充分预留。(4)注意增值税风险。对于进行正向套利的投资者，最后进行现货交割时，需要向买方提供增值税发票。如果套利期间商品价格大幅上涨，将大大提高商品的结算价，使得套利交易者需要支付更多的增值税额，造成利润缩水。

2. 跨期套利

跨期套利是指在买进某一交割月份的期货合约的同时，卖出另一交割月份的同类商品的期货合约，然后在适当的时候进行平仓以赚取一定的利润，即利用同商品不同交割月份期货合约价差出现异常变化时进行交易而获利。例如，在大连商品交易所买入9月份大豆期货合约，同时卖出7月份大豆期货合约，然后在7月份、9月份期货合约价差发生有利变化的适当时候同时平仓，即卖出9月份大豆期货合约平仓，买入7月份大豆期货合约平仓。

跨期套利是一种大众化的组合投资策略。生产企业、现货商、投资公司等期货法人投资者均可参与跨期套利，从而获得稳定收益并扩大企业的社会影响；对无法进行交割的个人期货投资者也可在做好资金管理、设定严格止损的前提下，适度开仓，以对冲形式平仓获利。

随着交割日的临近，基差逐渐减小，最终趋向于零。同一商品不同月份合约之间的最大价差由其持有成本决定。跨期套利研究的是合约价差与持有成本之间的关系。一旦同一商品不同月份合约之间的价差超过了其持有成本，就存在了套利的机会。

合约价差偏离可能的原因：(1)周期性因素。在供应旺季或消费淡季时，近月合约面临的压力往往更大一些，从而与远月合约之间的价差容易被拉大；在供应紧张或消费旺季时，近月合约面临的价格提升动力更大一些，从而与远月合约之间的基差容易被缩小。(2)突发事件因素。因工厂停产、运输中断或者自然灾害等因素造成短期内供求关系的紧张而导致现货及近期合约价格飙升；或者因为集中到货、消费企业停产等因素导致近期合约大跌。(3)流动性因素。主力合约与非主力合约持仓量不同，在移仓换月时可能市场流动性不好，引起合约之间价差的不合理波动。(4)波动性因素。不同月份合约之间的波动性本身各不相同，近月合约的波动性通常更剧烈一些，从而使得与远月合约之间的价差容易被拉大。

跨期套利也可分为正向套利和反向套利。当期货价格大于现货价格且远月价格高于近月价格时，称为正向市场。当期货价格低于现货价格且远月价格低于近月价格时，称为反向市场。符合商品正常流向的先买入后卖出的套利方式称为正向套利，反之为反向套利。因此，做多近月做空远月为正向套利，做空近月做多远月为反向套利。

当某种商品处于正向市场时，如果远月价格远远高于近月价格，且二者之间的价差超过了现货贸易商的持仓成本，就会出现正向套利机会。产业客户可依据持仓成本，以交割为底线，进行跨期套利；投机交易者可关注历史价差情况，当价差位于历史高位或者超过历史极值时，都是可行的正向套利机会。正向市场的正向套利不仅对贸易商来说是无风险套利，对投机交易者来说也是风险最低的一种套利。

当近月合约处于贴水状态且未来预期变得悲观，选择正向套利是因为在行情上涨时，近月合约会快速上涨，而远月预期悲观，上涨幅度通常不及近月；相反，在行情下跌时，近月由于贴水过大，下跌幅度有限，而远月由于预期悲观，下跌幅度更大。反向市场的正向套利买的是高价合约，卖的是低价合约，与通常理解的低买高卖不一样。

当近月合约处于升水状态且未来预期相对较好，选择反向套利是因为在行情上涨时，近月合约由于升水过大，上涨幅度有限，而远月合约上涨幅度较大；在行情下跌时，近月合约价格会迅速向现货价格靠拢，而远月合约由于预期乐观，下跌幅度会小一些。正向市场的反向套利盈利空间有限。

当近月合约处于贴水，且预期未来商品的供需格局会发生变化时，这个时候采取反向套利，卖近月合约，买远月合约。一般而言，不建议去做反向市场的反向套利。

跨期套利中应注意的问题：(1)选择市场容量足够大且交易活跃的品种；(2)价格差异的变动受季节气候、储存运输、通胀通缩、经济景气程度等多种因素影响，不一定能完全恢复到历史上合理的差异水平，套利前需要充分分析可能出现的变化；(3)当选择相邻交割月份较近时间段进行套利时，要考虑到“逼仓”的可能性对套利的影响；(4)套利开始时要设置止损点并严格遵守。

3. 跨市场套利

跨市场套利是指利用在两个(或多个)交易所交易的同一商品期货合约间存在的不合理价差进行对冲交易而获利。当同一商品期货合约在两个或更多的交易所进行交易时，由于区域之间存在的地理差别，各相同商品的期货合约之间会存在一定的价差关系。如果这种价差关系由于某些因素的影响发生变化，那么交易者就可利用这种变化进行跨市场套利。当预测两市场间的价差有缩小趋势时，则在价格较低的市场上做多头，在价格较高的市场上做空头，反之则相反。跨市场套利依据的原理是一价定律和进出口贸易。而进出口贸易则需要考虑进出口成本和汇率变化。

从贸易流向和套利方向一致性的角度出发，跨市场套利一般可以划分为正向套利和反向套利两种。如果贸易流向和套利方向一致则称为正向套利；反之，则称为反向套利。如国内铜以进口为主，做多伦铜的同时做空沪铜，即为正向套利。正向套利是较常采用的一种跨市场套利方式。

在进行跨市场套利时，套利交易者应注意的问题：(1)运输费用。这是决定不同交易所的同种期货合约之间价差的主要因素。一般来说，离产地近则期货价格较低，离产地远则价格较高。(2)基准品质价差。不同交易所规定的期货合约基准品可能会有差异，与基准交割品种不同的品种可能存在溢价(升水)或折价(贴水)。(3)允许交割的品级。不同交易所对可交割商品的品级有一定限制，这也会导致价格的差异。(4)交易单位和报价。不同合约可能存在不同交易单位和报价体系的问题，因此跨市场套利还要考虑数量匹配和汇率波动问题。(5)保证金和佣金成本。跨市场套利需要交易者在两个市场缴纳保证金和佣金，保证金和佣金要计入交易成本。只有两个市场间的套利价差大于上述成本时，交易者才可以进行跨市场套利。

4. 跨品种套利

跨品种套利是指利用两种不同的但相互关联的商品之间的期货合约价格差异进行套利交易，即买入某一交割月份某种商品的期货合约，同时卖出另一相同的交割月份、相互关联的商品期货合约，然后伺机同时对冲获利。

有些商品之间由于具有相互替代性或受同一供求因素影响而具有相关性，其价格也有一定的相互关系，因此可以从中进行跨品种套利。由于两种商品的关联性，价格变动方向是一致的，因此买入某种商品期货合约，卖出另一种商品期货合约，会出现一个盈利、另一个亏损的局面。然而，尽管两种相关期货合约的价格朝同一方向变动，由于某些因素的影响，价格波动幅度却并不会完全相同，即其中某种商品合约的涨幅或跌幅会高于或低于另一种商品合约的涨幅或跌幅，而交易者就可以从这种价格波动幅度的差异中获利。

跨品种套利可以是一般商品间的套利(如小麦与玉米、黄金与白银、玉米与大豆等)，也可以是原材料与产成品间的套利，如大豆压榨套利。最典型的跨品种套利是在大豆及其两项产成品(豆油和豆粕)之间的套利。这种套利往往要涉及三个商品，相对复杂。大豆原料与产成品间的套利视不同情况有两种做法：大豆压榨套利和反向大豆压榨套利。

大豆压榨套利经常是大豆加工商在市场价格关系基本正常时进行，目的是防止大豆价格突然上涨，或豆油、豆粕价格突然下跌引起的损失。大豆加工商赚取的利润就是将大豆压榨制成豆油和豆粕成品后取得的附加值。因此，大豆加工商为取得利润，必须以低价购买大豆，然后再以高出原材料成本加其他费用的价格出售豆油和豆粕。但是大豆的购买和产成品的销售并不可能同时进行，在签订产成品出售合同后，有可能遇到原材料购买成本增加的风险。购入原材料大豆后，同样也会遇到产成品价格突然下跌的风险。因此，为了避免损失，大豆加工商就要做大豆压榨套利。其做法是：购买大豆期货合约的同时卖出豆油和豆粕的期货合约，并将这些期货交易头寸一直保持到现货市场上购入大豆或将产成品最终销售时才分别予以对冲。通过这种方法，大豆加工商可以将成本和利润固定住，防止市场价格波动给他造成的损失。大豆压榨套利也可认为是一种保值的做法。

反向大豆压榨套利是大豆加工商更经常进行的套利交易。若大豆出口增多，供应量减少，原材料大豆价格会上升。而豆油和豆粕的供应较充足，价格不变或下跌。这样，原材料大豆与豆油、豆粕等产成品的正常价格关系遭到了破坏。大豆价格的提高可能会使大豆加工商无利可图。因此，大豆加工商就会在原材料与产成品价格倒挂的情况下，做反向压榨套利，即卖出大豆期货合约，并买进豆油和豆粕的期货合约。同时缩减生产，减少豆粕和豆油的供给量，三者之间的价格关系会趋于正常。这时，交易者分别平仓。

5.6.3 统计套利策略

上节所述的期现套利、跨期套利、跨市场套利、跨品种套利等都需要对现实贸易和产业链有充分了解和把握，才能够及时捕捉套利机会。显然，这对大部分不从事现实贸易的套利交易者并不合适。既然期货套利是发现相关合约的比价关系，那就可以依赖统计方法发现合约比价关系的特征，进而展开套利交易。

统计套利主要指依据统计学、金融数学等理论知识所构建的挖掘套利机会的策略模型，并应用计算机技术为支撑。统计套利并不是一个单一的策略，目前已发展成一系列覆盖范围广泛的量化交易策略。一般而言，统计套利通过使用复杂的统计和数学模型来分析证券之间的价格差异与走势等问题，并力图获得较高的超额收益。本节主要介绍基于协整的期货套利策略(协整套利策略)。

基于协整的期货套利策略主要是选择两个(或多个)走势相关的期货合约，二者在长期内具有稳定的价差关系，短期内的价差偏离也会回复到稳定状态。这就可以依据价差的相对走势卖出价格高的期货合约，买入价格低的期货合约，待价差稳定后平仓获利。协整套利策略依据的思想是均值回复理论。

协整套利策略首先要选取可能具有均衡关系的期货合约对；然后根据历史交易价格数据，采用协整方法判断期货合约价格之间是否存在协整关系；最后根据协整关系的结果，设置相关参数，设计协整套利策略。该策略的主要步骤如下：

1. 期货合约选择

协整套利策略对期货合约选择没有过多的限制，两个期货合约或多个期货合约均可。在实际策略设计中，为保证期货价格间存在长期均衡关系，一般选取相关联的期货合约，如同一商品的近月合约与远月合约、产业链上下游商品的期货合约等。期现套利、跨期套利、跨市场套利、跨品种套利的标的也可用于协整套利策略。现实贸易基础会提高期货价格间存在长期均衡关系的可能性。

2．协整关系检验

针对选取的期货合约对(如 F_1 和 F_2)，获取历史交易价格数据，采用时间序列分析的 ADF 检验法判断二者的价格序列是否为单位根序列。单位根序列是非平稳时间序列的一种，均值、方差等特征随时间变化而变化，难以建模和预测。单位根序列的概念和检验方法参考相关的计量经济学教材和计量经济软件。

虽然非平稳时间序列难以建模和预测，但某些非平稳时间序列的线性组合可能形成平稳的时间序列，从而给建模和预测带来方便。这种线性组合称为协整方程，表示序列之间存在长期稳定的均衡关系。这些序列之间就可以构建协整套利策略。两个时间序列之间的协整检验采用 Engle-Granger 两步法，多个时间序列之间的协整检验采用 Johansen 方法。本节以 Engle-Granger 两步法为例进行说明。针对经 ADF 检验存在单位根的期货价格序列 F_1 和 F_2，建立如下的回归方程：

$$F_{1,t} = \alpha + \beta F_{2,t} + \varepsilon_t \tag{5-12}$$

式中，$F_{1,t}$ 表示期货合约 1 在第 t 期的价格；$F_{2,t}$ 表示期货合约 2 在第 t 期的价格；α 和 β 表示待估参数；ε_t 表示随机干扰项。

采用 OLS 法回归，获得残差序列 $\hat{\varepsilon}_t$，进而采用 ADF 检验判断残差序列的平稳性。若残差序列 $\hat{\varepsilon}_t$ 为平稳序列，则期货价格序列 F_1 和 F_2 之间存在协整关系。这就为协整套利策略的设计奠定了基础。

3．套利策略设计

协整关系所对应的误差修正机制可把期货价格之间的短期失衡状态与长期均衡状态联系起来。针对新的期货价格数据 $F_{1,t+1}$ 和 $F_{2,t+1}$，短期内偏离均衡的误差表示为：

$$\mu_{t+1} = F_{1,t+1} - \hat{\alpha} - \hat{\beta} F_{2,t+1} \tag{5-13}$$

式中，$\hat{\alpha}$、$\hat{\beta}$ 为协整方程的参数估计值。若两个价格永远处于均衡状态，则偏差为零。然而，由于各种因素的影响，偏差不为零，即存在非均衡误差。当系统偏离均衡点时，平均来说，系统将在下一期移向均衡点。这是一个动态均衡过程。本期非均衡误差 μ_{t+1} 是 $F_{1,t+2}$ 取值的重要解释变量。当 $\mu_{t+1} > 0$ 时，说明 $F_{1,t+1}$ 相对高出均衡位置。平均来说，变量 $F_{1,t+2}$ 将向 $F_{2,t+2}$ 有所回落。

根据这种误差修正机制，即可在短期价格发生偏离时构建相应的套利策略。当 $\mu_{t+1} > 0$ 时，$F_{1,t+1}$ 相对高于均衡价格，在未来会下跌，此时可卖出 F_1 并买入 F_2。当 $\mu_{t+1} < 0$ 时，$F_{1,t+1}$ 相对低于均衡价格，在未来会上涨，此时可买入 F_1 并卖出 F_2。在实际操作中，为了使买卖交易信号更加精确，可以对误差的幅度做出更具体的限制。

一般来说，协整套利策略根据协整系数 $\hat{\beta}$ 设定头寸比例为 $1:\hat{\beta}$，并可根据此头寸比例计算广义价差。当期货合约间的广义价差超出价差均值 m 个标准差时，则入场交易；当广义价差回复至均值 n 个标准差时，则平仓出场；若广义价差未回复而是超出均值 k 个标准差时，则止损出场。m、n、k 分别是建仓、平仓、止损的阈值，有 $n < m < k$。阈值设定是协整套利策略的关键之一。

5.7 期货交易虚拟仿真实验

本节依托电子科技大学开发的虚拟仿真实验平台和聚宽平台安排三个期货交易虚拟仿真实验。

(1) 基础实验：基于虚拟仿真平台的期货套期保值策略设计；

(2) 进阶实验：基于虚拟仿真平台的期货套利策略设计；

(3) 挑战实验：基于聚宽平台的协整套利策略设计。

基础实验和进阶实验采用图形界面，挑战实验采用 Python 编程和统计套利方法，实现了虚拟仿真实验的逐级挑战。

5.7.1 基础实验：基于虚拟仿真平台的期货套期保值策略设计

1. 实验目的和实验内容

本实验以期货套期保值为核心，分为商品期货套期保值和金融期货套期保值两部分，要求学生利用商品期货或金融期货和标的资产价格之间的关系，设计期货套期保值交易策略。在商品期货套期保值实验中，学生需根据提供的案例，帮助大豆生产企业或饲料企业完成期货套期保值策略设计；在金融期货套期保值实验中，学生需先构建股票投资组合，然后选择合适的股指期货进行套期保值策略设计。通过参与实验，学生在虚拟仿真环境下，可提高其学习和研究期货套期保值的积极性，并提升其对期货套期保值的专业水平。

2. 实验步骤

步骤 1：基础知识学习。学生观看 2 个学习视频并完成 2 道测试题后，进入该步骤，主要用于学生了解该实验。可在界面左侧了解查看实验目标、实验介绍、知识点、实验提示、实验任务和案例描述，全部完成后单击“下一步”按钮即可进入下一步骤。期货交易实例界面如图 5-14 所示。

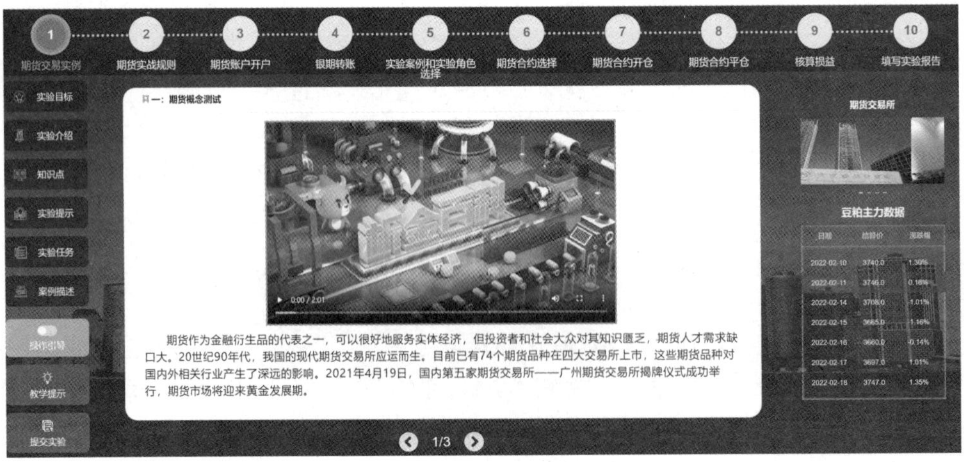

图 5-14 期货交易实例界面

步骤 2：期货实战规则。该步骤主要用于学生了解期货交易相关知识，并需要完成 2 道测试题。该步骤介绍了中国期货交易所及其期货品种，以豆一和上证 50 股指期货为例，展示了合约详情信息(包括期货品种、交易单位、涨跌停幅度、交割日期、交易保证金等)。此外，开户条件、开户流程中的各项信息均以外链接的 PDF 格式呈现，单击即可查看。期货实战规则如图 5-15 所示。

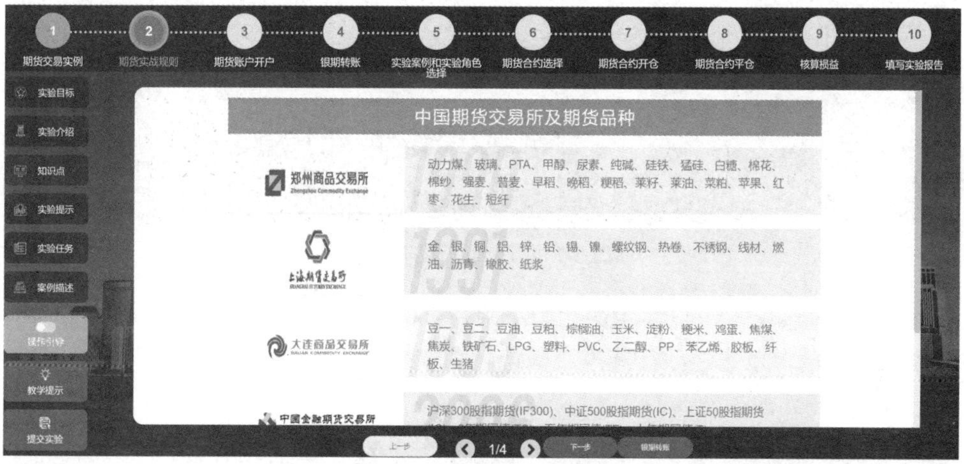

图 5-15　期货实战规则

步骤 3：期货账户开户。该步骤模拟真实市场开户情景，帮助学生更加直观地了解开户流程及所需手续。开户的身份认证主要包括上传身份证、填写个人信息、适当性调查、选择结算银行、安装数字证书、签署协议、在线回访、完成认证 8 个步骤，其中，除适当性调查为必填项以外，其余均为选填。填写适当性调查后，系统会弹出您的风险偏好类型，您可以以此为参考选择投资。此外，签署协议和在线回访中的“我已阅读并同意以上所有协议和业务规制内容”选项必须勾选。期货账户开户如图 5-16 所示，图 5-17 所示为适当性调查报告。

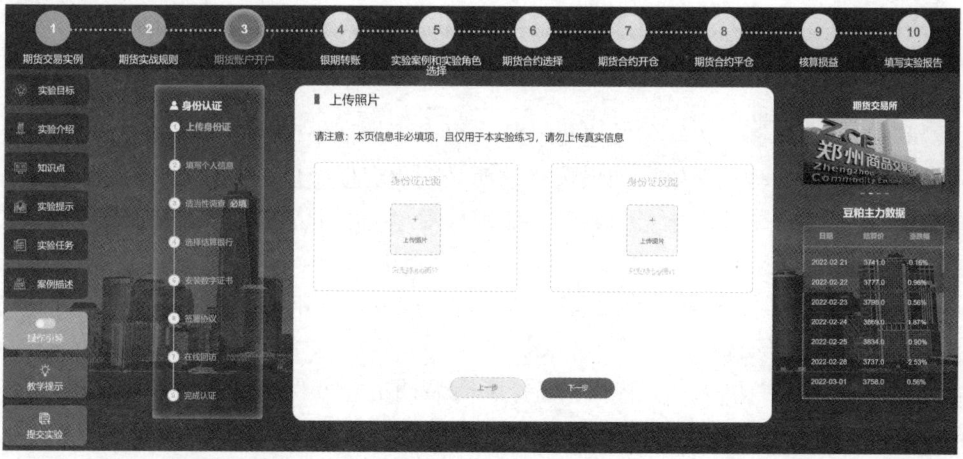

图 5-16　期货账户开户

图 5-17 适当性调查报告

步骤 4：银期转账。每位学生的初始可用资金为 20 000 000 元，学生可以自行选择需要的转账金额。输入转账金额，选择“确认转账”选项后，即可单击“下一步”按钮进入步骤 5。银期转账界面如图 5-18 所示。

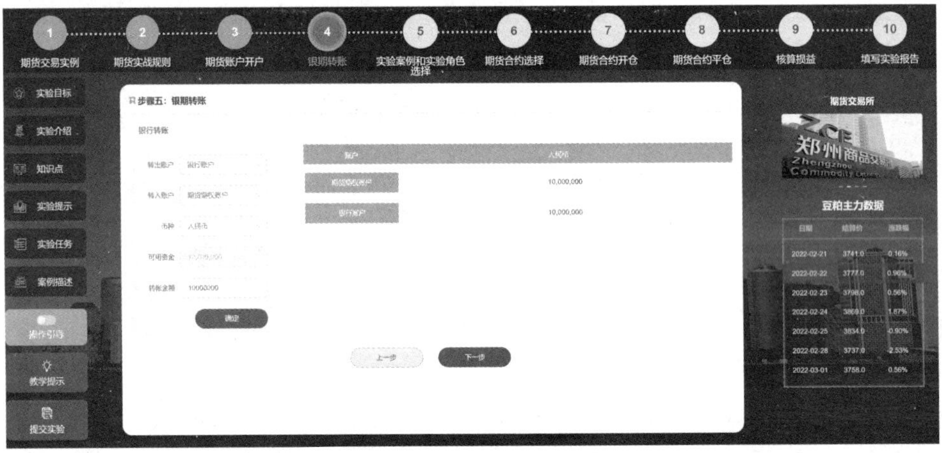

图 5-18 银期转账界面

步骤 5：实验案例和实验角色选择。学生可在下拉框中选择案例，可选项有商品期货套期保值和金融期货套期保值。如果选择了商品期货套期保值，则需要为自己选择一个实验角色，分别为大豆生产农场(未来售出 80 吨大豆)和豆制品工厂(未来购入 80 吨大豆)。如果选择了金融期货套期保值，则要从 3 种股指期货中选择一种，分别是上证 50 股指期货、沪深 300 股指期货和中证 500 股指期货，具体如图 5-19(a)和图 5-19(b)所示。

步骤 6：期货合约选择。

(1) 如图 5-19(a)所示，如果学生选择了商品期货套期保值中的大豆生产农场角色，则需要在 2018 年 8 月 23 日出售 80 吨大豆，并帮助农场完成期货套期保值。学生需要选择交易所和交易品种，系统会筛选出所有满足条件的期货合约，学生可从中选择一种合约加入期货头寸，单击“下一步”按钮进入步骤 7。此处应注意选择大豆品种上市的交易所，注意黄大豆 1 和黄大豆 2 的区别，同时应选择主力合约。大豆生产农场的合约选择如图 5-20 所示。

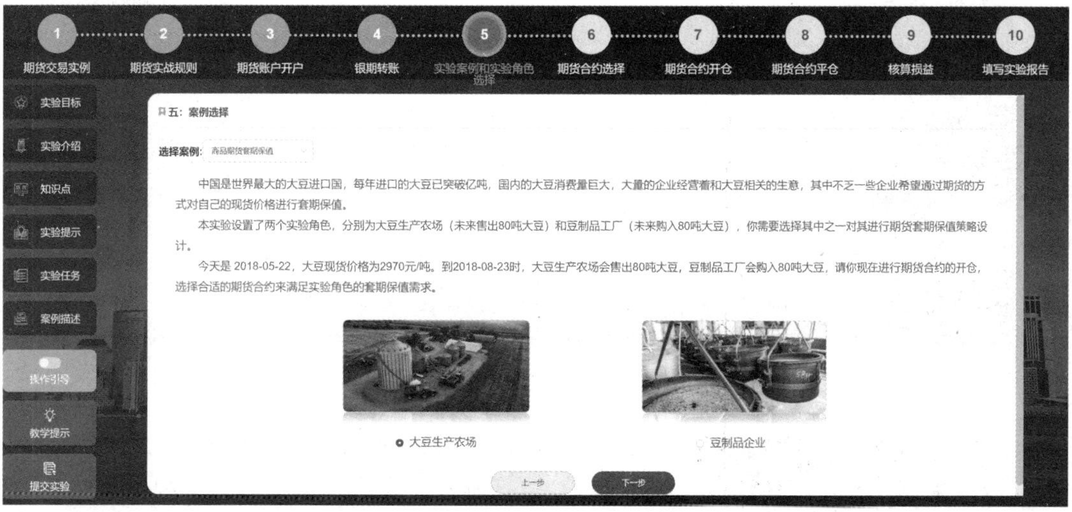

(a) 商品期货——案例和角色选择

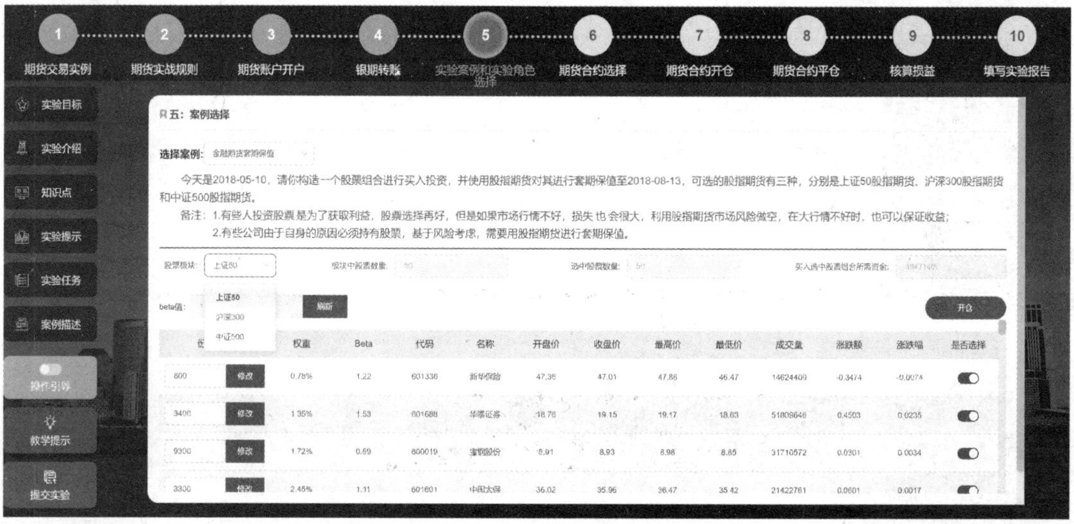

(b) 金融期货——案例和角色选择

图 5-19　案例和角色选择

(2) 如果学生选择了商品期货套期保值中的豆制品工厂角色，则需要在 2018 年 8 月 23 日买入 80 吨大豆，并帮助工厂完成期货套期保值。该角色下所需要进行的操作与上述大豆生产农场角色类似，但买卖合约的方向不一样。豆制品工厂的合约选择如图 5-21 所示。

(3) 如果学生选择了金融期货套期保值，则相当于学生现在已经构造了一个股票组合，并进行买入投资，系统会显示股票组合当前的市值。学生需要使用股指期货对其进行套期保值，套期保值结束时间为 2018 年 8 月 23 日。操作步骤与上述相同。股票组合的合约选择如图 5-22 所示。

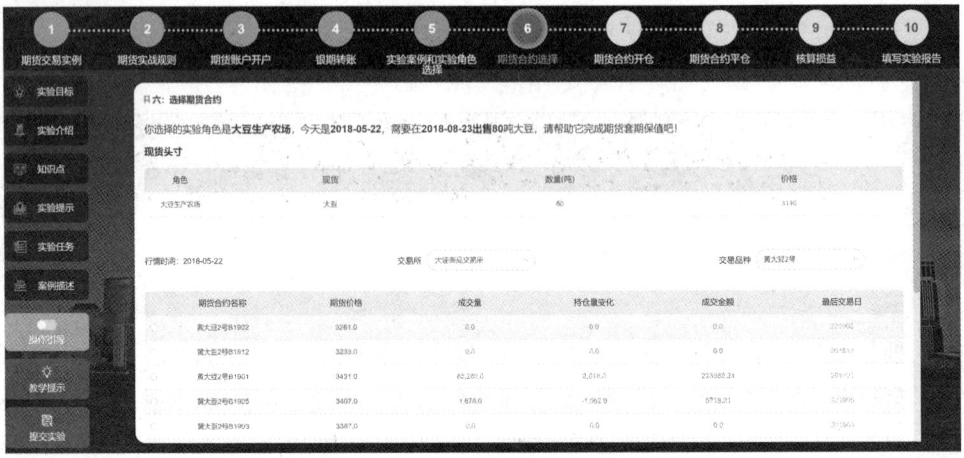

图 5-20 大豆生产农场的合约选择

图 5-21 豆制品工厂的合约选择

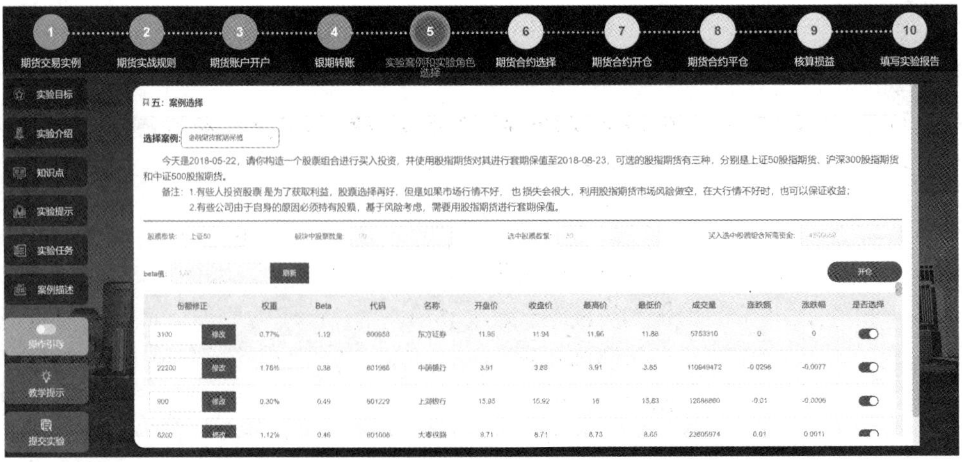

图 5-22 股票组合的合约选择

步骤 7：期货合约开仓。您需要通过银行转账，确保您有足够的资金支付合约保证金，并且选择合约的买卖方向及数量，确认后即可选择“运行策略”选项。期货合约开仓操作如图 5-23 所示，需要根据实验角色的不同，选择对应的买卖方向和委托手数。

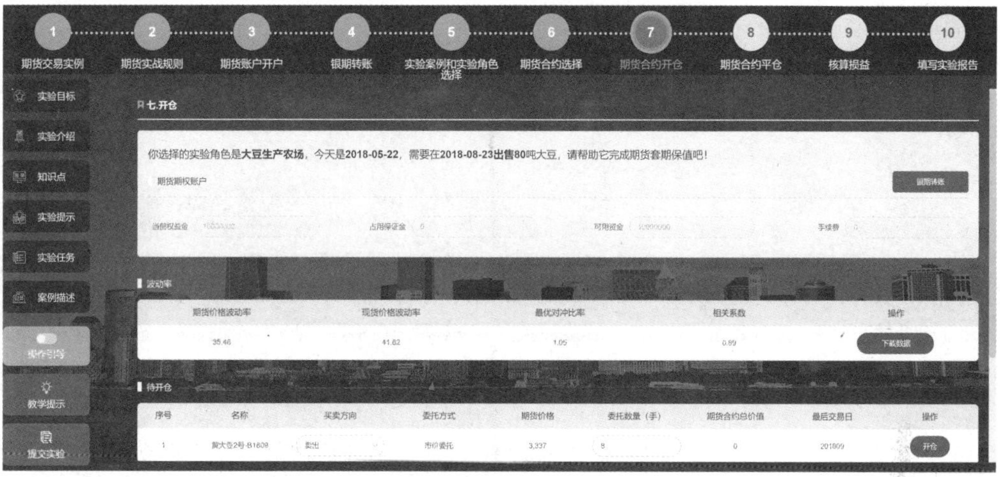

图 5-23 期货合约开仓操作

步骤 8：期货合约平仓。该步骤中学生可进行银行转账操作，以保证账户中资金充足。选择需要平仓的期货合约，单击“平仓”按钮即可。期货合约平仓操作如图 5-24 所示。

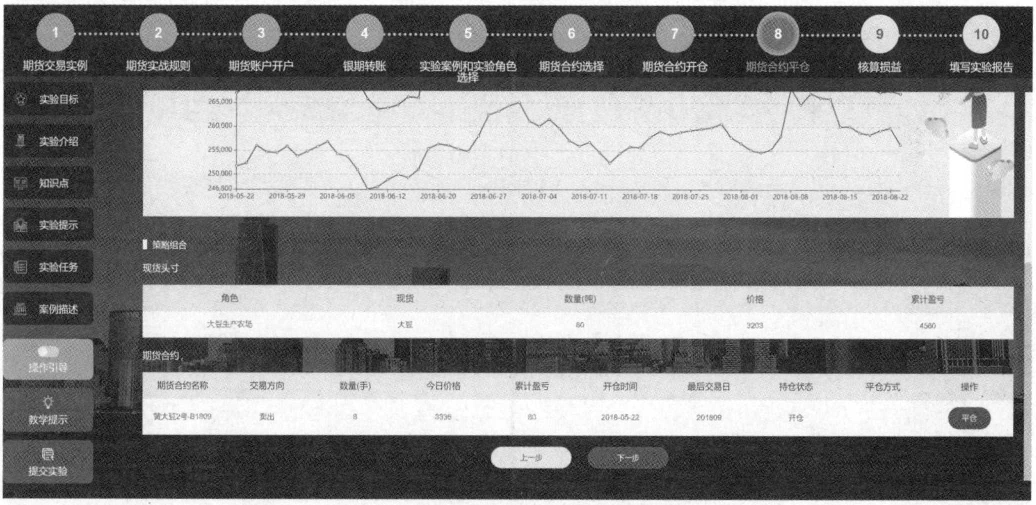

图 5-24 期货合约平仓操作

步骤 9：核算损益。学生可查看各个期货合约的盈亏曲线和头寸价值图，未做期货套期保值下的盈亏情况以及做了期货套期保值后的损益情况。确认无误后单击“填写实验报告”按钮，进入步骤 10。核算损益界面如图 5-25 所示。

步骤 10：填写实验报告。该步骤学生需完成实验报告的填写，共 10 个部分，其中前 6 个部分系统已自动填写，学生只需完成 7～10 部分，请认真填写。填写实验报告的主要内容如图 5-26 所示。

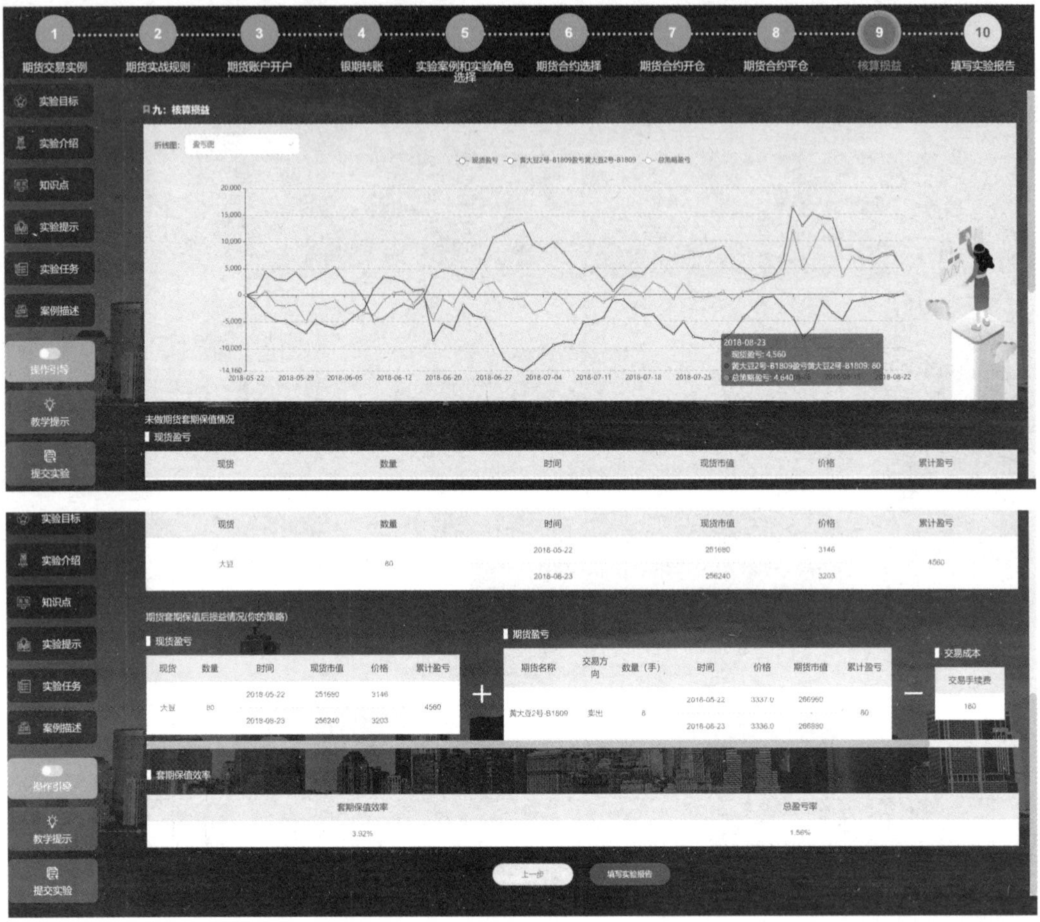

图 5-25　核算损益界面

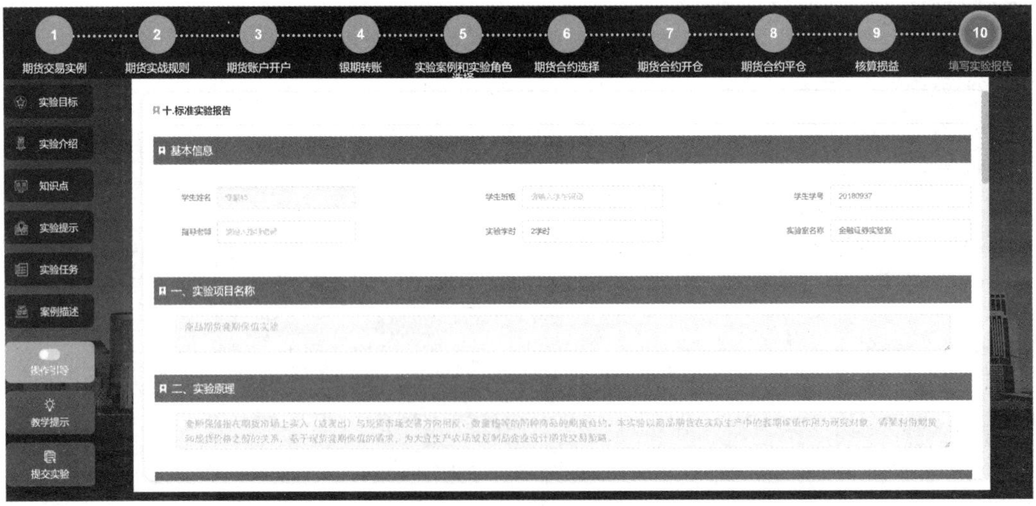

图 5-26　填写实验报告

图 5-26　填写实验报告（续）

3．实验考核

实验考核包括实验报告（20%）、实验效果（40%）、课堂汇报表现（40%）三部分。其中，实验报告主要考核完整性和规范性。实验效果主要考核是否达到实验的目的以及策略的表现。课堂汇报表现主要考核学生对期货套期保值策略的理解和表达能力，由教师进行评分。

5.7.2 进阶实验：基于虚拟仿真平台的期货套利策略设计

1．实验目的和实验内容

本实验以期货套利策略为核心，关注期现套利和跨期套利，要求学生进行期现正向套利、期现反向套利和跨期套利策略设计，并利用商品期货和股指期货分别完成相应的套利操作。通过参与实验，学生可在虚拟仿真环境中，积极学习和研究期货和现货之间、不同期限的期货合约之间的价格关系，熟悉无套利区间的识别，掌握设计套利交易策略获得低风险收益的技术与方法。

2．实验步骤

步骤 1：套利模式选择。学生需要选择套利模式、套利品种和套利方向。其中，套利模式含期现套利、跨期套利两种选择，用户可根据需要自行选择。套利品种含商品期货和股指期货两种选择。套利方向中，只有在套利模式中选择了期现套利才需要选择套利方向，当期货价格被高估时，可进行正向套利(卖期货买现货)；当期货价格被低估时，可进行反向套利(买期货卖空现货)。跨期套利则隐藏于此下拉框。

套利模式选择如图 5-27 所示。

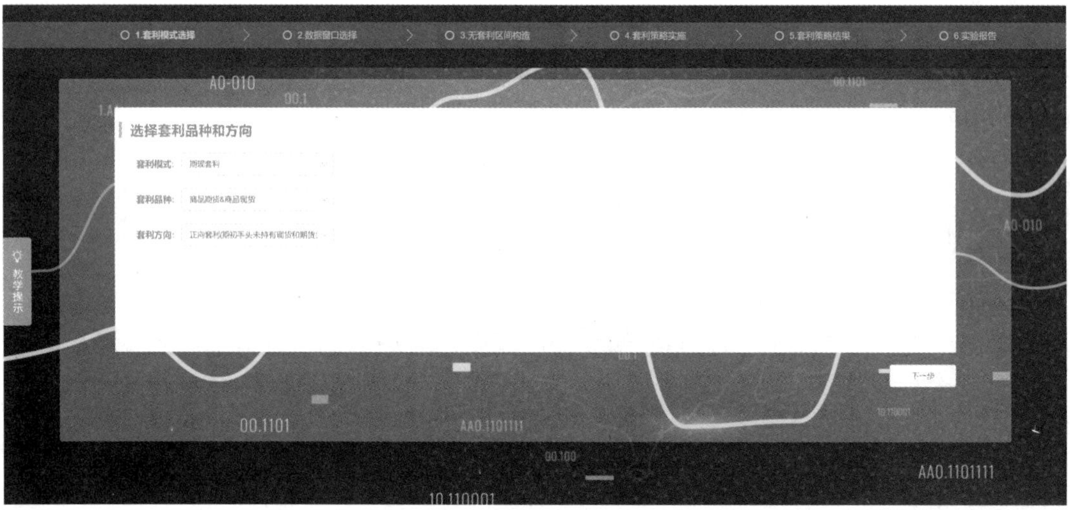

图 5-27　套利模式选择

步骤 2：套利品种选择。套利品种可供选择的有豆粕、螺纹钢、IH、IF、IC 等。单击“生成数据”按钮后系统默认输出连续 6 个期货合约及对应的现货的折线图。学生需要从中初步判断套利机会，其中，通过在折线图的图例中单击具体的合约名称，可以展示该合约与现货的价格曲线图。若无明显套利机会，可再次单击“生成数据”按钮刷新数据，此处会随机输出一段时间的连续 6 个期货合约及对应的现货的数据。套利品种选择如图 5-28 所示。

步骤 3：无套利区间构造。在无套利区间中勾选上下边界构成函数，注意有些变量可能是干扰项，要确定变量的正负号，选择“计算无套利区间”选项，得到无套利区间结果和时间趋势图，进入下一步。

图 5-28　套利品种选择

1) 商品期货期现套利无套利区间构造

主要可供选择的变量介绍如下：

期货理论价格曲线的计算公式为 $F_t = S_t\left(1+\dfrac{r(T-t)}{365}\right)$，式中，$t$ 为时间；S_t 为现货价格；T 为期货合约最后交易日；r 为无风险利率=2%。

现货仓储费=1 元/(吨 · 天)×(T–t)

期货交易手续费=2 元/吨

期货交割手续费=4 元/吨

期货交割运输费=30 元/吨

期货交割检查费=30 元/吨

期货交割仓租费=1 元/(吨 · 天)×10 天=10 元/吨

现货购入资金的占用费用=现货价格×2%×(T–t)/365

交割增值税=(期货最后交易日价格–购入期货价)×17%/(1+17%)

注：如果(期货最后交易日价格–购入期货价)小于 0，则增值税为 0。

期货开仓资金的占用费用=期货价格×20%×2%×(T–t)/365

交割出/入库费 =5 元/吨

现货售出获取资金的利息收入=现货价格×2%×(T–t)/365

商品期货期现套利无套利区间构造如图 5-29 所示。

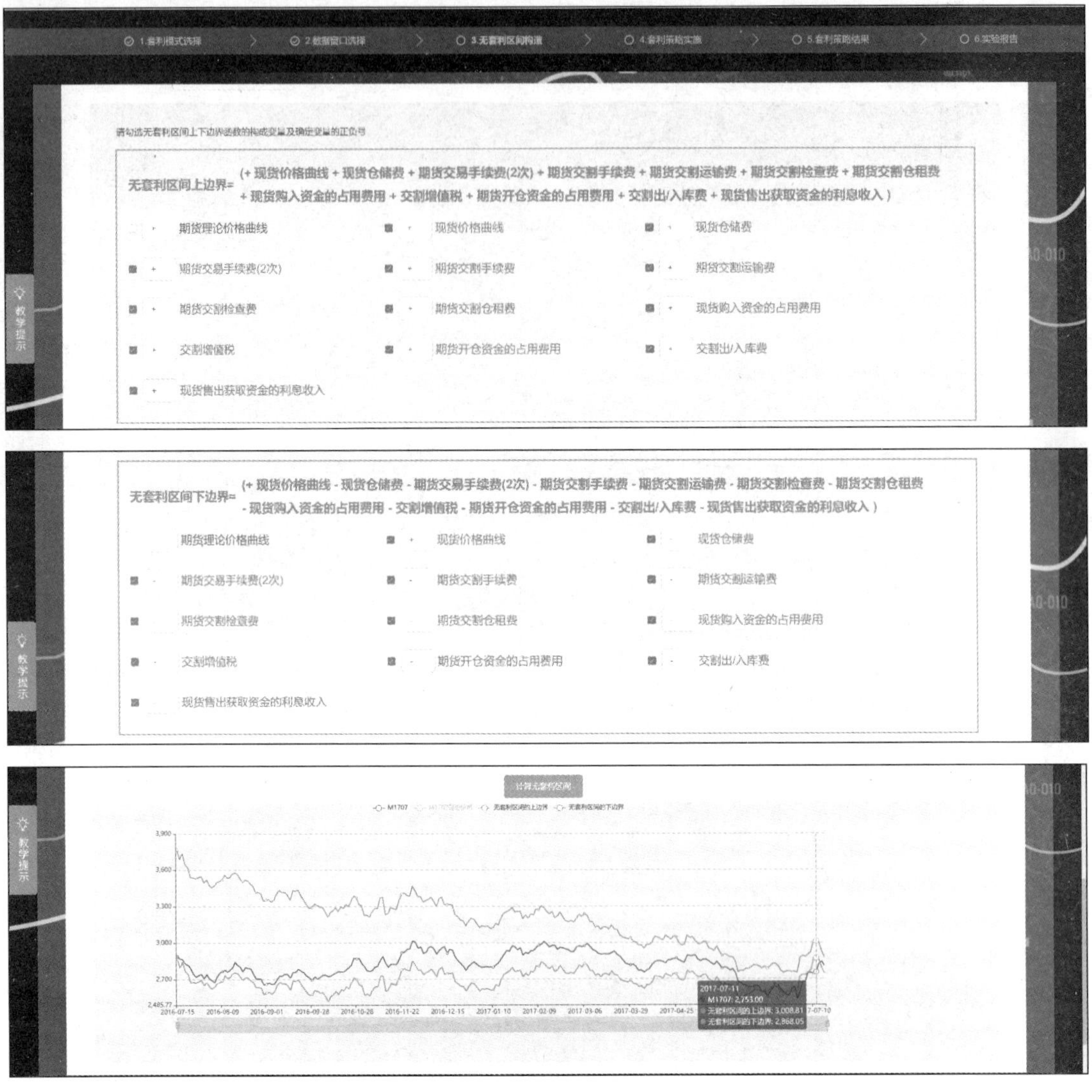

图 5-29 商品期货期现套利无套利区间构造

2) 股指期货期现套利无套利区间构造

股票交易双边手续费=成交金额的 0.1%

股票交易双边印花税=成交金额的 0.1%

期货交易双边手续费=0.2 个指数点位

股票买入和卖出的总冲击成本=成交金额的一定比例

股票组合模拟指数跟踪误差=指数点位的一定比例

期货买入和卖出的总冲击成本=指数点位的一定比例

借贷利差成本=指数点位的一定比例

注：上述比例均需要手动输入，默认为百分比。

股指期货期现套利无套利区间构造如图 5-30 所示。

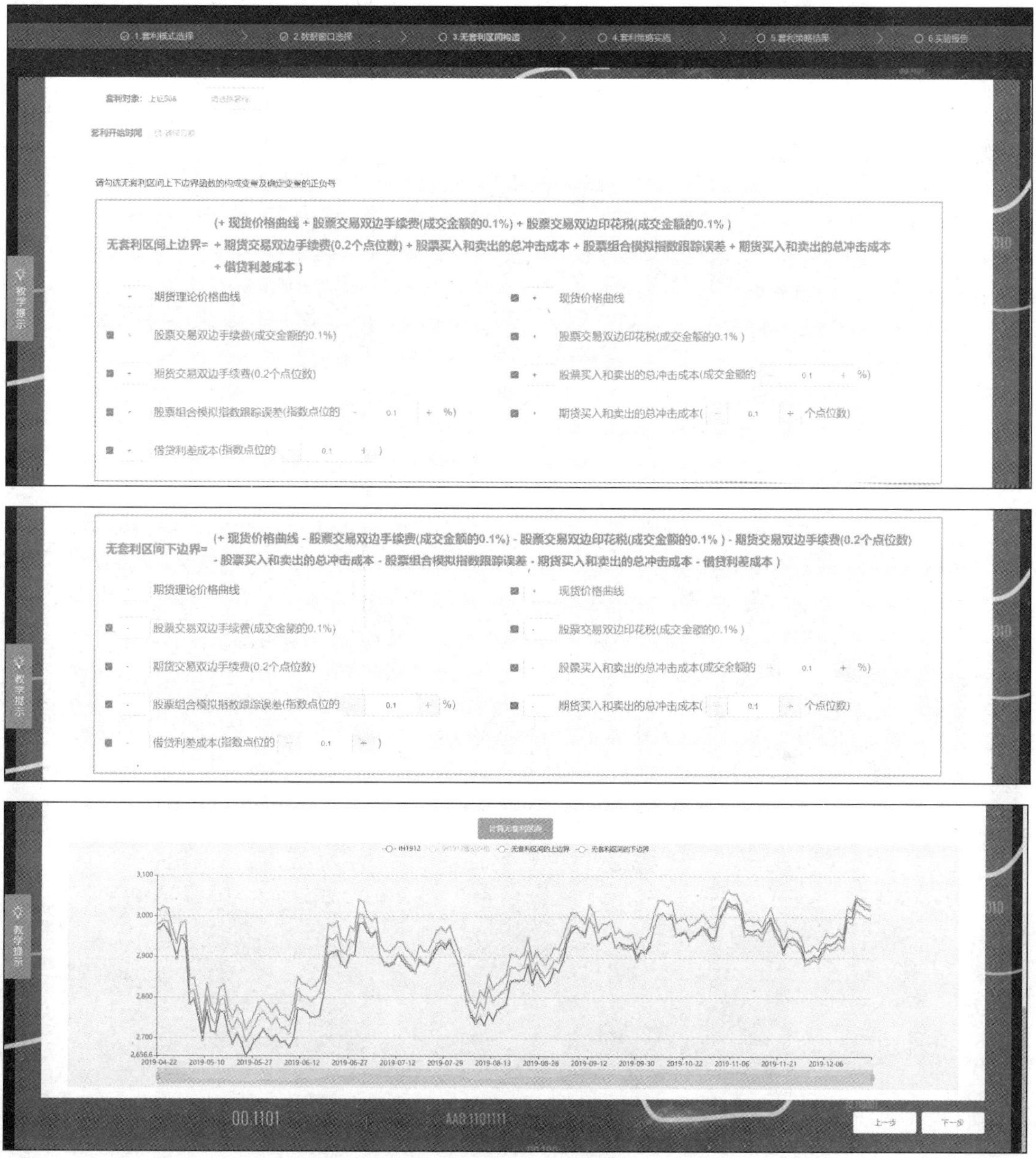

图 5-30 股指期货期现套利无套利区间构造

3）商品期货跨期套利无套利区间构造

合约价差曲线由所选合约数据交集做差得出。均衡价差即对选择时间范围内的合约价差算平均值。期货买入和卖出的总冲击成本需要手动输入。

商品期货跨期套利无套利区间构造如图 5-31 所示。

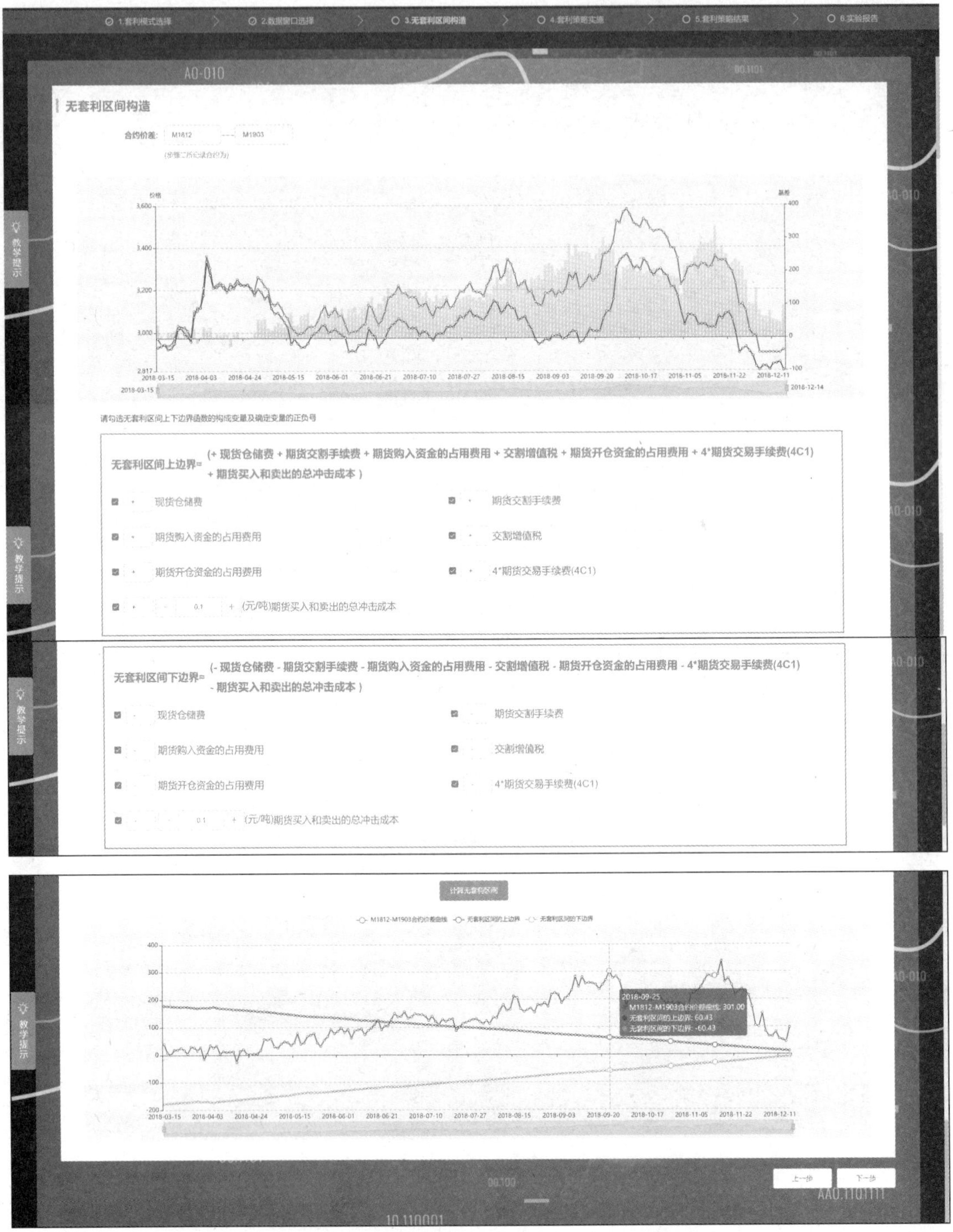

图 5-31 商品期货跨期套利无套利区间构造

4）股指期货跨期套利无套利区间构造

与商品跨期套利相同。股指期货跨期套利无套利区间构造如图 5-32 所示。

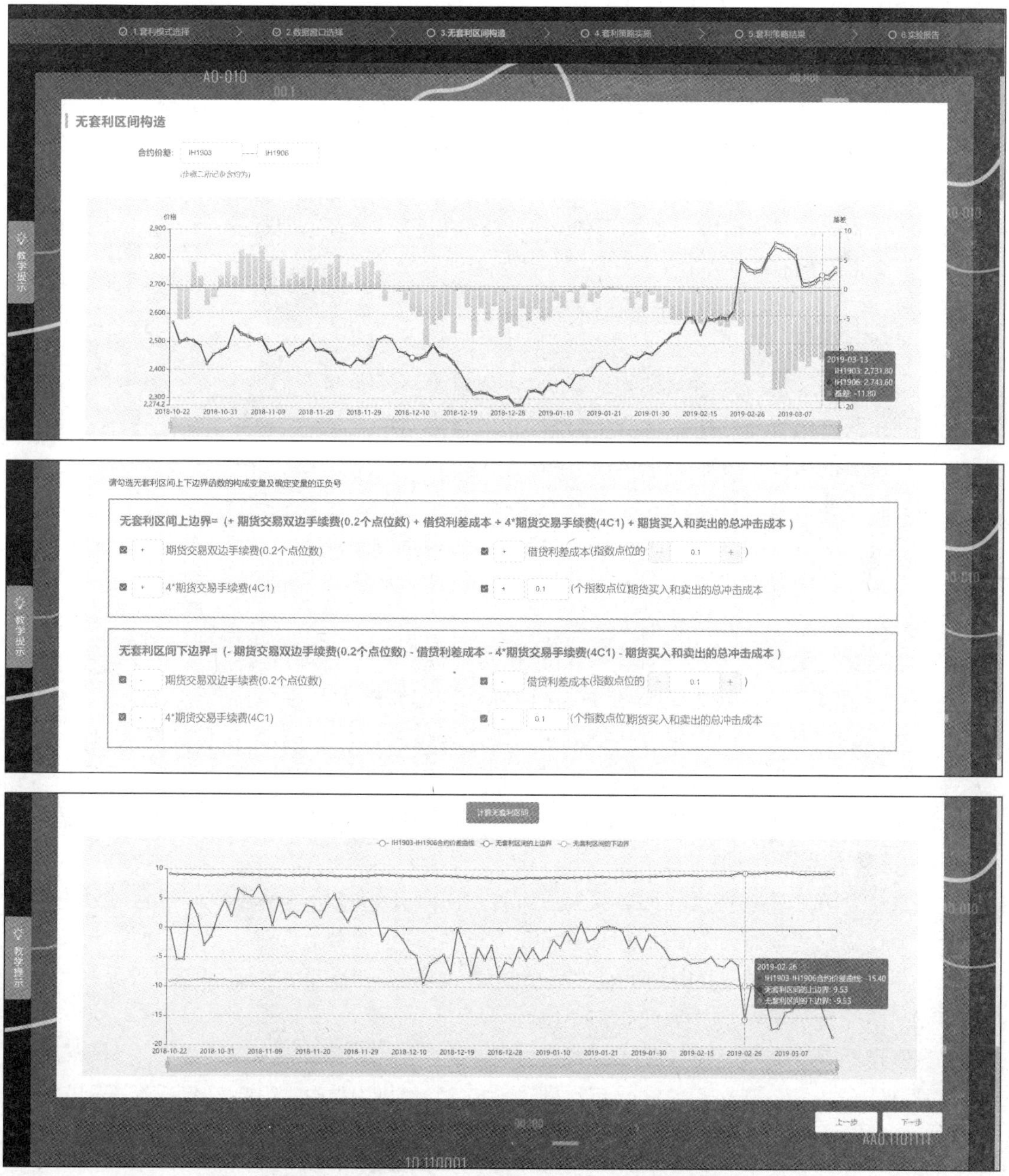

图 5-32 股指期货跨期套利无套利区间构造

步骤 4：套利策略实施。本步骤包括开仓、持仓、平仓，让学生模拟正式交易场景。学生选择合理的时间，开仓期货合约组合。开仓后，单击下一个交易日推进实验时间，并选择在某一天平仓头寸结束套利。套利结束后，需单击“保存策略结果”按钮后，策略结果才会被记录至步骤 5。

1) 商品期现套利策略

期货合约盈亏：

对于买入期货，期货盈亏=(期货价格-期初期货价格)×开仓数量×交易单位；

对于卖出期货，期货盈亏=(期初期货价格-期货价格)×开仓数量×交易单位。

减少资金=转向银行账户的钱。

合约盈亏：

正向套利时，现货盈亏=(现货今日价-现货开仓价)×数量；期货盈亏=(期货开仓价-期货今日价)×手数×每手吨数。

反向套利时，现货盈亏=(现货开仓价-现货今日价)×数量；期货盈亏=(期货今日价-期货开仓价)×手数×每手吨数。

总盈亏=2 个合约盈亏+2 个持仓成本损益。

现货盈亏曲线：

(反向套利)现货盈亏图=(期初现货价格-现货价格)×数量；

(正向套利)现货盈亏图=(现货价格-期初现货价格)×数量。

从买入后的第二天开始显示至最后一天。

期货盈亏曲线：

对于买入期货，期货盈亏图=(期货价格-期初期货价格)×开仓数量×交易单位；

对于卖出期货，期货盈亏图=(期初期货价格-期货价格)×开仓数量×交易单位。

从买入后的第二天开始显示至最后一天。

现货持仓成本曲线：

正向套利时，储存成本=-持仓天数×1×吨数；现货购入资金的利息成本=-现货价格×吨数×(2%/365)×持仓天数。平仓或交割后，增值税成本=-(期货最后交易日价格-购入期货价)×17%/(1+17%)，如果(期货最后交易日价格-购入期货价)小于 0，则增值税为 0。

反向套利时，现货售出资金的利息收入=现货价格×吨数×(2%/365)×持仓天数；储存成本节约=持仓天数×1×吨数。

期货持仓成本曲线：开仓时，期货交易手续费=-1×手数×每手吨数；持仓过程中，期货保证金资金利息成本=-2×占用保证金×(2%/365)×持仓天数。若对冲平仓：期货交易手续费=-1×手数×每手吨数；若交割平仓：期货交易手续费=-81×手数×每手吨数。

商品期现套利策略实施如图 5-33 所示。

2)股指期现套利策略

股票持仓成本：开仓股票交易手续费、印花税、冲击成本、跟踪误差、借贷利差成本(成交金额的 0.65%)。平仓时股票交易手续费、印花税、冲击成本(成交金额的 0.35%)。

期货持仓成本：开仓时，期货交易手续费=-1×手数×每手吨数；持仓过程中，期货保证金资金利息成本=-2×占用保证金×(2%/365)×持仓天数。若对冲平仓：期货交易手续费=-1×手数×每手吨数；若交割平仓：期货交易手续费=-81×手数×每手吨数。

反向套利：开仓时，期货交易手续费=-1×手数×每手吨数；持仓过程中，期货保证金资金利息成本=-2×占用保证金×(2%/365)×持仓天数。若对冲平仓：期货交易手续费=-1×手数×每手吨数；若交割平仓：期货交易手续费=-41×手数×每手吨数。

总盈亏曲线=现货盈亏曲线+期货盈亏曲线+现货持仓成本曲线+期货持仓成本曲线。

对冲：对冲平仓，则合约盈亏的计算方式不变。

股指期现套利策略实施如图 5-34 所示。

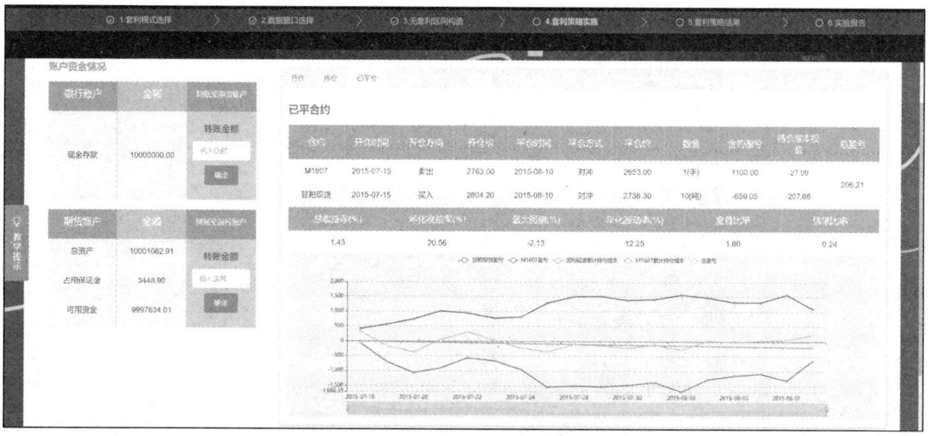

图 5-33　商品期现套利策略实施

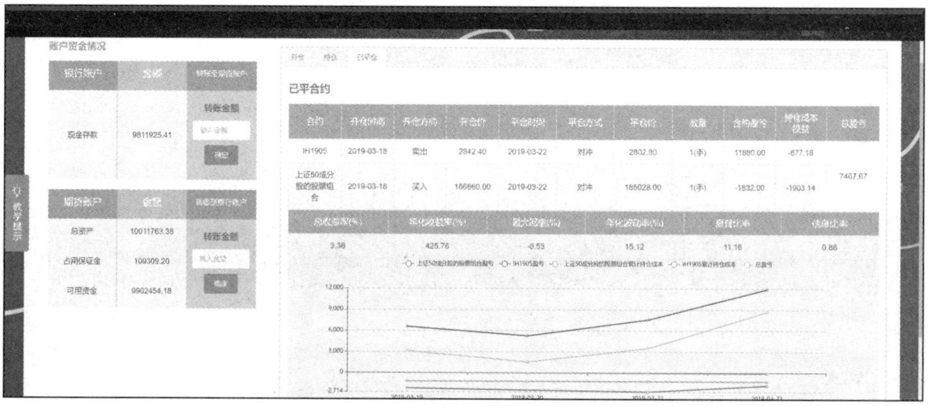

图 5-34　股指期现套利策略实施

3) 商品跨期套利策略

各项均与上述相同。总盈亏曲线=Σ期货盈亏曲线+Σ期货持仓成本曲线。

商品跨期套利策略实施如图 5-35 所示。

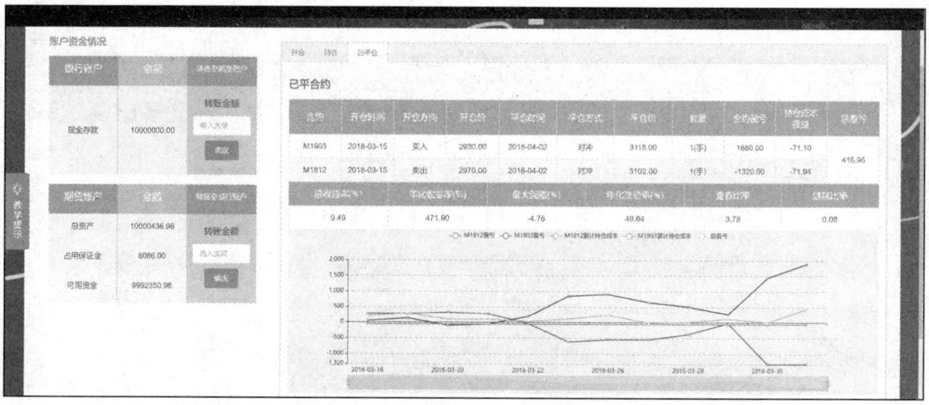

图 5-35　商品跨期套利策略实施

4) 股指跨期套利策略

各项指标含义及计算方式均与上述相同。股指跨期套利策略实施如图 5-36 所示。

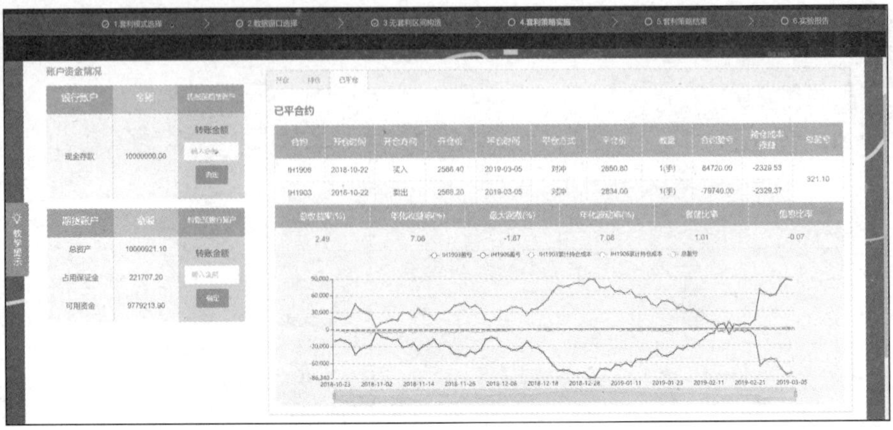

图 5-36　股指跨期套利策略实施

步骤 5：套利策略结果。相当于策略结果运行后的一个结果库，可以在策略库中选择最优的策略完成实验报告。可在下拉框中切换市值曲线/盈亏曲线。选中策略填写实验报告单选框，只能带一个策略结果到实验报告页，返回切换策略按钮后刷新实验报告。

填写实验报告时需要选中一个策略结果填写实验报告单才可进入实验报告步骤，若未选，则会弹窗提示“选中一个策略结果才可填写实验报告”。选择套利策略结果如图 5-37 所示。

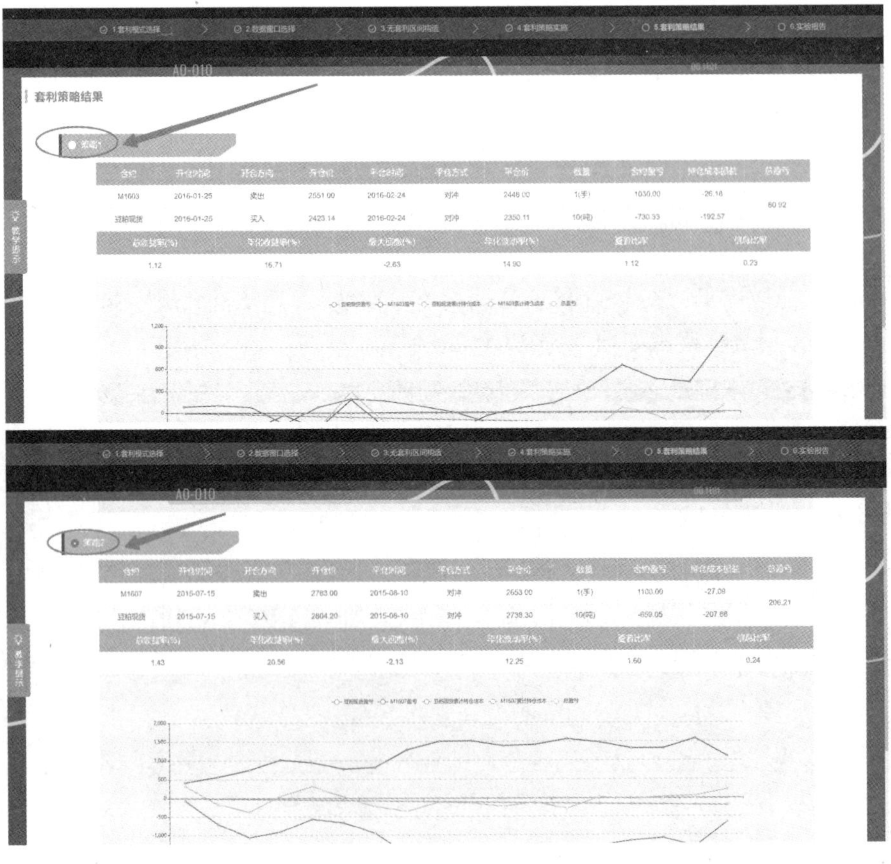

图 5-37　选择套利策略结果

步骤 6：实验报告。填写实验报告，输出逻辑和套期保值实验保持一致。套利策略的实验报告主要内容如图 5-38 所示。

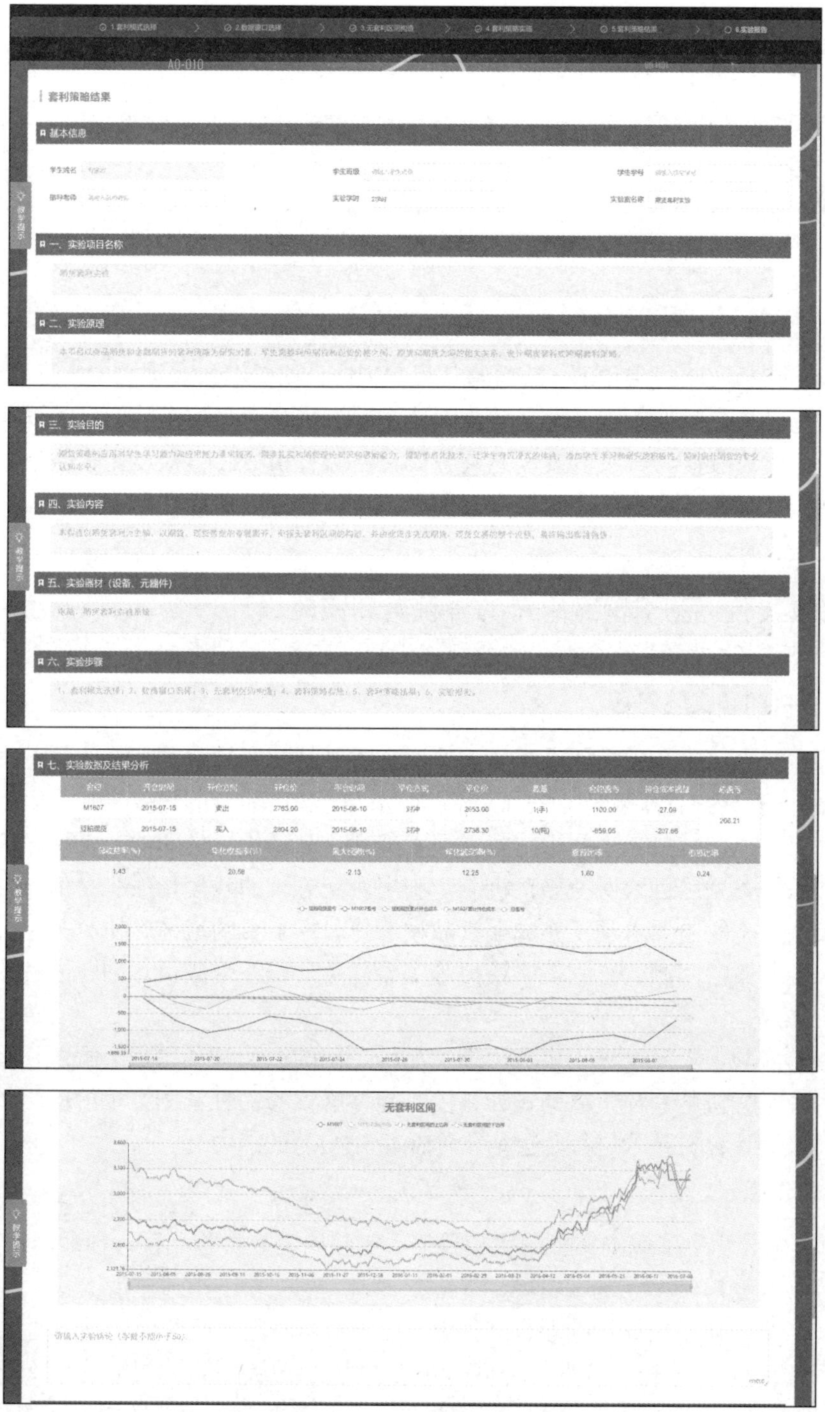

图 5-38　套利策略实验报告

图 5-38 套利策略实验报告(续)

3. 实验考核

实验考核包括实验报告(20%)、实验效果(40%)、课堂汇报表现(40%)三部分。其中，实验报告主要考核完整性和规范性。实验效果主要考核是否达到实验的目的以及策略的表现，评价指标分为收益、风险以及风险调整后收益综合指标，包括年化收益率、收益波动率、最大回撤、夏普比率等。课堂汇报表现主要考核学生对期货套利策略的理解和表达能力，由教师进行评分。

5.7.3 挑战实验：基于聚宽平台的协整套利策略设计

1. 实验目的和实验内容

依托聚宽平台，本实验设计基于协整的期货跨品种套利策略。期货跨品种套利策略是面向期货品种的日内 CTA 策略，主要思想是从基本面和产业链的角度寻找具有关联关系的期货品种对(如大豆和豆粕)，利用协整方法发现期货品种价格之间的长期均衡关系，考虑短期关系向长期关系趋近的误差修正机制，利用协整方程的残差形成交易信号，进而设计量化交易策略。本实验要求学生完成期货品种选择、期货合约选择、协整关系检验、套利策略设计、套利策略回测、套利策略模拟等实验任务，最终形成可行的跨品种策略并提供相应的投资建议。

通过参与实验，学生可进一步巩固期货品种之间的产业链关系，了解统计套利的基本方法与技术，掌握协整套利策略的设计方法，能够解读跨品种套利策略的应用场景和应用条件，提高采用计算机技术进行金融衍生产品量化交易的能力。

2. 实验步骤

步骤 1：引导学生了解本实验的实验目的、实验内容、实验流程、预期结论等(从而激发学生的实验兴趣)。

步骤 2：从 5.1.1 节所展示的期货品种中选取具有基本面或产业链联系的期货品种对(两种期货或三种期货)，依托聚宽平台提供的期货主力合约历史价格数据，在“研究环境”中编写 Python 代码，分析期货收益率之间的相关关系，进而选取相关性较强的期货品种对作为套利策略的交易标的。

步骤 3：针对所选取的期货合约，依托聚宽平台提供的历史价格数据，在“研究环境”

中编写 Python 代码，分析期货合约价格之间是否存在协整关系。若价格间不存在协整关系，则须退回并重新选取期货品种对。

步骤 4：设定跨品种套利策略的基本参数，包括交易标的、协整检验的样本数、开仓门限值、平仓门限值、资金使用比例等。

步骤 5：设计跨品种套利策略。以主力合约为交易对象，获取期货价格的历史数据，采用回归方法考察二者对数价格序列的协整关系，即检验残差序列的非平稳特征，ADF 检验拒绝原假设即存在协整关系；在存在协整关系的基础上，获取最近交易价格数据，利用已估计出的(样本内)参数生成新的(样本外)残差，利用样本内残差的标准差对样本外残差进行标准化，形成交易指标；根据标准化样本外残差(指标)形成交易信号；设定门限值，指标超过某个门限值(如正负 1 倍标准差)后开仓，指标回复到某个门限值(如正负 0.5 倍标准差)后平仓，指标超过某个门限值(如正负 2.5 倍标准差)后平仓止损；为交易信号设定交易规则，根据所使用的保证金金额计算期货品种的交易数量(回测中设定期货品种交易量不超过真实成交量的 10%)，完成开仓平仓交易。

步骤 6：在所选回测期间内，对跨品种策略展开回测并分析策略的回测表现，进而通过模拟交易分析策略实际表现。

步骤 7：根据回测结果和模拟结果进一步优化跨品种套利策略，形成可行的跨品种套利策略并提供相应的投资建议。

步骤 8：分析实验结果，形成研究结论，撰写并提交实验报告。

3. 实验考核

实验考核包括实验报告(20%)、实验效果(40%)、课堂汇报表现(40%)三部分。其中，实验报告主要考核完整性和规范性。实验效果主要考核是否达到实验的目的以及策略的表现，评价指标分为收益、风险以及风险调整后收益综合指标，包括年化收益率、收益波动率、最大回撤、夏普比率等。课堂汇报表现主要考核学生对协整套利策略的理解和表达能力，由教师进行评分。

5.8 策略示例与代码

5.8.1 几个常见的量化 CTA 策略

股指期货双均线策略：选取期货主力合约为交易标的，计算短期移动平均线和长期移动平均线，当短期移动平均线上穿长期移动平均线(金叉)时做多，当短期移动平均线下穿长期移动平均线(死叉)时做空，并在收盘前平仓，不留隔夜仓。扫码线上资源 5-1 可阅读该策略代码。

线上资源 5-1

ATR 通道策略：选取股指主力合约为交易标的，采用均线生成 ATR 通道，当日内价格突破上轨时，则开仓做多；当达到止盈条件、止损条件或价格跌破均线时，则平仓。当日内价格突破下轨时，则开仓做空；当达到止盈条件、止损条件或价格突破均线时，则平仓。扫码线上资源 5-2 可阅读该策略代码。

布林线策略：选取期货主力合约为交易标的，生成布林线通道，当日内价格突破上轨时，则开仓做多；当达到止盈条件、止损条件或价格跌破均线时，则平仓。当日内价格突破下轨时，则开仓做空；当达到止盈条件、止损条件或价格突破均线时，则平仓。扫码线上资源 5-3 可阅读该策略代码。

线上资源 5-2　线上资源 5-3

5.8.2 协整跨品种套利策略

该策略从基本面和产业链的角度寻找具有关联关系的期货品种对(如大豆和豆粕)，利用协整方法发现期货品种价格之间的长期均衡关系，考虑短期关系向长期关系趋近的误差修正机制，利用协整方程的残差形成交易信号，进而设计量化交易策略。

以主力合约为交易对象，获取期货价格的历史数据，采用回归方法考察二者对数价格序列的协整关系，即检验残差序列的非平稳特征，ADF 检验拒绝原假设即存在协整关系；在存在协整关系的基础上，获取最近交易价格数据，利用已估计出的(样本内)参数生成新的(样本外)残差，利用样本内残差的标准差对样本外残差进行标准化，形成交易指标；根据标准化样本外残差(指标)形成交易信号；设定门限值，指标超过某个门限值(如正负 1 倍标准差)后开仓，指标回复到某个门限值(如正负 0.5 倍标准差)后平仓，指标超过某个门限值(如正负 2.5 倍标准差)后平仓止损；为交易信号设定交易规则，根据所使用的保证金金额计算期货品种的交易数量(回测中设定期货品种交易量不超过真实成交量的 10%)，完成开仓平仓交易。扫码线上资源 5-4 可阅读该策略代码。

线上资源 5-4

习　题

1．基础实验：登录期货交易虚拟仿真实验平台，自行选择商品期货套期保值或金融期货套期保值，完成期货套期保值策略设计，并提交实验报告。

2．进阶实验：登录期货交易虚拟仿真实验平台，自行选择商品期货或金融期货，自行选择期现套利或跨期套利，完成期货套利策略设计，并提交实验报告。

3．进阶实验：依托聚宽平台，选择一种常见量化 CTA 策略，通过 Python 编程，完成量化 CTA 策略的设计与回测，并提交实验报告。

4．挑战实验：依托聚宽平台，自行选择期货品种，通过 Python 编程，完成基于协整的期货跨品种套利策略的设计与回测，并提交实验报告。

5．挑战实验：结合股指期货套期保值原理，在多因子策略基础上，设计一个股票和股指期货的 alpha 策略，依托聚宽平台，通过 Python 编程，完成 alpha 策略的设计与回测，并提交实验报告。

6．挑战实验：在多品种期货跨品种套利策略基础上，叠加海龟交易法则进行仓位控制，依托聚宽平台，通过 Python 编程，完成交易策略的设计与回测，并提交实验报告。

第 6 章　期权交易

Chapter 6

期权只讲权利不讲义务，与期货的收益和风险有很大的不同。买入期权类似于给投资者购买了一份保险，且免去了保证金管理带来的烦琐和风险，给具有不同需求的投资者提供了更加灵活的选择。本章从期权市场和交易规则出发，在期权定价理论知识的基础上，解析期权的套期保值策略以及各种价差、组合套利策略，最后介绍期权交易虚拟仿真实验。

6.1　期权市场与期权交易

6.1.1　期权简介

1．期权概念

期权(Options)和期货都是金融衍生工具，期货合约强调权利和义务的对等，但期权合约是一种赋予期权买方在未来某一日期(到期日之前或到期日当天)，以事先确定的价格(敲定价格/行权价格)买入或卖出一定数量标的资产的权利，而不是义务的合约。为拥有这种权利而非义务，期权合约的买方需要向卖方支付一定的费用，这被称为期权费(权利金)，也是期权的价格。期权签约示意图如图 6-1 所示。

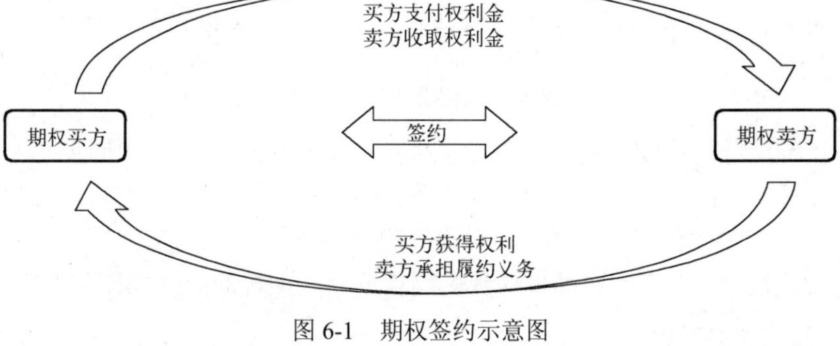

图 6-1　期权签约示意图

期权合约主要包括以下几个要素。

- 标的资产(Underlying Asset)：合约规定的买方在执行权利时有权买入或卖出的资产。

- 行权价格(Exercise Price)：合约规定的买方有权在合约规定时间买入或卖出标的资产的价格，又称敲定价格(Strike Price)或执行价格。
- 合约规模(Size)：一张期权合约中买入或卖出标的资产的数量。
- 到期日(Expired Date)：合约规定的期权合约有效的最后期限。
- 权利金(Premium)：期权买方为了获得权利，支付给卖方的资金，也是期权的价格。

期权和期货不同，期权只讲权利，不讲义务，即购买期权使你拥有买入或卖出标的资产的权利，但你也可以选择不执行期权。以我们在日常生活中购买房产为例，假设你计划买某小区的新房，与房地产开发商签订协议，在未来一个月内可以以 2 万元/平方米的价格购买某套 100 平方米的房子，预付定金 10 万元。合约规定你到期违约不买的话，定金不退，但如果开发商违约不卖，定金双倍返还。在这个例子里，小区的房屋类似于期权标的资产，2 万元/平方米类似于期权行权价格，100 平方米类似于合约规模，1 个月就是期权的有效期，10 万元的定金使你获得购买新房的权利，类似于权利金，但不完全一样。因为你如果按期购买了房子，10 万元定金可以抵房款，而权利金只是购买权利的费用。

2. 期权分类

根据期权合约中对标的资产的处理方式，期权分为看涨期权(认购期权、买权，Call Options)和看跌期权(认沽期权、卖权，Put Options)。看涨期权即期权持有者拥有在将来某一时间以特定价格买入标的资产的权利；看跌期权即期权持有者拥有在将来某一时间以特定价格卖出标的资产的权利。无论看涨期权还是看跌期权，期权持有者只有买入或卖出标的资产的权利，但没有必须这样做的义务。

根据期权合约中规定的行权方式，期权分为美式期权(American Options)和欧式期权(European Options)。美式期权在到期日前的任何一天都可以行权；欧式期权只能在到期日行权。期权的执行示意图如图 6-2 所示。

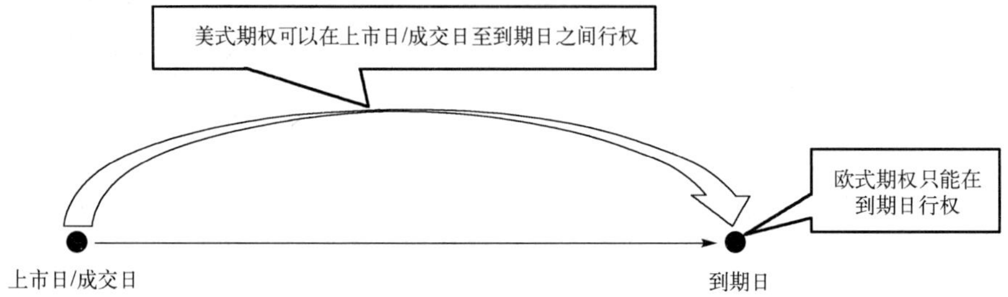

图 6-2 期权的执行示意图

根据行权时针对标的资产形式的不同，期权可分为现货期权和期货期权。一般意义上执行期权，针对的是标的资产的现货，称为现货期权。例如，绝大部分的金融期权，标的资产包括股票、股票指数、外汇、债务工具等。也有期权执行时针对的是标的资产的期货，称为期货期权，如我国所有的商品期权都是期货期权。期权的分类如图 6-3 所示。

3. 期权和期货的区别

首先，二者的权利和义务不同。期货指买卖双方约定在未来某一特定时间按照约定的价格在交易所进行交收标的物的合约，期货是双向合约。交易双方都要承担期货合约到期交割的义务。而期权赋予买方在将来某一确定的时间以特定的价格买入或卖出标的资产的权利，故期权是单向合约。期权的买方只有执行或不执行的权利，没有履约义务；期权的卖方只有被执行的义务，没有权利。

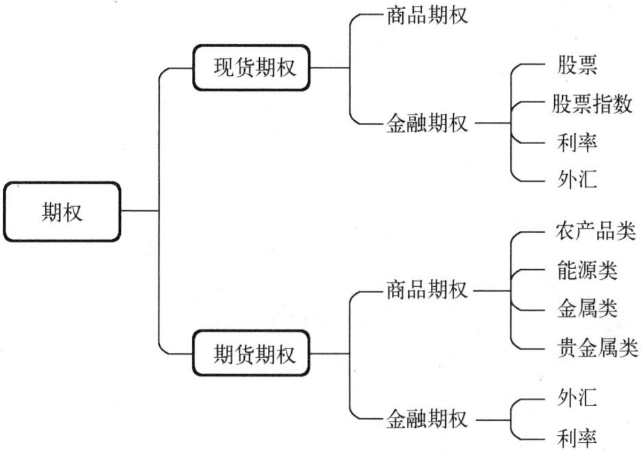

图 6-3　期权的分类

假设某人买入一份 9 月到期的大豆期货，定价约为 3800 元/吨。如果 3 个月后的价格为 4000 元/吨，则以 3800 元/吨的价格买入，每吨赚 200 元；如果 3 个月后价格为 3500 元/吨，则以 3800 元/吨的价格买入，每吨亏 300 元。

假设某人买入一份 9 月到期的大豆看涨期权，行权价格为 3800 元/吨，权利金为 100 元/吨。如果 3 个月后的价格为 4000 元/吨，则执行看涨期权，除了支付权利金，每吨赚 100 元；如果 3 个月后价格为 3500 元/吨，则放弃行权，每吨亏 100 元权利金。

其次，履约保证的不同。在期权交易中，买方最大的风险仅限于已支付的权利金，所以不需要支付履约保证金，而对卖方而言被行权就面临较大风险，因此必须缴纳保证金作为履约担保。在期货交易中，交易双方都面临着对等的盈利或亏损，因此双方都要缴纳履约保证金。

再次，盈亏特点的不同。期权买方的亏损仅限于购买期权的权利金，卖方的最大收益只是出售期权的权利金，但亏损可能巨大；而期货多空双方的风险和收益对等。

如图 6-4 所示为看涨期权多头和期货多头的收益图。

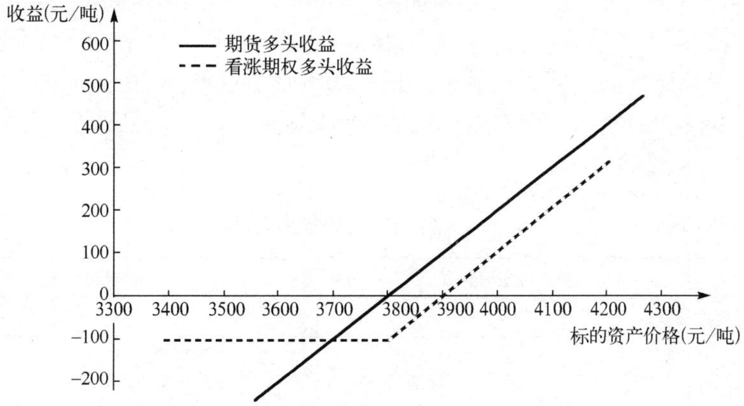

图 6-4　看涨期权多头和期货多头的收益图

最后，投资杠杆的不同。例如，看涨期权的标的资产是黄大豆 2 号主力期货，行权价格为 3800 元/吨，权利金为 100 元/吨。假设投资者有 10 万元资金，如果全部投资于该看涨期权多头，可以购买 1000 吨期货；如果全部投资于期货多头，期货保证金率为 9%，只能购买 290 吨期货。同时，由于期货多头权利和义务对等，而期权多头只有权利没有义务，故期货多头的投资收益完全不同于期权多头的收益。如图 6-5 所示为看涨期权多头和期货多头的收益差别。

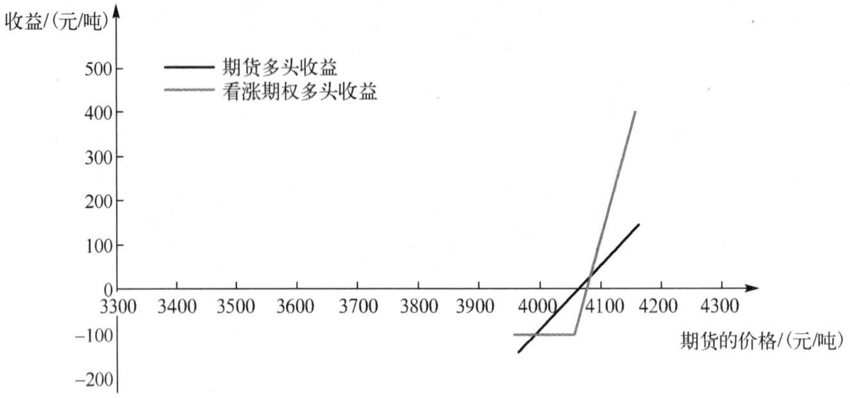

图 6-5 看涨期权多头和期货多头的收益差别

6.1.2 期权市场

受全球新冠疫情及海外资本市场剧烈波动影响，我国股票市场和商品市场发生巨幅波动，而期权凭借其非线性、亏损有限、盈利无限等特性，受到越来越多投资者的关注，因此我国金融期权和商品期权市场也保持大幅增长态势。2020 年，我国股票股指期权市场总成交量累计达到 8.83 多亿张，同比增长约 77%，累计成交金额达 7472 多亿元，同比增加约 162%；我国商品期权市场总成交量累计达到 0.77 多亿张，同比增长约 154%，累计成交金额达 800 多亿元，同比增加约 205%。在外部环境剧烈波动的情况下，越来越多的机构、企业以及个人投资者开始使用期权工具进行风险规避，期权市场交投活跃。考虑到期权为投资者提供了更多的投资与风险对冲工具，可以预见，我国期权市场还将进一步扩容，未来将有更多的交易所交易基金、指数、商品乃至个股相对应的期权品种上市。

首张股票看涨期权合约于 1973 年 4 月 26 日在芝加哥期权交易所登台亮相，随后美国主要交易所(如费城交易所、纽约股票交易所、美国证券交易所)相继推出了股票期权的业务。期权合约的标的品种也逐渐丰富，涵盖股票指数、外汇、商品期货等。如表 6-1 所示为各类期权的推出时间。

表 6-1 各类期权的推出时间

年份	期权类型	推出交易所
1973	股票看涨期权	芝加哥期权交易所
1977	股票看跌期权	芝加哥期权交易所
1982	外汇期权	费城交易所
1982	美国政府债券期货期权	芝加哥期权交易所

续表

年份	期权类型	推出交易所
1983	股票指数期权	芝加哥期权交易所
1985	外汇期货期权	芝加哥商业交易所
1987	铜期货期权	伦敦金属交易所
1990	长期期权	芝加哥期权交易所
1993	灵活期权	芝加哥期权交易所

根据世界交易所联合会(World Federation of Exchanges，WFE)统计，2018 年全球场内交易衍生工具成交量达到 301 亿张合约，2005—2018 年年均增长率约为 10.1%。从标的类型来看，2018 年场内衍生品市场约 29.27%的成交量源于股指期权及个股期权。具体而言，2018 年权益类衍生品的成交量占比高达 45.35%，其中个股期货、股指期货、个股期权、股指期权的成交量占场内衍生品市场成交量的比例分别为 4.83%、11.23%、14.80%及 14.47%。

作为我国第一只场内期权，50ETF 期权自 2015 年 2 月 9 日上市以来，其开户数量保持平稳增长。截至 2019 年第三季度，50ETF 期权的开户总数达到 39.39 万户，较上一季度增长约 6.40%，较 2018 年同期增长约 36.51%。

随着投资者参与度的提升，50ETF 期权在上证 50 体系中发挥了日益重要的作用。从上证 50 指数相关交易工具体系中的不同品种之间的规模对比来看，50ETF 期权成交与持仓面值规模自 2016 年 8 月之后便一直维持在上证 50 股指期货的 2 倍上下，日均成交面值也于 2018 年 7 月后超过了上证 50 指数成分股日均总成交额。2019 年 9 月，50ETF 期权的日均成交面值达到 757 亿元，约为 50ETF 成交额的 47.9 倍，上证 50 指数成分股总成交额的 1.6 倍，上证 50 股指期货的 2.4 倍；50ETF 期权的日均持仓面值约为 1164 亿元，约为 50ETF 的 2.7 倍、上证 50 股指期货的 2.3 倍、上证 50 指数成分股总市值的 0.6%。如图 6-6 所示为 2016—2019 年的 50ETF 期权成交量及持仓量走势图。

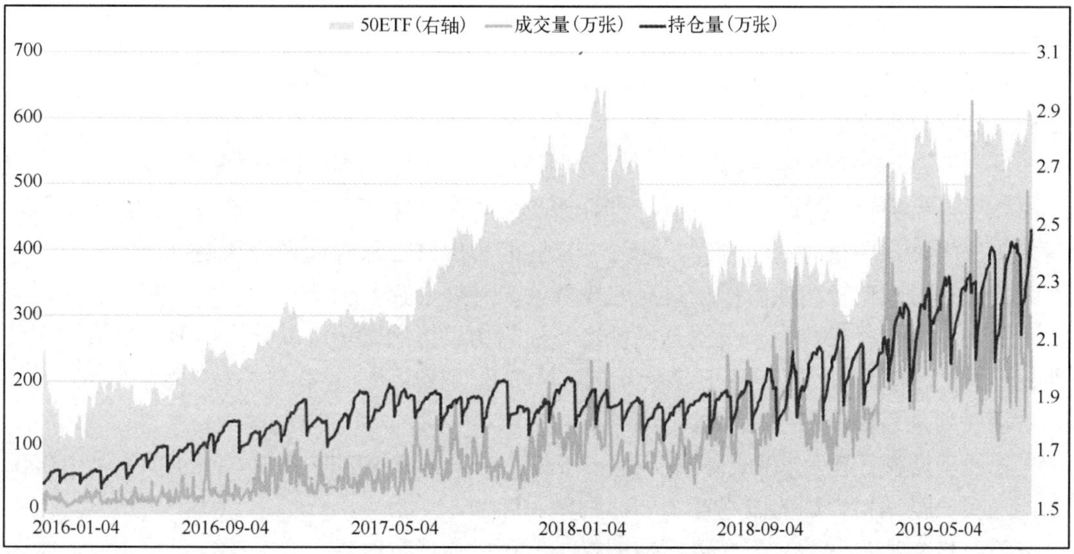

图 6-6 2016—2019 年 50ETF 期权成交量及持仓量走势图

截至 2023 年 3 月，我国共上市 34 个期权品种，包括 6 个金融期权和 28 个商品期权。6 个金融期权包括沪深 300 股指期权、中证 1000 股指期权、上证 50 股指期权、上证 50ETF 期权、华泰柏瑞沪深 300ETF 期权以及嘉实沪深 300ETF 期权。28 个商品期权包括玉米期权、棉花期权、白糖期权、豆粕期权、棕榈油期权、黄大豆 1 号期权、黄大豆 2 号期权、豆油期权、动力煤期权、甲醇期权、原油期权、液化气期权、黄金期权、白银期权、铜期权、锌期权、铝期权、螺纹钢期权、铁矿石期权、天然橡胶期权、聚丙烯期权、聚乙烯期权、聚氯乙烯期权、工业硅期权、菜粕期权、PTA 期权、菜籽油期权和花生期权，覆盖了农产品、能源化工、黑色金属、有色金属、贵金属 5 个板块。期权市场的健康稳定发展对深化金融体制改革、健全资本市场功能、强化金融稳定保障体系、守住不发生系统性风险底线具有重要的意义。表 6-2 为各交易所上市的期权品种。

表 6-2　各交易所上市的期权品种

交易所	期权品种
郑州商品交易所	动力煤、PTA、甲醇、白糖、棉花、菜粕、菜籽油、花生
上海期货交易所	黄金、白银、铜、铝、锌、天然橡胶、螺纹钢
大连商品交易所	豆粕、玉米、铁矿石、液化气、聚丙烯、聚氯乙烯、聚乙烯、棕榈油、黄大豆 1 号、黄大豆 2 号、豆油
中国金融期货交易所	沪深 300 股指期权、中证 1000 股指期权、上证 50 股指期权
上海证券交易所	上证 50ETF 期权、华泰柏瑞沪深 300ETF 期权
深圳证券交易所	嘉实沪深 300ETF 期权
上海国际能源交易中心	原油
广州期货交易所	工业硅

6.1.3　期权交易

1. 交易流程

期权的交易流程包括选择期权周期、确定期权合约方向、确定行权价格、期权开仓、到期(到期前)平仓退出。

第一步选择期权周期，确定期权合约到期日是当月还是下月或是时间更长的到期日。一般来说，近月合约持仓量大，相对活跃，波动会比较剧烈，价格较同一行权价格的远月合约要低。

第二步确定期权合约的方向，认为未来标的物价格上涨的选择看涨期权，认为其价格下跌的选择看跌期权，或者根据自己的投资策略进行选择。

第三步确定行权价格，根据行权价格与标的物现价的比较可以分为虚值、平值和实值期权，不同行权价格对应的权利金会不同，对看涨期权来说，行权价格越高期权价格越低，看跌期权则是行权价格越高期权价格越高。

第四步期权开仓，支付或得到权利金。例如，买入上证 50ETF 期权，合约单位为 10 000，因此购买一张期权合约的成本等于现价乘以 10 000。

第五步到期(到期前)平仓退出，期权买方可以在任意时候平仓来确定最终盈亏，也可以在到期日时执行期权获利。

2．金融期权交易示例

以沪深 300 股指期权为例，期权合约的相关参数如表 6-3 所示。合约有看涨与看跌两种，通过指数点报价，相应的一手合约的价格由指数点数乘以合约乘数 100 得出。合约周期有 6 种，假如当前为 3 月，则有 3 月、4 月、5 月、6 月、9 月和 12 月合约。

表 6-3 沪深 300 股指期权合约相关参数

合约标的物	沪深 300 指数
合约乘数	每点人民币 100 元
合约类型	看涨期权、看跌期权
报价单位	指数点
最小变动单位	0.2 点
每日价格 最大波动限制	上一交易日沪深 300 指数收盘价的±10%
合约月份	当月、下 2 个月及随后 3 个季月
行权价格	行权价格覆盖沪深 300 指数上一交易日收盘价上下浮动 10%对应的价格范围 对当月与下 2 个月合约：行权价格≤2500 点时，行权价格间距为 25 点；2500 点<行权价格≤5000 点时，行权价格间距为 50 点；5000 点<行权价格≤10 000 点时，行权价格间距为 100 点；行权价格>10 000 点时，行权价格间距为 200 点 对随后 3 个季月合约：行权价格≤2500 点时，行权价格间距为 50 点；2500 点<行权价格≤5000 点时，行权价格间距为 100 点；5000 点<行权价格≤10 000 点时，行权价格间距为 200 点；行权价格>10 000 点时，行权价格间距为 400 点
行权方式	欧式。买方只能在到期日行权
交易时间	9:30—11:30，13:00—15:00
最后交易日	合约到期月份的第三个星期五，遇国家法定假日顺延
到期日	同最后交易日
交割方式	现金交割
交易代码	看涨期权：IO 合约月份-C-行权价格 看跌期权：IO 合约月份-P-行权价格
上市交易所	中国金融期货交易所

最小变动单位为 0.2 点，即 20 元。合约上市后每日价格最大波动限制在上一交易日指数收盘价上下不超过 10%。假如上一交易日沪深 300 指数收盘价为 4010 点，则合约行权价格要覆盖的范围为[4010×（1−10%），4010×（1+10%）]，即[3609，4411]，那么沪深 300 股指期权合约的行权价格序列如表 6-4 所示。

当月与下 2 个月以 2500 点、5000 点、10 000 点为分界，每个区间行权价格间距从 25 点开始每下一区间翻倍；而下 3 个季月以同样的点数为分界，但从 50 点起，每下一区间翻倍。

沪深 300 股指期权为欧式期权，交易时间与股市一致，用现金进行交割，在中国金融期货交易所上市。

假如要购入 1 手 2021 年 9 月份到期的行权价格为 5000 点的沪深 300 股指看涨期权合约，表 6-5 为沪深 300 股指期权 9 月到期行情，包括看涨期权不同行权价格的买价、卖价、最新价和合约代码等信息。表 6-6 为沪深 300 股指期权交易费用。

表 6-4 沪深 300 股指期权合约的行权价格序列

交易日当月及下两个月行权价格	交易日随后三个季月行权价格
3600	3600
3650	
3700	3700
3750	
3800	3800
3850	
3900	3900
3950	
4000	4000
4050	
4100	4100
4150	
4200	4200
4250	
4300	4300
4350	
4400	4400
4450	
4500	4500
合约行权价格3600点至4450点，间距为50点	合约行权价格3600点至4500点，间距为100点

表 6-5 沪深 300 股指期权 9 月到期行情（看涨期权）

隐含波动率	买价/点	卖价/点	涨跌/点	持仓/手	最新价/点	今结/点	合约代码	行权价格/点
0.0000	844.20	851.40	–5.80	142	843.00	–	IO2109-C-4100	4100.00
0.0000	745.20	753.00	5.00	89	753.00	–0.00	IO2109-C-4200	4200.00
0.0000	645.80	653.00	–	82	–	–	IO2109-C-4300	4300.00
0.0000	549.80	555.40	–1.20	70	552.40	–0.00	IO2109-C-4400	4400.00
0.0000	454.20	459.40	0.80	134	457.80	–	IO2109-C-4500	4500.00
0.0000	363.00	367.40	–15.20	289	350.00	–0.00	IO2109-C-4600	4600.00
0.0000	277.20	280.20	–1.80	620	278.00	–0.00	IO2109-C-4700	4700.00
0.0000	200.00	201.40	1.60	1298	202.20	–0.00	IO2109-C-4800	4800.00
0.0970	136.00	137.20	0.80	2652	136.60	–0.00	IO2109-C-4900	4900.00
0.1230	87.60	88.80	1.40	5359	88.80	–0.00	IO2109-C-5000	5000.00
0.1495	31.60	32.20	0.20	4599	31.60	–0.00	IO2109-C-5200	5200.00
0.1699	11.40	11.80	0.20	3762	11.60	–	IO2109-C-5400	5400.00
0.1990	5.60	6.00	0.20	3138	5.80	–	IO2109-C-5600	5600.00
0.2276	3.40	3.60	–2.00	1661	3.40	–	IO2109-C-5800	5800.00

表 6-6 沪深 300 股指期权交易费用

合约系列	保证金调整系数/%	最低保障系数	交易手续费标准/(元/手)	行权(履约)手续费标准/(元/手)	平今仓收取率/%
IO2108	12	0.5	15	2	100
IO2109	12	0.5	15	2	100
IO2110	12	0.5	15	2	100
IO2112	12	0.5	15	2	100
IO2203	12	0.5	15	2	100
IO2206	12	0.5	15	2	100

由表 6-5 和表 6-6 可知，行权价格为 5000 点的看涨期权的最新价为 88.8 点，则一张合约的价格为 88.8×100，即 8880 元。除需要支付权利金 8880 元外，还需按 15 元/手交手续费，总费用为 8895 元。卖方需要缴纳保证金，计算公式如下：

$$\begin{aligned}&\text{每手看涨期权交易保证金}\\&=(\text{合约当日结算价}\times\text{合约乘数})+\max(\text{标的指数当日收盘价}\times\text{合约乘数}\times\\&\quad\text{合约保证金调整系数}-\text{虚值额},\text{最低保障系数}\times\text{标的指数当日收盘价}\times\\&\quad\text{合约乘数}\times\text{合约保证金调整系数})\end{aligned}$$

$$\text{虚值额}=\max[(\text{本合约行权价格}-\text{标的指数当日收盘价})\times\text{合约乘数},0]$$

对于所购买的期权合约 IO2109-C-5000，中金所规定的合约保证金调整系数为 12%，最低保障系数为 0.5，在当天的合约结算价与指数收盘价尚未产生，假定是 80 点与 4980 点，那么根据公式计算有

$$\text{虚值额}=\max[(5000-4980)\times 100,0]=2000\ (\text{元})$$

$$\begin{aligned}&\text{每手看涨期权交易保证金}\\&=(80\times 100)+\max(4980\times 100\times 12\%-2000,0.5\times 4980\times 100\times 12\%)\\&=8000+57760=65760\ (\text{元})\end{aligned}$$

因此，该合约的卖方需要支付 65 760 元作为保证金。在此过程中可以进行期权平仓，进行止盈或止损。到期时，如果指数为 5100 点，那么此时期权是实值期权，将会被执行，此时会盈利(5100–5000–88.8)×100–2=1118 元；如果指数为 5002 点及以下，那么期权将不会被执行，买方将亏损所有权利金。

3. 商品期权交易示例

对于商品期权，以大连商品交易所的豆粕期权为例，相关参数如表 6-7 所示。合约的标的物与前面的金融期权不同，是期货合约而不是现货，即行权时得到的是期货合约。豆粕期权合约包括看涨期权和看跌期权，交易单位以重量为单位，每手合约为 10 吨豆粕期货，最小变动价位为 0.5 元/吨。豆粕期货合约涨跌停板幅度为上一交易日结算价的 4%，期权也同样为 4%。期货期权合约固定在 1 月、3 月、5 月、7 月、8 月、9 月、11 月、12 月，最后交易日与到期日都是期货合约交割月份前一个月的第 5 个交易日。交易时间与豆粕期货相同，周一至周五的 9:00—10:15、10:30—11:30、13:30—15:00 以及夜盘 21:00—23:00。

表 6-7 豆粕期权合约相关参数

合约标的物	豆粕期货合约
合约类型	看涨期权、看跌期权
交易单位	1 手(10 吨)豆粕期货合约
报价单位	元/吨
最小变动价位	0.5 元/吨
涨跌停板幅度	与豆粕期货合约涨跌停板幅度相同
合约月份	1 月、3 月、5 月、7 月、8 月、9 月、11 月、12 月
交易时间	每周一至周五上午 9:00—10:15、10:30—11:30，下午 13:30—15:00，夜盘 21:00—23:00，以及交易所规定的其他时间
最后交易日	标的期货合约交割月份前一个月的第 5 个交易日
到期日	同最后交易日
行权价格	行权价格覆盖豆粕期货合约上一交易日结算价上下浮动 1.5 倍当日涨跌停板幅度对应的价格范围 行权价格≤2000 元/吨，行权价格间距为 25 元/吨；2000 元/吨<行权价格≤5000 元/吨，行权价格间距为 50 元/吨；行权价格>5000 元/吨，行权价格间距为 100 元/吨
行权方式	美式。买方可以在到期日之前任意一交易日的交易时间，以及到期日 15:30 之前提出行权申请
交易代码	看涨期权：M-合约月份-C-行权价格 看跌期权：M-合约月份-P-行权价格
上市交易所	大连商品交易所

当天的行权价格范围为期货合约上一个交易日的结算价加减该日的涨跌停幅度的 1.5 倍，同时根据行权价格大小在两个分界点 2000 元/吨和 5000 元/吨所分开的区间，按照间隔 25 元/吨、50 元/吨和 100 元/吨确定最终行权价格序列。假如上一个交易日的结算价为 3000 元/吨，涨跌停幅度均为 120 元/吨，则当天的行权价格要覆盖的范围为[3000–120×1.5，3000+120×1.5]，即[2820，3180]，豆粕期权合约的期权行权价格序列如表 6-8 所示。

表 6-8 豆粕期权合约的期权行权价格序列

期货价格/(元/吨)	期权行权价格/(元/吨)
1.5 涨停板 3180	3200
涨停板 3120	3150
—	3100
—	3050
前一结算价 3000	3000
—	2950
—	2900
跌停板 2880	2850
1.5 跌停板 2820	2800

还有一个不同的是，此合约为美式期权，买方可以在到期日之前任一个交易日的交易时间，以及到期日 15:30 之前提出行权申请。

假如以 3650 元/吨的行权价格买入一手 m2111-C-3650 合约，根据当天的行情，一手合约的价格为 10×85.5=855 元，一手合约为 10 吨期货。除此之外还需要支付手续费，根据是短线开仓还是非短线开仓会收取不同的手续费。此期权合约短线开仓为 0.5 元/手，非短线开仓为 1 元/手。表 6-9 为豆粕 m2111 看涨期权合约行情。表 6-10 为豆粕期权合约手续费和保证金。

表 6-9 豆粕 m211 看涨期权合约行情

买量/手	买价/（元/吨）	最新价/（元/吨）	看涨合约卖价/（元/吨）	卖量/手	持仓量/手	涨跌	行权价格/（元/吨）
0	0.00	323.00	0.00	0	5	−25.66%	3000
0	0.00	289.00	0.00	0	0	−27.20%	3050
0	0.00	257.00	0.00	0	5	−28.91%	3100
0	0.00	202.00	0.00	0	6	−31.87%	3200
1	310.50	366.00	397.50	1	15	−7.81%	3250
1	265.50	323.00	379.00	1	103	−8.37%	3300
1	172.50	255.50	340.00	1	98	−17.71%	3350
1	142.50	242.50	298.50	1	75	−10.35%	3400
1	122.50	179.50	264.00	1	111	−22.96%	3450
30	105.50	147.50	233.50	30	185	−25.69%	3500
30	61.00	124.50	206.50	30	503	−25.45%	3550
1	38.00	103.00	191.00	30	354	−25.90%	3600
3	83.00	85.50	171.00	30	756	−25.00%	3650
30	27.50	67.00	153.50	30	697	−27.57%	3700
30	28.50	53.00	64.50	30	369	−28.38%	3750
30	40.50	45.00	78.00	30	770	−23.08%	3800
30	16.50	36.50	125.50	30	405	−19.78%	3850
30	12.50	29.50	34.50	30	953	−15.71%	3900
30	10.00	24.00	109.50	30	1237	−9.43%	3950
30	7.50	19.00	105.00	30	413	−5.00%	4000
30	6.50	21.00	109.00	31	175	44.83%	4050
49	10.00	14.00	96.50	30	269	33.33%	4100
6	10.50	10.50	17.50	30	1011	40.00%	4150

表 6-10 豆粕期权合约手续费和保证金

品种	合约代码	开仓手续费/元	平仓手续费/元	短线开仓手续费/元	短线平仓手续费/元	行权/履约手续费/元	每手交易保证金/元
豆粕	m2111-C-2750	1	1	0.5	0.5	1	11 401.6
豆粕	m2111-C-2800	1	1	0.5	0.5	1	10 901.6
豆粕	m2111-C-2850	1	1	0.5	0.5	1	10 401.6
豆粕	m2111-C-2900	1	1	0.5	0.5	1	9901.6
豆粕	m2111-C-2950	1	1	0.5	0.5	1	9401.6
豆粕	m2111-C-3000	1	1	0.5	0.5	1	8906.6
豆粕	m2111-C-3050	1	1	0.5	0.5	1	8411.6
豆粕	m2111-C-3100	1	1	0.5	0.5	1	7926.6
豆粕	m2111-C-3150	1	1	0.5	0.5	1	7451.6
豆粕	m2111-C-3200	1	1	0.5	0.5	1	6986.6

续表

品种	合约代码	开仓手续费/元	平仓手续费/元	短线开仓手续费/元	短线平仓手续费/元	行权/履约手续费/元	每手交易保证金/元
豆粕	m2111-C-3250	1	1	0.5	0.5	1	6536.6
豆粕	m2111-C-3300	1	1	0.5	0.5	1	6101.6
豆粕	m2111-C-3350	1	1	0.5	0.5	1	5691.6
豆粕	m2111-C-3400	1	1	0.5	0.5	1	5306.6
豆粕	m2111-C-3450	1	1	0.5	0.5	1	4951.6
豆粕	m2111-C-3500	1	1	0.5	0.5	1	4626.6
豆粕	m2111-C-3550	1	1	0.5	0.5	1	4331.6
豆粕	m2111-C-3600	1	1	0.5	0.5	1	4071.6
豆粕	m2111-C-3650	1	1	0.5	0.5	1	3606.6
豆粕	m2111-C-3700	1	1	0.5	0.5	1	3161.6
豆粕	m2111-C-3750	1	1	0.5	0.5	1	2751.6
豆粕	m2111-C-3800	1	1	0.5	0.5	1	2366.6
豆粕	m2111-C-3850	1	1	0.5	0.5	1	2001.6
豆粕	m2111-C-3900	1	1	0.5	0.5	1	1715.8
豆粕	m2111-C-3950	1	1	0.5	0.5	1	1645.8
豆粕	m2111-C-4000	1	1	0.5	0.5	1	1590.8
豆粕	m2111-C-4050	1	1	0.5	0.5	1	1550.8

期权合约的卖方要根据是否为投机还是套期保值来进行收取保证金。在此合约中，如果是投机则保证金率为8%，若是套期保值则保证金率为7%。看涨期权的保证金计算公式如下：

$$\begin{aligned}&\text{卖出看涨期权合约保证金}\\&=\max\Big(\text{期权合约结算价}\times\text{标的期货合约交易单位}+\\&\quad\text{标的期货合约交易保证金}-\frac{1}{2}\times\text{期权合约虚值额},\text{期权合约结算价}\times\\&\quad\text{标的期货合约交易单位}+\frac{1}{2}\times\text{标的期货合约交易保证金}\Big)\end{aligned}$$

$$\text{看涨期权合约虚值额}=\max(\text{行权价格}-\text{标的期货合约结算价},0)\times\text{标的期货合约交易单位}$$

其中，

$$\text{虚值额}=\max(3650-3602,0)\times 10=480\ (\text{元})$$

标的期货合约交易开仓保证金计算公式为：

$$\begin{aligned}&\text{标的期货合约交易开仓保证金}=\\&\quad\text{标的商品价格}\times\text{交易手数}\times\text{标的期货合约交易单位}\times\text{保证金率}\end{aligned}$$

根据表6-11的豆粕期权合约保证金率信息可知，开仓保证金为 $3602\times 1\times 10\times 8\%$，即2881.6元。如果当天的期权合约结算价为96.5元/吨，则卖出看涨期权合约保证金为：

$$\max(96.5\times 10+2881.6-0.5\times 480,96.5\times 10+0.5\times 2881.6)=3606.6\ (\text{元})$$

表 6-11 豆粕期权合约保证金率

品种	合约代码	结算价	手续费/元				手续费收取方式	保证金率/%			
			开仓	平仓	短线开仓	短线平仓		投机买	投机卖	套期保值买	套期保值卖
豆粕	m2108	3625	0.2	0.2	0.1	0.1	绝对值	20	20	20	20
豆粕	m2109	3585	1.5	1.5	0.75	0.75	绝对值	8	8	7	7
豆粕	m2111	3602	0.2	0.2	0.1	0.1	绝对值	8	8	7	7
豆粕	m2112	3583	0.2	0.2	0.1	0.1	绝对值	8	8	7	7
豆粕	m2201	3549	1.5	1.5	0.75	0.75	绝对值	8	8	7	7
豆粕	m2203	3403	0.2	0.2	0.1	0.1	绝对值	8	8	7	7
豆粕	m2205	3307	1.5	1.5	0.75	0.75	绝对值	8	8	7	7
豆粕	m2207	3310	0.2	0.2	0.1	0.1	绝对值	8	8	7	7

在此过程中可以通过平仓或者行权来退出头寸。到期时，如果标的期货合约收盘价大于行权价格，那么此时期权是实值期权，将会被执行，假设收盘价为 3820 元/吨，此时会盈利(3820–3650)×10–1=1699 元，其中每手行权的手续费为 1 元。如果收盘价为 3651 元/吨及以下，那么期权将不会被执行，买方将亏损所有权利金。

6.2 期权定价理论

期权价格即权利金，由期权合约本身的价值决定，并受到市场买卖双方供求关系的影响。期权市场参与者使用不同定价模型和参数计算期权的价格，会有不同的估值结果，市场成交价格则反映当前买卖双方认同的估值水平。

6.2.1 期权价格

在衍生金融市场的形成发展过程中，如何确定期权价值是困扰投资者的一大难题，期权定价也是所有金融领域最复杂的问题之一。第一个完整的期权定价 B-S 公式由布莱克(Fischer Black)与斯科尔斯(Myron Scholes)于 1973 年发表，其发表时间和芝加哥期权交易所正式挂牌交易标准化期权合约几乎是同时的。他们以及默顿(Robert Merton)在假设标的资产价格服从几何布朗运动的情况下，给出了欧式期权价格的解析解。

欧式期权不能提前行权，只能在到期日行权，其看涨期权的到期收益如下：

$$\max(S_T - K, 0) \tag{6-1}$$

看跌期权的到期收益如下：

$$\max(K - S_T, 0) \tag{6-2}$$

无股息欧式看涨和看跌期权的 B-S 公式为：

$$c = S_0 N(d_1) - K\mathrm{e}^{-rT} N(d_2) \tag{6-3}$$

$$p = K\mathrm{e}^{-rT} N(-d_2) - S_0 N(-d_1) \tag{6-4}$$

其中，

$$d_1 = \frac{\ln(S_0 / K) + (r + \sigma^2 / 2)T}{\sigma\sqrt{T}} \tag{6-5}$$

$$d_2 = \frac{\ln(S_0 / K) + (r - \sigma^2 / 2)T}{\sigma\sqrt{T}} = d_1 - \sigma\sqrt{T} \tag{6-6}$$

式中，c 与 p 分别为欧式看涨和看跌期权的价格；S_0 为标的资产在时间 0 的价格；K 为行权价格；r 为连续复利的无风险利率；σ 为标的资产价格的波动率；T 为期权的期限。函数 $N(x)$ 是标准正态分布的累积概率分布函数，其值等于服从标准正态分布 $\phi\,(0,1)$ 的随机变量小于 x 的概率。

美式期权可以在到期日以及之前的任何时间行权，由于其赋予期权持有者比欧式期权持有者更大的灵活性，因此美式期权更为值钱。遗憾的是，目前我们还没有得到美式期权的解析解，但可以采用二叉树方法和有限差分方法求美式期权的价值。

期权的内在价值指按标的资产当前价格立即行权的价值，而期权的时间价值指期权价值与内在价值之差。实值、平值和虚值期权分别对应内在价值大于 0、等于 0 和小于 0 的期权。

期权的内在价值随着标的资产价格的波动而变化，而期权的时间价值随时间的推移而加速流逝，即临近到期的期权时间价值几乎为零，虚值期权转为实值的可能性变小，购买临近到期的虚值期权将非常受伤。这里需要记住：波动率是买方的朋友，而时间是买方的敌人！如图 6-7 所示为期权价格随标的资产价格的变化。

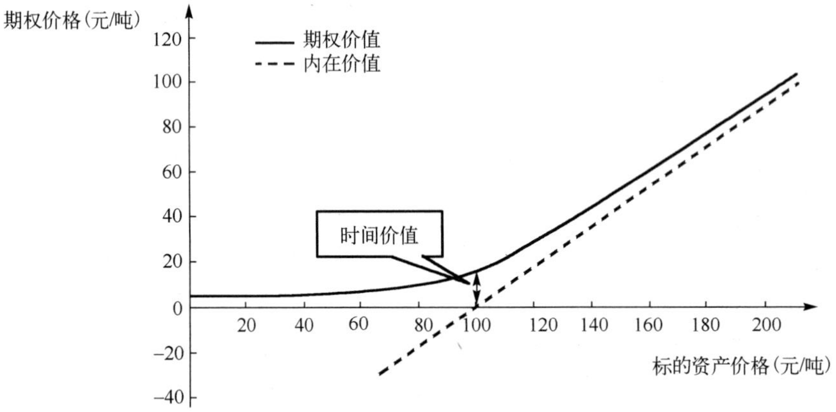

图 6-7 期权价格随标的资产价格的变化

6.2.2 期权价格的上下限

无论是美式还是欧式期权，它们的价格都存在上下限，如果期权的价格不在上下限之内，就会存在套利的机会，而由于套利的存在将会使期权价格又恢复到正常的价格范围内。

首先讨论欧式期权，对于欧式看涨期权来说，股票的价格就是看涨期权价格的上限，即

$$c \leqslant S_0 \tag{6-7}$$

如果不等式不成立，此时股票价格低于期权价格，那么就可以购入股票的同时卖出一个看涨期权获得无风险利润。

欧式看涨期权的下限根据是否存在股息而不同。对于无股息的欧式看涨期权，下限为

$$S_0 - Ke^{-rT} \tag{6-8}$$

如果不满足，则可以通过卖空股票同时买入看涨期权，并将所获资金以无风险利率投资，最后平掉头寸获利。由于看涨期权的价值不能小于 0，故最终无股息欧式看涨期权的上下限为

$$\max(S_0 - Ke^{-rT}, 0) \leqslant c \leqslant S_0 \tag{6-9}$$

若存在股息现值为 D，则下限为

$$S_0 - D - Ke^{-rT} \tag{6-10}$$

如果不满足，则可以在开始时卖空股票同时买入看涨期权，在时刻 t 时支付分红 De^{rt}，到期时平掉头寸获利。同理，期权价值必须大于等于 0，故最终有股息的欧式看涨期权的上下限为

$$\max(S_0 - D - Ke^{-rT}, 0) \leqslant c \leqslant S_0 \tag{6-11}$$

对于欧式看跌期权，由于在到期时期权的价值不会超过 K。因此，当前期权的价格不会超过 K 的贴现值，即

$$p \leqslant Ke^{-rT} \tag{6-12}$$

如果不成立，则可以卖出一个期权并同时将所得收入以无风险利率进行投资，到期时平掉头寸获利。

与欧式看涨期权一样，欧式看跌期权的下限存在有股息与无股息之分。无股息的下限为

$$Ke^{-rT} - S_0 \tag{6-13}$$

如果不成立，可以借入资金买入一只股票和看跌期权，到期时卖出股票偿还资金获得无风险利润。故无股息的欧式看跌期权的上下限为

$$\max(Ke^{-rT} - S_0, 0) \leqslant p \leqslant Ke^{-rT} \tag{6-14}$$

有股息的欧式看跌期权的下限为

$$Ke^{-rT} + D - S_0 \tag{6-15}$$

如果不满足，则借入资金买入一只股票和看跌期权，分红时提前偿还一部分资金，最后再卖出股票平掉头寸获得无风险利润，故有股息的欧式看跌期权上下限为

$$\max(Ke^{-rT} + D - S_0, 0) \leqslant p \leqslant Ke^{-rT} \tag{6-16}$$

下面讨论美式期权。与欧式期权相近，美式看涨期权与美式看跌期权的上限为

$$C \leqslant S_0, P \leqslant K \tag{6-17}$$

美式期权可以提前行权，故看跌期权价格不能高于行权价格。

对于无股息的美式看涨期权，提前行权不是最优选择。由于期权可以提供保险，同时可以获得货币的时间价值，因此不行权可以将资金进行无风险投资。故美式看涨期权可以视为欧

式看涨期权，只需在到期日时选择行权与否即可，故无股息的美式看涨期权的上下限为

$$\max(S_0 - Ke^{-rT}, 0) \leqslant C \leqslant S_0 \tag{6-18}$$

对于无股息的美式看跌期权，有可能会被提前行权，在期权期限内的任一给定时刻，当期权的实值程度足够大时都应该提前行权，此时获利已经达到主观认为的最大，即投资者已经认为股价已经不会再跌。由于美式看跌期权可以在任意时刻行权，故无股息的美式看跌期权的上下限为

$$\max(K - S_0, 0) \leqslant P \leqslant K \tag{6-19}$$

期权的行权指买方在期权合约有效期内行使权利，即以行权价格买入或卖出标的资产的行为。比如，某投资者以 50 点权利金购买了行权价格为 2200 点的沪深 300 看涨期权，在到期日，沪深 300 现货指数涨至 2400 点，该不该行权呢？选择实值期权行权，对虚值期权和平值期权放弃行权。

6.2.3 期权价格的影响因素

期权的理论价值通常由 B-S 公式、二叉树方法、有限差分方法等计算出来，普通投资者可以不了解其理论价格模型，但需要了解期权价格的影响因素。

期权价格的影响因素包括：标的资产价格、行权价格、到期剩余时间、标的资产收益率的波动率以及无风险利率等(见表 6-12)。其中，标的资产价格上升，看涨期权的价值会增加，看跌期权的价值会减少。但是，若标的资产收益率的波动率增加，无论是看涨期权，还是看跌期权，其价值都会增加。

表 6-12 期权价值的影响因素

	看涨期权价值	看跌期权价值
标的资产价格	+	−
行权价格	−	+
到期剩余时间	+	+
标的资产收益率的波动率	+	+
无风险利率	+	−

6.3 期权做多和做空策略

6.3.1 做多期权

当投资者预计标的资产将要大幅上涨，但又不希望承担下跌带来的损失时，或者当投资者希望通过期权的杠杆效应放大上涨所带来的收益时，可以做多看涨期权(买入或持有看涨期权)。做多看涨期权具有最大收益为无限，最大损失为权利金的特点。当到期日标的资产价格等于行权价格与权利金之和，此时为盈亏平衡点。图 6-8 所示为做多看涨期权的盈亏，表 6-13 所示为做多看涨期权到期收益。

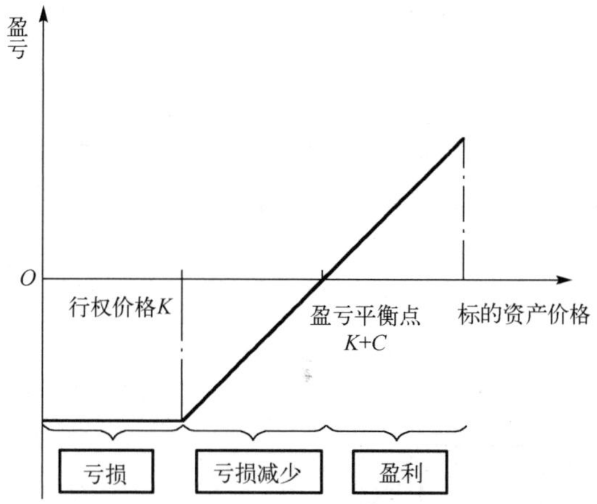

图 6-8　做多看涨期权的盈亏

表 6-13　做多看涨期权到期收益

	到期日收益	
做多看涨期权	$S_T \geqslant K$	$S_T < K$
买入看涨期权	$S_T - K - C$	$-C$

当投资者预计标的资产价格将大幅下跌，但又不希望承担上涨带来的损失，或者当投资者希望通过期权的杠杆效应放大下跌所带来的收益时，可以做多看跌期权（买入或持有看跌期权）。做多看跌期权具有最大收益为行权价格与权利金之差，最大损失为权利金的特点，当到期日标的资产价格等于行权价格与权利金之差，此时为盈亏平衡点。图 6-9 所示为做多看跌期权的盈亏，表 6-14 所示为做多看跌期权到期收益。

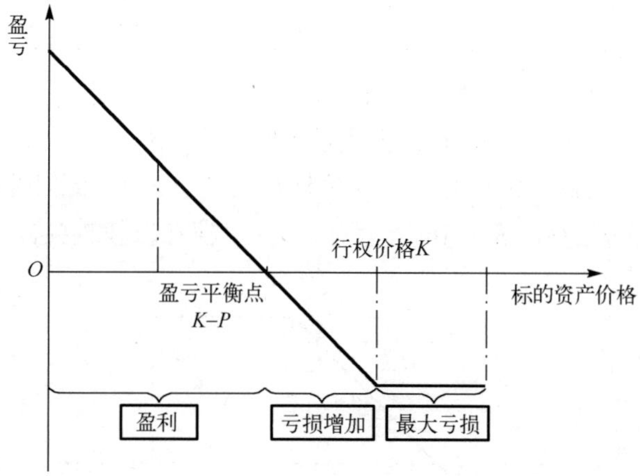

图 6-9　做多看跌期权的盈亏

表 6-14　做多看跌期权到期收益

	到期日收益	
做多看跌期权	$S_T \geqslant K$	$S_T < K$
买入看跌期权	$-P$	$K - S_T - P$

6.3.2 做空期权

当投资者预计标的资产价格可能下降，或近期维持现在价格水平小幅波动时，可以做空看涨期权(卖出看涨期权)。做空看涨期权具有最大收益为权利金，最大损失为无限的特点，当到期日标的资产价格等于行权价格与权利金之和，此时为盈亏平衡点。图 6-10 所示为做空看涨期权的盈亏，表 6-15 所示为做空看涨期权到期收益。

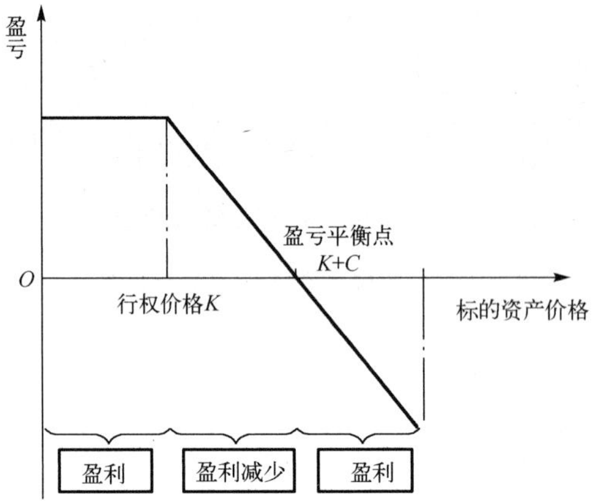

图 6-10 做空看涨期权的盈亏

表 6-15 做空看涨期权到期收益

	到期日收益	
做空看涨期权	$S_T \geqslant K$	$S_T < K$
卖出看涨期权	$K - S_T + C$	C

当投资者预计标的资产短期内会小幅上涨或者维持现有水平时，可以做空看跌期权(卖出看跌期权)。做空看跌期权具有最大收益为权利金，最大损失为行权价格与权利金之差的特点，当到期日标的资产价格等于行权价格与权利金之差，此时为盈亏平衡点。图 6-11 所示为做空看跌期权的盈亏，表 6-16 所示为做空看跌期权到期收益。

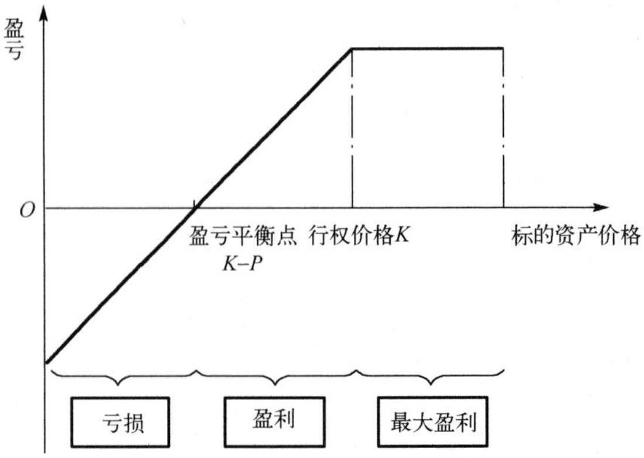

图 6-11 做空看跌期权的盈亏

表 6-16　做空看跌期权到期收益

	到期日收益	
做空看跌期权	$S_T \geqslant K$	$S_T < K$
卖出看跌期权	P	$S_T + P - K$

6.4　期权套期保值策略

期权套期保值是指为了对冲期货或者现货头寸的风险，用建立的期权部位的损益，弥补期货或现货可能出现的损失，以达到减小价格变动风险的目的。

期权套期保值的方式和效果与期货不同，对于期权买方来说，具有成本有限而收益无限的特点，如买入豆粕看跌期权在规避了价格下跌的同时，保留了上涨时可能的收益。期权的卖方则可以在行情波动不大的时候，通过卖出期权来获得一定程度的价值补偿。而通过期权组合，可以在极低成本下锁定上下限收益并保留一定范围的灵活性。具体操作上还要结合企业自身的风险敞口，确定适当的套期保值比例，这部分内容可参考期货部分的最优套期保值率。

期权套期保值策略主要有以下三种：保护性套期保值策略、抵补性套期保值策略、双限期权套期保值策略，具体如表 6-17 所示。

表 6-17　期权套期保值策略

	现货或期货买家（害怕未来价格上涨）	现货或期货卖家（害怕未来价格下跌）
保护性套期保值策略	买入看涨期权	买入看跌期权
抵补性套期保值策略	卖出看跌期权	卖出看涨期权
双限期权套期保值策略	买入看涨期权并卖出看跌期权	买入看跌期权并卖出看涨期权

6.4.1　保护性套期保值策略

1. 现货或期货买家

对于生产加工企业而言，原材料端价格波动较大，若未来计划买入原材料，企业担心原材料价格大幅上涨，则可以买入看涨期权。

以饲料生产企业为例，若该企业一个月后需采购豆粕，目前现货市场豆粕价格为 3000 元/吨，为了规避未来豆粕价格大幅上涨的风险，该企业可以买入豆粕看涨期权。相对期货套期保值，该策略保留了未来豆粕价格下跌所带来的收益。

买入一个月后到期、行权价格为 3000 元/吨的看涨期权，支付权利金 100 元/吨。我们发现，未来无论豆粕价格如何大涨，此策略已经锁定最大亏损 100 元/吨（期权权利金）。图 6-12 所示为现货或期货买家保护性套期保值策略到期损益。

假设饲料企业持有看涨期权到期，企业的收益情况如表 6-18 所示。

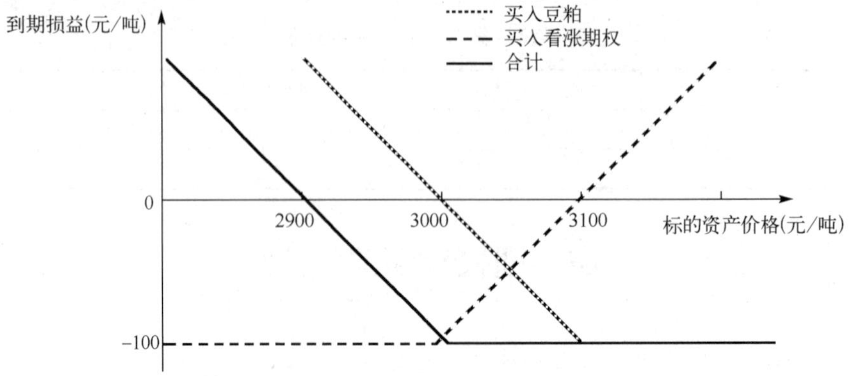

图 6-12　现货或期货买家保护性套期保值策略到期损益

表 6-18　保护性套期保值策略现货或期货买家到期收益

保护性套期保值策略（买家）	到期日收益/（元/吨）	
	S>3000	S≤3000
买入豆粕	$-(S-3000)$	$-(S-3000)$
买入看涨期权	$S-3000-100$	0–100
合计	–100	$2900-S$

2. 现货或期货卖家

对于终端产品的生产企业而言，终端价格波动较大，若未来计划卖出产品，企业担心产品价格大幅下跌，则可以买入看跌期权进行套期保值。

以豆粕生产企业为例，若该企业一个月后需卖出豆粕，目前现货市场豆粕价格为 3000 元/吨，为了规避未来豆粕价格大幅下跌的风险，该企业可以采取买入豆粕看跌期权。相对期货套期保值，该策略保留了未来豆粕价格上涨所带来的收益。

买入一个月后到期、行权价格为 3000 元/吨的看跌期权，支付权利金为 100 元/吨。我们发现，未来无论豆粕价格如何下跌，此策略已经锁定最大亏损 100 元/吨（期权权利金）。表 6-19 所示为保护性套期保值策略现货或期货卖家到期收益。

表 6-19　保护性套期保值策略现货或期货卖家到期收益

保护性套期保值策略（卖家）	到期日收益/（元/吨）	
	S≥3000	S<3000
卖出豆粕	$S-3000$	$S-3000$
买入看跌期权	0–100	$3000-S-100$
合计	$S-3100$	$2900-S$

6.4.2　抵补性套期保值策略

1. 现货或期货卖家

抵补性套期保值策略不是一个完全对冲策略，在产品价格小幅波动的情况下，企业可以通过卖出期权收取权利金，以此降低价格风险带来的损失。

对于生产型企业而言，若预计未来产品价格将小幅变化，并想获得现货成本降低或销售收入增加的机会，可以采用此策略。

若某油厂生产豆粕，现货市场价格为 3000 元/吨，预计豆粕价格不会发生大的波动，但仍担心价格下跌。可以卖出行权价格为 3200 元/吨的看涨期权，收取权利金 80 元/吨，把生产成本下降了 80 元/吨。图 6-13 所示为现货或期货卖家卖出看涨期权到期损益，表 6-20 所示为抵补性套期保值策略现货或期货卖家到期收益。

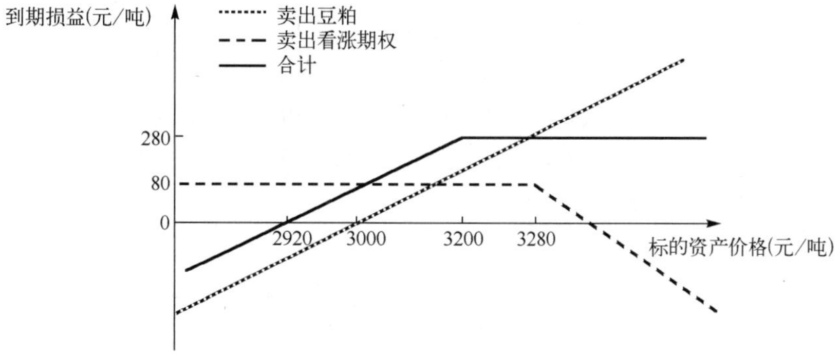

图 6-13　现货或期货卖家卖出看涨期权到期损益

表 6-20　抵补性套期保值策略现货或期货卖家到期收益

抵补性套期保值策略（卖家）	到期日收益/（元/吨）	
	S>3200	*S*≤3200
卖出豆粕	*S*–3000	*S*–3000
卖出看涨期权	–（*S*–3200）+80	0+80
合计	280	–100

2. 现货或期货买家

生产加工企业所面临的主要风险是未来原材料价格上涨的风险。例如，一些饲料厂商预期豆粕价格已经经历了明显上涨，短时间内继续出现大幅上涨的可能性较低，但仍然担心豆粕价格上涨的风险，这时可以采用卖出看跌期权的抵补性套期保值策略，通过期权权利金获得有限保护。图 6-14 所示为现货或期货买家卖出看跌期权到期损益。

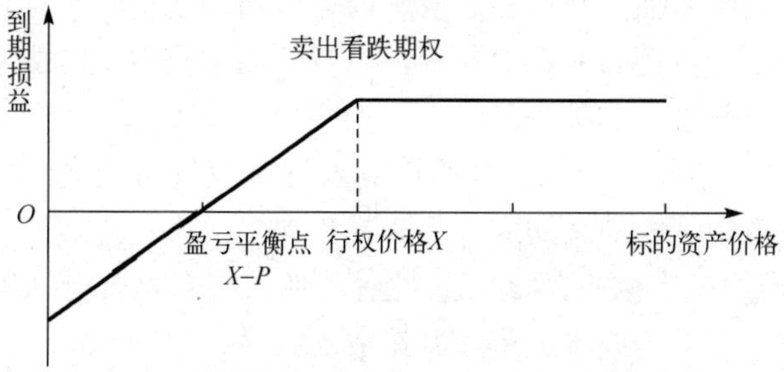

图 6-14　现货或期货买家卖出看跌期权到期损益

如果采购豆粕的价格确实出现小幅上涨，那么收到的权利金可以弥补一定幅度内的采购价格上升带来的损失；如果豆粕价格出现下跌，期权端会产生一定亏损，可以考虑及时平仓止损，同时现货采购成本的下降会给企业带来更大的收益。

6.4.3 双限期权套期保值

双限期权套期保值策略是指在持有现货或期货头寸，买入相应方向期权进行套期保值的同时，卖出相反方向的期权达到降低套期保值成本的目的。

以豆粕生产企业为例，若该企业 3 个月后需卖出豆粕，豆粕现在价格为 3000 元/吨。该企业怕豆粕价格下跌，可以买入同月份行权价格为 2800 元/吨的看跌期权，支付权利金 80 元/吨；同时为了降低套期保值成本，卖出同月份行权价格为 3200 元/吨的看涨期权，收到权利金 80 元/吨。图 6-15 所示为期权组合套期保值策略到期损益。

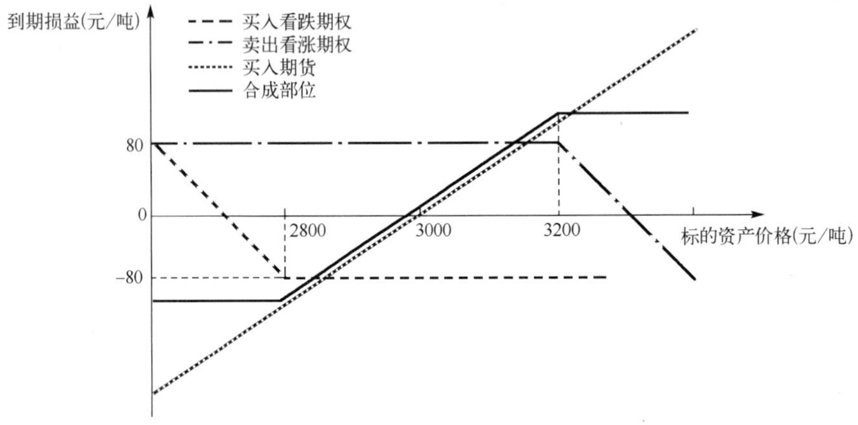

图 6-15　期权组合套期保值策略到期损益

此策略锁定了价格范围，最大损失与盈利都是确定的，且降低了整体套期保值成本(零成本)。该策略的主要优点在于成本低，既能规避价格不利变化的风险，又能保留一定的获利潜能，但放弃了豆粕价格上涨带来的无限收益。

对于贸易商而言，其既是买家又是卖家。虽然，未来原材料价格上涨会导致采购成本增加，但随之也会带来销售收入的增加；反之亦然。

例如，对于价格处在历史相对低位的商品，虽然预期未来短时间内出现大幅上涨的可能性较低，但中长期依然面临上涨动力，贸易商可以通过卖出一个行权价格较低的看跌期权，同时买入一个行权价格较高的看涨期权，以较低成本获得采购成本上升保护。持有这个组合后，未来可能出现以下几种情况：

(1) 如果采购价格出现小幅上涨，那么即使看涨期权价值损失，卖出看跌期权收到的权利金也可以弥补一定幅度内的采购成本上升损失；

(2) 如果价格出现大幅上涨，那么买入的看涨期权将对这部分风险进行有效保护，看涨期权产生的收益将弥补采购成本大幅上升造成的损失；

(3) 如果未来价格出现下跌，则可以考虑及时平仓止损，虽然看跌期权会产生一定亏损，但是企业采购成本的下降会带来更大的收益。

6.5 期权套利策略

期权套利机会主要来源于期权价格与理论发生偏离，使合约及合约间的价格平衡遭到破坏，继而产生风险较低，收益为正的套利机会。从理论上来说，在一个高效的金融市场中，所有市场信息会第一时间反映在价格上，任何资产价格都不会偏离其应有价值，利用定价误差进行套利的机会应该是不存在的。但大量研究和实践经验表明，现实中的市场并非完全有效市场，不同资产价格之间有可能在短时间产生失衡，这就使套利成为可能。尤其是在成熟度还不高的新兴市场，存在大量的套利机会。

本节讨论同一标的资产上的单一、两个、三个和四个期权套利。单一期权套利需要通过单一期权和标的资产上的反向买卖操作来完成。多个期权套利是因同一标的资产上的多个期权价格之间的稳定关系被破坏，投资者可通过构造特定的期权交易策略来获得价差套利和组合套利。所谓价差套利是指套利策略里的多个期权是同类型期权，即要么都是看涨期权，要么都是看跌期权，包括垂直价差、牛/熊市价差、盒式价差、蝶式价差和飞鹰式价差套利等。所谓组合套利是指套利策略里的多个期权是不同类型期权，即看涨期权和看跌期权的组合，包括转换套利与反向转换套利、跨式套利和宽跨式套利等。

6.5.1 单一期权和标的资产

单一期权投资分为两种情况：一种是针对期权本身的套利，另一种是针对标的资产的投机，而把期权作为保险手段。前一种情况的基本原理是期权价格不能超出其理论价格的上下限，否则可以通过卖出（买入）期权的同时买入（卖空）上限（下限）资产的方法进行无风险套利。后一种情况属于投机行为，虽然带有期权保险，但还是具有一定的风险。下面以欧式期权为例进行讲解。

欧式看涨期权的价格上限为标的资产价格，在任何时刻，看涨期权价格都不能超过标的资产价格。如果看涨期权价格超过标的资产价格，可以卖出看涨期权，同时以现价买进标的资产进行无风险套利。图 6-16 所示为突破看涨期权上限套利策略到期损益。

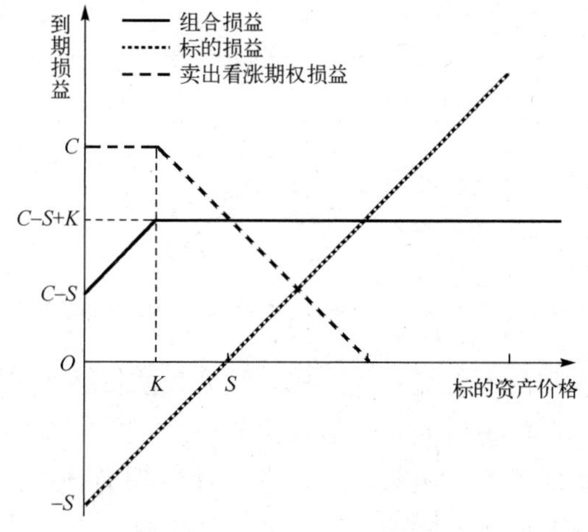

图 6-16 突破看涨期权上限套利策略到期损益

欧式看跌期权价格上限为行权价格的贴现值。如果看跌期权价格高于其行权价格的贴现值，可以卖出看跌期权，同时以无风险利率存入一部分金额(到期等于行权价格)。欧式看跌期权上限套利的损益曲线，类似于将卖出看跌期权的损益曲线全部平移至横轴上方。图 6-17 所示为突破看跌期权上限套利策略到期损益。

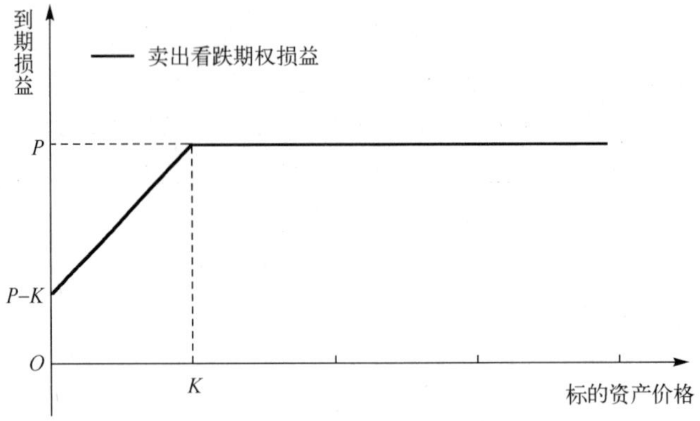

图 6-17 突破看跌期权上限套利策略到期损益

欧式看涨期权下限套利：在任何时刻，不付红利的欧式看涨期权的价格应高于标的资产现价与行权价格的贴现值差额。如果标的资产现价与行权价格的贴现值差额大于 0，且看涨期权的价格低于资产现价与行权价格的贴现值差额，则可以进行欧式看涨期权下限套利，这时买入看涨期权，同时卖空标的资产而获得无风险收益。欧式看涨期权下限套利的损益曲线，类似于将买入看跌期权的损益曲线全部平移至横轴上方。图 6-18 所示为突破看涨期权下限套利策略到期损益。

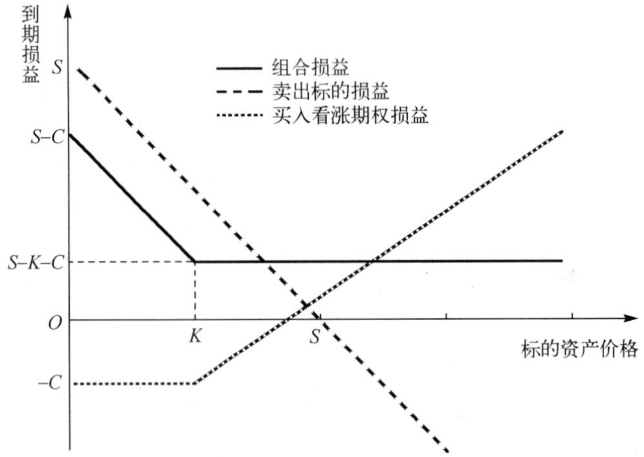

图 6-18 突破看涨期权下限套利策略到期损益

欧式看跌期权下限套利：不付红利的欧式看跌期权的价格应高于行权价格的贴现值与标的资产现价差额。如果行权价格的贴现值与标的资产现价的差额大于 0，且看跌期权价格低于行权价格与标的资产现价的差额，可以进行看跌期权下限套利，即买入看跌期权，同时以无风险利率借入资金并买入标的资产。简言之，就是“买低卖高”。看跌期权下限套利的损益曲线，类似于将买入看涨期权的损益曲线全部平移至横轴上方。图 6-19 所示为突破看跌期权下限套利策略到期损益。

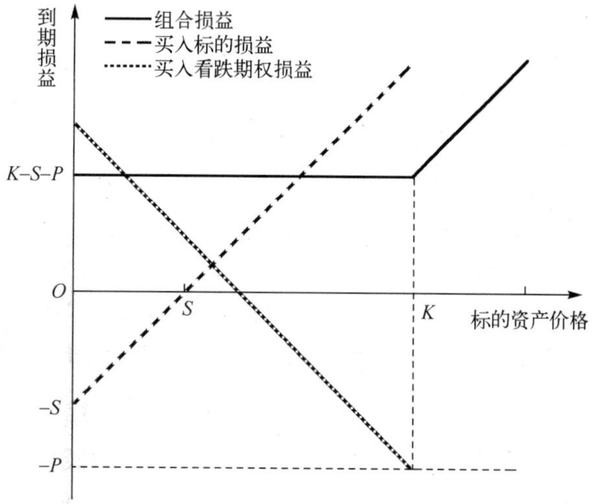

图 6-19　突破看跌期权下限套利策略到期损益

除了上述针对期权的简单套利，还有针对标的资产投机的期权保险策略，具体可分为多头保险策略和空头保险策略。这里的多头保险策略是指买入标的资产的同时，由于害怕价格下跌而购入看跌期权。空头保险策略是指卖空标的资产的同时，由于担心未来价格上涨而买入看涨期权。

当投资者通过分析，预期某只股票未来会上涨而买入该股票，但害怕未来市场整体下跌；或者投资者目前持有表现较好的股票，想在锁定已有收益的基础上保留上行收益的空间，这时可以采用多头保险策略，也被称为保护性买入看跌期权。图 6-20 所示为保护性买入看跌期权的到期损益。

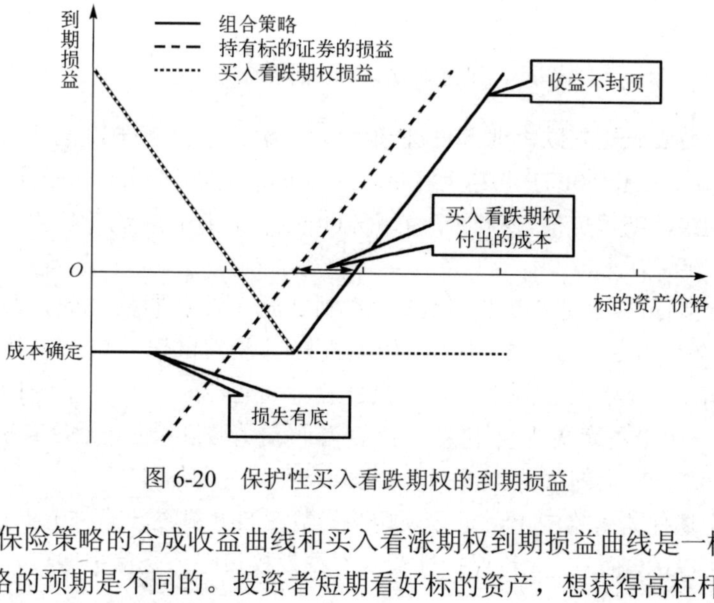

图 6-20　保护性买入看跌期权的到期损益

图 6-20 中保险策略的合成收益曲线和买入看涨期权到期损益曲线是一样的，但投资者持有这两种策略的预期是不同的。投资者短期看好标的资产，想获得高杠杆收益，可以直

接买入看涨期权。但如果短期不确定，较长时期看好标的资产的表现，可以买入并持有标的资产，同时购买一个看跌期权作为保险。这种策略相较直接买入看涨期权的投资成本更高，但风险相对较小。

例如，某投资者看好上证 50 指数成分股，以每份 2.59 元的价格买入了 10 000 份上证 50ETF，同时买入了一张上证 50ETF 的下季看跌期权，期权行权价格为 2.60 元/份，期权价格（权利金）为每份 0.04 元，期权合约单位为 10 000 份，共计投资 2.59+0.04=2.63 万元。

如果下季到期日，上证 50ETF 价格上涨到 2.99 元，看跌期权失效，但 ETF 价格上涨带给投资者收益为 2.99–2.63=0.36 万元。如果投资者预判错误，上海股票市场整体下跌，在下季到期日上证 50ETF 价格下跌到 2.09 元，那么投资者以每份 2.60 元行使看跌期权，投资者收益为 2.60–2.63=–0.03 万元，避免了 ETF 价格下跌的损失。

空头保险策略也称为保护性看涨期权策略，是指虽然投资者看空某只股票，但融券做空该股票时，投资者又担心股市上涨造成的亏损，故买入相应数量的看涨期权锁定股票的买入价，从而获得保险，其结果类似于买入了看跌期权。图 6-21 所示为保护性买入看涨期权的到期损益。

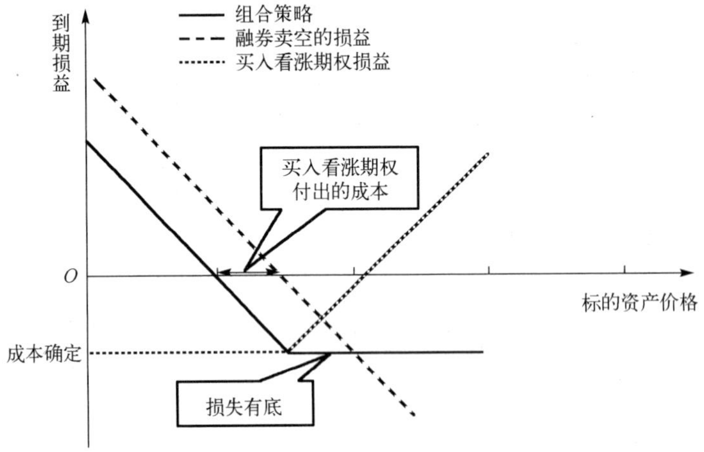

图 6-21 保护性买入看涨期权的到期损益

例如，某投资者长期看跌上证 50ETF 走势，故融券做空 10 000 份上证 50ETF，价格为 2.5 元。同时，为防止 50ETF 价格上涨带来的损失，该投资者买入一张行权价格为 2.6 元/份的下季看涨期权，期权价格（权利金）为每份 0.093 元，期权合约单位为 10 000 份，购买期权共计支出 0.093 万元。

如果下季到期日，上证 50ETF 价格下跌到 2 元，看涨期权失效，如果不考虑融券利息，投资者收益为 2.5–2=0.5 万元。如果投资者预判错误，市场整体上涨，在下季到期日上证 50ETF 价格上涨到 2.9 元，投资者以每份 2.6 元行使看涨期权，并了结融券的空头部位。如果不考虑融券利息，投资者收益为 2.5–2.6–0.093=–0.193 万元，避免了 ETF 价格上涨带来的损失。

事实上，上述保险策略中不一定必须购买指数 ETF，购买上证 50 指数的成分个股和指数期权也是可以的。而且，无论保护性买入看跌期权策略还是保护性买入看涨期权策略，都不是严格意义上套利交易，本质上是对标的资产的投机行为，加上期权的保险，两者的叠加相当于购买了一份期权，从而限制了最大损失，但保留了未来收益空间。

6.5.2　垂直价差和牛/熊市价差套利

本节是关于两个同类型期权的交易策略，分为两种情况，一种是基于两个期权定价错误的套利，另一种采用期权作为投机工具，预期标的资产未来不会有大的增长或下跌，因此通过牺牲未来一部分收益空间来减小投资成本，属于收益和损失都有限的投资策略。

价差套利操作形式上划分为三类：垂直价差(买卖到期日相同但是行权价格不同的同类期权)、水平价差(买卖行权价格相同但到期日不同的同类期权)和对角价差(买卖到期日和行权价格都不相同的同类期权)。下面以欧式看涨期权垂直价差为例进行说明。

理论上看涨期权的行权价格越高，在其他参数相同情况下，其期权价格越低，看跌期权情况正好相反。现实中如果两个行权价格不同的看涨期权合约(或者看跌期权合约)价格不满足上述条件，就会出现垂直套利机会，这时高行权价格的期权价格高于低行权价格的期权价格，同时卖出高行权价格的期权和买入低行权价格的期权，构成无风险套利策略。图 6-22 所示为看涨期权垂直价差套利策略到期损益。

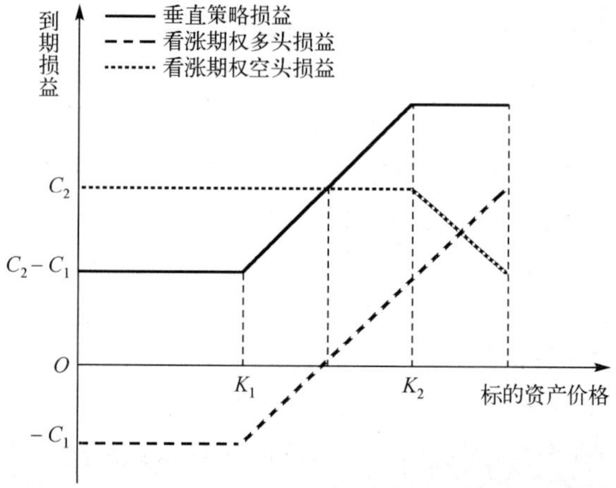

图 6-22　看涨期权垂直价差套利策略到期损益

假设行权价格为 K_2 的期权高于价格为 K_1 的期权，即 $C_2>C_1$，该垂直价差套利在期初有正的现金流，即 $C_2-C_1>0$，在到期日无论标的资产价格为何值，两个期权是否行权都会获得非负的收益。因此，该垂直价差总体上可以保证不小于 C_2-C_1 的无风险收益。

垂直价差还有一种情况，期权定价没有问题，但投资者存在对标的资产的投机行为。例如，投资者预期未来市场价格会上涨，但上涨幅度有限，这时投资者采用牛市价差策略，买入平值附近的期权价格较高的低行权价格的看涨期权，同时卖出相同数量、相同到期日的期权价格较低的高行权价格的看涨期权。这个牛市价差策略期初需要一定的投资成本，但因为卖出期权获得了一定的权利金收入，总的建仓成本(C_1-C_2)将有所降低。

在期权到期日，如果标的资产价格较低，低于 K_1，那么两个期权都作废，投资者获得负收益 C_2-C_1；如果标的资产价格介于 K_1 和 K_2 之间，则买入的低行权价格期权行权，而卖出的高行权价格期权作废，投资者获得收益为 S_T–K_1+C_2–C_1；如果标的资产价格较高，高于 K_2，那么两个期权都会行权，投资者获得收益 K_2–K_1+C_2–C_1。图 6-23 所示为牛市看涨期权价差策略到期损益。

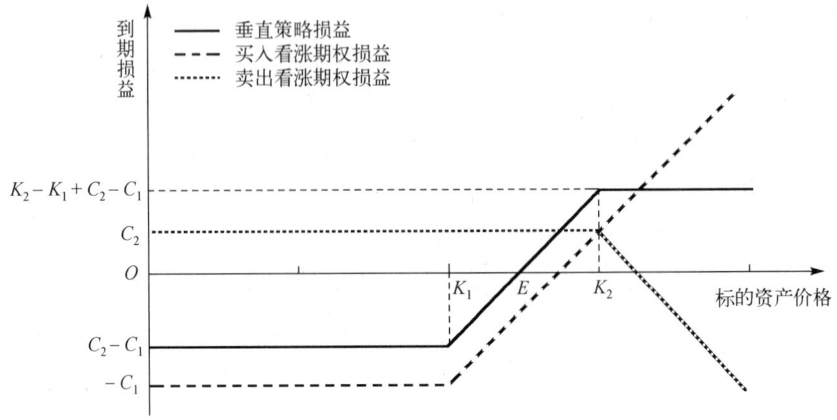

图 6-23 牛市看涨期权价差策略到期损益

图 6-23 显示，牛市看涨期权价差策略需要买入低行权价格期权、卖出高行权价格期权，投资者所能获得的最大利润是两个期权的行权价格之差减去期初建仓成本，盈亏平衡点 E 的价格为期权低行权价格加上期初建仓成本。

以上证 50ETF 为例，投资者认为上海股市虽然出现较大回落，但是根据近期盘面分析，大盘有企稳迹象，市场的情绪氛围较好，后市应有温和上涨。投资者打算采用牛市价差策略，买入 10 000 份行权价格为 3.3 元的 2 个月期的上证 50ETF 看涨期权，合约现价为 0.4447 元/份；同时卖出 10 000 份行权价格为 4.1 元的 2 个月期的上证 50ETF 看涨期权，合约现价为 0.0764 元/份，上证 50ETF 的现价为 3.433 元/份。

如果 2 个月后 50ETF 价格涨到 4.2 元/份，此时卖出的行权价格为 4.1 元的看涨期权被对方行权，以 4.1 元/份的价格向投资者购买 10 000 份 50ETF。投资者行使行权价格为 3.3 元的看涨期权，购入 10 000 份 50ETF，再以 4.1 元的价格卖出，获取收益为 10 000×（4.1–3.3）=8000 元，再减去期初的建仓成本，总收益为 8000–4447+764=4317 元。

如果 2 个月后 50ETF 价格跌到 2.8 元/份，此时投资者买入和卖出的期权都不会行权，其损益为期初的建仓成本，即亏损 4447–764=3683 元。

如果 2 个月后 50ETF 价格介于 3.3 和 4.1 元之间，卖出的期权不会行权，但买入的期权带来收益 10 000×(S_T–3.3)，总收益还要减去期初的建仓成本 3683 元。该策略的盈亏平衡点为：10 000×(E–3.3)–3683=0，解得 E=3.6683（元/份）。这意味着 2 个月后，50ETF 价格至少比现价涨 6.86%，该策略才可以盈利。

我们可以比较一下牛市价差策略和直接投资上证 50ETF 的效果。假设投资本金是 100 万元，全部买入 50ETF，共计 29.12 万份。2 个月当 50ETF 价格上涨 20%和下跌 20%时，投资者的盈利和亏损为±20%，不考虑手续费、管理费等，大概就是 20 万元。

投资者也可以用 100 万元构造 200 万份的牛市价差，建仓成本需要 88.94 万元，剩余资金加上卖期权所得可以作为期权义务方的保证金。2 个月后当 50ETF 价格上涨 20%，为

4.1196 元时，投资者盈利 86.34 万元，收益率为 86.34%；当 50ETF 价格下跌 20%，为 2.7464 元时，投资者亏损 73.66 万元，收益率为–73.66%。可见，相比直接投资 50ETF，牛市看涨期权价差策略的收益和亏损都大幅增加。

用看涨期权构造牛市价差期初需要支出一定的资金，如果投资者手里没有太多资金，但看好标的资产的走势，这时可以用两个看跌期权构造牛市价差策略，方法是买入低行权价格看跌期权，同时卖出另一个期限相同但行权价格较高的看跌期权。这个策略到期损益图的形状和牛市看涨期权价差策略几乎一样，属于盈利和亏损都限定的温和策略，只是卖出看跌期权期初不需要支出，反而有正的现金流入。另外，牛市看涨期权价差策略是想获得标的资产上涨所带来的收益，而牛市看跌期权价差策略则是想获得期权权利金的收入，其最大收益相对有限，且需要更多的保证金。

在期权到期日，如果标的资产价格较高，高于 K_2，则两个期权都作废，投资者获得期权价差正收益 C_2-C_1；如果标的资产价格介于 K_1 和 K_2 之间，则买入的高行权价格期权行权，而卖出的低行权价格期权作废，投资者获得收益为 $K_1-S_T+C_2-C_1$；如果标的资产价格较低，高于 K_1，那么两个期权都会行权，投资者获得收益 $K_2-K_1+C_2-C_1$。

投资者在温和看涨未来标的资产价格情况下，可以采用牛市价差策略。反之，如果投资者认为标的资产价格在未来会温和下跌，则可以采用熊市价差策略获得盈利，具体做法是：买入较高行权价格的看跌期权同时卖出同等数量、相同到期日、较低行权价格的看跌期权。熊市价差和牛市价差一样，都是一种止盈止损的策略，卖出期权所获得权利金可以减小策略的建仓成本。由于买高卖低，因此熊市看跌期权价差策略期初需要一定的资金投入。

当然，熊市价差也可以用买高卖低两个看涨期权构造，即买入较高行权价格的看涨期权同时卖出同等数量、相同到期日、较低行权价格的看涨期权，这时熊市看涨期权价差策略期初有正的现金流入。对熊市价差策略的讨论可以参考前面牛市价差，留给读者自己练习。

6.5.3　盒式价差套利

盒式价差是由一个牛市看涨期权价差组合和一个熊市看跌期权价差组合构成，其到期收益固定为两个期权行权价格之差，故盒式价差的价格理论上就是该收益的无风险贴现值。如果盒式价差的市价偏离理论价格过大，就将会产生套利机会。盒式价差套利策略本质上是捕捉期权行情对事件冲击的过度反应，只有在市场大幅波动时，才有较为可观的收益。

进一步分析盒式价差：较低行权价格看涨期权价格与较高行权价格看涨期权价格之差，加上较高行权价格看跌期权价格与较低行权价格看跌期权价格之差，应当等于较高行权价格与较低行权价格之差的贴现值：

$$C_1 - C_2 + P_2 - P_1 = \mathrm{e}^{-rT}(K_2 - K_1) \tag{6-20}$$

也就是

$$C_1 - P_1 + K_1\mathrm{e}^{-rT} = C_2 - P_2 + K_2\mathrm{e}^{-rT} \tag{6-21}$$

根据期权看涨-看跌平价关系式，式(6-21)左边等于标的资产现价，等式右边也是标的资产现价，二者应该相等，否则就会产生无风险套利收益。

下面以沪深 300 股指期权 IO2002 合约为例，说明如何构建盒式价差套利策略获得盈利。

设置 K_1=4000 点、K_2=4100 点，则到期日的价差就是 100 点。投资者可以在价差比较低的位置做多价差，在价差比较高的位置做空价差获利。假设开仓、平仓 1 手股指期权的权利金为 45 元，股指期权的合约乘数为 100，即 0.45 点，盒式价差套利策略需开平 4 手期权合约，交易费用为 3.6 个点。那么当价差大于 103.6 或小于 96.4 时，就会有套利机会。

IO2002 合约价差从上市首日 2019 年 12 月 23 日至 2020 年 1 月 23 日，走势一直较为平稳，没有明显的套利机会。受新冠疫情的影响，2020 年春节后第一个交易日，标的沪深 300 指数出现大幅回落，价差快速跌落至 85.6 点，出现明显的套利机会，投资者可以买入盒式价差 $(C_1-C_2)-(P_1-P_2)$。如果以到期日价差回归至 100 点计算，除去交易费用，投资者会有 10.8 点的无风险收益。事实上，盒式价差在 2 月 7 日高达 122 点，此时卖出盒式价差，除去交易费用，投资交易者可以获得 32.8 点的无风险收益，即这一个盒式价差套利 3280 元。

需要注意的是，盒式价差针对的是欧式期权，构建盒式价差的期权尽量采用主力合约，避免流动性不足的问题。另外，在实际交易过程中，还需考虑冲击成本、资金成本等。

6.5.4 蝶式价差套利

蝶式价差套利的原理和垂直价差套利相似，都是利用同时买进和卖出同一标的资产、同一到期日但不同行权价格的看涨或看跌期权合约进行套利。不同的是，蝶式价差套利策略由 3 个期权构成，具体可分为买入蝶式价差套利和卖出蝶式价差套利策略。

当预期标的资产在期权到期日时，处于不会有较大的价格变动的盘整格局。对于既想在盘整格局中获利，又不想冒太大风险的投资者来说，可以采用买入蝶式价差套利策略获得无风险收益。这意味着投资者需买入一个低行权价格期权合约和一个高行权价格期权合约的同时，卖出两个中间行权价格的期权合约。买入看涨期权蝶式价差套利策略到期损益如图 6-24 所示。

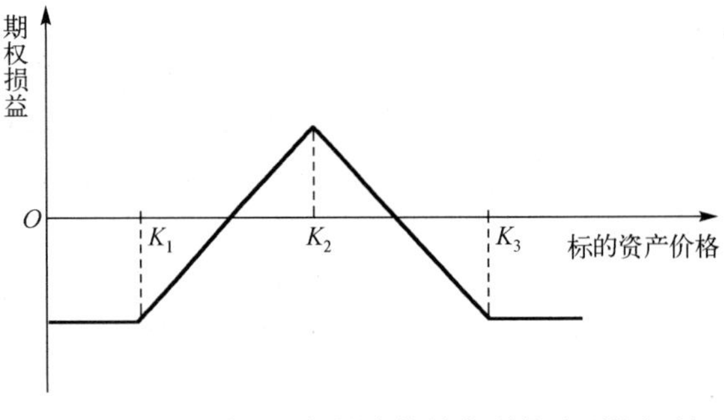

图 6-24　买入看涨期权蝶式价差套利策略到期损益

举个例子：某投资者预期 A 股市场处于盘整格局，未来 3 个月，沪深 300 指数不会大涨或大跌，决定采用风险较小的买入蝶式价差策略。假设目前沪深 300 指数在 4500 点，投资者同时建立下列三个看涨期权仓位：①买进 1 手 3 个月到期、行权价格为 4300 点的看涨期权，支付 230 点权利金；②买进 1 手 3 个月到期、行权价格为 4700 点的看涨期权，支付 15 点权利金；③卖出 2 手 3 个月到期、行权价格为 4500 点的看涨期权，收取 90×2 点权利金。这个买入蝶式价差套利策略期初建仓成本为65点，即6500元。

如果3个月后股指低于4300点，则所有看涨期权都作废，投资者净损失6500元；

如果3个月后股指介于4300～4500点，那么买入的低行权价格看涨期权行权，其他期权作废，蝶式价差总收益为S_T-4300点，投资者收益为$100\times(S_T-4300-65)$元；

如果3个月后股指介于4500～4700点，那么买入的低行权价格看涨期权和卖出的看涨期权行权，蝶式价差总收益为$S_T-4300-2\times(S_T-4500)$点，投资者收益为$100\times(4700-S_T-65)$元；

如果3个月后股指高于4700点，则所有看涨期权都行权，买进期权收益为$S_T-4300+S_T-4700=2\times S_T-9000$点；卖出期权损失为$-2\times(S_T-4500)=9000-2\times S_T$点；蝶式价差总收益为0，投资者净损失为6500元。

可见，上述买入看涨期权蝶式价差套利策略在股指低于4365点或高于4635点，投资者会有损失，最大损失为6500元；当股指介于4365～4635点之间，投资者会盈利，最大盈利点位于4500点，投资者最大盈利为13 500元。

进一步分析，买入蝶式价差套利策略在标的资产未来价格偏离比较大时，会出现亏损，而未来价格在较小范围内波动则会盈利。背后的原因在于：期权在交易过程当中，行权价格相邻的三份合约出现了价格背离，即相对于K_1、K_3期权合约而言，行权价格为K_2的合约价格被高估。因为Gamma值为期权价格关于标的资产价格的二次偏导数，且Gamma值恒为正值，即曲线是凸的。接下来利用期权价格曲线的凸性，搜寻将蝶式套利策略转化为无风险套利的条件。为此，绘制蝶式套利看涨期权价值和行权价格的关系曲线示意图，如6-25所示。

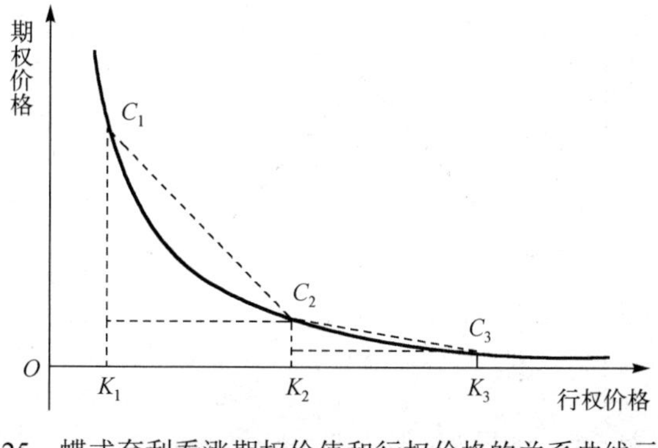

图6-25　蝶式套利看涨期权价值和行权价格的关系曲线示意图

根据价格曲线的凸性，图中C_1C_2段斜率绝对值要大于C_2C_3段斜率的绝对值。转化成数学的关系式即：

$$\frac{C_1-C_2}{K_2-K_1}>\frac{C_2-C_3}{K_3-K_2} \tag{6-22}$$

整理得：

$$\frac{K_3-K_2}{K_3-K_1}\times C_1+\frac{K_2-K_1}{K_3-K_1}\times C_3>C_2 \tag{6-23}$$

观察不等式，可以发现不等式两边分别为C_1、C_3和C_2，已经十分接近蝶式套利的架构(如果行权价格间距相等，则形式和蝶式套利一致)。当期权的价格不满足上述不等式时，就可获得无风险套利机会。具体策略：买入$(K_3-K_2)/(K_3-K_1)$单位的C_1和$(K_2-K_1)/(K_3-K_1)$单位的C_3，同时卖出1个单位的C_2。由于$(K_3-K_2)/(K_3-K_1)+(K_2-K_1)/(K_3-K_1)=1$，则期权到期损益图中，当标的资产价格超过$K_3$时，策略最大损失为一固定值，且该值与标的资产小于$K_1$时的策略亏损值一致。根据假设，可知该固定值正好为卖出期权与买入期权的价差：

$$C_2-\left(\frac{K_3-K_2}{K_3-K_1}\times C_1+\frac{K_2-K_1}{K_3-K_1}\times C_3\right) \tag{6-24}$$

如果卖出期权与买入期权的价差为正，则式(6-23)反号，意味着该策略期初有正的收益，而到期时，策略最小收益也大于0，这显然是个无风险套利策略。需要说明，由于该种情形行权价格的间距不一定相等，因此损益图不像蝶式套利那样关于中间行权价格对称。

对于买入看跌期权的蝶式价差套利策略，依照同样的分析方法，可以找到无风险套利的机会并构建无风险套利的策略。其到期损益图形和买入看涨期权的蝶式价差套利策略基本一样。投资者具体采用看涨期权还是看跌期权，取决于期权的价格是否满足套利条件。无论采用看涨期权还是看跌期权构建蝶式价差，实际满足无风险套利条件是非常少的，更多的时候还是采用蝶式价差进行风险套利，这种套利策略期初一般都会有一定的建仓成本，期末也不会肯定地获得净收益，但如果未来标的资产价格大概率不会发生较大变化，投资者获得净收益的可能性很大时，就可以采用买入蝶式价差套利策略。图6-26所示为买入看跌期权蝶式价差套利策略到期损益。

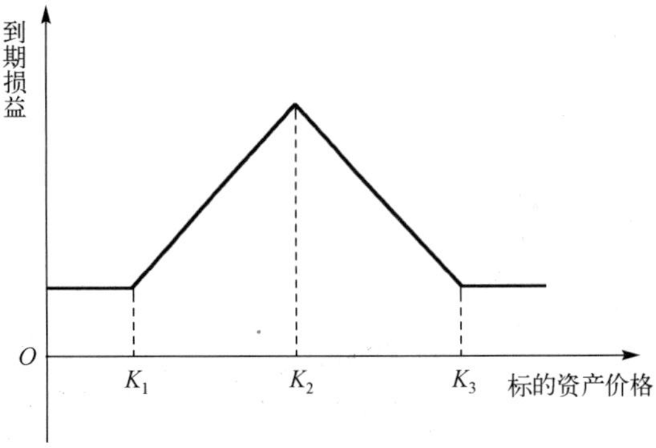

图6-26 买入看跌期权蝶式价差套利策略到期损益

下面讲一讲卖出蝶式价差套利策略，如果投资者预期标的资产未来价格会产生较大的波动，价格即将向上突破或向下突破，但投资者不愿意支付过多的权利金，或者不愿意承担预测错误所带来的较大损失，这时投资者就可以采用卖出蝶式价差套利策略，该策略是卖出一个低行权价格期权合约和一个高行权价格期权合约的同时，买入两个中间行权价格的期权合约，其到期损益图形和买入蝶式价差套利策略的图形按照横轴镜像。

以看涨期权举例：某投资者认为未来3个月黄金期货价格将会有较大波动，决定采用卖出看涨期权蝶式价差套利策略。以380元/克的行权价格卖出5手3个月黄金期货看涨期权，获得权利金为16元/克，与此同时，买入10手行权价格为390元/克的3个月黄金期货看涨期权，支付权利金为9元/克，再卖出5手行权价格为400元/克的3个月黄金期货看涨期权，获得权利金为4元/克。投资者卖出看涨期权蝶式价差套利策略，期初可以获得一个净权利金收入 2 元/克，1 手黄金期权(期货)合约为 1000 克，共 20 000 元。卖出看涨期权蝶式价差套利策略到期损益如图 6-27 所示。

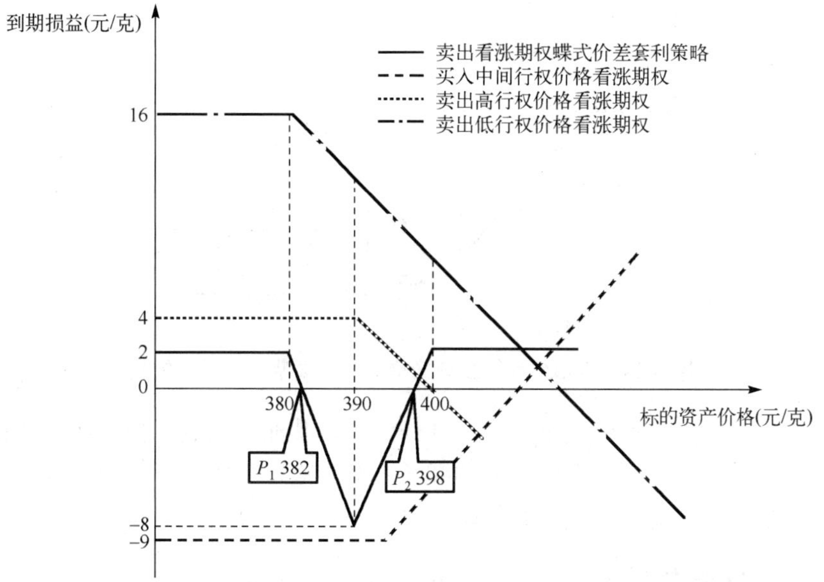

图 6-27　卖出看涨期权蝶式价差套利策略到期损益

图 6-27 显示，该卖出看涨期权蝶式价差套利策略的最大可能亏损为 8 元/克，即 80 000 元，最大可能收益为 2 元/克，即期权净权利金为 20 000 元。当期货价格小于 380 元/克或大于 400 元/克时，交易者面临一个恒定的收益 2 元/克；当期货价格介于 380～400 元/克之间时，交易者的收益在−8～2 元/克之间，其中低损益平衡点(P_1)为 382 元/克，高损益平衡点(P_2)为 398 元/克，当黄金期货价格为 390 元/克时，亏损达到最大，即−8 元/克。由此可见，卖出蝶式价差套利策略期初获得最大收益，适用于标的资产价格出现大幅度波动的情况，在未来价格变化较小的情况下会产生损失，但即使亏损，投资者所承担的损失也是有限的。

进一步分析该策略产生套利的原因，若式(6-23)成立，则蝶式价差套利策略的无风险套利机会不存在。但是，若卖出蝶式价差的损益图向上平移若干个单位，使得策略到期损益曲线完全位于横轴上方，则可获得无风险收益。而损益曲线的向上平移，意味着策略的初始现金流入增加，且 C_1、C_3 与 C_2 的价差满足一定的关系式。图 6-28 所示为卖出看涨期权蝶式价差套利策略到期最大损失。

图 6-28 显示，卖出看涨期权蝶式价差套利策略的最大损失 X=期权 C_1 的空头头寸×(K_2-K_1)。

如果下列不等式成立，则存在卖出看涨期权蝶式价差策略的无风险套利机会：

$$\frac{K_3-K_2}{K_3-K_1}\times C_1+\frac{K_2-K_1}{K_3-K_1}\times C_3-C_2\geqslant\frac{K_3-K_2}{K_3-K_1}\times(K_2-K_1) \tag{6-25}$$

此时将看涨期权 C_1 的空头头寸设为$(K_3-K_2)/(K_3-K_1)$，构建卖出看涨期权蝶式价差套利策略如下：卖出$(K_3-K_2)/(K_3-K_1)$单位 C_1、$(K_2-K_1)/(K_3-K_1)$单位 C_3，同时买入一份 C_2。不等式左边是策略期初的收益，不等式右边是策略到期最大损失，不等式成立意味着卖出看涨期权蝶式价差套利策略到期收益非负，而该策略期初有正的收益，显然这是个无风险套利策略。

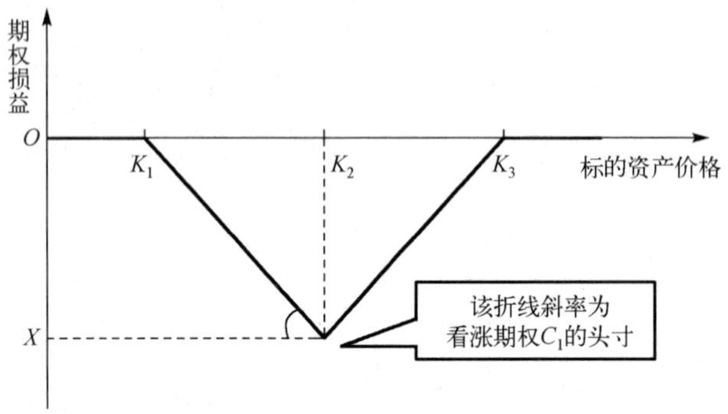

图 6-28　卖出看涨期权蝶式价差套利策略到期最大损失

同理，也可以在看跌期权上进行卖出蝶式价差，其面临的到期损益情况和在看涨期权上的操作非常相似。对于卖出看跌期权的蝶式套利策略，依照同样的分析方法，可以找到无风险套利的机会并构建无风险套利策略。

6.5.5　飞鹰式价差套利

飞鹰式价差套利策略，也称为秃鹰式套利策略，涉及 4 个期权合约的操作，这些期权合约具有相同类型、相同的标的资产和相同的到期日，行权价格间距一般也相等。买入飞鹰式价差套利策略需要买入一个低行权价格期权合约和一个高行权价格期权合约的同时，卖出两个中间行权价格(两个行权价格不同)的期权合约，并且行权价格间距尽量相等。

买入飞鹰式价差套利策略主要是针对震荡市场中，对后市没有把握，市场波动率较低，趋势性策略难以获利时，投资者借助构建一个牛市价差策略以及熊市价差策略，以求标的资产价格到到期日能在中低行权价格与中高行权价格之间，从而最大地获取震荡过程中的收益。该策略属于风险有限同时收益有限的策略，比蝶式价差套利策略更保守。通过增加一个期权操作，扩大策略平衡点之间的价格范围，而把损失则控制在一定水平之内。主要适用于风险相对中性或者保守的投资者。

举个例子：2015 年年底基本面多空交织，但缺乏较为重大的驱动因素，在场外资金进场意愿不强的情况下，后市维持震荡的概率较大。某投资者认为上证 50ETF 将在 2.4～2.5 元区间内震荡，整个市场波动率处于偏低的状态，在后市走势不明朗的背景下，考虑建立针对震荡市场的买入飞鹰式价差套利策略，获取相对稳定的收益。

具体操作如下：选择行权价格分别为 2.3 元、2.4 元、2.5 元、2.6 元的 4 个 50ETF 期权合约，买入 50ETF 的 12 月 2.3 元和 2.6 元看涨期权各一张，价格分别为 0.091 元和 0.011 元，同时卖出 12 月 2.4 元和 2.5 元看涨期权各一张，价格分别为 0.047 元和 0.023 元。所有期权的到期日相同，均为 2015 年 12 月 23 日，目前上证 50ETF 报价为 2.499 元。

一张上证 50ETF 期权合约单位为 10 000 份。该策略期初建仓买入 50ETF 购 12 月 2300 期权支出 910 元；卖出 50ETF 购 12 月 2400 期权收入 470 元；卖出 50ETF 购 12 月 2500

期权收入 230 元；买入 50ETF 购 12 月 2600 期权支出 110 元。合计支出权利金净值为 320 元。

当上证 50ETF 未来价格高于 2.4 元且低于 2.5 元时，该策略获得最大盈利；当 50ETF 低于 2.3 元或高于 2.6 元时，该策略出现一定亏损，且最大盈利和最大亏损都是固定值。需要注意的是，若到期日之前上证 50ETF 价格提前接近最大盈利点，或价格向上或向下突破了投资者预设的盈亏平衡点，投资者需要提前对冲平仓进行止损。如果上证 50ETF 整体维持震荡走势，价格整体处于下侧和上侧盈亏平衡点之间，投资者可以持有策略到期。

假设在到期日(2015 年 12 月 23 日)上证 50ETF 报价为 2.499 元，50ETF 购 12 月 2300 期权与 50ETF 购 12 月 2400 期权处于实值状态，期权买方行权。投资者买入的 50ETF 购 12 月 2300 期权行权盈利 1990 元，卖出的 50ETF 购 12 月 2400 期权亏损 990 元。50ETF 购 12 月 2500 与 50ETF 购 12 月 2600 期权处于虚值状态，期权买方放弃行权。策略到期收益为 1000 元，策略期初支出 320 元的建仓成本，最终投资者获得 680 元策略净收益。表 6-21 所示为买入飞鹰式价差套利策略在不同情况下的损益。

表 6-21　买入飞鹰式价差套利策略在不同情况下的损益

期权操作	期初损益/元	到期日损益 (S_T< 2.3)/元	到期日损益 (2.3< S_T <2.4)/元	到期日损益 (2.4< S_T <2.5)/元	到期日损益 (2.5< S_T <2.6)/元	到期日损益 (S_T >2.6)/元
买入 C2.3	−900	0	10 000×(S_T−2.3)	10 000×(S_T−2.3)	10 000×(S_T−2.3)	10 000×(S_T−2.3)
卖出 C2.4	470	0	0	10 000×(2.4− S_T)	10 000×(2.4− S_T)	10 000×(2.4− S_T)
卖出 C2.5	230	0	0	0	10 000×(2.5− S_T)	10 000×(2.5− S_T)
买入 C2.6	−110	0	0	0	0	10 000×(S_T−2.6)
合计	−320	0	10 000×(S_T−2.3)	1000	10 000×(2.6− S_T)	0
策略净收益/元		−320	10 000×(S_T−2.3)−320	680	10 000×(2.6− S_T)−320	−320

根据表 6-21，买入飞鹰式价差套利策略与买入蝶式价差套利策略十分类似，该策略最大损失为 320 元，出现在上证 50ETF 价格较大波动的情况下，低于 2.3 元或高于 2.6 元；最大盈利为 680 元，出现在上证 50ETF 价格较为稳定，介于 2.4～2.5 元之间。下侧盈亏平衡点为 2.332 元，上侧盈亏平衡点为 2.568 元。相对于买入蝶式价差套利策略，买入飞鹰式价差套利策略扩大了平衡点间的价格范围区间，即获利的可能性更大了，而且由于多卖了 1 个期权，买入飞鹰式价差套利策略期初的建仓成本也更低。

接下来用类似于寻找蝶式价差无风险套利机会的方法，搜寻 4 个期权合约之间存在的无风险套利机会。图 6-29 为飞鹰式套利看涨期权价值和行权价格的关系曲线。

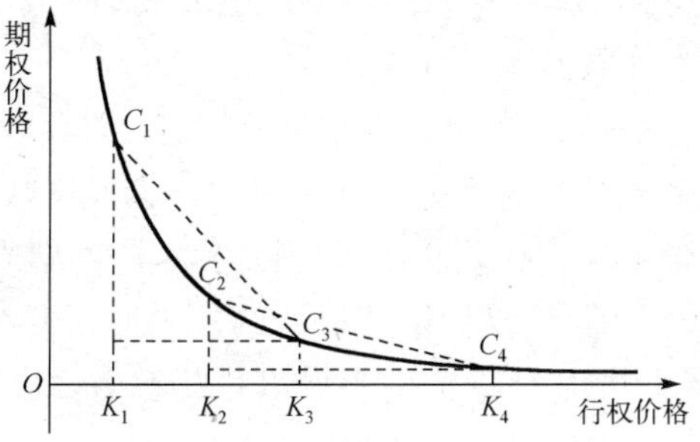

图 6-29　飞鹰式套利看涨期权价值和行权价格的关系曲线

根据期权价格的凸性，可知：

$$\frac{K_4-K_2}{K_4-K_1}\times C_1+\frac{K_2-K_1}{K_4-K_1}\times C_4>C_2 \tag{6-26}$$

$$\frac{K_4-K_3}{K_4-K_1}\times C_1+\frac{K_3-K_1}{K_4-K_1}\times C_4>C_3 \tag{6-27}$$

将式(6-26)与式(6-27)相加，得到：

$$\frac{2\times K_4-K_3-K_2}{K_4-K_1}\times C_1+\frac{K_2+K_3-2\times K_1}{K_4-K_1}\times C_4>C_2+C_3 \tag{6-28}$$

如果式(6-28)反号：

$$\frac{2\times K_4-K_3-K_2}{K_4-K_1}\times C_1+\frac{K_2+K_3-2\times K_1}{K_4-K_1}\times C_4<C_2+C_3 \tag{6-29}$$

就可获得无风险套利机会。具体策略：买入$(2K_4-K_3-K_2)/(K_4-K_1)$单位的C_1和$(K_2+K_3-2K_1)/(K_4-K_1)$单位的C_4，同时卖出1个单位的C_2和1个单位的C_3。由上面不等式可知，该策略期初建仓成本为负，即期初有正的现金流入。图6-30所示为买入看涨期权飞鹰式价差套利策略到期无风险套利收益。

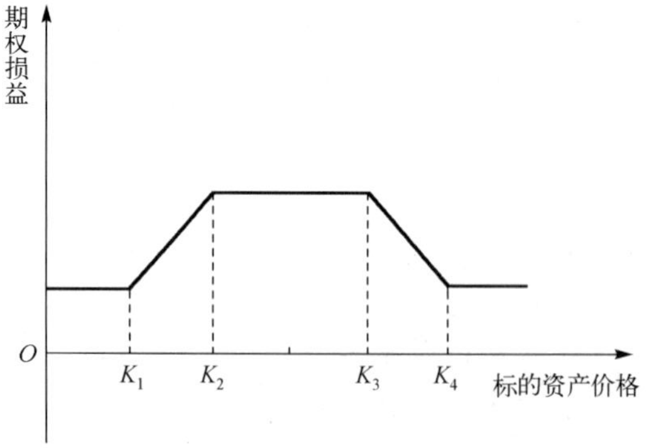

图6-30　买入看涨期权飞鹰式价差套利策略到期无风险套利收益

从图6-30可知，期权到期时，无论标的资产价格落在哪个区间范围，策略都保证非负收益。因为该策略期初和期末均有正收益，为无风险套利策略。上述不等式条件相对比较严苛，更多的时候投资者会采用风险套利。这种情况下，期初可能有建仓成本，但期权到期日标的资产价格大概率符合预期，在一个较小范围内波动，投资者就可获得较好的收益，减去期初成本，策略总体上净收益为正。

买入飞鹰式价差套利策略也可以用4个看跌期权构造，读者可以用同样的方法进行分析。

当投资者对后市没有把握，认为标的资产未来价格会发生较大变化，出现向上或向下突破，但又觉得卖出蝶式价差组合风险较大，可以考虑卖出飞鹰式价差套利，即在卖出一个高行权价格期权合约和一个低行权价格期权合约的同时，买入两个中间行权价格(两个行权价格不同)的期权合约，并且行权价格距离尽量相等。卖出看涨期权飞鹰式价差套利策略如图6-31所示。

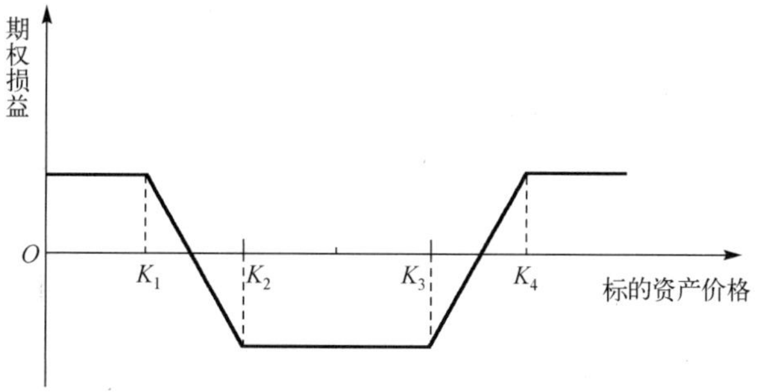

图 6-31　卖出看涨期权飞鹰式价差套利策略

关于无风险套利策略的分析过程，和前面蝶式价差类似，读者可自行练习。对于卖出看跌期权飞鹰式价差套利策略，分析方法类似，这里省略。

6.5.6　转换套利与反向转换套利

前面讲了同类型期权构成的价差套利策略，现在介绍不同类型期权构成的组合套利策略。

根据同一标的资产上的无股息的期权看涨看跌平价关系式，对于同一标的、同一到期日、相同行权价格的欧式看涨和看跌期权，存在下列关系式：

$$S = Ke^{-rT} + C - P \quad 或 \quad F_0 e^{-rT} = Ke^{-rT} + C - P \tag{6-30}$$

式(6-30)左边 S 是标的资产的现价，也可以用期货价格 F_0 乘以折现因子 e^{-rT} 表示，右边是用期权组合和现金合成的标的资产的价格。如果等式不成立，可以通过买低卖高获得无风险套利收益。

如果标的资产折价，合成资产溢价，套利策略是买入式(6-31)左边，卖出式(6-31)右边。

$$S < Ke^{-rT} + C - P \Rightarrow S + P - C < Ke^{-rT} \tag{6-31}$$

投资者以无风险利率借入资金，买入一个看跌期权，卖出一个看涨期权，同时再买入一手标的资产，这被称为转换套利。这里看跌期权和看涨期权的行权价格和到期月份都要相同，且期权的行权价格应尽可能接近标的资产现价。

在期权到期日，若标的资产价格高于行权价格，看涨期权空头将被对手履约，并自动地与标的资产的多头部位相对冲，而多头看跌期权则作废，投资者获得的收益就是期权的行权价格。如果在到期日标的资产价格低于行权价格，投资者将执行持有的看跌期权，把标的资产以行权价格卖给对手，而空头看涨期权到期作废，投资者获得的收益仍然是期权的行权价格。

无论何种情况，到期日的转换套利组合的收益恒为期权行权价格，正好连本带利归还期初所借入资金(行权价格的贴现值)，故转换套利策略是在到期日平掉所有部位的头寸。而期末获得的资金大于转换套利策略的建仓成本(考虑利息)，二者之间的差价扣除手续费、管理费、印花税等，就是套利的利润。

如果标的资产溢价，合成资产折价，套利策略是卖出式(6-31)左边，买入式(6-31)右边。

$$S > Ke^{-rT} + C - P \Rightarrow S + P - C > Ke^{-rT} \tag{6-32}$$

投资者买入一个看涨期权，卖出一个看跌期权，同时再卖空一手标的资产，构建策略所获得资金以无风险利率存入一部分，至少等于行权价格的贴现值，这被称为反向转换套利。

和转换套利的分析类似，在到期日无论标的资产价格如何，反向转换套利组合的收益恒为负的期权行权价格，而存入的现金正好等于期权行权价格，故反向转换套利策略在到期日将平掉所有部位的头寸。而期初构建策略所获的资金大于行权价格的贴现值，二者之间的差价扣除手续费、管理费、印花税等，就是套利的利润。

下面举个反向转换套利的例子：

假定一张 11 月份到期、行权价格为 2740 元/吨的玉米看涨期权合约，其权利金为 125 元/吨，而另一张 11 月份到期、行权价格为 2740 元/吨的玉米看跌期权合约，其权利金价格为 135 元/吨，目前玉米期货价格为 2740 元/吨。

某投资者决定做反向转换套利交易，以每吨 125 元的权利金、行权价格为 2740 元买进 5 手 11 月份玉米看涨期权，支付权利金为 6250 元(125 元/吨×50 吨)；同时以每吨 135 元的权利金、行权价格为 2740 元卖出 5 手 11 月份玉米看跌期权，所收取的权利金为 6750 元(135 元/吨×50 吨)，收支相抵最终收益为 500 元(忽略佣金等费用)。同时，投资者以每吨 2740 元进入 5 手 11 月份玉米期货合约空头。

最后交易日前，若期货价格上涨到每吨 2790 元，那么该投资者将行使看涨期权，5 手交易盈利 2500 元(50 元/吨×50 吨)，而先前卖出的看跌期权买方也不可能履约。接着，将期初以每吨 2740 元卖出的期货合约平仓，即以每吨 2790 元价格买回同期的 5 手期货合约，5 手交易亏损 2500 元(50 元/吨×50 吨)。两者盈亏相抵。

若期货价格在最后交易日前下跌到每吨 2690 元，投资者持有的看涨期权作废，先前卖出的看跌期权被对手行权，5 手交易亏损 2500 元(50 元/吨×50 吨)。接着，将期初以每吨 2740 元卖出的期货合约平仓，即以每吨 2690 元价格买回同期的 5 手期货合约，5 手交易盈利 2500 元(50 元/吨×50 吨)。最终结果仍是盈亏相抵。

可见，该反向转换套利策略在最后交易日前把所有部位平仓后盈亏相抵，而期初有 500 元的盈利(忽略佣金等费用)。

6.5.7 跨式和宽跨式套利

跨式套利也叫马鞍式期权、骑墙组合、等量同价对敲期权、双向期权套利，指以相同的行权价格同时买进或卖出不同种类的期权。期权合约的价格与标的资产价格波动率正相关，而跨式套利策略的关键就在于掌控波动率。买入跨式套利组合的本质是做多波动率，当预计标的资产价格会出现大的波动，但又不确定其变动方向时，期权投资者可以通过买入跨式套利策略来取得收益。卖出跨式套利策略的本质是做空波动率，当预计标的资产价格将会盘整一段时间时，则可以构建卖出跨式套利策略来取得收益。

构建买入跨式套利策略，需要同时买入相同数量、相同到期日、相同行权价格的看涨和看跌期权，相当于买入了价格上涨保险和价格下跌保险，不论价格大涨还是大跌，只要保险单边获得的收益可以超过支出的所有保费就可以盈利。买入跨式套利策略到期损益如图 6-32 所示，横轴之上是盈利，之下是亏损。从图 6-32 可以看出，该策略的风险有限，当标的资产价格未来没有太大变化时，最多损失购买两个期权的权利金。但如果标的资产价格未来大涨或大跌，投资者就会获益，理论上策略收益是无限的。举个例子：投资者预期某股票由于专利诉讼官司，未来 2 个月会出现大幅波动，公司股票现价 100 元，买入 2 月到期的行权价格为 100 元的跨式套利策略，看涨期权价格为 5 元，看跌期权价格为 4 元，跨式套利策略成本等于 4+5=9 元。当合约到期时，如果股票价格上涨高于 109 元，或者下跌低于 91 元，该策略就有正的收益。最糟糕的情况是股票不变，还是 100 元，此时投资者遭受最大损失，即购买两个期权支出的权利金为 9 元。

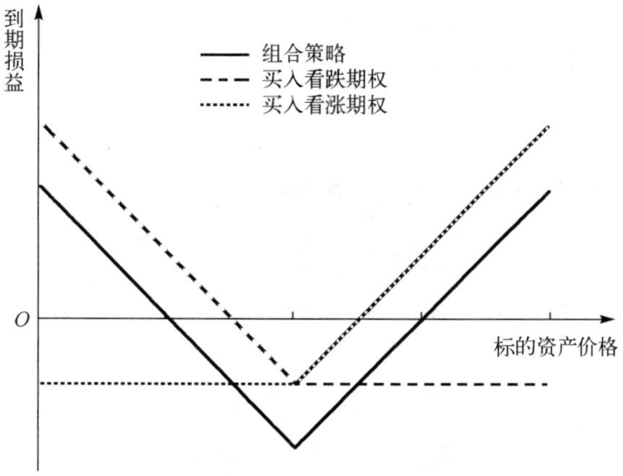

图 6-32　买入跨式套利策略到期损益

如果投资者预期标的资产价格不会出现较大波动，可以卖出跨式组合，即同时卖出相同数量、相同到期日、相同行权价格的看涨和看跌期权。投资者角色类似保险公司，从看涨期权和看跌期权的买方收取双份保险费，如果保险到期时没有触发赔偿条件，那么投资者就赚取了这些保费。如图 6-33 所示，卖出跨式组合的收益有限，为两份权利金收入之和。而由于期权的高杠杆性，当标的资产价格发生大涨或大跌行情时，该策略的损失则是无限的。卖出跨式套利策略到期损益如图 6-33 所示。

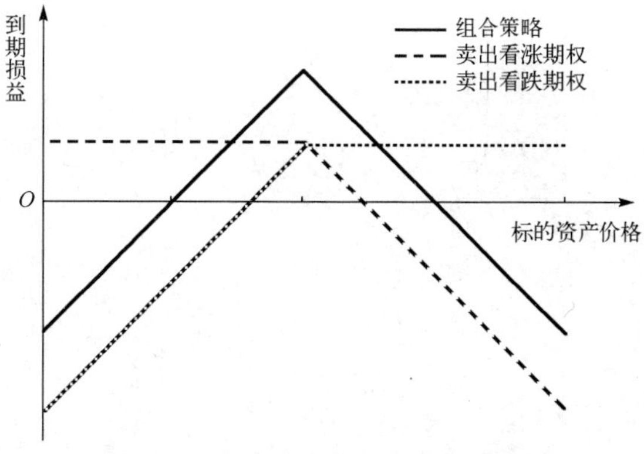

图 6-33　卖出跨式套利策略到期损益

买入跨式套利策略的成本较高，如果想降低建仓成本，投资者可以采用宽跨式套利策略，同时买进相同标的物、相同到期日，但不同行权价格的看涨期权和看跌期权。该策略比跨式套利策略的初始投资要低，但获得收益需要标的资产更大的价格变动。买入宽跨式套利策略到期损益如图 6-34 所示。

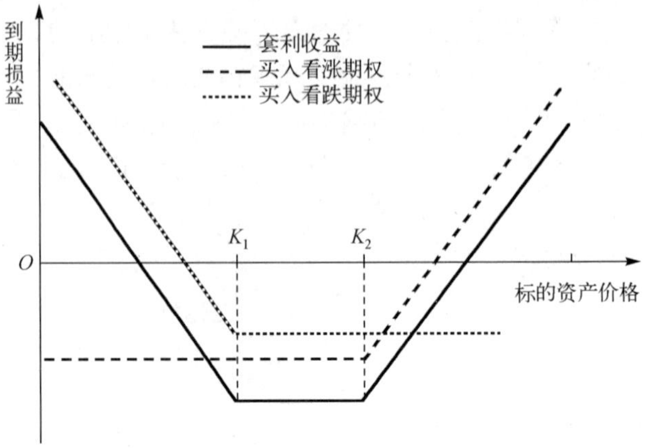

图 6-34　买入宽跨式套利策略到期损益

图 6-34 显示，买入宽跨式套利策略是以较低的行权价格买入看跌期权，并以较高的行权价格买入看涨期权，因为两个期权都处于较深的虚值状态，因此建仓成本较低。

宽跨式套利策略与跨式套利策略类似，预期价格会有大波动，但是不确定方向。两者差异在于，买入宽跨式套利策略需要标的资产价格有更大的波动才能获利，其利润大小取决于两个行权价格的接近程度，距离越远，需要的标的资产价格的变动就越大，而潜在的损失越小。

如果投资者预期标的资产价格未来在一定范围内窄幅波动，可以卖出宽跨式套利组合，即卖出一手虚值看跌期权和一手虚值看涨期权，两者行权价格相差较远。卖出宽跨式套利策略，本质上就是卖出期权的时间价值，最大收益就是期权的权利金，而上行或者下行风险巨大，需要后续的风险管理及时止损。

下面通过分析白糖期货期权卖出宽跨式套利策略进行讲解。在 2017 年 10 月 19 日，投资者观察到白糖期货 1801 合约过去 4 个月的走势较为平稳，每吨价格在 6000～6500 元之间，呈现宽幅波动，投资者拟卖出宽跨式套利组合获得盈利。图 6-35 所示为白糖期货 1801 合约的日线走势图。

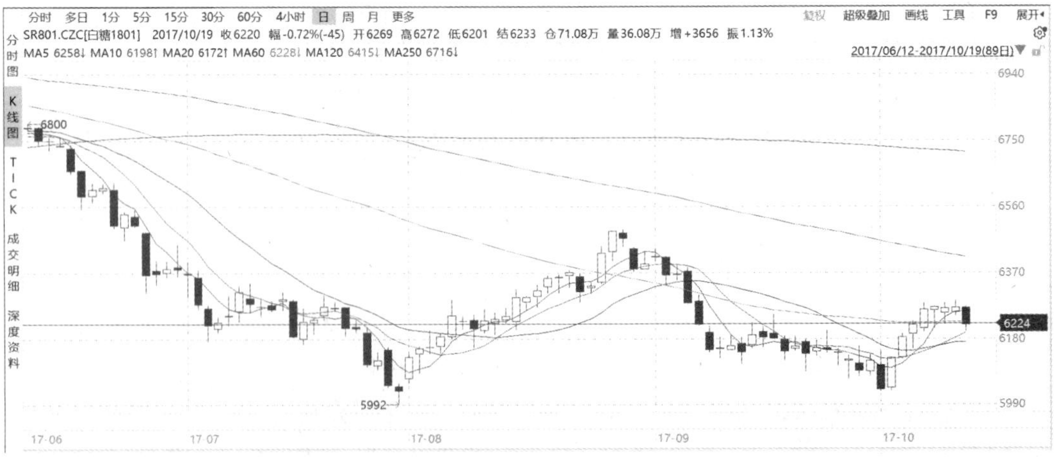

图 6-35　白糖期货 1801 合约的日线走势图

宽跨式套利策略包括：卖出一手行权价格为 6400 元的看涨期权 SR1801C6400，获取权利金为50元，当期权到期时，期货价格低于6450元/吨，则该头寸会获得收益(权利金收入)，否则发生亏损；卖出一手行权价格为6000元的看跌期权SR1801P6000，获取权利金为50元，当期权到期时，期货价格高于5950元/吨，则该头寸会获得收益(权利金收入)，否则发生亏损。两个期权组合的效果为：当期权到期时期货价格处于5900～6500元/吨之间时，组合有盈利，最大盈利区间范围在6000～6400元/吨，最大收益为100元；当期货价格大涨或大跌，即大于6500元/吨或者小于6000元/吨时，组合产生亏损。卖出宽跨式套利策略到期收益如图6-36所示。

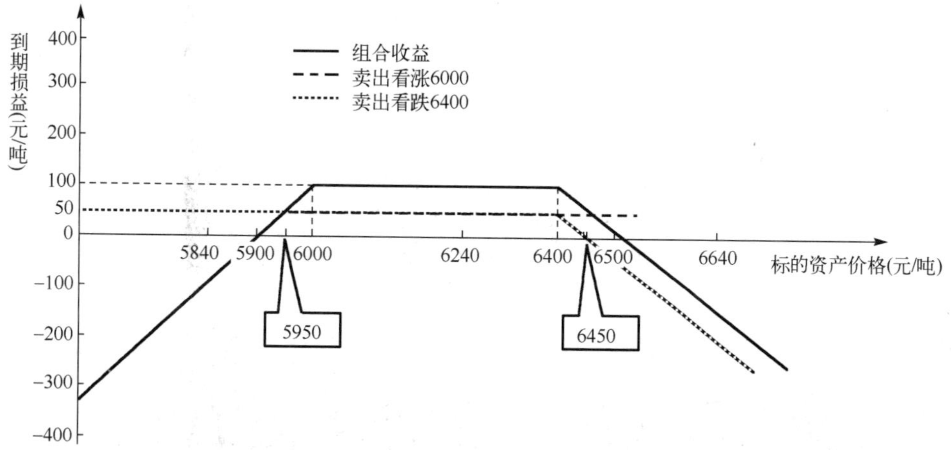

图6-36 卖出宽跨式套利策略到期收益

卖出宽跨式套利组合的整体收益有限，但由于能产生盈利的标的期货价格区间较大，故获利概率要大于亏损概率。而两端风险较大，必须在白糖期货价格大幅上行或大幅下行时才会获利，若风险超过止损位，则及时平仓清理组合套利头寸。

6.6 期权交易虚拟仿真实验

6.6.1 基础实验：单期权套期保值

1. 实验原理、目的、内容及准备

1)实验原理

期权具有类似于保险的功能，可以用来对标的资产的价格风险做套期保值，同时也保留了标的资产价格有利变动时获取更大收益的可能性。在本实验中，学生需要将期权Delta风险中性、交叉对冲和期权保险策略等知识点融会贯通，在损失有限而盈利放开的情况下，设计合理的期权套期保值策略减少标的资产价格波动对企业生产经营的影响。

2)实验目的

单个期权套期保值策略的应用对学生学习能力和应用能力要求较高。本实验借助信息化技术，让学生在虚拟仿真环境中，积极学习和研究单个期权套期保值策略以及期权的保险功能，从而提升对期权交易的专业认知水平和思辨能力。

3) 实验内容

本实验以单个期权的套期保值功能为主轴，以期权故事展开，衔接期权交易规则的介绍，之后进入案例和策略选择，并分别完成单期权套期保值交易和期权保险的整个流程，最终输出实验报告。

4) 实验准备

实验器材(设备、软件)：电脑、期权交易虚拟仿真实验系统。

进行实验前，学生需要了解期货期权的相关定义、期权的交易规则、期权交易的结算规则等相关知识点。

2. 具体操作步骤

步骤 1：实验背景介绍

实验背景介绍主要是关于期权套期保值的相关知识以及实验场景说明。实验者需认真观看动画，并进行 3 个交互问答，完成后有测试反馈，答题结果将计入实验成绩。单期权套期保值实验背景介绍如图 6-37 所示。

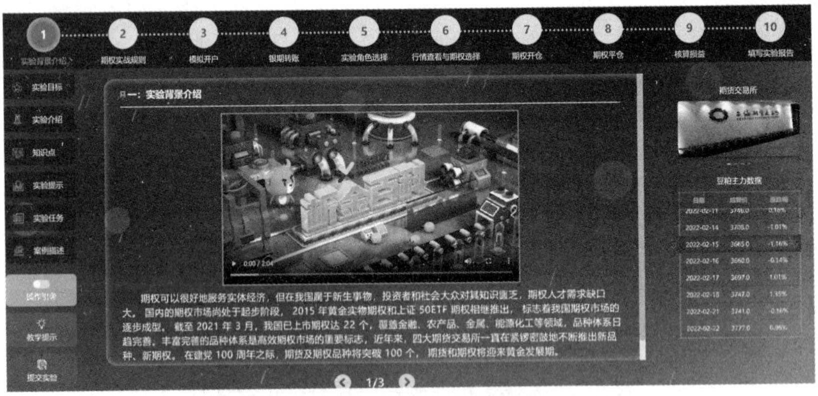

图 6-37 单期权套期保值实验背景介绍

步骤 2：期权实战规则

这部分是关于期权市场和交易的知识介绍，包含 4 个部分，实验者需进行 1 个交互问答，完成有测试反馈，答题结果将计入实验成绩。期权市场和交易的相关测试如图 6-38 所示。

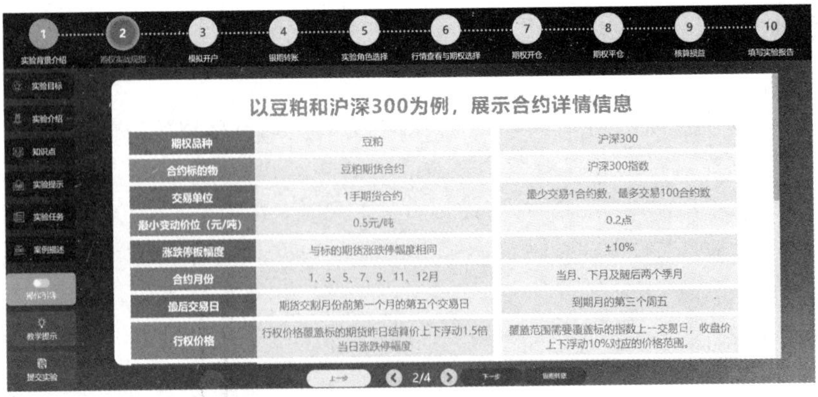

图 6-38 期权市场和交易的相关测试

步骤 3：模拟开户

该部分让实验者在虚拟仿真环境下体验期权交易的开户操作，实验者按提示走完所有流程才能进入下一环节，其中对投资者风险偏好的调查为必填项目。期权交易模拟开户如图 6-39 所示。

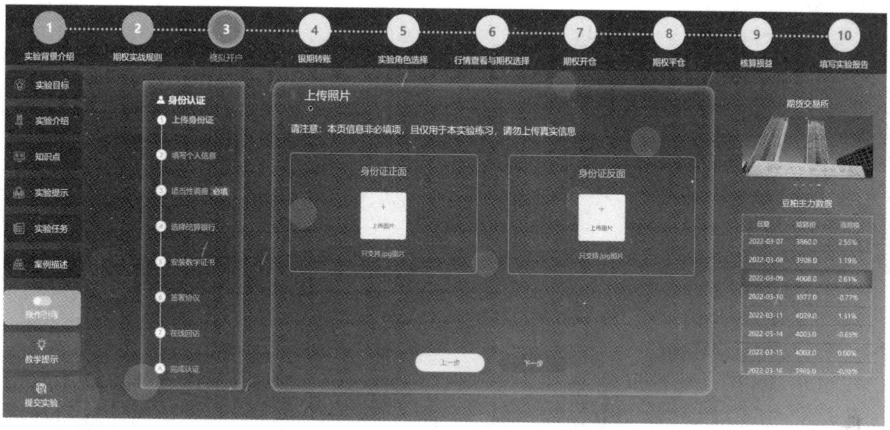

图 6-39　期权交易模拟开户

步骤 4：银期转账

在进行期权交易前，实验者需要从银行账户往期货期权账户转账，每个实验者银行账户里事先都有 20 000 000 元虚拟资金。期权交易银期转账如图 6-40 所示。

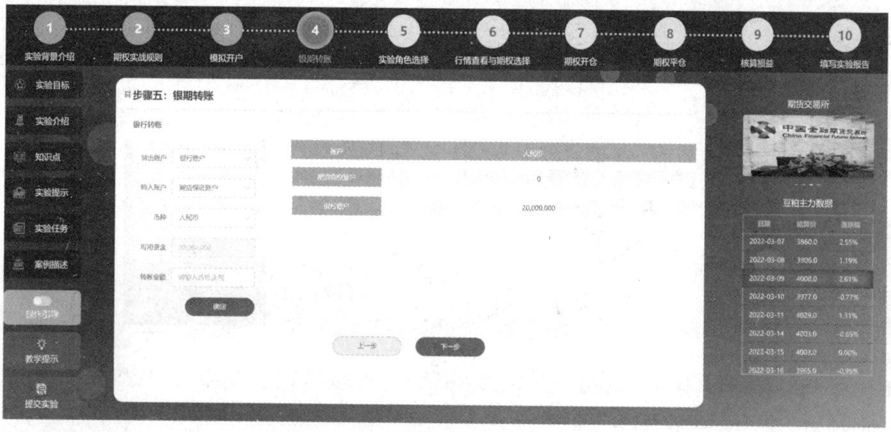

图 6-40　期权交易银期转账

步骤 5：实验角色选择

本实验所采用的标的资产是豆粕，实验者需要根据套期保值方向进行角色选择，共有两个角色(二选一)：榨油厂、饲料厂。榨油厂生产豆粕，担心豆粕价格下跌，需要买入看跌期权或卖出看涨期权。饲料厂需购入豆粕作为原料，担心豆粕价格上涨，需要买入看涨期权或卖出看跌期权。无论哪种期权，买入期权需要支付权利金，卖出期权需要缴纳保证金。单期权套期保值角色选择如图 6-41 所示。

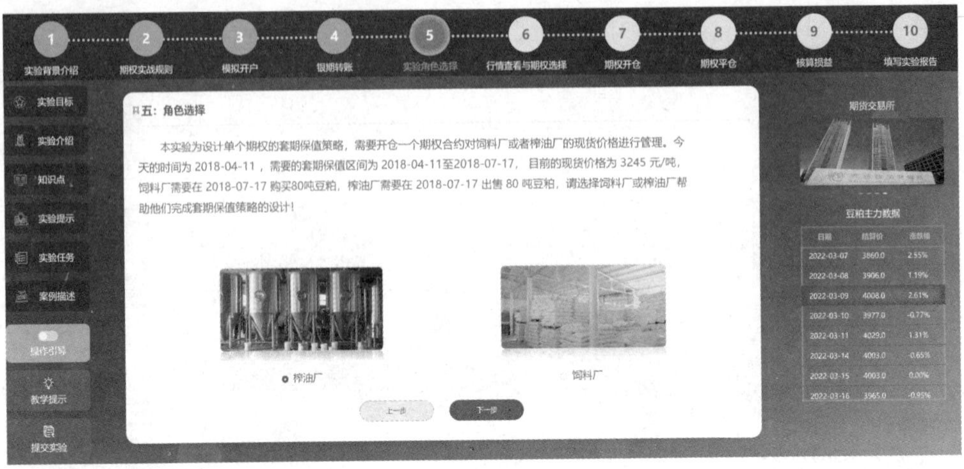

图 6-41 单期权套期保值角色选择

步骤 6：行情查看与期权选择

角色选定后，套期保值的目标也就明确了，接下来就是选择合适的期权合约。选择交易所和交易品种相对简单，但期权期限和期权合约数量的确定相对复杂。根据实验背景中套期保值时间要求，要尽量选择稍长一点的期权合约，最好是主力合约，这个需要通过查看期权行情来完成。单期权套期保值期权合约的选择如图 6-42 所示。

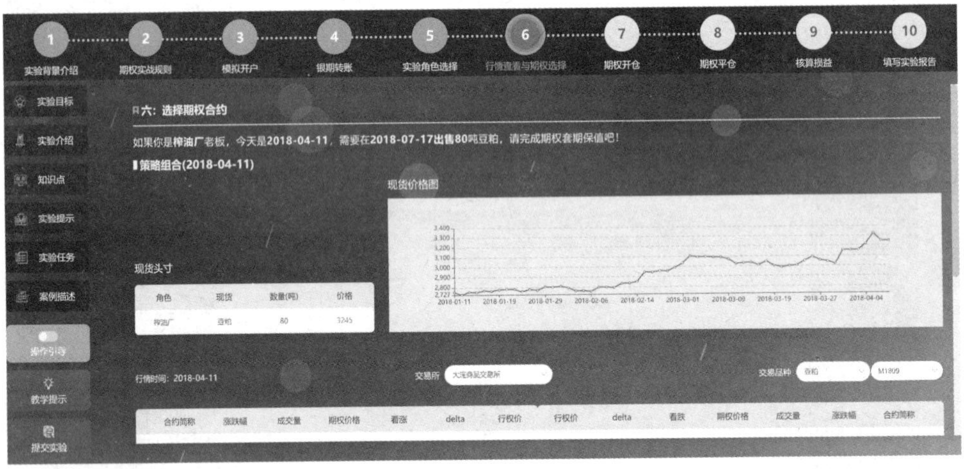

图 6-42 单期权套期保值期权合约的选择

步骤 7：期权开仓

根据套期保值要求，选择期权合约的买卖方向，至于交易期权数量，则需要通过计算组合（现货+期权）的 Delta，让组合为 Delata 中性。所谓 Delta 中性即要求现货的 Delta 加上期权的 Delta 后等于零，现货的 Delta 为 1。通过 Delata 中性可以反解出期权合约的数量。由于套期保值期间不进行调仓操作，所以只需要在期初计算一次组合 Delta=0 即可。注意要把期权标的资产的数量换算成标准的期权合约手数，完成开仓操作。单期权套期保值期权合约开仓如图 6-43 所示。

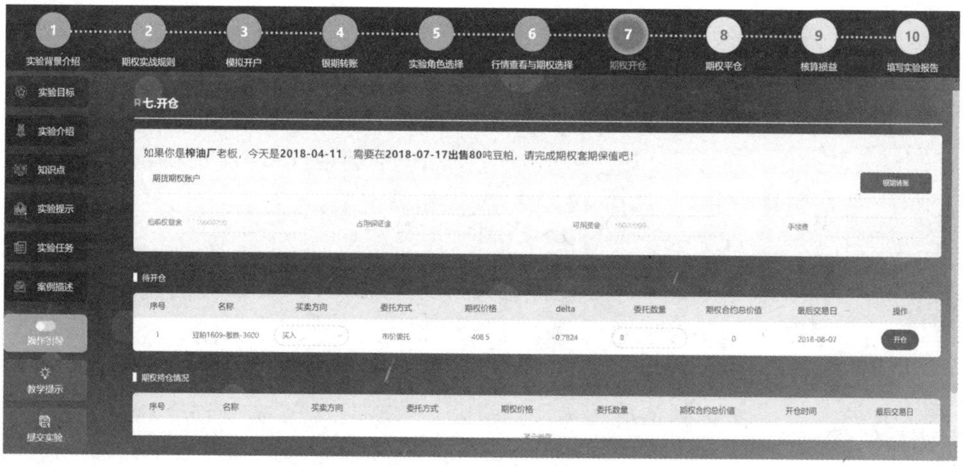

图 6-43　单期权套期保值期权合约开仓

步骤 8：单期权套期保值策略运行

由于没有调仓，策略运行相对简单，实验者可查看策略盈亏图和头寸价值图。单期权套期保值策略运行如图 6-44 所示。

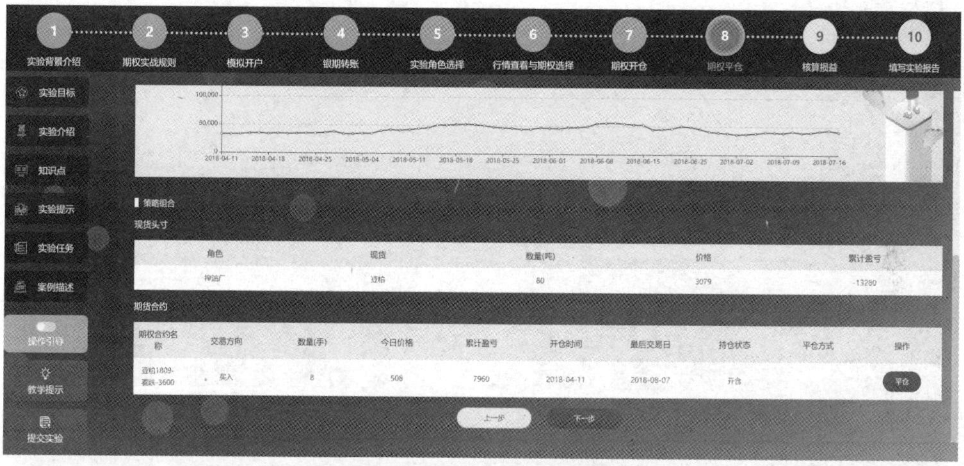

图 6-44　单期权套期保值策略运行

步骤 9：套期保值策略运行结果

实验者选择平仓，即对现货和期权相应操作后，可查看策略运行结果。

对于饲料厂，未来需要买入豆粕，其现货盈亏=-(期末现货市值-期初现货市值)=期初现货市值-期末现货市值。由于担心豆粕价格上涨，因此可以买入看涨期权或者卖出看跌期权进行套期保值。

对于榨油厂，未来需要卖出豆粕，其现货盈亏=期末现货市值-期初现货市值。由于担心豆粕价格下跌，故可以买入看跌期权或者卖出看涨期权进行套期保值。

无论是饲料厂还是榨油厂，买入期权进行套期保值，期末对期权的操作都涉及期权行权、期权平仓和期权作废。而卖出期权进行套期保值，期末对期权的操作只涉及期权平仓。

对于期权行权，由于期权还有时间价值，因此这种情况非常少见。买入看涨期权行权，实验者以行权价格进入期货多头，买入看跌期权行权，实验者以行权价格进入期货空头，无论多头还是空头，进入期货合约后被立即平仓并核算期货盈亏。

对于期权平仓，与期货平仓相似，期初买入期权方进行期末卖出操作，期初卖出期权方进行期末买入操作。买入期权盈亏=期末期权市值-期初期权市值；而卖出期权盈亏=-(期末期权市值-期初期权市值)=期初期权市值-期末期权市值。

对于期权作废，意味着期末期权价值为0，直接代入上面的期权盈亏公式即可。

另外，期权套期保值和期货套期保值稍微有一点差异，最终的套期保值效果除了看套期保值效率外，套期保值策略的总盈亏率也是考核指标。本部分也把未做期权套期保值和期权套期保值损益情况做了对比。套期保值策略运行结果如图6-45所示。

$$\text{套期保值效率}=\frac{\text{套期保值前现货收益率方差}-\text{套期保值后期现组合收益率方差}}{\text{套期保值前现货收益率方差}}$$

$$\text{总盈亏率}=\frac{\text{现货盈亏}+\text{期权盈亏}}{\text{支出的期权费或者支出的保证金减去期权费}}$$

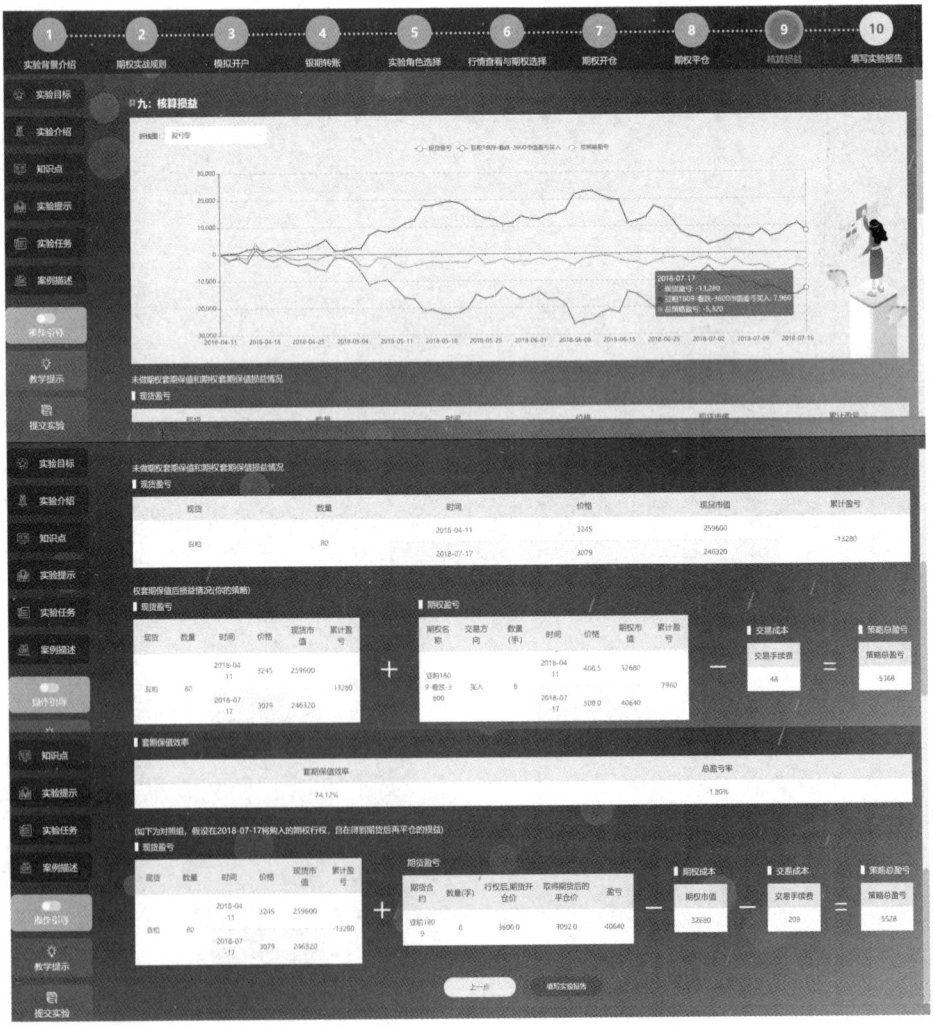

图6-45 套期保值策略运行结果

步骤 10：填写实验报告

实验者根据要求完成实验报告的填写，部分实验数据已自动填充到实验报告，实验者仅需对实验结果进行分析，明确实验结论，撰写实验心得体会即可。注意心得体会有字数要求，也会影响实验成绩。最后部分“对本实验过程及方法、手段的改进建议”不计入实验成绩。检查无误后再提交实验报告，提交后系统会判分，并弹出判分框，实验报告得分显示如图 6-46 所示。

实验得分报告

	判分标准		分值	得分
1	问答题	期权基础知识测试题1	5	5
2		期权基础知识测试题2	5	5
3		期权基础知识测试题3	5	5
4		期权合约知识题1	5	5
5	实验结果	总盈亏率	30	30
6		套期保值效率	25	25
7	实验报告	实验数据及结果分析	15	15
8		实验结论	5	5
9		总结及心得体会	5	5

总分：**100.0**

确定

图 6-46　实验报告得分显示

6.6.2　进阶实验：双限套期保值

1．实验原理、目的、内容及准备

1) 实验原理

期权可以用来对标的资产的价格风险做套期保值，但期权需要支付权利金，为了减小期权保险成本，投资者可以在买入 1 个期权的同时卖出 1 个期权。同时，当被对冲的标的资产和采用的期货合约不一致时，增加了计算期权合约数量的难度。在本实验中，学生需要将期权 Delta 风险中性、交叉对冲和最优套期保值率等知识点融会贯通，在盈利和损失双限的情况下对标的资产价格波动风险进行套期保值。

2) 实验目的

双期权组合的套期保值应用对学生学习能力和应用能力要求更高。本实验借助信息化技术，让学生在虚拟仿真环境中积极学习和研究交叉对冲以及双期权组合策略的套期保值功能，从而提升其对期权交易的专业认知水平和思辨能力。

3）实验内容

本实验以双期权组合策略的套期保值功能为对象，针对交叉对冲，在计算最优套期保值率的基础上，通过期权一买一卖，完成两个期权组合的套期保值交易，以较低的成本实现标的资产在一定范围内的套期保值，并最终输出实验报告。

4）实验准备

实验器材（设备、软件）：电脑、期权交易虚拟仿真实验系统。

进行实验前，学生应了解多期权交易策略的应用场景和不同期权组合策略的盈亏图。

2. 具体操作步骤

步骤 1：关于交叉对冲知识点学习

本部分内容涉及交叉对冲相关知识点，当被对冲的标的资产和所采用的期权标的资产不一致时，就产生了交叉对冲的概念，这时需要计算最优套期保值率来计算期权合约的数量。相关内容可以通过单击左侧“知识点”菜单进行展示，实验者需认真学习该部分内容，完成后单击“下一步”按钮。交叉对冲知识点如图 6-47 所示。

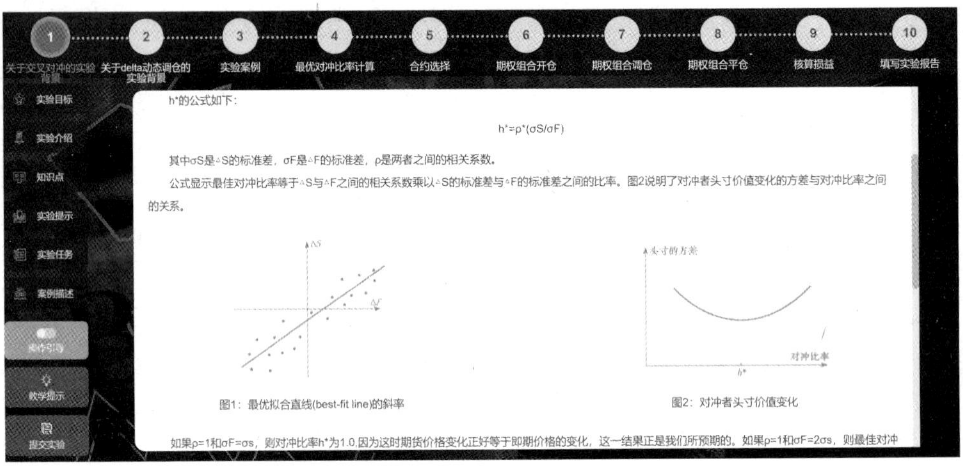

图 6-47　交叉对冲知识点

步骤 2：期权动态调仓的学习

单期权套期保值不涉及动态调仓，Delta 中性计算只在期初计算一次。本部分实验增加动态调整期权仓位的内容，随着期权价格的变化，其 Delta 中性不再保持为零，需要在套期保值期间买卖期权来动态保持 Delta 中性。实验者在这部分环节需查阅资料，完成 2 道相关测试题目后，才能单击“下一步”按钮进入后续实验。期权动态调仓测试题如图 6-48 所示。

步骤 3：实验背景介绍

主要进行实验背景介绍，其中案例时间周期是随机生成的，实验者须选择进行套期保值的甘蔗亩数。每亩地的甘蔗产量是不同的，一般在 3～10 吨之间，具体产量与品种、土壤肥力和管理水平有关。假设甘蔗亩产量为 4 吨，农户甘蔗持仓的现货吨数=亩数×4。双限套期保值实验案例介绍如图 6-49 所示。

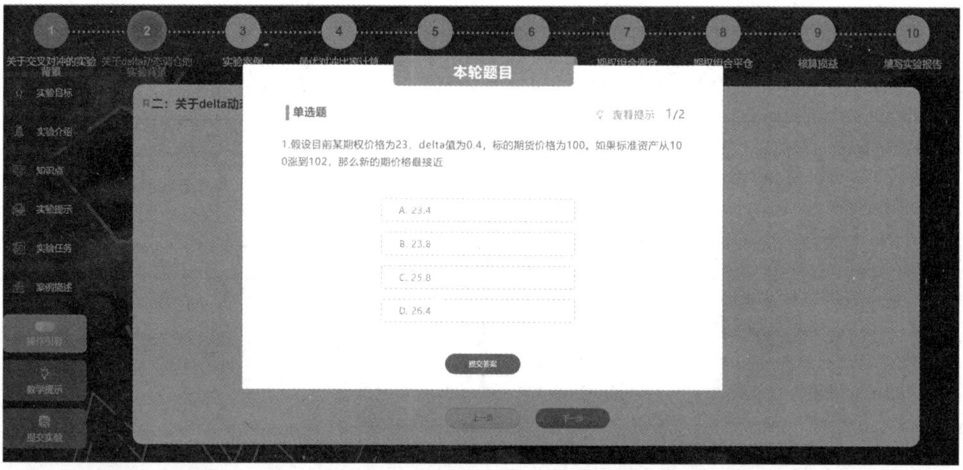

图 6-48　期权动态调仓测试题

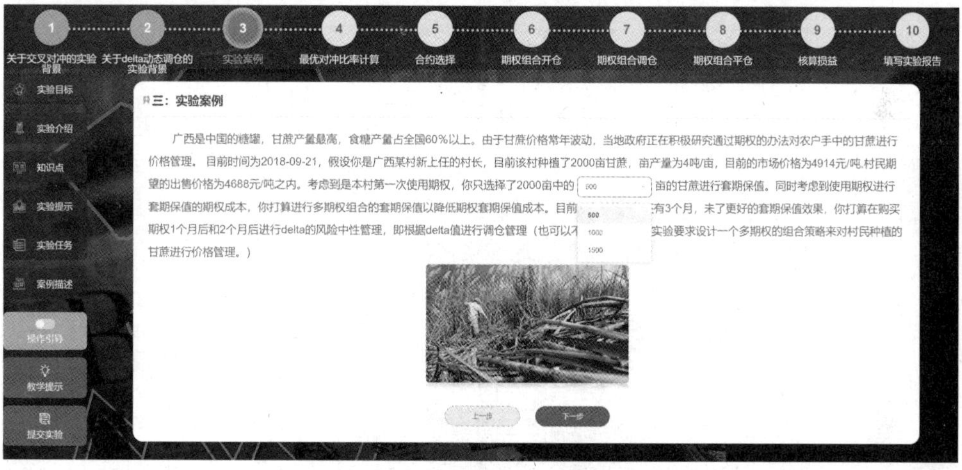

图 6-49　双限套期保值实验案例介绍

步骤 4：最优套期保值率计算

通过现货、期货标准差及相关系数可以计算最优套期保值率 h^*，其表达式为：

$$h^* = \rho_{S,F} \frac{\sigma_S}{\sigma_F} \tag{6-33}$$

式中，σ_S 为被套期保值资产价格变化ΔS 的变化；

σ_F 为期货价格变化ΔF 的标准差；

$\rho_{S,F}$ 为ΔS 与ΔF 之间的相关系数。

图 6-50 为最优套期保值率的计算信息界面。

实验者先根据相关性选择所需的期货主力合约，再计算最优套期保值率。可单击“上一步”按钮返回前面的实验内容，也可以单击“下一步”按钮继续下面的实验。

步骤 5：期权组合的选择

在该步骤中，实验者需要进行两个期权合约的买卖。注意必须加入两个及两个以上的期权合约，并将选中的期权合约加入策略中。

图 6-50 最优套期保值率的计算信息界面

因为农户考虑对甘蔗的价格波动进行套期保值，但市场上没有甘蔗期货，故用白糖期货期权进行交叉对冲操作，例如采用郑州商品交易所的白糖期权 SR1908 进行套期保值，这里 SR 代表期权品种为白糖，1908 代表期货(期权)合约交割月为 2019 年 8 月份，最后交易日为期货交割月份前第二个月的倒数第 5 个交易日，选择合约时必须考虑合约的重要时间节点。

确定白糖期权合约后，实验者先要计算出最优套期保值率 h^*，再通过 $N^* = h^* Q_A / Q_F$ 计算出期权(期货)合约的开仓数量，式中，N^*为期权(期货)合约的开仓数量；Q_A 为甘蔗的现货吨数；Q_F 为 1 手白糖期货对应的交易单位。根据郑州商品交易所规定，1 手白糖期货合约交易单位为 10 吨。最后对计算出的 N^*四舍五入得到期货合约的张数。图 6-51 所示为期权合约的组合选择。

图 6-51 选择期权合约组合

步骤 6：期权合约开仓

期权套期保值是指为了配合期货或者现货的头寸，用建立的期权部位的损益，弥补期货或现货可能出现的损失，以达到锁定价格变动风险的目的。同基础实验一样，这里也需要考虑 Delta 中性，解出期权合约的数量，再根据交叉对冲，得到最终期权的开仓数量。双限期权套期保值策略是通过卖出期权，舍去一部分潜在收益来降低套期保值成本，具体策略对于现货的卖家和买家是不同的。双限期权套期保值策略对于买家与卖家的差异如表 6-22 所示。

表 6-22　双限期权套期保值策略对买家与卖家的差异

	买家（对冲价格上涨风险）	卖家（对冲价格下跌风险）
双限期权套期保值策略	买入看涨并卖出看跌期权	买入看跌并卖出看涨期权

本实验中，可灵活选择对 500 亩/1000 亩/1500 亩的甘蔗进行套期保值，对应的甘蔗吨数为 2000 吨/4000 吨/6000 吨。种植甘蔗即为甘蔗的卖家，害怕甘蔗价格未来下跌，故选择买入白糖看跌期权同时卖出看涨期权的策略。白糖生产厂作为甘蔗的买家，害怕甘蔗价格未来上涨，其双限套期保值策略是买入白糖看涨期权同时卖出白糖看跌期权。

需要注意：对合约进行开仓后是不可逆转的；期权交易的总成本或收益=期权开仓价格×单张期权合约的交易单位×合约数量。

步骤 7：期权组合调仓

由于期权 Delta 随时间不断变化，要保持组合的 Delta 中性就需要动态调仓。持仓数量 $n=\dfrac{N^*}{\text{Delta}}$ 也是需要不断调整的。为简化实验，更为节省交易成本，本实验假设整个套期保值周期内只有两次动态调仓机会。假设套期保值周期为 6 个月，共 132 个交易日，实验者可在第 0 个交易日、第 44 个交易日（2 个月后）、第 88 个交易日（4 个月后）进行期权买卖操作，即根据 $n=\dfrac{N^*}{\text{Delta}}$ 来调整期权合约的持仓数量。图 6-52 所示为开仓后期权市值的变化情况。

步骤 8：期权组合平仓

实验者观察持仓期权合约的市值变化，在最后交易日之前需对期权组合进行平仓，单击“平仓”按钮后即可。由于期末期权时间价值较多，这里只涉及期权平仓，不考虑期权行权和期权作废的情况。图 6-53 所示为期末期权组合的平仓界面。

步骤 9：核算损益

平仓后实验者可以核算整个双限套期保值策略的损益情况，并观察各个期权合约的盈亏变化、套期保值效率、总盈亏率等指标。

双限套期保值策略的盈亏包括现货盈亏和期权盈亏。

现货供给方的盈亏=(期末现货价格−期初现货价格)×数量；

现货需求方的盈亏=(期初现货价格−期末现货价格)×数量；

买入期权盈亏=期末期权市值−期初期权市值；

卖出期权盈亏=−(期末期权市值−期初期权市值)=期初期权市值−期末期权市值。

套期保值效率、总盈亏率等指标的计算参见单期权套期保值实验步骤 9。

图 6-52　开仓后期权市值的变化情况

实验者如果对结果不满意可以返回上一步，否则直接单击“填写实验报告”按钮。图 6-54 所示为核算套期保值策略的损益界面。

步骤 10：填写实验报告

实验者根据要求完成实验报告的填写，部分实验数据已自动填充到实验报告，实验者仅需对实验结果进行分析，明确实验结论，撰写实验心得体会即可。注意心得体会有字数要求，也会影响实验成绩。最后部分“对本实验过程及方法、手段的改进建议”不计入实验成绩。检查无误后再提交实验报告，提交后系统会判分，并弹出判分框。图 6-55 所示为填写双限套期保值实验报告的界面。

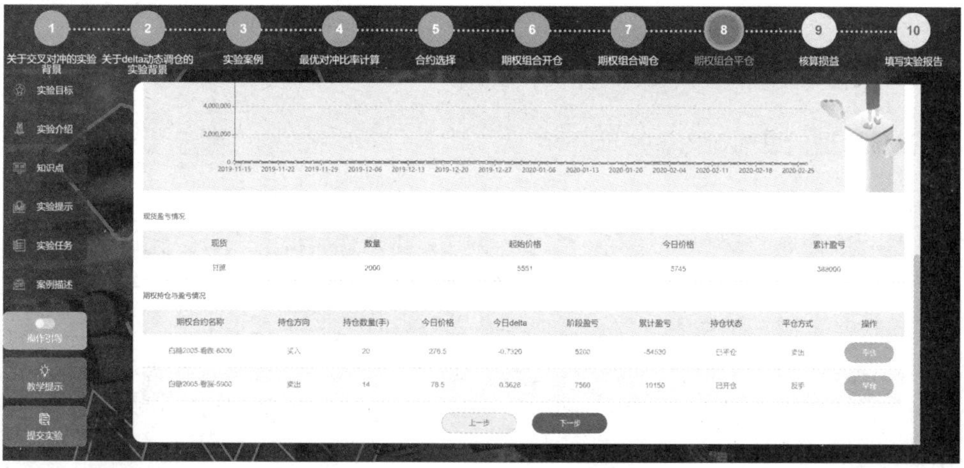

图 6-53　期末期权组合的平仓界面

图 6-54　核算套期保值策略的损益界面

图 6-55　填写双限套期保值实验报告界面

6.6.3 挑战实验：期权套利

1. 实验原理、目的、内容及准备

1）实验原理

期权套利分为风险套利和无风险套利。风险套利含有投机的成分，无风险套利的风险则很小。期权套利基本思想是：当发现期权合约定价出现偏差，或几个期权合约之间的价格关系超出正常范围，投资者可以通过低买高卖获得收益。在本实验中，学生需要通过计算相关期权合约的理论价值，发现期权合约的定价误差从而获取无风险套利机会；或是对标的资产和期权未来价格进行预测，利用期权价差和组合策略进行风险套利。

2）实验目的

在一个高效的金融市场中，所有市场信息会及时反映在价格上，所谓的无风险套利机会非常少有。本实验让学生在虚拟仿真环境中，积极学习和研究期权的上下边界套利、期权的垂直价差套利、利用凸性关系套利以及买卖权平价套利的相关知识，在期权价格和理论值出现较大偏差，或者不同期权合约价格之间短时间出现失衡时，通过期权价差或组合交易策略获得套利。

3）实验内容

本实验以期权套利交易策略为实验对象，主要内容分为期权垂直价差套利和组合套利，依次让学生进行单个、两个、三个、四个期权的价差和组合套利交易策略设计，在风险可控或者无风险情况下，获取套利收益，并最终输出实验报告。

4）实验准备

实验器材（设备、软件）：电脑、期权交易虚拟仿真实验系统。

进行实验前，应了解期权价差策略和组合交易策略的相关知识，并理解期权定价理论。

2. 具体操作步骤

步骤 1：寻找套利交易机会

根据显示的上证 50ETF 基金的历史交易价格，以及屏幕右侧给出的关于未来股市价格走势的热点新闻，实验者查阅相关 50ETF 期权价格，考虑采用何种期权交易策略进行套利。

屏幕下方显示当前成交量较大的 50ETF 期权品种。不同时间点，根据成交量的大小，显示的期权个数有所不同，但只显示同一期限成交活跃的期权品种。例如，在某个时间点，成交相对活跃的同一期限的 50ETF 看涨期权和看跌期权分别有 5 个，屏幕上就只显示这 10 个期权合约的涨跌幅、成交量和期权价格等信息。如果需要，实验者可以单击屏幕右上方“更换实验数据”按钮，随机更换另外一个时间点的 50ETF 基金和期权数据。图 6-56 所示为寻找期权套利机会的界面。

步骤 2：套利交易策略设计

实验者通过观察 50ETF 期权和 50ETF 基金价格，可以做简单的期权套利或期权保险；或者通过观察几个相关期权合约的价差变化，设计期权价差策略进行套利；或者通过屏幕右侧给出的信息对未来期权波动率进行预测，设计期权组合策略进行风险套利。套利策略确定后，实验者选择合适的期权合约，并输入开仓方向、开仓时间、数量、平仓时间等参数。

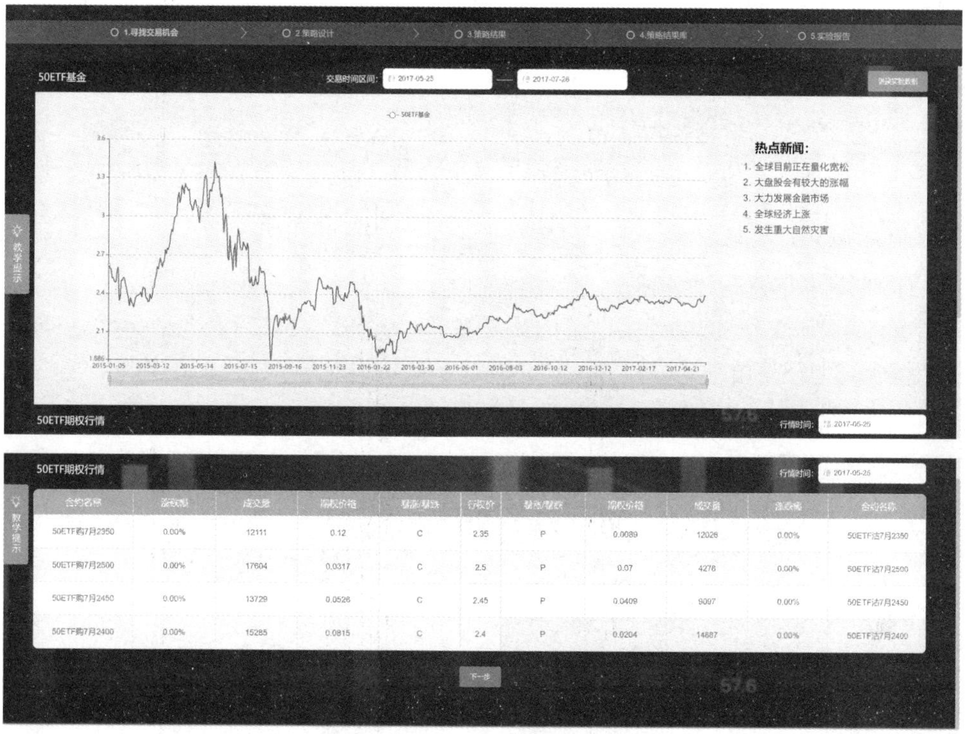

图 6-56 寻找期权套利机会界面

需要注意的是，选择的期权合约数量至少大于或等于 2，而实验者要根据页面提供信息，将选中的期权合约加入“我的策略”中，期权开仓时间的可选时间范围为期权合约所在的时间区间，且开仓时间必须早于平仓时间，期权交易数量只能为整数。另外，上证 50ETF 基金开仓方向只能为买入，做期权保险实验。图 6-57 所示为套利交易策略设计界面。

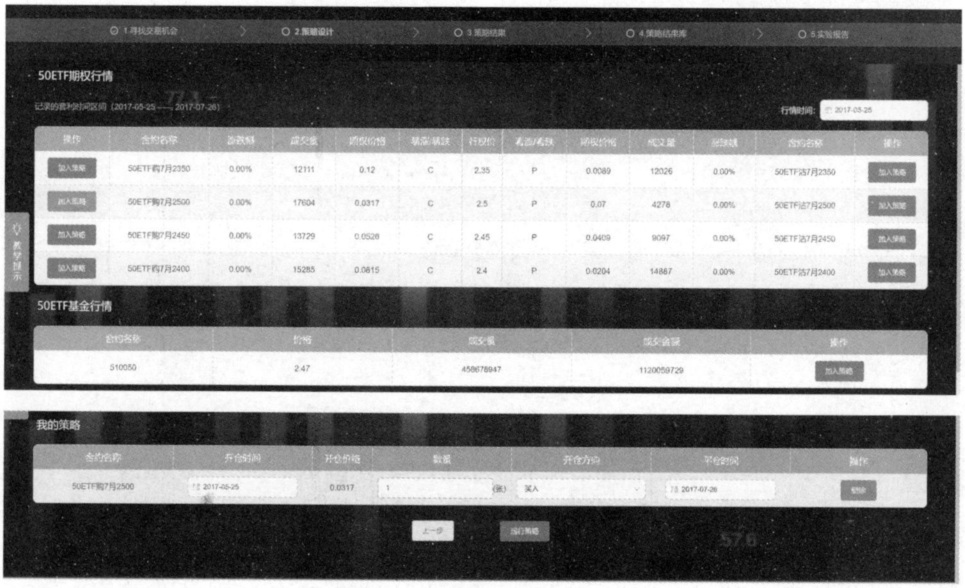

图 6-57 套利交易策略设计界面

步骤 3：策略运行

系统会根据实验者设计的套利策略，自动运行并输出策略结果，包括策略的市值波动图、损益图和相关结果指标。这里:

期权市值曲线=期权合约价格×单张期权合约交易单位×期权开仓数量；

50ETF 基金市值曲线=基金价格×开仓数量；

50ETF 期权的交易手续费为 3.4 元/张(买卖一共)；

50ETF 基金成交金额的 0.004%(买卖一共)；

交易总手续费=3.4×50ETF 期权的张数+ 50ETF 基金开仓价格×开仓数量×0.004%。

最后实验者需要单击“保存此策略”按钮，将结果数据输出至下一步，且按时间顺序排序。如图 6-58 所示为期权套利策略运行结果。

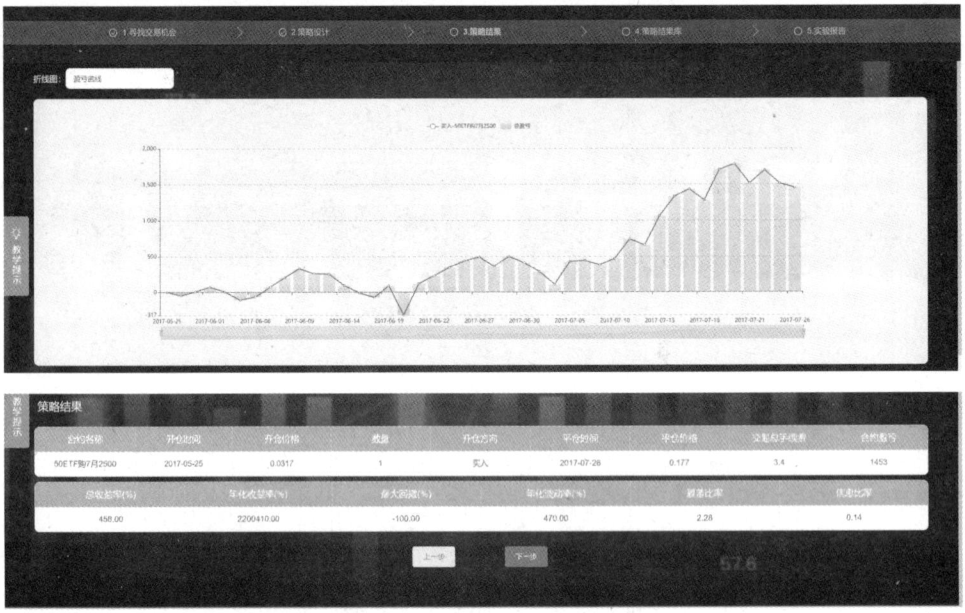

图 6-58 期权套利策略运行结果

步骤 4：期权套利结果

套利策略运行后会输出一个结果，保存在策略结果库中，若实验者对此结果不满意，可以返回上一步重新设计。否则，选中“填写实验报告”选项，只能选择策略库中的一个结果到实验报告页。图 6-59 所示为期权套利策略结果库，可从中选择表现最好的策略进行下一步操作。

步骤 5：填写实验报告

实验者根据要求完成实验报告的填写，部分实验数据已自动填充到实验报告，实验者仅需对实验结果进行分析，明确实验结论，撰写实验心得体会即可。注意心得体会有字数要求，也会影响实验成绩。最后部分“对本实验过程及方法、手段的改进建议”不计入实验成绩。检查无误后再提交实验报告，提交后系统会判分，并弹出判分框。图 6-60 所示为填写期权套利实验报告的界面。

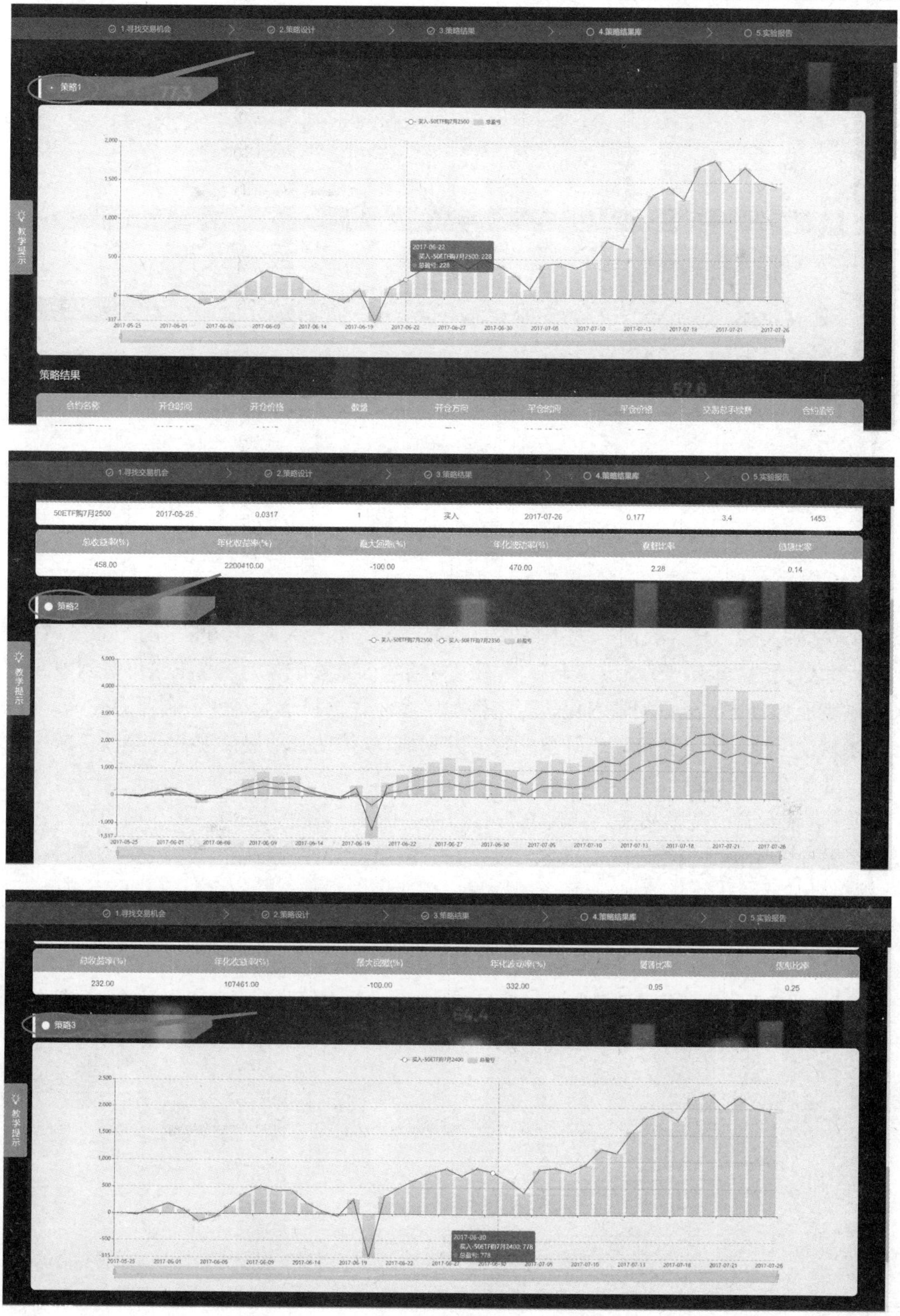

图 6-59　期权套利策略结果库

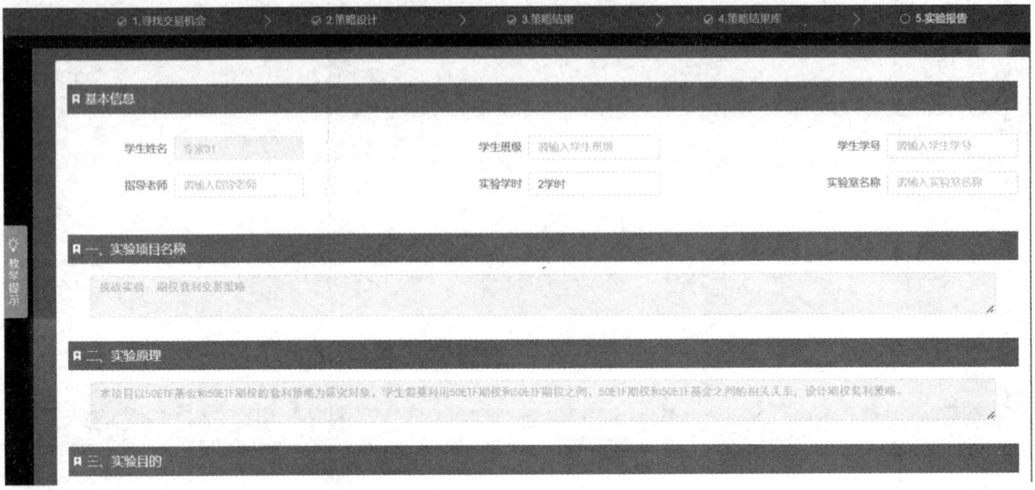

图 6-60　填写期权套利实验报告界面

习　题

1．基础实验：作为我国三大主粮之一及饲料生产第一大原料，玉米的产业发展关系到农民和居民的“米袋子”“钱袋子”。受新冠疫情等因素影响，近年来玉米价格剧烈波动，产业供需形势变化时刻牵动着农民、玉米深加工企业、饲料企业、养殖企业的心弦。请站在玉米供给方或需求方角度，设计单期权套期保值(保护性套期保值或者抵补性套期保值)策略，并提交实验报告。

2．进阶实验：搜集相关资料，分析农产品、能源、有色金属等大宗商品的价格变化趋势，站在大宗商品供给方或需求方角度，设计双限套期保值策略，并提交实验报告。

3．挑战实验：收集 A 股市场个股数据，挑选表现强于市场的个股建立投资组合，并采用期权保险策略，在虚拟仿真平台设计这种多头期权保险策略，获得稳定的阿尔法收益，并提交实验报告。

4．挑战实验：收集各种商品和金融期权交易数据，在虚拟仿真平台所展示的不同情景下，设计合适的期权套利交易策略，在风险可控的情况下获得套利收益，并提交实验报告。

Chapter 7

第 7 章　虚拟仿真实验教学系统操作指南

前面讲解了量化交易、股票、期货和期权交易策略等内容，本章介绍自行开发的虚拟仿真实验教学系统，主要为期货、期权交易虚拟仿真实验的用户以及教师管理提供操作指南，主要包括虚拟仿真实验端、虚拟仿真管理端和专家评审通道三个部分。

7.1　虚拟仿真实验教学系统介绍

高校实验教学对于加快建设高质量教育体系，强化国家战略科技力量，增强自主创新能力具有非常重要的作用。而虚拟仿真实验教学系统为实验教学提供了一种新形式，创新了实验教学的新模态。

从期货交易和期权交易的真实交易场景出发，通过搭建虚拟仿真交易平台和创造实验教学环境，完成期货和期权的套期保值和套利的模式选择、行情分析、策略设计、策略实施、开仓、调仓、平仓等实验内容。通过参与实验，让学生在虚拟仿真的操作环境中学习、理解和消化期货和期权套期保值和套利相关知识点，通过银期转账、策略选择、期货和期权交易等“实战”操作，完成期货和期权交易的全过程，从而提高学生对期货市场、期权市场的理解以及相关产品套期保值和套利交易策略的设计能力。

期货和期权虚拟仿真实验教学系统包含虚拟仿真实验端、虚拟仿真管理端、专家评审通道三部分，分别对应学生实验、教师管理和专家评审。该系统由电子科技大学和成都麦思多维科技有限公司共同研发完成，已申请软件著作权，且通过国家二级等保认证。该系统在 Windows 操作系统平台上运行，是一款实现一站式便捷化的虚拟仿真实验教学产品，包含期货交易虚拟仿真实验和期权交易虚拟仿真实验两个子系统，每个子系统都包含套期保值和套利策略设计相关内容，具体可分为期货套期保值、期货套利、单个期权套期保值、双限套期保值和期权套利 5 大实验模块。

进入虚拟仿真实验端后，屏幕页面会展示一个实验类型选择弹窗，学生可自行选择进行期货交易或者期权交易，选中后单击进入相应子系统。实验交易系统选择如图 7-1 所示。

进入期货交易子系统后，学生还需在“基础实验：期货套期保值交易策略”和“进阶实验：期货套利交易策略”两个子系统中进行选择。期货交易子系统选择如图 7-2 所示。

进入期权交易子系统后，学生也需在“基础实验：单期权套期保值交易策略”“进阶实验：双限套期保值交易策略”和“挑战实验：期权套利交易策略”三个子系统中进行选择。期权交易子系统选择如图 7-3 所示。

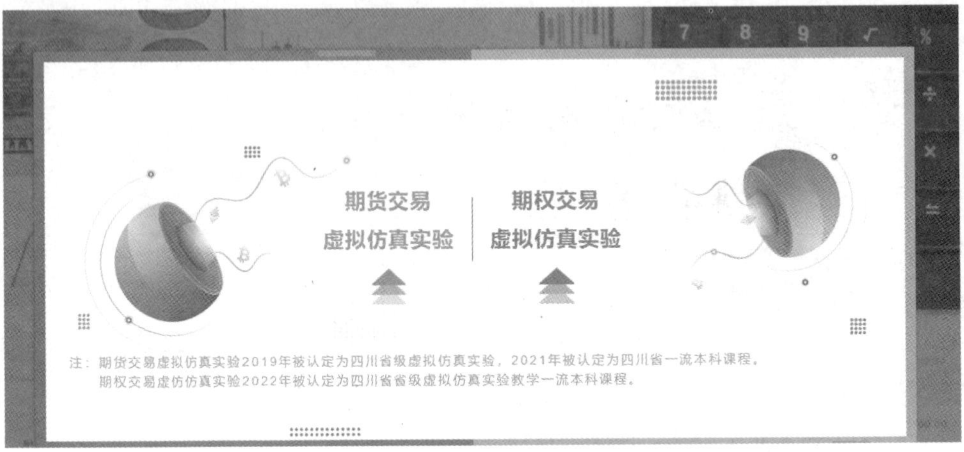

图 7-1　实验交易系统选择

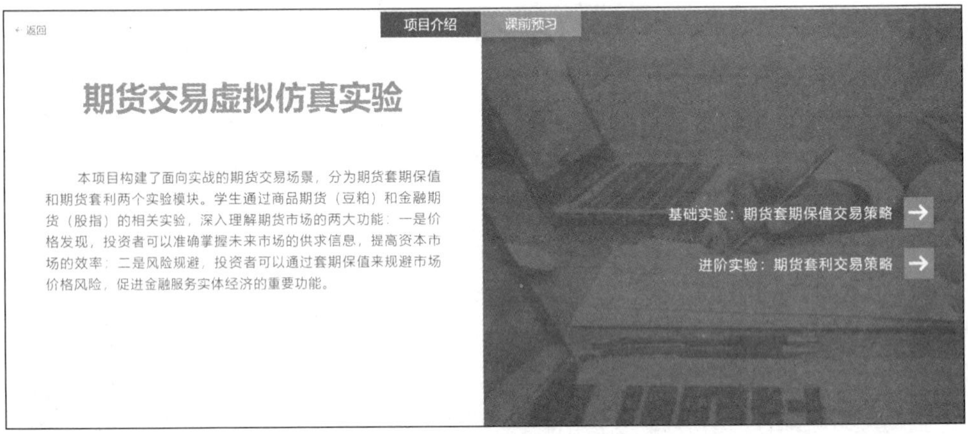

图 7-2　期货交易子系统选择

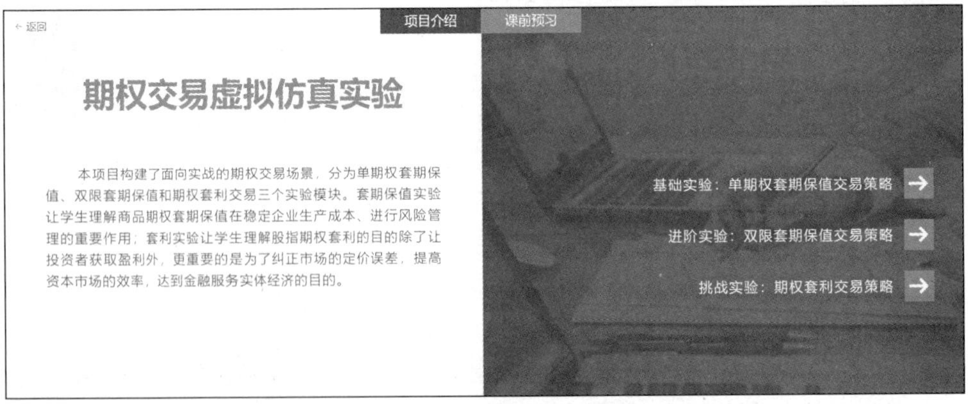

图 7-3　期权交易子系统选择

单击右侧箭头进入子系统，整个操作流程非常贴近现实，仿真性强，全程有步骤指引与提示，引导学生按照步骤流程完成实验操作。

7.2　虚拟仿真实验端

本虚拟仿真实验教学系统采用 BS 架构，无须安装，学生直接打开浏览器，输入网址找到对应的虚拟仿真实验端入口即可。注册进入系统后先选择实验项目，再进行实验，实验完后可以查看实验记录。需要注意的是，学生需要预先学习网页上的视频资料，实验前必须接受测试，且成绩达 80 分以上才可以进行虚拟仿真实验。

7.2.1　学生注册及登录

1. 电子科技大学学生

① 打开浏览器，输入网址进入网站，电子科技大学虚拟仿真系统界面如图 7-4 所示。

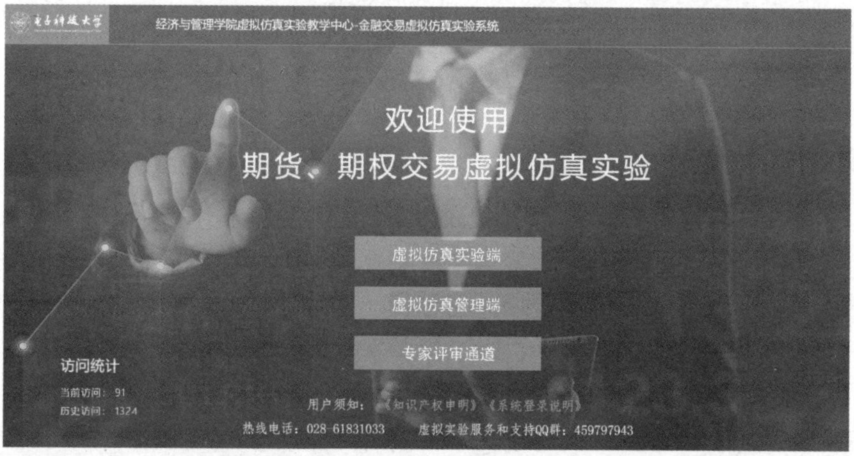

图 7-4　电子科技大学虚拟仿真系统界面

② 单击“虚拟仿真实验端”按钮，选择“电子科技大学学生”选项，学生身份选择如图 7-5 所示。

图 7-5　学生身份选择

③ 使用电子科技大学统一身份认证平台账户及密码，或者在校园网状态下使用微信扫码登录，电子科技大学学生身份认证如图 7-6 所示。

图 7-6 电子科技大学学生身份认证

2. 其他学校学生

其他学校学生分两种情况，一种是授课教师已经分配账号的，另一种是从 ilab-x 实验空间进行登录的。

情况 1：教师已分配账号

单击“虚拟仿真实验端”按钮，选择“其他学校学生”选项进入如图 7-7 所示其他学校学生账号登录界面，输入教师分配的账号和默认密码即可登录，登录后需要修改密码。

图 7-7 其他学校学生账号登录界面

情况 2：从 ilab-x 实验空间登录

① 进入 ilab-x 实验空间网站，进行账号注册。

② 然后选择“期货交易虚拟仿真实验”选项，单击“我要做实验”按钮即可开始实验。图 7-8 所示为从 ilab-x 实验空间进入实验。

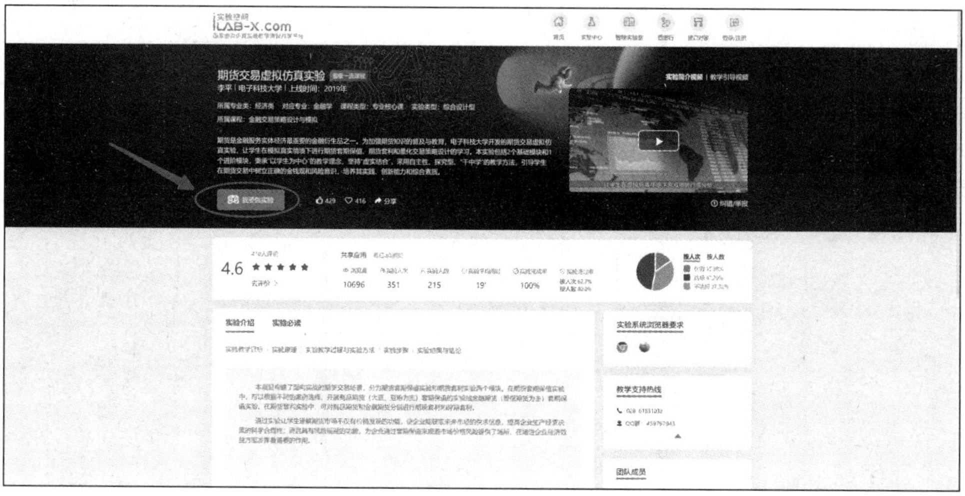

图 7-8　从 ilab-x 实验空间进入实验

7.2.2　进行实验

在首页单击页面中的“期货交易虚拟仿真实验”或“期权交易虚拟仿真实验”按钮进入该实验下的项目列表，再选择需要的实验项目。例如，如果要选期货套期保值实验，直接单击“期货套期保值实验”按钮进入项目详情。期货套期保值实验主界面如图 7-9 所示。

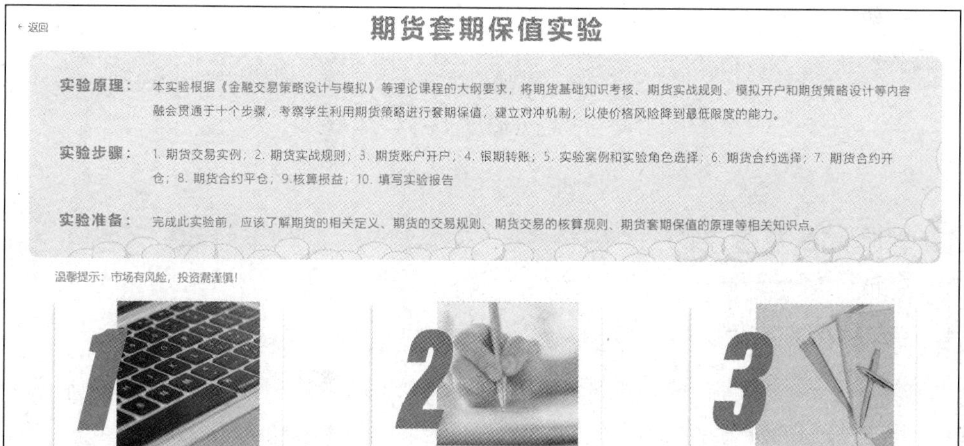

图 7-9　期货套期保值实验主界面

主界面里有练习模式、考核模式和实验记录，选择需要进入的模块，并单击进入。练习模式可以重复实验，但考核模式需要教师提前发布，实验者只有一次实验机会。按照流程完成后，实验者需填写实验报告并且单击“提交实验”按钮，之后会弹出一个判分框，告知此次实验的分数。实验得分报告如图 7-10 所示。

实验得分报告

		判分标准	分值	得分
1	问答题	期货套保选择题一	5	5
2		期货套保选择题二	5	5
3		期货套保选择题三	5	5
4		期货套保选择题四	5	5
5	实验结果	总盈亏率	20	20
6		套期保值效率	10	0.7
7	实验报告	实验数据与结果分析	20	20
8		实验结论	20	20
9		总结及心得体会	10	10

总分：**90.7**

确定

图 7-10　实验得分报告

练习模式下，实验者如果觉得实验分数较低、效果不好，可以重新实验，但考核模式不行。无论是练习还是考核，实验者只要提交了实验报告，就可以在实验记录里查询到实验成绩，最终成绩是以考核模式里的实验报告为准。建议实验者多练习，找到最好的实验状态，再单击“考核模式”按钮进行实验。

7.3　虚拟仿真管理端

7.3.1　教师注册及登录

1．电子科技大学老师

方法和电子科技大学学生注册相同，但需单击“虚拟仿真管理端”按钮，然后选择“电子科技大学教师”选项，之后步骤与前文所述一样。

2．其他学校教师

该入口不允许注册，只能是已有账户的管理员用户和已开通账号的教师可以登录使用。其他学校教师登录界面如图 7-11 所示。其他学校教师如果需要开通使用账号，可发送个人信息到邮箱申请开通使用权限，邮箱地址：jgsyzx@uestc.edu.cn。

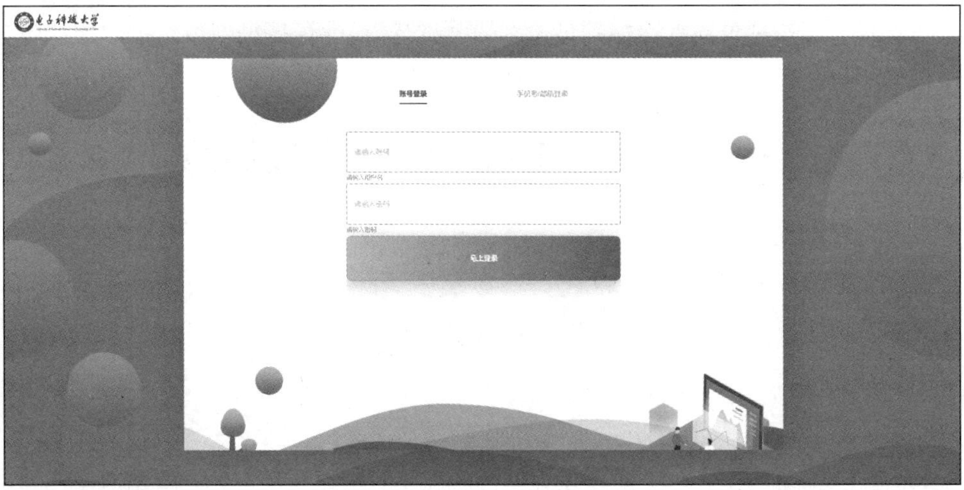

图 7-11　其他学校教师登录界面

7.3.2　教师管理

本功能仅对注册教师账户（可联系系统管理员审核开通）开放，教师通过单击首页“虚拟仿真管理端”按钮进入教师管理页面，教师可以在这里建立班级、发布考核、项目参数设定等。虚拟仿真管理端教师管理页面如图 7-12 所示。

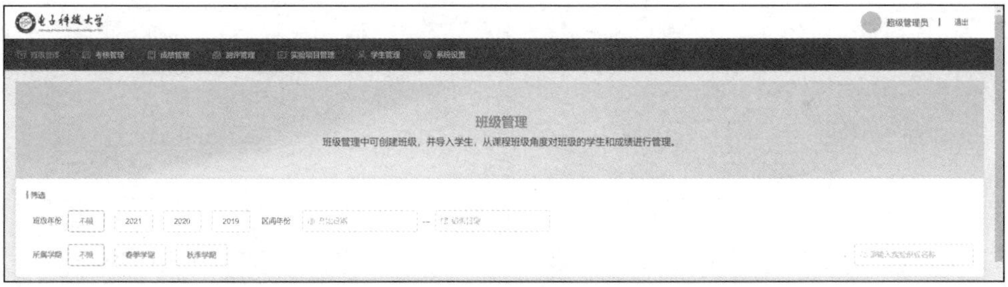

图 7-12　虚拟仿真管理端教师管理页面

1．班级管理：可创建班级，并导入学生，对学生和成绩进行管理

班级管理中的班级列表如图 7-13 所示。

① 创建班级：输入班级教学名称，选择班级年份、所属学期后，即可成功添加此班级至班级列表。

② 编辑：可对该班级的教学班级名称、班级年份、所属学期信息进行修改。

③ 删除：解散该班级。

2．考核管理：选择一个班级发布考核任务，发布方式有立即发布和定时发布两种。其中，发布的实验项目是在实验项目管理中创建的

① 创建实验：需要输入实验名称，选择发布方式（其中手动发布为单击“创建”按钮后立即发布，定时发布为在设置时间的开始时间自动发布）、实验时长、考核的实训项目（实

验项目可通过“实验项目管理”模块自定义实验项目)、考核项目的考试班级(支持选择单个或多个班级)等。考核管理-创建实验页面如图 7-14 所示。

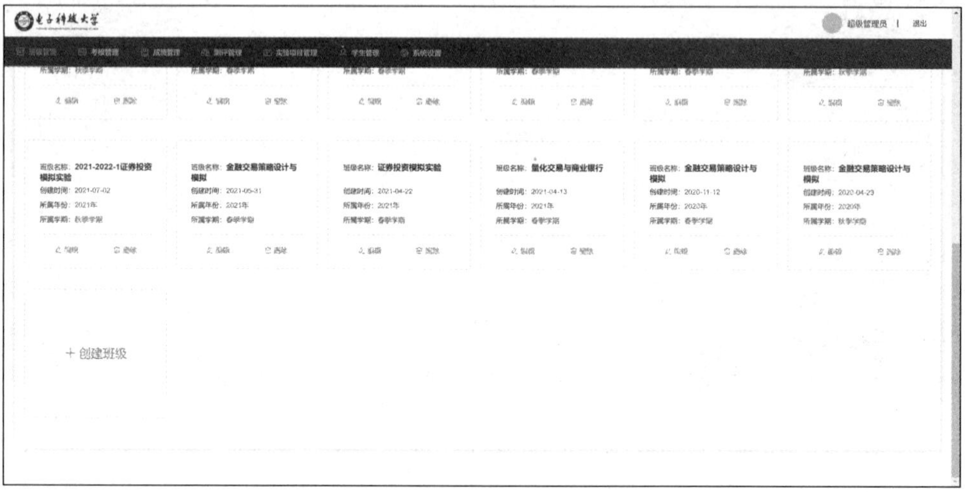

图 7-13　班级管理中的班级列表

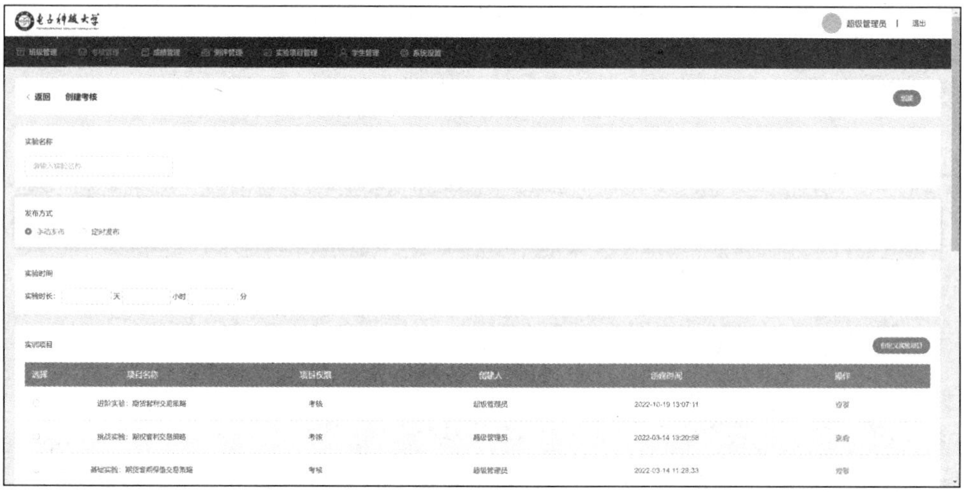

图 7-14　考核管理-创建实验页面

② 自定义实验项目：单击后即可跳转至“实验项目管理”模块，新增的考核类型项目会自动展示在此处的实训项目列表中。

3．成绩管理：对学生考核模式和练习模式的实验报告及成绩进行管理

① 单击某个实验项目的“成绩管理”按钮后可查看该项目具体成绩信息，包含实验总人数、实验平均分、实验分数分布图以及学生成绩信息。某实验项目的成绩管理详情页面如图 7-15 所示。

② 单击“查看成绩报告”按钮可查看该学生的具体成绩参数。

③ 单击“删除”按钮会删除该学生的成绩信息。

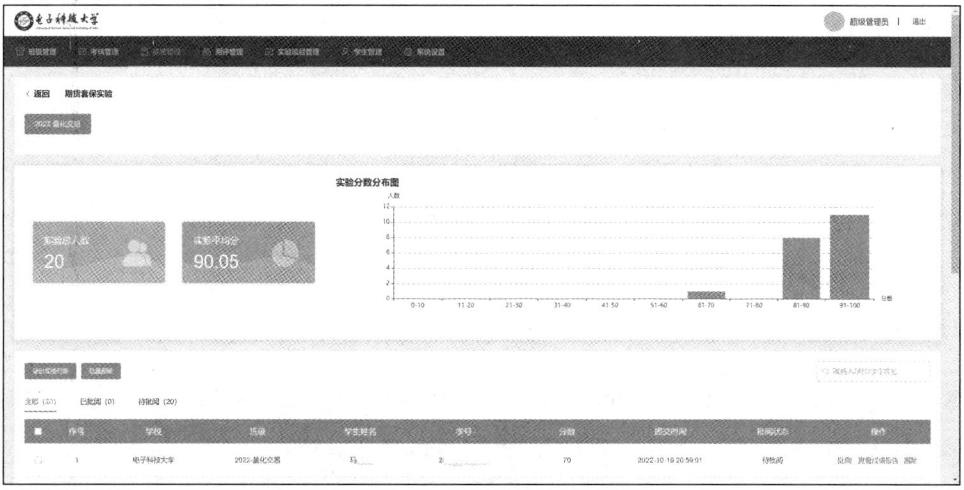

图 7-15 某实验项目的成绩管理详情页面

4．测评管理：对进入实验前的测试题目进行管理，可设置测评机制

① 新增题目：教师/管理员需要选择题型（单选、多选、判断）以及范围（期货、期权），输入题干内容、选项信息并勾选正确选项，输入答案解析后单击“确认”按钮即可成功新增题目。新增题目操作界面如图 7-16 所示。

图 7-16 新增题目操作界面

② 批量上传：如需一次性上传多个题目，可单击“批量上传”按钮，并下载模板文件。在文件中输入题目信息，保存后将此文件上传到系统中，系统会自动识别文件内的文本信息，实现批量新增题目。批量上传操作页面如图 7-17 所示。

图 7-17 批量上传操作页面

5．实验项目管理：基于练习模式的基础内容，对实验内容进行编辑并创建考核项目

① 实验项目管理界面包含创建的所有实验项目，可通过创建人、状态以及权限对项目列表进行筛选。可单击“查看”按钮查看项目配置，单击“编辑”按钮修改项目配置，单击“复制”按钮复制项目配置，单击“删除”按钮删除此项目。

② 单击“新增项目”按钮会跳转至项目配置页面，此处需要填入项目基本信息(包括项目名称与模式)，由于练习模式内容不可修改，故项目权限默认为考核。依次输入所有信息后可选择将此项目配置保存为草稿或直接发布此项目。实验项目管理界面如图 7-18 所示。

图 7-18 实验项目管理界面

6．学生管理：可查看所有注册账号的信息，有一定的数据分析功能

学生管理界面可查看系统中所有学生账号的基本信息，包含学生的学校分布情况、学生的系统平均登录次数、学生的平均实验时间情况，也可对学生账号进行管理。

① 单击“查看”按钮可查看该学生的账号、姓名、学号、手机号、邮箱、所在院校等信息。

② 单击“编辑”按钮可对以上信息进行编辑。

③ 单击“重置密码”按钮可将此账号密码重置。

④ 关闭该学生账号的胶囊按钮会关闭此账号的登录权限。

其中，此模块添加学生有两种实现方式：

① 新增学生：单击“新增学生”按钮可为该系统添加学生账号，其中账号、学生姓名、学生学号以及所在院校为必填项，单击“确定”按钮后即可新增成功。学生可通过此账号与初始密码登录系统。

② 批量导入：如需一次性导入多个账号，可单击“批量导入”按钮，并下载模板文件。在文件中输入学生信息，保存后将此文件上传到系统中，系统会自动识别文件内的文本信息，实现批量新增学生账号。学生管理界面如图 7-19 所示。

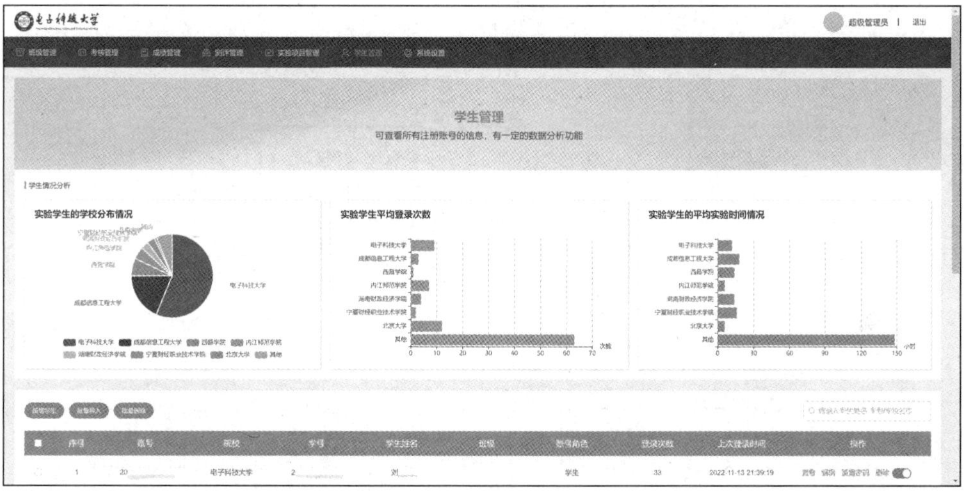

图 7-19 学生管理界面

7. 系统设置：对超级管理员、管理员和老师三类账号进行账号及账号权限管理，本功能仅对系统管理员开放

① 单击“查看”按钮可查看该教师/管理员的账号信息。

② 单击“编辑”按钮可对账号信息进行编辑。

③ 单击“重置密码”按钮可将此账号密码重置。系统设置界面如图 7-20 所示。

图 7-20 系统设置界面

7.4 专家评审通道

这里的专家评审通道是指专为评审专家开放的专用入口(申请课程体验的教师也可以由此进入)，需要专家验证码才能进入。专家实验前可以选择接受或者不接受实验前题目测试，接受测试的话需要作答10道选择题，达到80分及以上可直接进入系统；如果不接受测试，直接单击“跳过测试”按钮进入实验系统。

专家进入后可以选择进入期货交易虚拟仿真实验或期权交易虚拟仿真实验，整个虚拟仿真实验项目的构架如图7-21所示。

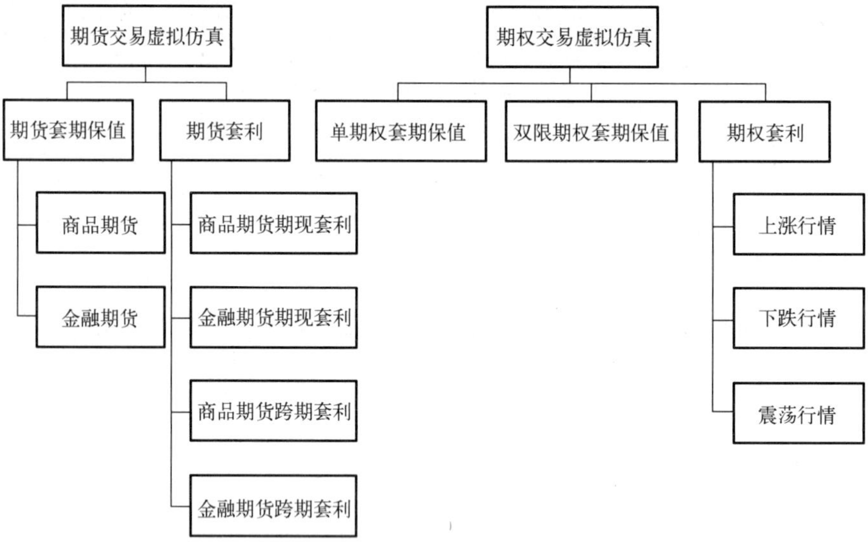

图7-21 虚拟仿真实验项目的构架

参 考 资 料

[1] CARHART M M. On persistence in mutual fund performance[J]. Journal of Finance，1997，52(1): 57-82.

[2] FAMA E F. Efficient capital markets: A review of theory and empirical work [J]. Journal of Finance，1970，25(2): 383-417.

[3] FAMA E，FRENCH K. A five-factor asset pricing model[J]. Journal of Financial Economics，2015，116(1): 1-22.

[4] GU S，KELLY B，XIU D. Empirical asset pricing via machine learning[J]. Review of Financial Studies，2020，33(5): 2223-2273.

[5] LEIPPOLD M，WANG Q，ZHOU W. Machine learning in the Chinese stock market[J]. Journal of Financial Economics，2022，145(2): 64-82.

[6] LINTNER J. The valuation of risk assets and selection of risky investments in stock portfolios and capital budgets[J]. Review of Economics and Statistics，1965，47: 13-37.

[7] MARKOWITZ H. Portfolio selection[J]. Journal of Finance，1952，7(1): 77-91.

[8] MCLEAN D，PONTIFF J. Does academic research destroy stock return predictability?[J]. Journal of Finance，2016，71(1): 5-32.

[9] MOSSIN J. Equilibrium in a capital asset market[J]. Econometrica，1966，34(4): 768-783.

[10] ROSS S A. The arbitrage theory of capital asset pricing[J]. Journal of Economic Theory，1976，13(3): 341-360.

[11] SHARPE W F. Capital asset prices: A theory market equilibrium under conditions of risk[J]. Journal of Finance，1964，19(3)，425-442.

[12] 阿布. 量化交易之路: 用 Python 做股票量化分析[M]. 北京: 机械工业出版社，2021.

[13] 施罗德. 滚雪球：巴菲特和他的财富人生[M]. 覃扬眉，等译. 北京: 中信出版集团，2018.

[14] 索普. 战胜一切市场的人：从拉斯维加斯到华尔街[M]. 陈铭杰，等译. 北京: 机械工业出版社，2018.

[15] 陈学彬. 期权策略程序化交易[M]. 北京: 清华大学出版社，2015.

[16] 丁鹏. 量化投资: 策略与技术(精装版)[M]. 北京: 电子工业出版社，2016.

[17] 祖克曼. 征服市场的人: 西蒙斯传[M]. 安韵，朱昂，译. 天津: 天津科学技术出版社，2021.

[18] 国泰安金融工程团队. 基于短周期价量特征的多因子选股体系[R]. 国泰君安证券研究报告，2017.

[19] 施瓦格，埃兹科恩. 期货市场完全指南[M]. 2 版. 李欣，梁峰，译. 北京: 清华大学出版社，2020.

[20] 泰勒. 行为金融学新进展[M]. 贺京同，译. 北京: 中国人民大学出版社，2017.

[21] 刘博. 期权实战: 一本书说透期权[M]. 北京: 电子工业出版社，2019.

[22] 哈格斯特朗. 巴菲特的投资组合[M]. 杨天南，译. 北京: 机械工业出版社，2021.

[23] 哈格斯特朗. 巴菲特之道[M]. 杨天南，译. 北京: 机械工业出版社，2022.

[24] 罗兹. 期权价差交易: 战略和策略综合指南[M]. 陈学彬，译. 上海: 上海财经大学出版社，2013.

[25] 麦克米伦. 期权投资策略(原书第 5 版)[M]. 王琦，译. 北京: 机械工业出版社，2015.

[26] 王勇. 期权交易：核心策略与技巧解析(修订版)[M]. 北京：电子工业出版社，2016.

[27] 王征，李晓波. Python 量化炒股入门与实战技巧[M]. 北京：中国铁道出版社，2021.

[28] 夏晖，陈磊. 金融交易策略设计与实践[M]. 北京：中国金融出版社，2018.

[29] 忻海. 解读量化投资：西蒙斯用公式打败市场的故事[M]. 北京：机械工业出版社，2010.

[30] 赫尔. 期权、期货及其他衍生产品(原书第 10 版)[M]. 王勇，索吾林，译. 北京：机械工业出版社，2019.

[31] 张磊. 价值：我对投资的思考[M]. 杭州：浙江教育出版社，2020.

[32] 张然，汪荣飞. 基本面量化投资：运用财务分析和量化策略获取超额收益[M]. 北京：北京大学出版社，2017.

[33] 张彦桥，梁雷超. Python 量化交易：策略技巧与实战[M]. 北京：电子工业出版社，2021.

[34] 张杨飞. Python 量化交易[M]. 北京：电子工业出版社，2021.

[35] 中国期货业协会. 期货及衍生品分析与应用[M]. 4 版. 北京：中国财政经济出版社，2021.

[36] 周佰成，刘毅男. 量化投资策略[M]. 北京：清华大学出版社，2019.

[37] 周峰，王可群. 从零开始学 Python 大数据与量化交易[M]. 北京：清华大学出版社，2019.

[38] 博迪，默顿，克利顿. 金融学[M]. 2 版. 曹辉，曹音，译. 北京：中国人民大学出版社，2013.